森岡秀人／公益財団法人古代学協会 編

初期農耕活動と近畿の弥生社会

What was the early agricultural society in KINKI?

Hideto Morioka
&
The Pareological Association of JAPAN, Inc

初期農耕活動と近畿の弥生社会
◉目　次◉

序章　近畿地方弥生集落における初期農耕化をめぐる諸問題
　　　　　　　　　　　　　　　　　　　　　　　　森岡秀人　4

第Ⅰ章　時間軸をめぐる問題と遠賀川空間の展開

第1節　「突帯文」から「遠賀川」への研究現状と課題
　　　　　　　　　　　　　　　　　　　　　　　　柴田将幹　11

第2節　遠賀川式土器の特質と広域編年・暦年代
　　　　　　　　　　　　　　　　　　　　　　　　田畑直彦　19

第3節　大型壺からみた遠賀川式の
　　　　　近畿地方への定着過程とその特質　　　　山本　亮　39

第4節　農耕開始期の環濠（壕）と墓葬の広がり
　　　　　　　　　　　　　　　　　　　　　　　　川部浩司　49

第5節　大陸系磨製石器の伝播と選択的受容　　　　櫻井拓馬　59

第6節　近畿地方における農耕開始期の集団統合原理
　　　　　―東日本系祭祀の展開―　　　　　　　　寺前直人　69

コラム
徳島平野の縄文／弥生からみた近畿の初期農耕集落　　中村　豊　82
高知平野の縄文／弥生からみた近畿の初期農耕集落　　出原恵三　86
岡山平野の縄文／弥生からみた近畿の初期農耕集落　　河合　忍　91

目次

第Ⅱ章　生産構造の諸画期からみた近畿地方の初期農耕社会

第1節　近畿地方における青銅器生産の態様と系譜
…………………………………………………………… 國下多美樹　99

第2節　縄文－弥生移行期におけるアカガシ亜属の利用
―初期農耕集落の木材利用と生産活動の特質―
…………………………………………………………… 村上由美子　111

第3節　近畿地方における鉄器使用の開始とその後の生産 ……………… 今井真由美　125

第4節　動物考古学からみた農耕化現象と集落立地の反映 ……………… 石丸恵利子　133

第5節　山城地域における初期農耕集落の石材利用
―雲宮遺跡を例に― …………………………………… 朝井琢也　147

コラム

最初の銅鐸埋納地か　淡路島松帆 …………………………………… 森岡秀人　157

山稜の弥生集落　猿楽遺跡の謎 …………………………………… 柴田昌児　161

第Ⅲ章　農耕集落形成過程の地域的分析

第1節　雲宮遺跡における弥生前期の環濠集落
…………………………………………………………… 桐山秀穂　167

第2節　乙訓地域の弥生集落と展開画期 ……………… 岩﨑　誠　181

第3節　比叡山西南麓における弥生前期の微地形復元と遺跡立地 ……… 伊藤淳史　191

第4節　農耕開始期の近畿集落の竪穴建物とその特性
　　　　　　　　　　　　　　　　　　　………………………………………… 上田裕人　203

コラム
滋賀県最古の弥生環濠集落 ……………………………………… 西原雄大　218
三島平野の弥生の始まりと安満・東奈良 ……………………… 濱野俊一　223
安満遺跡にみる初期農耕集落の様相 …………………………… 森田克行　228

第Ⅳ章　初期農耕集落の発達と複雑化をめぐるモデル論の展開

第1節　初期農耕集落の定着と複雑化
　　　　―研究状況の整理と展望と雲宮遺跡― ……… 若林邦彦　237

第2節　近畿地方における初期農耕集落の規模と立地
　　　　　　　　　　　　　　　　　………………………………………… 桑原久男　249

コラム
地中海、西ヨーロッパから見た弥生時代と近畿弥生社会
　　　　　　　　　　　　　　　　　　………………………………… ロラン・ネスプルス　259
水田稲作環境の多様性と微地形・土壌の分析 ………………… 辻　康男　267
数値年代からの提言 ……………………………………………… 藤尾慎一郎　273
酸素同位体比年輪年代法からみた遠賀川化過程の気候変動
　　　　　　　　　　　　　　　　　　……………………………………………… 中塚　武　277

結章　近畿初期農耕社会の成立にみられる諸変動と画期
　　　　　　　　　　　　　　　　　　　　　　森岡秀人　281

付章　遠賀川文化圏を訪ねて―調査・研究活動の歩み―
　　　　　　　　　　　　　　　　　　　　………………………………………… 麻森敦子　297

序章

近畿地方弥生集落における初期農耕化をめぐる諸問題

森岡 秀人

　弥生時代の存在感　今日、日本列島史に占める弥生時代の存在感は着実に高まっている。長期間と考えられてきた縄文時代と1990年代以降、初期国家論を俎上に置いた検討が各方面から進んできた古墳時代に挟まれた弥生文化の時代は、両時代の中継ぎ段階としての意味合いも強く、その意義の世界発信も遅れをとってきた。1884（明治17）年の坪井正五郎・白井光太郎・有坂鉊蔵による「弥生式土器」の発見も異種の縄文土器という認識で始まり、1898（明治31）年の複数の弥生式土器の発掘実証を経て、漸く点から線への認知の変化が全国的に進み、「縄文式石器時代」に対する「弥生式石器時代」として理解が進んでいくが、農耕文化や金属器使用を標榜する弥生時代像が時代区分論の中で定位置の座に落ち着くにはそれから随分と時間を要した。無論、大正年間以来の金石併用期としての把握、明らかになってくる中国・朝鮮など大陸との繋がり、山内清男・森本六爾などが土器表面に残る籾痕や石包丁の存在などを手懸かりとする分析から農耕社会とみる想定が進捗したが、遺構・遺物の内実や遺跡立地の総体を通して歴史性のある「時代」としての十全の理解が加わってきた画期は、戦前の奈良県唐古遺跡の発掘調査、そして戦後間もなく行われた静岡県登呂遺跡の発掘調査が切り拓きの要となった。以後は、弥生人の人種・起源問題、外来・在来など文化諸要素の伝播・影響関係をめぐる論点も加増し、全国各地の遺跡調査の夥しい数の成果・蓄積が自然とあるいは意識して弥生時代の存在感を今日にこれほど高める礎をなしたと言えよう。

　歴博提唱年代の出現　所詮、考古学者が作り上げる時代像、時代観にはさまざまな区分概念やその基盤たる考古文化の諸要素が時々の状況証左とともに付き纏う。冒頭に掲げた近年の関心の高まりは、「弥生時代とはいったい何か」という本質的議論も内包する問題として浮上し、いくつもの検討がひとまず研究者に要請されてきたからである。一つは揺さ振られ、今も揺さ振りが続いている年代軸。日本列島に展開した初期農耕集落の動態研究は、21世紀に入って以降、大変動期を迎えているといっても過言ではない。その最大の要因が弥生時代の年代観の見直しにあることは多言を要さないだろう。既に15年も経ったのだが、2003年の春、国立歴史民俗博物館（以下、歴博）の研究プロジェクトによる本格的な水田稲作は北部九州で紀元前10世紀後半から始まったとする通称「歴博年代」が台頭し、従来500〜600年程度と理解されてきた弥生時代が1200年間もの長さを持つことが学界・マスコミに公けにされた。個々人が抱いてきた実年代観のシフト換えさえも目論み、グローバルスタンダードとして忽然と提示されたわけである。調理具などに供した土器器面の

微量付着炭化物のAMS法炭素14年代測定がもたらした常識を覆す年代値が招致したものであり、公表の当初から考古学界の反応として賛否両論の姿勢がさまざま示されて、拒絶反応から全幅の信頼に至るまで議論の方向性はその後、予想以上に振れ多様化していった。弥生時代の始まり紀元前10世紀説に対する直接間接の疑義が、既往の年代研究や多くの器物・事象の編年論、伝播論に再検証を促し、全く新たな研究情勢を生み出したことは周知のとおりである。この10数年間、弥生時代の研究自体が予期せぬほど活性化したのは確かなことである。好むと好まざるとにかかわらず、一定の距離を置いてきた不可避な年代論に私たちは大きく直面したわけであり、基盤となる多くの考古学資料の互いの整合性が相対的な議論の範囲を超えて、年代的枠組みを前提に進められる傾向が勢い強まったと言える。早くから近畿地方の弥生時代後半期の年代軸を大幅に動かしていた編者にとって、科学年代がその前半期の年代を長期編年型に刷新していった方向性はミスマッチとは言い難い。が、伝来系交差年代資料を基軸に「考古年代」を重視した弥生時代中期後半以降の実年代変更とは、また異なった次元で批判的姿勢に身を置いた受け止め方であったように回顧する。

　総合的視野からの研究活動の発端　中国や朝鮮半島に近い北部九州の在来の大陸志向型年代観と東日本に施設を置く国の大型プロジェクト研究における新年代観の発信は、当座、方法論や研究体質の根底からの違いも手伝って対峙するような側面も生じたが、初期農耕の発現、伝播問題では欠かせない近畿地方の研究者の多くは、東西両地域のかかる動きを見据えつつ全体として目立った主張もせず、静観の構えを採ってきた姿勢は看過できない。研究協力者という当事者でありながら、歴博年代をストレートには容認できない実情を抱えて参画していた人も多かったのではないだろうか。日本列島中央部の近畿という地域は、複雑な列島内のコンプレックスの状況を捨象して「弥生文化」の総称が与えられる中にあって、その構成要素を最も平均的に特徴的に保有する地域と見做し評価してきた私にとっては、この沈静時にこそ総合的な研究地平を押し拡げて、本格的な農耕化の足取りを検証する機が熟してきたと判断していた。幸いなことに、客員研究員を務める（公財）古代学協会では京都府長岡京市雲宮遺跡（1997年発掘調査）の報告書作成（本編・補遺編）とその再評価を企図した特設研究会を発足させて、私を代表とする弥生時代開始期の研究体制を築きつつあった。そして、雲宮遺跡を起点とし、年代論を含めた初期農耕社会形成の乙訓地域における検討や山城地域、近畿全域を対象とした農耕化問題の比較研究をスタートさせた。また一方では、持続的かつより組織的な研究活動を希求して、併せ日本学術振興会の科学研究費（以下、科研）の申請を進めていたところ、念願叶って立案した計画が採択されるに至り、その基盤が急速に整ったことは時宜に適い幸いなことであった。既に各地で弥生時代遺跡の任意で自由な地域研究会が誕生し、30年来の活発な研究活動を始動していた蓄積の土壌を持つ近畿は、京都発信の新たな研究機構を総合的な視座により組み上げることは比較的容易と踏んで、不具合なきよう年度ごとの研究計画を推進させた。

研究目的と取り組み姿勢　以上の準備期間を通過しつつ、彼我の意図を込めて大勢の研究精鋭と共同で科研〔基盤研究Ｂ〕として４年間取り組んできたテーマが「近畿地方における初期農耕集落の形成過程に関する考古学的研究」である（研究課題／領域番号25284159）。この研究テーマが初めて審査通過したことは、一気呵成に出てきた年代論の火花がいったん落ち着きを取り戻した時点での近畿地方からの再検証の作業の槌音が不可欠な好機と考えられた点があげられよう。それゆえ、本書の母胎をなした科研の研究活動では向かう先がかなり総花化したものの、分野別に緻密な個別研究をさらに掘り下げ、研究討議の機会を数多く持って反復的に相互批判しつつ、その総合化、統合化と考古学サイドからの新たな発信姿勢を求めていくことに腐心した。また、この科研は考古学研究の意図や方法論、実地観察作業など、基層研究の若手研究者への積極的な継承や育成にも繋がった。学問研究には同好諸氏の共同研究や学際的な融合・横断研究が不可欠だが、今や健全な世代交代が目的意識を共有しつつスライドしていかなければ、どの研究分野でも貴重な経験・技術や問題意識の根が途絶える危機感も抱く。近畿の「弥生学界」では、そういう研究者の年齢層でも沈滞部分、低迷が露見し始めていた。若人が活躍する将来を見据えたこの点の解消に、この研究活動への従事が少しでも生かせないものかという志しも抱き、その持続力、継承性を意識に加えるとともに、その掘り起こしの鮮度にも配慮した。

　近畿の初期農耕集落及び社会の構造変動　さて、弥生時代の集落研究の膨大な蓄えに基づく本書収載の諸研究の芽生えは、大部分が「歴博年代」に依存するものではない。むしろその年代観を検証しつつ、あくまで考古学的手法により、近畿弥生社会の初期画期について一、二の整合性の存否を見ようと心掛けたものである。弥生集落の構造はかなり解明され、生産・消費関係や物資流通論に基づく集落モデルや社会モデルも数多く提起され、この半世紀に及ぶ調査・研究の蓄積には目を見張るものがある。ランクサイズに基礎を置いた集落の比較研究も資料母数の増加もあって、判読しやすい成果があがっている。また、近畿では環濠集落の一定の発達がみられるため、その構造変化に基づく大形農耕集落の段階的変遷もアウトラインは掴めつつある。近畿では最初期集落に「無環濠着床期」があると私が特設したのは、あくまで現有資料の分析に基づく独自的な判断であるが、斉一性を多少なりとも帯びた環濠開削期（「単純環濠点在期」と呼ぶ）の前段に確実に時間の経過を示すものと理解している（例えば、兵庫県本山遺跡・大阪府讃良郡条里遺跡・若江北遺跡など）。その後、この小環濠分散期を経て→肥大環濠成立期→同・環濠隆盛期→環濠解体・消滅期の大まかな流れが確かにあって、丘陵上の集落にも大規模な環濠は別途の動きで弥生時代後期初頭に出現する。弥生時代末期の環濠の農耕集落離れはこの研究の目的や範疇から遠ざかるけれども、初期農耕段階からの脱皮を即物的に予兆させる大きな変化でもあり、石器から鉄器への道具材質の転換を促進させた動きともよく照応する。

　凹線文普及前の青銅器埋納　凹線文出現期は、上記した主たる集落の変遷観に照らせば、肥大環濠期とオーバーラップし、内陸部では新しい環濠集落が形成され始める（一例として、滋賀県守山市下之郷遺跡の環濠帯や居住域の成立）。他方、環濠の目立たないものでは、この時期に衰退の兆しを

みせる兵庫県神戸市楠・荒田町遺跡、大阪府大阪市山之内遺跡、桑津遺跡、南住吉遺跡、茨木市目垣遺跡、京都府向日市鶏冠井遺跡などがあり、近畿全体ではポジとネガの関係性を表出している点が甚だ重要だ。ちょうどこの時期は、私の年代観では紀元前2～3世紀で理解でき、最近調査された淡路島西海岸の松帆銅鐸（兵庫県南あわじ市）の最初期銅鐸埋納が行われた段階という私見とも符合する。銅鐸の組成は、菱環鈕2式1口、外縁付鈕1式6口であり、これまでの銅鐸大量埋納と比較してもその属性のイレギュラー性は顕著である。近畿全体で農耕集落の再編が進行している階梯ではあるものの、これまでの俯瞰では看過されやすい時期と言える。銅鐸という近畿中心の分布をみせる大形青銅器は、初期農耕集落の離合集散や再編成の諸画期に見合うだけの多段階の埋納やその姿勢伝承を目的とした1口・2口埋納の連鎖など、多様な契機を考える時期がやって来ているのではなかろうか。紀元前の弥生社会における銅鐸埋納行為の始まりは仮説ながら松帆銅鐸の自然科学分析結果も公表され、可否検討の余地が多分に出てきたと言えよう。

検証の前提課題としての年代軸・広域編年　ところで、弥生時代前半期の保有時間が「歴博年代」のように間延びするかどうかは、長い研究史を有する弥生土器の編年再構築から検討できないのであろうか。新たな枠組みとして提示された年代はあくまで「科学年代」であり、土器型式単位の較正年代に示準を採れば、各地の編年の横並び、併行関係は着実にたどれるものの、その変化が急激なものなのか、緩慢とみるのが真相なのかは年代値を雄弁なものとする前提にもなる。かつては一、二世代、40年前後とも言われた北部九州から近畿大阪湾沿岸への水田稲作の急速な伝播論、速いテンポによる西日本拡散過程もこうした科学年代の示唆するところは、瀬戸内ルートでさえ300年近くもかかる緩やかな広まりと表現される。提示の年代データは、大阪湾北岸で紀元前7世紀、奈良盆地で紀元前6世紀に伝わり、伊勢湾沿岸地域にも紀元前6世紀中頃に到達する数値を示すし、その実年代観は今や普及書のレベルでも巷で市民が触れ合えるものとなっている。東日本の中部高地や南関東では紀元前3世紀とさらに遅れる。西日本の水田稲作の基幹農法が遠賀川式土器の段階的波及に伴うものとするなら、時間的に緩慢なこの間の土器の変化はその東方波及にかなりの階段の形成をみることも予測され、併行関係など編年網自体の見直し、精度の高い一括資料を基軸とする細分作業を包括しての再構築が不可欠な課題となる。それは長期編年化を験する喫緊の問題であるばかりか、遠賀川型農耕の各種文化要素の諸画期を横並びの中で捉え直す新しい物差し、時間尺度として、即刻機能し始める。

かような作業がAMS法炭素年代の枠組みと同調し得るのか、編年段を低いものへと導き、実年代の格差や長期編年自体に抵触をきたすのか、揺籃期の弥生文化の浸透に対する印象や評価は大きく異なってくるので、本研究でも各地要所の基本資料多数をきわめて短期間に一気に俯瞰した速射的比較・観察の効果が問われている。土器学上の基準尺度は備わってきたものの、各地の在地的な突帯文土器の編年との整合関係や接触問題にも言及する当面の課題がある。突帯文から遠賀川への流れは近畿ではなお重複関係や接点関係などに盤石の定見をみず、旧くて新しい宿題と言わざるを得ない。しかし、本書では遠賀川式土器の広域編年や暦年情報に関する年代軸部門での研究の手堅

い基準が併行関係掌握をベースとしつつ進捗をみせており、西日本から東海にかけての弥生時代前期の大別5期区分、細別9段階の詳細試案を提示している。その年代の物差しは、初期農耕集落の刻々とした変化を読み解く上の土台ともなるものであり、無論「長期編年」化しつつある研究の現状の検証とも嚙み合う点を再度強調しておきたい。

農耕化現象における画期の再検討　言うまでもないことだが、弥生集落は当初から完備された農耕集落ではない。さまざまなステップを踏みつつ農耕化を歩んでいる進行形の状態を捉えることが大事であり、発掘された遺跡から窺える実態であろう。その踏み出し方に予想以上に強弱の格差がみられる集落である。そして、列島に開花した弥生文化とは前述のごとくその階梯がモザイク的に一種のコンプレックスを織り成しているものを指し、「弥生」を冠することが農耕化、とりわけ灌漑水田稲作の達成度のバロメーターにはならない。したがって、本書では議論の要の地、近畿における弥生集落の農耕化とは一体何かという基本的立ち位置に常々戻って問い直すことも大きなねらいとしており、あらためて農耕活動諸要素の内実に迫ろうというのが本書の主題である。もとより近畿と北部九州を比較しただけでも、農耕社会の発達過程はさまざまな局面で異なっている。土器の認知差、石器生産の分業度や体制の違い、器種や製作技術の偏差、超厚葬墓の存否や社会集団内部の成層化現象の駆動にみえる強弱、高地性集落の林立性や群棲度をはじめそれらは各所に顕現している。とくに近畿の弥生社会の広域にわたる互恵性的体質はこれまで政治的な先鋭度がいかにも低い印象を与えるものの、多くの物品消費レベルや物流の促進に着目すれば頗る均質性と安定性に富んだものと言える。政治的な統合無き広大な経済的安定機構枠のような集団関係を考えるに吝かではないが、具体相を実体視できない憾みがある。その構造維持過程が中心となる紀元前の大形農耕母集落はすこぶる肥大化し、弥生時代中期の中で確立していくが、前期後半段階からの変化、移行の具体像は掌握しきれていない。いかなる推移を示すのか。小環濠分散期と肥大環濠成立期の接続部分での仔細は、本書で解明すべき命題の一つである。

　灌漑水田に振り向けられた開墾・土木作業や耕起農具類の安定した数とシステム化していく農法の普及を支える必須条件の一つとして、石製工具製作と木工技術の格段の向上が考えられ、その整備・供給力は生半可なものではない。そうした技術の本源がどのようなルートで近畿に導入されたのか。また、先進技術の変容がどの地域でいかに起こったのか。大陸系磨製石器の器種ごとの量比関係や形態的違いも、地道な観察を行って成果があがっている。資料が一躍増大してきた木製品研究では、縄文時代との違いは重要なテーマとなるが、研究法の高まりとデータの蓄積からは、初期農耕段階に入ってからの植生利用、森林資源開発の方向転換など、製作技術の飛躍と相俟っての木工社会としての発達状況、画期の鋭い掌握が試行されている。生産と消費の両面での農耕化を木材利用の面から考証する研究も進んでおり、進展の状況が明らかになるであろう。さらに、農業生産力と深く関わる金属器の導入時期と内容理解も新出資料の評価をはじめ、どのように規定できるか。

　以下に展開する所論は、すべて近畿からの新しい試みである。

第 I 章

時間軸をめぐる問題と遠賀川空間の展開

第 *1* 節
「突帯文」から「遠賀川」への研究現状と課題

柴田将幹

はじめに

　歴史復元の手段のひとつである考古学において、土器研究は常にその主要な研究テーマである。なぜならば、土器は発掘調査の様々な場面で出土し、土器の変化を追うことで、その遺跡の時間的変遷を明らかにすることができるからである。そして、文化を表象する様式の相違点を明らかにすることで、時間的な文化変化だけでなく、文化の地域差をも鮮明となる。

　縄文／弥生移行期の研究に土器研究が担う役割は大きい。1884（明治17）年に初めて弥生（式）土器が出土し、1889年に、それまで知られていた縄文土器とは大きく異なる特徴を有する土器であることが認識されて以降、弥生土器の研究は、その製作者・社会・文化の「鏡」として研究が進められてきた。特に、縄文／弥生移行期では、かつて狩猟採集を主な生業とする「縄文人」と、水稲耕作を基軸とする「弥生人」という二項対立的な構図が描かれていたこともあり、土器や石器など、縄文時代から継続して使用されてきた道具の研究において、縄文／弥生移行期に起こる遺物の変化を明らかにすることは、当時の人々の社会を復元する基礎的な研究となる。近年は、弥生時代の開始年代が従来の想定より500年以上も遡るという研究成果も発表されており、考古学者が「モノ」の観察の観点からこの成果に対してどのような姿勢であるべきか、再検討が迫られているのではないだろうか。本稿では、突帯文土器および遠賀川式（系）土器の研究史を紐解き、これまでの研究成果を総括したうえで、今後の展望を探りたい。なお、小林行雄や森本六爾は「遠賀川式土器」と「遠賀川系土器」を明確に識別し、呼び分けていたが、本稿では煩雑さを避けるため、「遠賀川式土器」という名称で統一する。

1　研究史

　先述のとおり、縄文／弥生移行期土器の研究史は、およそ100年の長きにわたるが、それを紐解くと、研究史は大きく4つの段階に区分することができる。

（1）研究史第一段階

　突帯文土器・遠賀川式土器の認識から、その編年的位置づけについての研究が進められた1916（大正5）年から1943（昭和18）年までを第一段階とする。1916年に遠賀川式土器が学界に認識され

（中山 1916）、それから間もなくして突帯文土器が確認されたものの（大山 1923）、両者ともに時間的な位置づけはまだ判然としていなかった。そもそも、当時は「縄文時代晩期」や「弥生時代前期」といった時期区分はされていなかったのである。その後、山内清男（1930）は、東北地方で出土する亀ヶ岡式土器と並行する土器群の存在を指摘し、その土器群がみられる時期を縄文時代晩期とした（山内 1932a）。また、小林行雄（小林ほか 1938）は、滋賀県杉沢遺跡での発掘調査報告の中で、同遺跡で出土した突帯文土器に類似する土器が、愛知県馬見塚遺跡出土資料や福岡県立屋敷遺跡出土資料において、遠賀川式土器と伴出していることを指摘し、弥生時代直前に西日本一帯に分布することを示唆した。

　一方で、1936 年から開始された奈良県の唐古遺跡の発掘調査により、近畿地方における弥生土器の編年が整理され、遠賀川式土器は第一様式に位置づけられた（小林ほか 1943）。このころの研究として特筆されるべきことは、小林・森本（小林 1933 ほか）らが、大陸の影響を受けて成立した遠賀川式土器が、北部九州地域を起源として西日本全体に伝播し、各地域で櫛描文土器へと変化していく、という過程を描いたことである。この土器様式の動きは、稲作農耕の伝播の実態と表裏一体ととらえられた。

　これに対し、山内は「畿内以西の弥生式のために、如何に古き年代を、以東の同式よりも、主張し得るかは、縄紋土器の側からも条件づけられねばならぬ」と述べ、縄文土器の終焉という観点から弥生時代のはじまりを考察する重要性を説いている（山内 1930）。さらに、「文化は西から」という考え方が先入観によるものではないか、とも指摘していることは注目に値しよう（山内 1932b）。残念なことに、山内の見解は顧みられることは少なかった。この後の研究では小林たちが想定したような、大陸の影響を強く意識した一系統・一元的な伝播論が論じられたのである。

（2）研究史第二段階

　第二段階（1942～1992〈昭和 17～平成 4〉年）になると、それぞれの土器型式・様式内で、さらに細かく時期を把握しようという試みがされた。その口火を切ったのが、森貞次郎（1942）や今里幾次（1942）の研究である。特に、森は「遠賀川式土器の起源を必ずしも先行する縄文式土器の中に発見できるとは言われない」と述べ、縄文土器と遠賀川式土器の型式学的な非連続性を強調している。森のような見解は、このころの遠賀川式土器研究では一般的な見方であったのか、突帯文土器と遠賀川式土器の連続性を考察する研究は少なかった。

　その理由のひとつとして、稲作農耕や大陸系磨製石器、金属器といった、大陸に故地をもつと考えられる弥生文化の諸要素の存在が遠賀川式土器研究にも影を落としていたと考えられる。この後に、家根祥多（1984）は韓半島の無文土器・突帯文土器・遠賀川式土器の粘土帯接合法を比較し、無文土器と遠賀川式土器の技術的連関を論じている。

　もうひとつの要因として、突帯文土器が縄文時代晩期の土器型式であると判明した後も、肝心のその型式内容は詳らかにならなかったことが挙げられる。それにもかかわらず、弥生土器研究の側面では、小林や杉原荘介が板付式の「古さ」の根拠のひとつとして挙げたのが、突帯文土器と伴出

（「共伴」ではない）することであった。

　その後、杉原（1955）や佐原真（1967）の研究により、遠賀川式土器の細分の議論はひとつの帰結を迎えた。これらの細分研究は、遠賀川式土器の東漸過程をより詳細に検討すること、ひいては遠賀川式土器の動きと同一視された稲作農耕の伝播を描き出すことに他ならなかった。佐原の編年案は、精緻な型式学的検討によって構築されており、「段→削出突帯→貼付突帯」「少条から多条へ」「区分文様から充填文様へ」という三つのキーワードで表現でき、これをもとに、近畿地方の遠賀川式土器を（古）・（中）・（新）の「段階」に区分する案を示した。この後は、佐原の研究をもとに、各地域の実情に合った編年案の整備が行われた。

　遠賀川式土器の細分研究が盛んに行われていたころ、北部九州地域では、板付遺跡で夜臼式期の水田遺構が検出され（山崎1980）、「弥生時代＝弥生土器を使用していた時代」から「弥生時代＝稲作農耕を始めた時代」と定義が変化し、弥生時代に使用されていた土器が弥生土器である、という見方が一般化した。しかし、この定義が一層議論を不明瞭にしていると筆者は考える。なぜなら、何をもって稲作農耕の開始と規定するのか、が確実でないため、縄文時代と弥生時代の「境界」はかえって曖昧になってしまったからだ。この問題は、現在に至るまで解決をみていない問題のひとつではないだろうか。

　一方、突帯文土器の研究では、1940年代まで突帯文土器の型式内容は明らかにされず、「縄文時代最後の土器が弥生時代最初の土器と伴出する」点に焦点が当てられた。このような状況を打破したのが、愛知県吉胡貝塚の発掘調査報告書であった。本書中で山内（1952）は、口縁部に刻目突帯が施された土器群が西日本における縄文時代晩期の土器群であり、分布の東限を渥美半島とした。このようにして、突帯文土器の時間的・空間的な位置づけがなされたのである。突帯文土器の位置づけが明らかになると、突帯文土器研究の関心は、その変遷過程を明らかにすることに移った。佐原真（1962）は、大阪府船橋遺跡出土資料と奈良県橿原遺跡出土資料を比較し、底部の形態の違いから、より弥生土器に近い平底の船橋遺跡出土資料を新しい特徴をもつ一群と想定した。これを受け、岡田茂弘（1965）は、船橋遺跡出土資料を基準として船橋式を設定した。

　今日の知見に照らすと、佐原と岡田の研究は、突帯文土器の前半期の研究にとどまっており、突帯文土器全体の型式学的な変遷観が固まるのは1967年の外山和夫の研究まで待たねばならなかった。外山は、突帯文土器を口縁部のみに突帯をもつもの（一条突帯）と、口縁部・胴部に突帯をもつもの（二条突帯）とに分類し、そのうえで刻目をもたない一条突帯→刻目をもつ一条突帯→二条突帯という変遷観を示した（外山1967）。また、家根（1981）は、突帯文土器の深鉢の諸属性の相関から、長原式を設定した。また、滋賀里Ⅳ式と長原式の「引き算」によって船橋式を抽出し、滋賀里Ⅳ式→船橋式→長原式という三時期を設定した。

　また、主に集落論の研究を進めるうえで、突帯文土器と遠賀川式土器の時間的併行関係の有無にも言及された。住み分け論（中西1992）や、共生論（秋山1992など）では、突帯文土器と遠賀川式土器が一定時間併行していることが議論の前提となった。これらの見解は、出土状況や、両土器様

式（型式）の詳細な検討を踏まえたものでなかったが、縄文時代から弥生時代へと時代が移り変わる中で、当時の人々の生活様式の変化に踏み込んで考察を加えた点で、単なる土器研究に終始しなかったと評価できる。一方で、泉拓良（1990）は、突帯文土器と遠賀川式土器の併行期間は短期間と想定している。これまでみたように、研究史第二段階は、突帯文土器・遠賀川式土器の研究が飛躍的に進んだばかりか、両者の併行関係も論じられた点で、これから述べる第三段階の議論の下地を作った。

（3）研究史第三段階

　第三段階（1987〜2003〈昭和62〜平成15〉年）では、従前の研究に対しての見直しが行われた期間といえるだろう。

　突帯文土器の研究では、長原式の普遍性についての疑義が提起された。和歌山県や兵庫県西部、京都府南部などでは、深鉢の口縁部と突帯が一体とならず、垂れ下がったような形状をした土器が出土する。このような特徴は、家根が提唱した長原式とは異なる。この点について、大野薫（1995）や丹治康明（2000）は、垂れ下がり突帯をもつ突帯文土器がむしろ近畿地方において主体となる土器型式と主張し、濱田延充（2003）や豆谷和之（2008a）も、長原式が近畿地方一円に分布する土器型式ではない可能性を指摘している。

　一方、遠賀川式土器研究では、ふたつの問題が議論された。

　ひとつ目は、編年の見直しである。1967年に佐原が壺の口頸部界・頸胴部界の文様に着目した時期区分案を提示して以降、発掘調査成果に沿うようにマイナーチェンジが繰り返されてきたが、これに抜本的な見直しの必要性が唱えられた。これにより、発掘調査で出土する遺物の実態に即した、広域編年が可能な編年基準が示された（田畑1997、若林2000など）。また、これらの議論を踏まえて、住み分け論や共生論で想定されている事象が、普遍的なものではない、という反論が提示されている（若林2002）。

　ふたつ目は、遠賀川式土器伝播論をめぐる議論である。1987年に高橋護が提示した小林の伝播論への疑問を受けて、遠賀川式土器伝播論の見直しをめぐる議論がおこった。この論点には、大きくふたつの立場が存在した。一方は、北部九州地域からリレー形式で西日本一帯に伝播していく、というものであった（藤尾1991、下條1995）。これは、小林以来の遠賀川式土器の東漸論であるが、小林の意見と異なるのは、一元的ではない点である。もう一方は、西日本一帯に分布した突帯文土器と同じく、広域分布土器様式のひとつの終焉が遠賀川式土器である、という見方で（高橋1987、平井1995、豆谷1995など）、この見解には、「東漸論」に対する批判が多分に含まれていた。これらの議論の争点を簡単にまとめると、「板付I式よりも古い遠賀川式土器は存在するのか（しうるのか）」と言えよう。あくまでも遠賀川式土器研究の中で、その成立地域と、広域分布土器様式となりえた背景の説明が試みられたという点が重要である。

　これらの研究に通底する認識として、突帯文土器と遠賀川式土器はほぼ共通した分布圏をもち、突帯文土器の分布を背景に遠賀川式土器が登場する、という図式が前提となっている。そのうえで、

「板付Ⅰ式」という最古の遠賀川式土器を再検討していこうという動きは、それまでの研究から大きく踏み込んだ問題意識だったと言えよう。

2　現状と課題

　2003（平成15）年から現在に至るまでが研究史第四段階である。2003年に国立歴史民俗博物館の研究チームが、AMS法で算出した縄文／弥生移行期の実年代を発表した（春成ほか2003）。これによると、弥生時代が北部九州地域で始まったのは紀元前1000年ごろで、その他の地域でも、従来想定されていた弥生時代の開始年代よりも200年ほど遡る、とされた。この発表は、従来、紀元前300年ごろに北部九州地域で弥生文化が開始され、100年ほどの期間で西日本一帯に伝播する、という想定を覆すものであった。当然、これには賛否両論発表されているが、AMS法のデータを無視しない限り、弥生時代の開始年代が遡上することは間違いないだろう。

　また、突帯文土器研究の観点からは、妹尾裕介（2014）が突帯文土器の型式学的変化を突き詰めていくことで、突帯文土器と遠賀川式土器の接点となりうる「最も新しい」突帯文土器型式を追究したほか、岡田憲一（2014）や筆者（2016）が、突帯文土器と遠賀川式土器の型式学的な検討から共存期間をどれほどと見積もるのか、という問題にアプローチしている。

　本稿では、今後の突帯文土器と遠賀川式土器研究の方向性を3点提示したい。

(1) 広域編年の確立

　かつて、豆谷は「地域間の時間的並行関係を取っていく作業には方法的にかなりの無理がある」と発言した（土器持寄会での発言）。この発言は、非常に重要な観点を提示している。つまり、突帯文土器や遠賀川式土器といった、西日本全体で類似した特徴を有する広域土器様式の細分編年や、様式の変化を検討する際は、広域に、一定の普遍性をもって適用可能な型式学的特徴に着目して編年する方法が不可欠である、ということである。たとえば、田畑直彦（1997）、若林邦彦（2000）、豆谷（2008b）が土器編年に際して着目した観点は、近畿地方だけにとどまらず、遠賀川式土器が出土する地域では一定の普遍性をもつものである。これらを活かしながら、広域に敷衍可能な相対年代の基軸を整備する必要がある。

(2) 縄文／弥生移行期土器の型式学的検討

　従来の研究では、突帯文土器と遠賀川式土器の非連続性を強調する研究が多かったように見受けられる。この点については、研究史の初期に小林が想定した枠を逸脱しないものである。一連の研究で、「弥生土器」成立の「外的要因」はある程度明らかになったと考えられる。その一方で、山内が提示し、近年豆谷（1995）や出原恵三（2013）が再びスッポットライトを当てた、遠賀川式土器の成立に与えた突帯文土器の影響を想定する立場は、あまり議論が進んでいないのが現状である。いうなれば、「弥生土器」成立の「内的要因」を明確にする必要があるのである。筆者は、拙稿（柴田2016）で讃岐平野の縄文／弥生移行期土器について検討を行い、突帯文土器と遠賀川式土器には製作技法の面で連続する部分が存在すると結論付けた。また、岡田（2014）や中村豊（2016）も、それ

第Ⅰ章　時間軸をめぐる問題と遠賀川空間の展開

それぞれのフィールドで突帯文土器と遠賀川式土器を比較して検討している。今後、両者の連続的な要素と非連続的な要素を明確化していく作業が必要であろう。

(3) 縄文／弥生移行期土器様式の変容過程の検討

　この課題については、広域編年の整備が前提の課題となるが、遠賀川式土器のルーツとその変容過程を検討することでもある。従前の研究では、小林（1933）が示した、北部九州地域からの一系統・一元的伝播論と、その見直しという図式で研究が進められてきた。近年、田畑直彦（2013）は、遠賀川式土器の拡散ルートに3つの地域性があることを見出している。従来、斉一的と考えられてきた遠賀川式土器の実態は、先学の想定に反して、複雑なものであった可能性が高いことが、田畑の検討で明らかになっているのである。

おわりに

　以上、おおまかにではあるが、突帯文土器と遠賀川式土器の研究の現状とその展望について述べた。日本列島における稲作農耕の伝播を検討する上で、土器の研究は今後も深めていかなくてはならない。縄文／弥生移行期土器は、土坑一括資料が少なく、出土状況に恵まれないことも多いため、今後の発掘調査による資料増加を待たなければならない部分も大きいが、逆に、それが当該期の土器研究の伸びしろともいえるだろう。

引用・参考文献

秋山浩三 1992「弥生前期土器―遠賀川式土器の地域色と吉備―」『吉備の考古学的研究』（上）　山陽新聞社

秋山浩三 1995「吉備―縄紋系ムラと共存した弥生系ムラ」『弥生文化の成立』角川選書

秋山浩三 1999「近畿地方における弥生化の具体相」『論争吉備』考古学研究会

泉　拓良 1990「西日本凸帯文土器の編年」『文化財学報』第八集　奈良大学文学部文化財学科

今里幾次 1942「畿内遠賀川式土器の細別に就いて」『古代文化』13―8　日本古代文化學會

大山　柏 1923「愛知県渥美郡福江町保美平城貝塚発掘概報」『人類学雑誌』38―1　東京人類學會

大野　薫 1995「紀泉の突帯文土器」『泉佐野市史研究』1　泉佐野市教育委員会

岡田憲一 2014「瀬戸内海東辺における凸帯文土器と遠賀川式土器」『中四国地域における縄文時代晩期後葉の歴史像』中四国縄文研究会

岡田盛弘 1965「近畿」『日本の考古学Ⅱ―縄文時代―』河出書房

小林行雄 1933「遠賀川系土器東漸形態研究」（未発表原稿、2005『小林行雄考古学選集』第1巻　真陽社に収録）

小林行雄ほか 1938「近江坂田郡春照村杉澤遺蹟―縄文式土器合口甕棺發見報告―」『考古學』9―5

小林行雄ほか 1943『大和唐古弥生式遺跡の研究』京都帝国大学文学部考古学研究報告16

佐原　真 1962「縄文式土器」『船橋』Ⅰ　平成学園考古学クラブ

佐原　真 1967「山城における弥生式文化の成立」『史林』50―5　史學研究會

柴田将幹 2016「「遠賀川式土器」出現」『魂の考古学』豆谷和之さん追悼事業会

下條信行 1995「瀬戸内―リレー式に伝わった稲作文化―」『弥生文化の成立』角川選書

杉原荘介 1955「弥生文化」『日本考古学講座』4、河出書房
妹尾裕介 2014「瀬戸内海東部における突帯文土器の変遷と展開」『考古学研究』61—1　考古学研究会
高橋　護 1987「遠賀川式土器」『弥生文化の研究』4、雄山閣
田畑直彦 1997「畿内第Ⅰ様式古・中段階の再検討」『立命館大学考古学論集』Ⅰ　立命館大学考古学論集刊行会
田畑直彦 2013「関内地域と山陰地方」『農耕社会成立期の山陰地方』第41回山陰考古学研究集会資料集
丹治康明 2000「突帯文期の地域間交流」『突帯文と遠賀川』土器持寄会
出原恵三 2013「太平洋沿岸地域における弥生文化の成立と田村遺跡」『弥生研究の群像』大和弥生文化の会
外山和夫 1967「西日本における縄文文化終末の時期」『物質文化』9　物質化研究会
中西靖人 1992「農耕文化の定着」『近畿Ⅰ』古代の日本　第5巻　角川書店
中村　豊 2016「凸帯文土器と遠賀川式土器」『魂の考古学』豆谷和之さん追悼事業会
中山平次郎 1916「筑前國絲島郡今津の貝塚」『考古学雑誌』6—6　日本考古学会
濱田延充 2003「弥生集落遺跡から出土する突帯文土器の意味」『立命館大学考古学論集』3—1　立命館大学考古学論集刊行会
春成秀爾ほか 2003「弥生時代の開始年代—^{14}C年代の測定結果について—」『日本考古学協会第69回総会研究発表要旨』日本考古学協会
平井　勝 1995「遠賀川系土器の成立」『展望考古学』考古学研究会
藤尾慎一郎 1991「水稲農耕と突帯文土器」『日本における初期弥生文化の成立』横山浩一先生退官記念論文集Ⅱ
豆谷和之 1995「前期弥生土器出現」『古代』99　早稲田大学考古学会
豆谷和之 2008a「水走遺跡第8次調査におけるCピット貝塚（第28-2層）の土器群」『文化財としての考古学』泉拓良先生還暦記念事業会
豆谷和之 2008b「近畿前期弥生土器再編」『考古学研究』55—3　考古学研究会
森貞次郎 1942「古期彌生式文化に於ける立岩文化期の意義」『古代文化』13—8　東京古代文化學會
家根祥多 1981「4晩期の土器　近畿地方の土器」『縄文文化の研究』4　雄山閣
家根祥多 1984「縄文土器から弥生土器へ」『縄文から弥生へ』帝塚山考古学研究所
山崎純男 1980「弥生文化成立期における土器の編年的研究」『古文化論攷』鏡山猛先生古希記念論文集刊行会
山内清男 1930「所謂龜ヶ岡式土器の分布と縄紋式土器の終末」『考古学』1—3　東京考古学会
山内清男 1932a「縄紋式土器と細別と大別」『先史考古学』1—1　先史考古学会
山内清男 1932b「日本遠古之文化四—縄紋土器の終末二—」『ドルメン』1—7月号　岡書院
山内清男 1952「第3節第2トレンチ」『吉胡貝塚』吉川弘文館
若林邦彦 2000「遠賀川系土器様式の終焉」『突帯文と遠賀川』土器持寄会
若林邦彦 2002「河内湖周辺における初期弥生集落の変遷モデル」『環瀬戸内海の考古学』古代吉備研究会

第2節

遠賀川式土器の特質と広域編年・暦年代

田畑直彦

はじめに

　国立歴史民俗博物館が実施した土器付着炭化物のAMS放射性炭素年代測定や、他研究による再検討の結果、弥生時代前期の実年代幅が大幅に長くなるのは確実な情勢となった。筆者は近年、奈良県御所市中西遺跡などの酸素同位体年代測定法による年代測定でも上記を追認する結果が出ていることを踏まえ、細部の調整は必要となろうが、国立歴史民俗博物館の年代観を支持するに至った。
　暦年代観については議論があるものの、弥生時代前期の実年代が長くなることが確実となった以上、農耕社会成立期の様相をできるだけ詳細に把握するには、可能な限り短い時間幅による広域編年の再構築が急務であろう。そこで、本論ではその基礎作業として、各地（旧国単位）の編年案を参照した上で、遠賀川式土器広域編年の基準・基準資料（遺跡・遺構名）を明示して細分を行い、板付系（筑前）、綾羅木・高槻系（長門・豊前）、瀬戸内・近畿系（山陰・東海含む）の3系統を中心に併行関係案を提示する[1]。また近年、西日本における農耕社会成立期の関連遺跡・遺構・遺物の研究の進展は著しく、暦年代観と合わせてどのような歴史像を再構築するべきかが問われている。上記を踏まえて、遠賀川式土器の特質についても考察する。

1　編年の指標

（1）壺・甕・鉢の直線文

　現在最も細分が進んでいるのは、近畿地方の編年（田畑1997、若林2000・2015、豆谷2008、柴田2012）である。若林邦彦は壺・甕・鉢のヘラ描直線文（以下「直線文」と略称）数・櫛描文を基準として、弥生時代前期〜中期前葉の土器を以下の8段階に細別した。簡潔にまとめると以下の通りである。様相1は甕において一つの文様帯内直線文数が3条までの段階で、様相1古は同2条までが主体、様相1新は同3条までの段階。様相2は壺・甕・鉢において一つの文様帯内直線文数が5条までの段階で、様相2古は同4条までが主体、様相2新は同5条までの段階。様相3は同6条以上で細密多条直線文を含まない段階。様相4古は同6条以上で細密多条直線文を含む段階。様相4新は様相4古に櫛描文が加わる段階。様相5は櫛描文のみとなる段階。また、柴田将幹は若林の様相1古〜新を、甕の直線文数と施文具の断面形態を基準に3段階に細別した。

筆者も壺・甕・鉢の直線文数は編年の有力な指標と考えており（田畑1997、中川・土橋編1997）、一部の資料の位置づけを除き、上記の若林・柴田の編年案を支持する。ただし、若林編年様相2の壺においては、6条以上の直線文を少量含む可能性がある。本稿対象地域において、近畿地方様相1より前の段階では北部九州〜中部瀬戸内に遠賀川式土器が分布するが、甕の胴部直線文は板付Ⅰa式・板付Ⅰb式（0条）、板付Ⅱa式（1条）の変化が考えられる（家根1993、田畑2000）。また、瀬戸内・山陰・東海地方は、直線文の多条化・櫛描文の出現に至る変遷が近畿地方と近似し、豊前・豊後・長門・周防においても瀬戸内の影響を受けた土器が存在する。そこで、上記を基準として、遠賀川式土器を大別1〜5期、細別9段階、中期前葉を大別1期、細別3段階に区分した。ただし、直線文の有無・直線文数を基準にすると、対象となる土器の出土量が少ない場合、詳細な時期決定は困難である。そこで、既往の研究で提示された編年の指標となる属性の一部を上記の編年に組み合わせたほか、壺の形態変化も参考とした。時期決定にあたっては、本来は当該遺構出土土器をすべて対象とする必要があるが、発掘調査報告書では、当該遺構出土土器すべてについて直線文数の記載がなく、図示されていないこともある。本稿では報告書掲載土器のみで時期を判断した資料もあるので、詳細は検討が必要である。また、直線文数を基準にすると、2条以上の直線文が僅少であるため、3-1期以降の北部九州（特に筑前）には、適用できない。よって、北部九州とそれ以東地域との併行関係は、第3項で検討した搬入・模倣土器から推定した。

(2) その他の指標

　その他の指標の詳細は以下で各段階の内容と合わせて述べる。このうち甕の直線文の断面形態については、柴田将幹（柴田2012）、壺口縁部内面突帯については川部浩司（川部2014）、甕B〜Dについては若林邦彦（若林1993）の分類による。

2　編　年

(1) 1期：成立期（板付Ⅰa式）

　以下の編年について、編年表と諸属性は論文末の表2・3、変遷図は図1〜3を参照されたい[2]。1期は、板付Ⅰa式に相当する遠賀川式土器の成立期である。現状でその範囲は前段階の夜臼Ⅱa式までに無文土器系の甕が分布する北部九州に限定される。夜臼Ⅱa式に如意形口縁の甕が出現し（吉留1994）、この段階に有段口縁の壺が出現するが、刻目突帯文土器と共伴する。

(2) 2期：単純組成成立期（中部瀬戸内・山陰（伯耆）まで波及）

　2-1期：（板付Ⅰb式／甕文様帯内直線文数0条）　板付Ⅰb式に相当し、遠賀川式土器の単純組成が成立する。北部九州のほか、山陰（出雲）・中部瀬戸内・土佐を東限とする範囲に分布が広がる。しかし、必ずしも強固な斉一性があるわけではなく、少なくとも福岡平野型、宗像型、豊前型の地域色がある。福岡平野型は球胴・円盤状平底を特徴とするいわゆる板付式壺が存在し、有段の甕、口縁部下に突帯を持つ甕が宗像型・豊前型よりも少ない。宗像型・豊前型は板付式壺よりもやや長胴の壺が主体で、段を持つ甕が板付型よりも多い。宗像型は口縁部下に突帯を持つ甕、口唇部を摘

まみ出す甕（口縁部下端突状甕）が少ないのに対して、豊前型には上記の甕が宗像型よりも多い。また、共通の特徴として、如意形口縁・単口縁の鉢のほか、浅鉢の形態を残した鉢がみられる。福岡県福津市今川遺跡Ｖ字溝下層・中層出土土器、福岡県行橋市矢留堂ノ前遺跡１区３号溝、２区17号溝共通７層・６層出土土器の様相から、将来的には二分できると考えられる。西部〜中部瀬戸内では刻目突帯文土器Ⅲ期（小南2012）の一部と併行関係にあると考えられる。

　２-２期：（板付Ⅱa-１式／甕文様帯内直線文数〜１条）　板付Ⅱa-１式に相当し、甕胴部に１条直線文が出現する段階である。ただし、以後３期にかけて、１条直線文には断面が鈍角三角形を呈し、段との区別が困難なものもみられる。分布範囲は２-１期よりやや東に広がる。北部九州・瀬戸内において甕口唇部の無刻目は次段階から出現する属性であるが、島根県大田市五丁遺跡Ｃ・Ｄ区SR05上層出土土器の状況から、山陰地方ではこの段階から出現すると考えられる[3]。大型壺を中心に壺口縁部の内面肥厚が出現し、筑前では甕棺のＫⅠa式（橋口1979）がこの段階に出現する（紙幅の都合により、以下では、甕棺との併行関係の記載は割愛）。また、この内面肥厚の影響によって、瀬戸内地域の大型壺の一部に内面突帯A1類（１条の無刻目貼付突帯が全周がするもの）が出現すると考えられる。山口県下関市吉永遺跡Ⅳ-⑤地区SK048出土土器にみられるように、無軸多段羽状文はこの段階から少量出現する。良好な資料が不足しているため、下限の詳細は検討が必要であるが、北部九州・西部〜中部瀬戸内・土佐では、この段階まで確実に刻目突帯文土器が存在すると考えられる。

（３）３期：展開期１（近畿地方まで波及・以後北部九州と瀬戸内以東は分化する）

　３-１期：（板付Ⅱa-２式・様相１古／甕文様帯内直線文数〜２条出現段階）　板付Ⅱa-２式古相に相当する。甕胴部に２条直線文、甕口唇部を刻まない（無刻目）ものが出現する段階で、柴田2012の前期前葉第２段階に相当し、直線文の断面形は柴田分類のⅰ種（半円形）である。ただし、長門以西では２条直線文を持つ甕は僅少で、次段階との区別が困難である[4]。筑前では胴部に１条突帯を持つ甕が出現し、以後他地域と型式変化の方向性は異なっていく。また、現状では次段階と区分できていない。分布範囲は近畿地方の一部（河内）まで広がる。讃良郡条里遺跡6-124土坑出土土器をより古く（板付Ⅰb式）位置づける説もあるが、板付Ⅰb式にみられる浅鉢形の鉢が存在しないこと、口唇部無刻目の甕が一定量存在することから、この段階に位置づける。近畿地方では次の３-２期まで壺用蓋が存在しない（田畑1997）。

　３-２期：（板付Ⅱa-２式・様相１古／甕文様帯内直線文数〜２条）　甕胴部の直線文数は２条までで、柴田2012の前期前葉第３段階に相当し、直線文の断面形には柴田分類のⅱ種（三角形）が出現する。ただし、近年柴田は甕の胴部に３条までの直線文を施文していた段階にⅱ種が出現したとしており（柴田2015）、この段階に３条の直線文が少量出現した可能性がある。長門・豊前では無軸多段羽状文が増加し、壺口縁部内面に１条直線文を持つものが出現する。以後５-１期まで、無軸多段羽状文は筑前〜山陰地方にかけて盛行する。筑前の板付Ⅱa-２式新相に併行する。

(4) 4期：展開期2（東海地方西部まで波及）

4-1期：（板付Ⅱb式・様相1新/甕文様帯内直線文数〜3条）　甕胴部の直線文数が3条以下の段階である。ただし、長門・豊前では以後を含め3条以上の直線文は僅少である。近畿地方では壺用蓋、紐孔を持つ壺が出現し（田畑1997）、同地方から東海地方西部にまで波及する。また、近畿地方ではこの段階まで刻目突帯文土器が存在すると考える。筑前の板付Ⅱb式古相に併行する。北部九州では口縁部に逆L字状の貼付突帯を持つ亀ノ甲タイプの甕が出現するが、現状では次段階と区分できていない。瀬戸内においては瀬戸内型甕が出現する。松山平野ではその成立過程をたどることができ、刻目突帯文土器の系譜にあることが指摘されているが（梅木1994、吉田2000）、この段階では突帯の断面形は正三角形のものが主体である。筆者は、亀ノ甲タイプの甕から影響を受けて、突帯の形状が次段階にかけて逆L字状となり、加飾性（多条直線文・ミガキ）に壺の影響を受けて（吉田2000）、次段階以後の典型的な瀬戸内型甕が成立するものと予察する。豊前・長門においては、口縁部内面を肥厚させ、その直下に突帯を持つ壺が出現し、豊前〜近畿地方では、小〜大型壺に内面突帯A1類が出現する。

4-2期：（板付Ⅱb式・様相2古/壺・甕・鉢文様帯内直線文数〜4条が主体）　壺・甕・鉢の文様帯中の直線文数は5条までだが、4条以下が主体となる段階で、中部瀬戸内〜東海地方で小〜大型壺に内面突帯B1a類（1条の貼付突帯[A1類の間欠型]）、B1b類（1条の貼付突帯[A1類の蕨手間欠型]）が出現する。筑前の板付Ⅱb式新相に併行する。

(5) 5期：地域色顕在化期

5-1期：（板付Ⅱc式古相・様相2新/壺・甕・鉢文様帯内直線文数〜5条）　壺・甕・鉢において一つの文様帯内の直線文数が5条までの段階で、3〜5条の直線文が増加する。ただし、壺においては6条以上の直線文が少量出現している可能性がある。豊前〜東海地方では壺の口縁部が拡大し、頸部が筒状化したものが出現する。筑前の板付Ⅱc式古段階[5]（齋藤2010）に併行し、筑前では壺の頸部の直立化・無文化が顕著となる。また、上底・厚底（以下榎本2007により両者を「厚底」と総称）の甕はこの段階に出現すると考えられる。壺頸部の貼付突帯もこの段階に出現する可能性がある。

5-2期：（板付Ⅱc式新相・様相3/壺・甕・鉢文様帯内直線文数〜6条）　前期最期末で、壺・甕・鉢において一つの文様帯中の直線文数が6条までの段階である。瀬戸内地域を中心に瀬戸内型甕が増加する。中部瀬戸内・土佐・紀伊を中心に小〜大型壺に内面突帯A2類（有刻目、無刻目突帯を問わず、2条以上の貼付突帯で構成され、全周するもの）、B2a類（2条以上の貼付突帯[A1類の間欠型]）、B2b類（2条以上の貼付突帯[A2類の蕨手間欠型]）、C類（口縁端部付近を各種の文様意匠を用いて装飾性を強く表現したもの）が出現する。ただし、一部は前段階に遡る可能性がある。近畿〜東海地方では壺用蓋が消失する（豆谷2008）。紀伊では、この段階までに甕D（紀伊型）が出現する。筑前の板付Ⅱc式新段階に併行し、筑前では壺の頸部に貼付突帯が出現する。

(6) 6期：解体期/中期初頭

6-1期：（城ノ越式古相・様相4古/壺・甕・鉢文様帯内直線文数6条〜＋細密多条直線文）　壺・甕・

鉢において一つの文様帯中の直線文数が6条以上のものを含み、ヘラ描に加えて細密多条直線文が出現する段階である。また、近畿地方では甕B（大和型）、甕C（河内型）が出現する。現状で瀬戸内では、6-1～2期を細分することが困難であるが[6]、多条化と共に櫛描文が出現する状況は櫛描文分布圏の西端域である山口市上東遺跡でも確認されており、将来的には近畿地方と同様の細別が可能と考える。豊前～山陰地方間では、豊前の一部と周防・長門を除いて貝殻施文が消失する。

　筑前では、城ノ越式古相の一部に併行する。福岡市域を対象とした榎本義嗣の編年案（榎本2007）のうち、比恵遺跡37次SU-037出土土器を除いた②式の一部を、壺が無文化するが、典型的な城ノ越式壺が出現していない段階として古相に位置づけ、③式を頸胴部界が明瞭で球胴の典型的な城ノ越式壺が存在し、亀ノ甲タイプの甕が主体となる段階として、新相に位置づける。城ノ越式の影響により、長門・周防ではこの段階から次段階までに内折口縁土器（田畑2014）が出現する。豊後では、この段階から6-3期までに、壺に二叉状工具による施文、透穴を持つ台付鉢が出現する。四国西南部ではこの段階から6-3期までに西南四国型甕（柴田2000）が成立する。

　6-2期：（城ノ越式古相・様相4新／壺・甕・鉢文様帯内直線文数6条～＋細密多条直線文＋櫛描文）壺・甕・鉢において一つの文様帯中のヘラ描直線文数が6条以上のもの、細密多条直線文に加えて櫛描文が出現する段階である。筑前の城ノ越式古相～新相に併行する。

　6-3期：（城ノ越式新相・様相5／櫛描文）　壺・甕・鉢の文様帯中から直線文が消失し、櫛描文のみとなる段階である。ただし、周防・長門の一部ではヘラ描直線文、貝殻施文が一定量残存する。筑前の城ノ越式新相に併行する。

3　併行関係

　1期は北部九州にしか存在せず、2-1期～3-2期までは、一部を除き既に述べた諸属性の存在を併行関係の根拠とした。4-1期以降は型式変化の方向性が異なるので、遺構出土土器による共伴関係を参考とした（表1）。

　まず、綾羅木・高槻系と瀬戸内・近畿系との共伴関係について検討する。4-1～5-2期については、表1-10から綾羅木・高槻系の3-2～4-2期と瀬戸内・近畿系の4-2期、表1-5から綾羅木・高槻系の5-1期と瀬戸内・近畿系の5-1期、表1-6から綾羅木・高槻系の5-2期と瀬戸内・近畿系の5-2期とは接点があることが分かる。6-1～3期については、表1-2、7、8、14・16～18から綾羅木・高槻系（6-1以降城ノ越）の6-1～3期と瀬戸内・近畿系の6-1～3期は接点があるので、両地域の5-1～6-3期はおおむね併行関係にあると考える。

　一方、板付系と綾羅木・高槻系土器との併行関係を示す資料は少ない。3-2～4-2期については良好な資料に欠ける。5-1期では、山口県下関市綾羅木郷遺跡K地区L.N.101から、亀ノ甲タイプの甕と厚底の甕が出土している（表1-4）。また、5-1期の福岡県糸田町松ヶ迫遺跡21号竪穴でも厚底の甕が出土している。板付系で厚底の甕が出現するのは5-1期と考えられるので、厚底の甕が北部九州でほぼ同時期に出現すると仮定して、綾羅木・高槻系の5-1期、板付系の5-1期が併行

表1 主な併行関係（北部九州～近畿地方間）

番号	外来系土器出土・遺構		遺跡・遺構名	外来系土器			備考
	地域	時期		地域	時期	器種	
1	筑前	5-2～6-3	石丸3号貯蔵穴	綾羅木・高槻系	5-2～6-2	壺（口縁内面肥厚・貼付突帯）	宗像町教育委員会1980
2	豊前	6-1～6-3	竹並AW柱穴群	瀬戸内	6-2～6-3	壺（櫛描文）	田崎1998
3	豊後	5-2	下郡D区SK27	瀬戸内	5-2	甕（瀬戸内型胴部直線文5・7条）	田崎1998
4	長門	5-1	綾羅木郷K地区L.N.101	東北部九州	4-1～5-2	甕（亀ノ甲タイプ・厚底）	伊東編1981
5	長門	5-1	綾羅木郷ⅤⅣ地区L.N.6002	瀬戸内	5-1	壺（頸部直線文5条・胴部削出突帯Ⅱ5条）	伊東編1981
6	周防	5-2	上東5次SK5079	瀬戸内	5-2	瀬戸内型甕胴部直線文7条	山口市教育委員会2003
7	周防	6-1～6-2	上東1次SK230	城ノ越・瀬戸内	6-1～6-3	城ノ越系壺・甕、甕櫛描文（6-2か）等	山口市教育委員会2001
8	周防	6-2～6-3	上東1次SK129・230	城ノ越・瀬戸内	6-1～6-3	城ノ越式、壺、甕櫛描文（6-2～6-3）等	山口市教育委員会2001
9	出雲	2-1～4-1	矢野SD2626	綾羅木・高槻系	2-1～4-1	壺（胴部無軸羽状文等）	出雲市教育委員会2010
10	安芸	4-2	和田1号土器溜まり	綾羅木・高槻系	3-2～4-2	壺（胴部無軸羽状文）	広島市教育委員会1988
11	伊予	5-1～5-2	来住廃寺14次包含層	綾羅木・高槻系	6-1	壺頸～胴部	梅木1994
12	伊予	5-2	岩崎SDⅤ202下層	綾羅木・高槻系	5-1～6-3	鉢（口縁部外面肥厚）	宮内編1999
13	伊予	5-2	岩崎SDⅥ104下層	東北部九州	5-2～6-2	甕（底部・厚底）	宮内編1999
14	伊予	6-1～6-2	岩崎SKⅤ460	東北部九州	6-1～6-3	甕（底部・厚底）	宮内編1999
15	伊予	5-2	岩崎SKⅤ465	東北部九州	5-2～6-2	壺	宮内編1999
16	伊予	5-2	岩崎SKⅤ218	東北部九州	5-2～6-2	壺（口縁部内面肥厚）	宮内編1999
17	伊予	5-2	岩崎SKⅤ218	東北部九州	6-1～6-3	鉢（口縁部貼付）	宮内編1999
18	伊予	6-1～6-2	岩崎SDⅥ105中層	東北部九州	6-1～6-3	鉢（口縁部貼付）	宮内編1999
19	伊予	6-1～6-2	岩崎SKⅤ445	東北部九州	6-1～6-3	壺（口縁部折り曲げ）	宮内編1999
20	讃岐	4-1	鬼無藤井SD-A1-02	綾羅木・高槻系	3-2～4-2	壺（口縁内面1条直線文）	高松市教育委員会2001
21	山城	5-1～5-2	雲宮SX76第2層	綾羅木・高槻系	5-1～5-2	壺（口縁部内面肥厚・貼付突帯）	中川・土橋編1997
22	山城	5-1～5-2	雲宮SX76第2層	綾羅木・高槻系	5-1～6-3	壺	中川・土橋編1997
23	紀伊	4-2～5-2	堅田環濠1-a中層	綾羅木・高槻系	5-1	壺（口縁部内面肥厚・貼付突帯）	御坊市教育委員会2002
24	紀伊	4-2～5-2	堅田環濠1-a中層	綾羅木・高槻系	5-1～6-3	鉢（口縁部外面肥厚）	御坊市教育委員会2002

すると考えたい。6-1～3期については、城ノ越系土器の存在から、綾羅木・高槻系と併行関係にあると推定できる。3-2～4-2期、5-2期については前後関係から両者はおおむね併行関係にあると考える。

　以上の併行関係は具体的な検討を進めるための試案であり、重複時期の存在や時期幅が異なる可能性は否定できない。今後の良好な一括資料により修正する必要がある。なお、北部九州では、板付Ⅱ式～城ノ越式の細分が進んでいない。その要因としては、量的にまとまった資料が少ないこと、時期が下るにつれ、無文化することなどがあげられる。上記から、3-1期～4-2期、6-1期～6-2期については、各々2段階を一時期としてしかとらえることができないが、将来的には細分できると考えている。また、北部九州では、前期末～中期初頭の日常土器の区分にも議論があるほか（榎本2007、齋藤2010など）、遠賀川以西・以東地域の併行関係の検討が不十分である。甕棺においては金海式甕棺（KⅠc式）が中期前葉（6-1～3期）まで残存し、城ノ越式甕棺（KⅡa式）と併存すること、地域色を持つ甕棺の存在が指摘されており（宮井1996、梶原2016など）、日常土器との併行関係と合わせてさらに検討を進める必要がある。

4　遠賀川式土器の特質

　かつて、小林行雄は遠賀川式土器[7]を「西日本の前期弥生式土器の総称」と定義した（小林1959）。この定義は他系統の土器をすべて含むわけではなく、中山平次郎が第二系統土器と呼んだ土器を示し（中山1932）、「広く西日本に分布する土器様式」である。これまで遠賀川式土器の特質とされてきたのはその斉一性で、斉一性のある土器様式が大陸系磨製石器や鉄器を伴って短期間で広がり、完成された農耕社会を分布圏にもたらしたと理解されてきた。その斉一性が特に顕著なの

は、豊前〜東海地方西部の3-1〜4-2期である。以下で、社会状況を概観しつつ、検討する。

　菜畑遺跡や曲り田遺跡では、無文土器や大陸系磨製石器の存在から、山ノ寺式段階に朝鮮半島南部から少数の人の移住があったことが想定されている（家根1993など）。しかし、無文土器のみが出土する遺跡はなく刻目突帯文土器と共に出土することから、移住者は縄文系集団と平和裏に共存し（宮地2014）、これまでの出土土器の分析では、渡来系集団は本稿の夜臼Ⅰ式段階にかけて唐津平野から糸島平野を経て福岡平野を含む周辺地域に拡大したとみられ[8]（三阪2015）、小規模集落のみで構成されていた（吉留2008）。以上から、集落は、無文土器の系譜を引く土器を製作していた渡来系集団と刻目突帯文土器を製作・使用していた縄文系集団から構成され、両者を含む小集団の移住、婚姻等を通じて夜臼Ⅱa式までには豊前まで水稲耕作が広がったとみられる。上記により筆者は北部九州に限定して弥生早期を認める。一方、瀬戸内以東では無文土器系の甕の出土がほとんどないが、近年のレプリカ法による土器圧痕調査で、イネ・アワ・キビの圧痕の確認例が増加していることから（中沢2017）、情報のみが伝わり、上記を栽培していた可能性が高い。西日本の縄文後〜晩期社会では、自立性の高い小規模集落が散在し、集落存続のため遠方の集落と関係を保ち、必要最小限の余剰しか持たなかったとみられ、「集落人口は増えても減っても困る」小規模性を維持していた（矢野2016）。北部九州における当初の水稲耕作は大陸系伐採斧が僅少で、縄文系の伐採斧が主体であり（下條2014）、小規模集落のみ存在することから、上記と同じ理念に基づいて水稲耕作を行っていた可能性が高く、拡大再生産への指向性が弱かったと言える。縄文系集団はこの形でしか水稲農耕を受け入れることができなかったのだが、渡来系集団からすれば、平和裏に共存を図るために、縄文系の意図を汲み取ったのではないか。いずれにせよこの独自の農耕社会は北部九州で一定時間をかけて形成されたもので、渡来系、縄文系のどちらが欠けても成立しなかった。つまり、両者を含めた社会全体が選択した結果であり、片方の主体性のみを強調するのは適切ではない。

　玄界灘沿岸部では、夜臼Ⅰ式（本稿の山ノ寺式を含む）以後に平野下流域に遺跡が出現・増加するが（宮地2014）、水稲耕作は縄文集落と同じ生産量を狭い領域で得ることができる点が反映したと考えられる。集落が増加して集団間の水田域が近接すると、水路網の共有化と水量調整、ブロック（遺跡群）の協業活動とともに水利に関わる調整機構（吉留2008）が必要になる。夜臼Ⅱa式の水田には複数の水田ブロックに配水する幹線水路を伴っていた可能性が指摘されている（大庭2018Ⅰb類・Ⅱ類水田）。一部では環濠集落が形成され、生産や流通の拠点としての機能（本書第1章第4節）や、協業活動や水利に関わる調整を中心的に担っていた可能性が高い。集落間の格差はないが（吉留2008）、上記の夜臼Ⅰ式以後、副葬品を持つ墓がみられる。土器においては、無文土器系、突帯文系だけではなく、両者の要素を持つ土器がみられるなど（三阪2014）、収斂が進行し、夜臼Ⅱa式に如意形口縁の甕が出現する。

　次に壺について述べる。朝鮮半島南部では小壺と中〜大型壺は器形が異なっていたが、北部九州では無文土器の小壺の形態を小〜大型壺に採用し（中村2003）、夜臼Ⅱa式には、小壺に文様を持つ

ものが出現する。文様のすべてを東日本系との関係の脈絡だけでとらえることは難しく（宮地2017）、一部は在来系にも由来するとみられるが、以後を含めて原則小・中型壺に限定される。そして1期（板付Ⅰa式）に浅鉢の口縁部形態を模倣して有段口縁の壺が成立する（田畑2000）。また、この段階から小型壺が墓に副葬されるようになる（中村2006）。組成における壺の比率は無文土器より高く増加傾向にあったが、この段階により顕著となる（庄田2017）。壺の文様の意図は不明だが、板付Ⅰa式まで小型壺は内傾接合であることからしても、壺には渡来系・縄文系の理念が融合して、再生を敬い、願う観念が強く込められていた可能性が高い。上記に基づき貯蔵や副葬等に多用したのであろう。彩文土器やこれと関連する縄文晩期以降の漆塗木製品のあり方にも注意を払う必要がある。以後、板付Ⅰb式が成立する背景には、水田における協業に基づく生産活動や水利に関わる調整を行う体制・組織の整備の進展に伴って、縄文系・渡来系集団の一体化が進行していたことがうかがえる。

　2-1期（板付Ⅰb式）で無文土器系（外傾接合・ハケメ調整・覆い焼き）での製作技術に統一された組成が誕生する。この段階には少なくとも板付系、宗像系、豊前系の地域色がある。福岡平野では、板付遺跡において、近畿地方で想定される集落の複雑化・基礎集団規模の定着（本書第4章第1節）がこの段階には成立した可能性が高い。宗像では板付Ⅰa式、豊前では板付Ⅰb式から環濠を持つ集落が存在し、一部では集落の複雑化が進展していた可能性がある。板付Ⅰb式は、水田や環濠の掘削にみる一定の協業、磨製石鏃、石剣、小壺を副葬する墓からうかがえる格差の存在、土器にみられる製作技術の統一などから、独自の農耕社会の型を確立した段階と言える。

　瀬戸内最古の遠賀川式土器と近似するのは、宗像系、豊前系で、板付系は響灘沿岸地域などでごく少量みられるに過ぎない。北部九州以東において板付Ⅰb式は出雲・中部瀬戸内・土佐を東限とした範囲に認められる。瀬戸内海が往来に適した内海で水稲耕作の適地が多かったことが主に東方に展開した要因であり、中部瀬戸内を東限とするのは、大淵遺跡や林・坊城遺跡の状況から、中部瀬戸内が前段階までの小規模な水稲稲作分布圏の東限にあたるためではないかと推測する。瀬戸内の刻目突帯文土器には①長門・周防西部、②周防東部〜伊予、③備讃瀬戸で地域色があり（小南2012）、上記のネットワークを介して移住が行われたとみられる。この段階の弥生集落はいずれも小規模で、付近に縄文集落が存在したと考えられる。環濠集落はない。水田の形態は不明だが、自立性の強い小規模な水田が存在した可能性が高い。

　上記に加えて、関門地域以東では、大陸系磨製石器の一部に北部九州からもたらされたとみられる搬入品が存在する一方、伐採斧が僅少で加工斧が一部欠落することから（下條2014、本書第1章第5節）、移住者側が共存・受容を図り、縄文集落と近似した集落規模・開発方法等をとったとは言えないか。また、この段階の弥生集団は小規模であるが故に、人口増加や災害等に伴う生産地の確保は主に移住により解決する必要があり、上記の石器の存在から北部九州とも交流を保っていた。以上から瀬戸内の初期弥生集落は、自立性が高い小規模集落で拡大再生産への指向性が弱かったが、小集団単位で水稲耕作を行い、土器製作技術が統一されていた点などから農耕社会の型は明

確であった。一方、縄文集落も小規模で弥生集落と生産単位がほぼ同じであったことから、小集団を生産単位とする明確な型を持った農耕社会に対して、生産単位を分割して一部導入することができず、一定地域内で農耕社会への転換が集落（集団）単位で行われたため、両者が集落内で共存することがほとんどなかったのではないか。筆者は上記が近畿地方を含む環瀬戸内海地域で、最古段階の遠賀川式土器と刻目突帯文土器が２段階程度共存するが、明確な共伴事例がきわめて少ない要因と考える。東海地方を除くその他の地域では、地理的条件から環瀬戸内海地域ほど広域間における弥生集団の継続的な交流が密ではなかったこと、山間部が多く、環瀬戸内海地域と比較して水稲耕作に適した場が少なかったことから、水稲耕作を主体とする農耕社会の型が必ずしも安定的ではなく、集落内で両者が共存したため、突帯文系土器が残存したのではないか。

　３-１期の土器は近畿地方まで、４-１期の土器は東海地方西部まで波及する。３-１期の瀬戸内・近畿地方に環濠集落はなく、３-２期に出現したが（本書第１章第４節）、小規模であった。上記から、近畿地方、東海地方西部に遠賀川式土器が出現した段階は、いずれも小規模集落しか存在せず、集落の存続のためには広域間の交流を保つ必要があったと考えられる。環瀬戸内海地域は水稲耕作の適地が多く、瀬戸内海を介した広域の集団の交流が活発で、特に中部瀬戸内は北部九州・近畿地方とも交流関係があったことから、この地域が核となり、前述した遠賀川式土器の斉一性が生まれたのではないか。上記は壺・甕・鉢の直線文（２条以上）の増加が瀬戸内を中心とし、Ｃ型式石包丁（下條2002）、近畿型鍬Ｉ０式（黒須2015）が瀬戸内を中心に分布することなどからも裏付けられる。その意味で遠賀川流域は分布の西端域になる。なお、筑前は如意形口縁の甕、壺の形態などは上記地域と近似するが、３-１期以後、型式変化の方向性は異なる。

　大庭重信によると、４-１〜５-１期の瀬戸内・近畿地方における水田（大庭Ｉ類水田）は、水田ブロック（3000㎡前後）の水利単位としての自立性が強い一方で、全体の水管理や水田造成のための協同労働も必要とする。また、3000㎡の水田ブロックはその生産量から一つの住居に暮らす世帯によって経営されていたと考えられる（大庭2016）。一方、近畿地方では４-２期以降には小規模集落に加えて、集落の複雑化・基礎集団規模の定着が想定され（本書第４章第１節）、瀬戸内でも４-２期以降に認められる。上記から縄文集落が払拭され、集団間の水田域が近接することが多くなった結果、北部九州と同様な事情で一部の小規模集落が複合化し、水田全体の水管理や水田造成のための協業が行われるようになったと考えられる。また、４-２期には上記機能を担ったとみられる環濠集落も瀬戸内〜東海地方西部で出揃う（本書第１章４節）。以上から、広域のネットワークは維持されるものの、土器製作を含めた主な生産活動上の交流範囲や通婚の頻度が高い地域は、広域から小地域へ比重が移っていったとみられる。

　前期末・中期初頭（５-１〜６-３期）になると、遺跡数が大幅に増加する。また、伐採斧は在地で生産された大陸系の厚斧が主体となるほか、青銅器、鉄器が出現する。北部九州では「王墓」も出現し、「クニ」の形成もうかがえるなど、本格的な農耕社会である「真性の弥生時代」となる（本書結章）。ただし、青銅器は少数の再加工品を除き、完形品が出土するようになるのは６-１期以降と

考えられる。鉄器も確実に出土が確認できるのは6-1期以降である。

　近畿地方で注目されるのは、5-2期には大規模水田（大庭Ⅱ類水田：水田ブロックと灌漑ユニット、およびこれらが集合した水田ゾーンで構成される）が存在し（大庭2016）、複数集団間の協業の進展が想定されることである（本書第4章第1節）。ただし、前期末・中期初頭の集落は基礎集団規模のほかに小規模集落もあり、かつ以後に継続性がない場合が多く、大規模集落への複合化は中期中葉から後葉にかけて進展していく。以上から、重要なのは、移動を伴いつつもこの段階に小地域の中核となる基礎集団規模の集落が定着することと、複数集団間の協業が進展していたとみられる点にある。筆者は、5-1～2期にみられる画期は、継続的な発展に加えて、この時期から多く確認される擬朝鮮系無文土器（水石里式）、方形周溝墓などから、朝鮮半島南部の影響によって、拡大再生産を目的とするイデオロギーが浸透したことも大きな要因であったと推測する。なお、北部九州では、諸岡遺跡（5-1～2期）や三国丘陵所在の遺跡（4-1～5-2期）などで、朝鮮半島南部からの移住者が居住した集落が確認されているが、特殊な遺物はない。一方、4-1期以降、丘陵およびその縁辺部で遺跡数が増加傾向にあったことから、上記も要因となって、水田経営を含めた生業活動において複数集団の協業が進展し、瀬戸内以東にも影響を与えたことを想定したい。今後、気候変動等も加味した総合的な検討が求められる。

　この段階には土器の地域色が顕在化するが、これは複数集団の協業の進展により、土器製作を含めた生産活動上の主な交流範囲や通婚の頻度が高い地域が小地域単位となった結果であろう。上記の動きの中で小地域がその周辺地域を取り込む形で再編された結果、福岡平野では亀ノ甲タイプの甕が増加したと考えられる。また、近畿地方では6-1期に甕B、甕Cといった地域型甕が出現・増加し、隣接する小地域を介した連鎖によって大地域内で共通する属性が保持されるようになり（若林1993）、後述のように広域間の交流は地域単位の交流へ変化していったと考えられる。

　北部九州では、6-1期になると貼付突帯以外の文様がほとんど失われて城ノ越式土器が成立し、瀬戸内と共通する属性を保持していた関門地域の綾羅木・高槻系土器も城ノ越式土器（遠賀川以東系）となる。そして、6-3期の個人墓の一部には青銅器が副葬された。上記について、安藤広道が提示した余剰の概念（安藤2011）を参考にすると、以下の流れが想定できる。まず、従前より増加した余剰は主に労働力の拡大再生産にあてられた結果、人口が増加し、地域社会内外の諸矛盾の調整と社会的関係の維持が必要となる。その役割を担ったのは、個人墓に副葬された細形銅矛、細形銅戈、細形銅剣から、個人ないし特定集団であり、集団を統率する能力の象徴として、さらに増加しつつあった余剰の一部を消費することにより、朝鮮半島南部から、同地域の直接的な影響により、完形青銅器を導入した。

　一方、瀬戸内～東海地方西部では、前段階からの多条化を踏まえて櫛描文が出現するが、前述のように各地で地域型甕が顕在化し、山陰・瀬戸内地域のみが文様・調整等に地域色を保持しつつ、前期系統の甕を主体的に使用するに過ぎなくなる。青銅器について、細形銅剣は瀬戸内、山陰、近畿地方、菱環鈕式銅鐸は山陰から北陸、近畿、東海地方西部に分布する地域差があるが、これらは

いずれも埋納されたものとみられる。現状で菱環鈕式銅鐸の鋳造開始時期は、鋳型共伴土器から6-3期であるが（第2章第1節）、今後遡る余地はある。上記については以下の流れが想定できる。大規模水田における複数集団の協業の進展が、前述と同様の経緯で人口増加をもたらし、地域社会内外の諸矛盾の調整と社会的関係の維持が必要となる。その役割を担ったのは、青銅器の埋納されたとみられる出土状況から集団であり、さらに増加しつつあった余剰の一部を消費することによって、これらの青銅器を朝鮮半島から導入したとみられる。青銅器が個人・特定小集団に帰すことがなかったのは、朝鮮半島からの直接的な影響が少なかったことが主要因であろう。また、菱環鈕式銅鐸の分布には、広域の連動した選択意図が読み取れる（吉田2014）。菱環鈕式銅鐸と分布が完全に一致する遺構・遺物はないが、文様に北陸系の要素が認められることから（本書第2章第1節）、前述した地域社会の再編の中で、北陸・東海地方とこれに隣接する山陰・近畿地方において、連動した動きと選択意図が生じたことが考えられる。その際、朝鮮半島に近い山陰地域が小さくない役割を果たしたと言えるが（吉田2014）、上記と関連して5-1〜6-2期には、近畿地方でも綾羅木・高槻系土器が散見される点が注目される。

　以上のように、城ノ越式土器と櫛描文が成立する背景には、各々異なる地域社会の再編に基づく社会秩序が確立していく状況を読み取ることができ、ここに前期と中期を区分する画期を認めたい。

おわりに

　遠賀川式土器の分布圏では、小規模集団の移住によって水稲耕作が広がったが、これらの集団は、西日本の後〜晩期の縄文社会と同様に小規模であり、その存続のために遠隔地間の交流が不可欠であった。このため、広域間のネットワークが構築・維持された結果、中部瀬戸内が核となり遠賀川式土器の斉一性が生じたと考えられる。国立歴史民俗博物館の年代観によると、その斉一性が顕著な時期は200年近く継続したことになるが、筆者は、遠賀川式土器の分布圏では水稲耕作を導入したものの、縄文社会の影響により小集団単位で自立性の高い生産活動を行い、かつ拡大再生産への指向性が弱かったこと、すなわち、集落が存続する必要最小限以外の余剰に対する欲求が少なかったことが長期に及んだ背景にあったと予察する。このことは、水田（大庭I類水田）からうかがえる限定的な協業のあり方からも支持されよう。

　遠賀川式土器は、農耕社会の継続的な発展に加えて、朝鮮半島南部から拡大再生産を目的とするイデオロギーを受け入れたことによる社会変化に伴い、土器製作を含む主な生産活動の交流範囲や通婚の頻度が高い地域が小地域に変化した結果解体へ向かい、大きくみると、城ノ越式土器、櫛描文の分布圏に二分される。上記は青銅器の種類・取り扱いからうかがえる地域社会の秩序の違いを反映したものとみられ、各々の分布圏は、甕棺墓の有無や青銅器、地域型甕などの土器様相から、さらに細分される。遠賀川式土器の分布とその斉一性にみられた広域間の交流は、集団単位から地域単位へ変化し、受け継がれたのである。

註

1) 本稿は、田畑 2016 の発表内容に大幅な加筆・訂正を加えたものである。紙幅の都合で、北部九州の対象地域を福岡県北部（筑前・豊前）とし、主に北部九州～瀬戸内～近畿地方間の状況について述べる。同上の事情で、研究史、多くの発掘調査報告書、参考文献の掲載を割愛し、編年の詳細や論拠の提示が不十分となった。これらについては他日を期したい。
2) 表 2・3 の朝鮮半島南部の編年は武末 2014、従来年代・歴博年代は藤尾 2013 より作成した。筑前の板付Ⅱb式までの編年は田畑 2000 による。甕棺の編年は橋口 1979・常松 1997 を改変し、日常土器との併行関係については久住猛雄氏のご教示を受けたが、KⅠa式、KⅠb式前半の併行関係は筆者の編年観による。刻目突帯文土器の編年は小南 2012 を一部改変した。長門の土器型式は伊東編 1981 による。伯耆・因幡突帯文土器型式は濱田 2008・2012 による。近畿土器型式は佐原 1967・若林 2000 による。東北地方の編年・併行関係は佐藤 2015 を参考に作成した。壺内面突帯の分類は川部 2014 による。甕B～Dは若林 1993 による。表 2 の近畿と図 3 は若林 2000、2015 に基づき、一部改変して作成した。表 2・3 の同一時期内の上下は時期差ではない。表 3 は一部を除き、主要な属性の出現時期のみ表記した。図 1～3 は、表 2 の基準資料の一部を図示した概要図である。紙幅の都合で各小期の区分線は省略し、全器種を図示していない。
3) 五丁遺跡 C・D 区 SR05 上層出土土器の甕は胴部が無文もしくは無刻目の段を持つもので、1 条直線文を持つ甕は含まれていない。壺の形態などから次段階に下らず、有段で刻目のある甕がみられない点などから板付Ⅰb式まで遡らないと考えられるので、この段階に位置づけた。
4) 筆者はこれまで長門の編年において、綾羅木郷遺跡 EⅢ地区 L.N.9 以外の綾羅木Ⅰ式については、多くの遺構で綾羅木Ⅱ式の土器も出土していることを根拠に、綾羅木Ⅱ式と同段階と位置づけた（田畑 2003）。しかし、近年の資料を踏まえ、綾羅木Ⅰ式の一部について、壺口縁部内面直線文が出現していない段階を設定できると考え、細分した。
5) 齋藤端穂は比恵遺跡 37 次 SU-039 出土土器を板付Ⅱc式古段階、同遺跡 37 次 SU-037 出土土器を新段階としており（齋藤 2010）、筆者もこれを支持する。また、甕の上げ底・厚底は当初は少ないと考えられるので（片岡 1984）、板付系壺における頸部突帯の出現時期の問題と合わせて、量的に恵まれた資料による検討が必要である。
6) 愛媛県松山市岩崎遺跡（宮内 1999）では、直線文を a（ヘラ描直線文）、b（2 条 1 組の工具による直線文）、c（ヘラ状工具を束ねたと思われる 3 条以上を 1 組とした工具による直線文）、d（櫛描文）に分類し、前期末から中期初頭の土器を、古相（a+b）、中層（a+b+c）、新相（a+b+c+d）の 3 段階に区分している。このうち、新相に細分の余地があると考える。
7) 小林は 1934 年に「遠賀川式土器」を遠賀川流域を中心とする東北部九州に分布する前期の土器であることを示唆し、「遠賀川系土器」を「遠賀川式土器」と様式標徴を同じくし、西日本一帯に広く分布するとしたことから（小林 1934）、「遠賀川系土器」の名称が相応しいとする考えもある（平井 2000）。しかし、上記のように小林は最終的に「遠賀川系土器」に相当する広義の名称として遠賀川式土器を定義し、一定程度定着していることから、本稿もこれに従っている。
8) この過程では、藤尾慎一郎が指摘する「住み分け」の状況が存在したことになる（藤尾 2013）。

引用・参考文献

安藤広道 2011「一　集落構成と社会」『講座日本の考古学 6　弥生時代（下）』青木書店　pp.347-384

石黒立人・加納俊介 編 2002『弥生土器の様式と編年―東海編―』木耳社

伊東照雄 編 1981『綾羅木郷遺跡発掘調査報告書　第Ⅰ集』下関市教育委員会

梅木謙一 1994「西瀬戸内地方の弥生時代前期土器―松山平野を中心として―」『牟田裕二君追悼論集』牟田祐二君追悼論集刊行会　pp.75-98

榎本義嗣 2007「弥生時代前期末から中期初頭における土器編年の検討―福岡市域を中心として―」『市史研究ふくおか』2、pp.1-16

大庭重信 2016「西日本の弥生時代水田の灌漑システムと社会」『近畿弥生の会　第 3 回テーマ討論会　「水田から弥生社会を考える」発表要旨集』近畿弥生の会　pp.29-40

大庭重信 2018「日韓の初期農耕―西日本および韓半島南部初期水田の灌漑システム―」『新・日韓交渉の考古学―弥生時代―』「新・日韓交渉の考古学―弥生時代―」研究会　pp.115-130

梶原慎司 2016「汲田式の成立過程―弥生時代前期後半から中期前半における大型甕棺の分類と編年―」『九州考古学』91　pp.21-41

片岡宏二 1984「Ⅷ.考察 板付Ⅱ式土器の細分と編年について―特に三国丘陵の資料を中心に―」『三沢

蓬ヶ浦遺跡』福岡県教育委員会　pp.169 - 183
河合　忍 2015「3 中国・四国」『考古学調査ハンドブック 12　弥生土器』ニューサイエンス社　pp.160 - 208
川部浩司 2014「内面突帯の出現と展開―前期弥生土器にみる貼付突帯要素の淵源と地域性―」『弥生土器研究の可能性を探る2』弥生土器研究フォーラム 2014　pp.33 - 48
黒須亜希子 2015「「広鋏Ⅰ型式」の成立と展開―瀬戸内海・河内潟沿岸部における弥生時代前期の様相―」『古代学研究』205　pp.28 - 47
小林行雄 1934「一の傳播變移現象―遠賀川系土器の場合―」『考古学』5―1　pp.9 - 16
小林行雄 1959「おんががわしき―どき」『図解考古学辞典』東京創元社　p.134
小南裕一 2012「環瀬戸内における縄文・弥生移行期の土器研究」『山口大学考古学論集』中村友博先生退任記念事業会　pp.45 - 76
齋藤瑞穂 2010「九州弥生時代研究における福岡市城南区浄泉寺遺跡の役割」『還暦、還暦？還暦！―武末純一先生還暦記念献呈文集・研究集―』　武末純一先生還暦記念事業会　pp.29 - 45
佐藤由紀男 2015「Ⅴ. 広域編年」『考古学調査ハンドブック 12　弥生土器』ニューサイエンス社　pp.474 - 475
佐原　真 1967「山城における弥生式文化の成立―畿内第Ⅰ様式の細別と雲ノ宮遺跡出土土器の占める位置―」『史林』50―5　pp.103 - 127
柴田昌児 2000「四国西南部における弥生文化の成立過程―西南四国型甕の成立と背景―」『突帯文と遠賀川』土器持寄会論文集刊行会　pp.381 - 399
柴田将幹 2012「東部瀬戸内における初期弥生土器の細分」『みずほ』43　pp.39 - 48
柴田将幹 2015「岡山平野における初期遠賀川式土器の編年―津島遺跡南池地点出土資料の再検討を通して―」『同志社大学考古学シリーズ』ⅩⅠ　森浩一先生に学ぶ　森浩一先生追悼論集　同志社大学考古学シリーズ刊行会　pp.261 - 270
下條信行 2002「瀬戸内における石庖丁の型式展開と文化交流」『四国とその周辺の考古学　犬飼徹夫先生古稀記念論集』犬飼徹夫先生古稀記念論文集刊行会　pp.315 - 374
下條信行 2014「西日本における初期稲作と担い手」『列島初期稲作の担い手は誰か』すいれん舎　pp.229 - 277
庄田慎矢 2017「農耕の定着化と土器の器種構成の変化」『季刊考古学』138　pp.47 - 50
菅原康夫・梅木謙一 編 2000『弥生土器の様式と編年―四国編―』木耳社
武末純一 2014「弥生時代の日韓の国々」『第1回古代史シンポジウム IN しものせき　古代史から国際交流を考えるⅠ　弥生時代の日韓交流　資料集』（別刷資料）　古代史シンポジウム実行委員会
田崎博之 1998「九州系の土器からみた凹線文土器の時間位置」『日本における石器から鉄器への転換形態の研究』平成7年度～9年度科学研究費補助金（基盤研究B）研究成果報告書　研究代表者 下條信行　pp.143 - 195
田畑直彦 1997「畿内第Ⅰ様式古・中段階の再検討」『立命館大学考古学論集』Ⅰ　立命館大学考古学論集刊行会　pp.79 - 99
田畑直彦 2000「西日本における初期遠賀川式土器の展開」『突帯文と遠賀川』土器持寄会論文集刊行会　pp.913 - 956
田畑直彦 2003「山陰地方における綾羅木系土器の展開」『山口大学考古学論集』近藤喬一先生退官記念事業会　pp.47 - 72
田畑直彦 2014「内折口縁土器について―長門西部における弥生時代前期末～中期初頭の様相―」『考古

表2 遠賀川式土器の広域編年（試案）

[表は省略]

学研究』61—2　pp.45-64

田畑直彦 2016「遠賀川式土器の広域編年と暦年代」『科学研究費助成事業成果公開・普及シンポジウム 近畿で「弥生」はどうはじまったか 発表要旨集』平成25〜28年度科学研究費助成事業　基盤研究一般（B）「近畿地方における初期農耕集落形成をめぐる考古学的研究」（課題番号25284159）研究代表者 森岡秀人　pp.39-48

常松幹雄 1997「弥生時代の甕棺に描かれた絵画と記号」『福岡市博物館研究紀要』7　pp.1-22

寺沢　薫・森岡秀人 編 1989『弥生土器の様式と編年―近畿編Ⅰ―』木耳社

寺沢　薫・森岡秀人 編 1990『弥生土器の様式と編年―近畿編Ⅱ―』木耳社

中川和哉・土橋　誠 編 1997『雲宮遺跡』（財）京都府埋蔵文化財調査研究センター

中沢道彦 2017「日本列島における農耕の伝播と定着」『季刊考古学』138　pp.26-29

中村大介 2003「弥生文化早期における壺形土器の受容と展開」『立命館大学考古学論集Ⅲ-1』立命館大学考古学論集刊行会　pp.415-432

中村大介 2006「弥生時代開始期における副葬習慣の受容」『日本考古学』21　pp.21-54

中山平次郎 1932「福岡地方に分布せる二系統の彌生式土器」『考古学雑誌』22—6　pp.329-356

橋口達也 1979「4.甕棺の編年的研究」『九州縦貫自動車道関係埋蔵文化財調査報告』XXXI 中巻　福岡県教育委員会　pp.133-203
濱田竜彦 2008「中国地方東部の凸帯文土器と地域性」『古代文化』60-3　pp.83-98
濱田竜彦 2012「出雲原山式再考―山陰地方の初期遠賀川式土器―」『菟原Ⅱ―森岡秀人さん還暦記念論集』菟原刊行会　pp.127-140
平井　勝 2000「遠賀川系土器について」『突帯文と遠賀川』土器持寄会論文集刊行会　pp.903-910
藤尾慎一郎 2013『弥生文化像の新構築』吉川弘文館
正岡睦夫・松本岩雄 編 1992『弥生土器の様式と編年―山陽・山陰編―』木耳社
豆谷和之 2008「近畿前期弥生土器再編」『考古学研究』55-3　pp.86-101
三阪一徳 2014「土器からみた弥生時代開始過程」『列島初期稲作の担い手は誰か』すいれん舎　pp.125-174
三阪一徳 2015「土器からみた北部九州弥生時代開始期の地域差」『同志社大学考古学シリーズ』XI　森浩一先生に学ぶ　森浩一先生追悼論集　同志社大学考古学シリーズ刊行会　pp.245-260
宮井善朗 1996「吉武遺跡群に関する若干の問題―「前期末、中期初頭」を中心に―」『みずほ』20　pp.56-63
宮内慎一 編 1999『岩崎遺跡』松山市教育委員会・（財）松山市生涯学習振興財団埋蔵文化財センター

表3 遠賀川式土器 各期の諸属性 (試案)

宮地聡一郎 2014「玄界灘沿岸部における水稲耕作開始期の遺跡群動態」『九州考古学』89　pp.87-99
宮地聡一郎 2017「西日本縄文晩期土器文様保存論―九州地方の有文土器からの問題提起―」『考古学雑誌』99―2　pp.1-50
家根祥多 1993「遠賀川式土器の成立をめぐって―西日本における農耕社会の成立―」『論苑考古学』坪井清足さんの古稀を祝う会　天山舎　pp.267-329
矢野健一 2016『土器編年にみる西日本の縄文社会』同成社
山崎純男 1980「弥生文化成立期における土器の編年的研究―板付遺跡を中心としてみた福岡・早良平野の場合―」『鏡山猛先生古稀記念古文化論攷』鏡山猛先生古稀記念論文集刊行会　pp.117-192
吉田　広 2000「瀬戸内地域における遠賀川式土器の解体」『突帯文と遠賀川』土器持寄会論文集刊行会　pp.1087-1108
吉田　広 2014「弥生青銅器祭祀の展開と特質」『国立歴史民俗博物館研究報告』185　pp.239-281
吉留秀敏 1994「板付式土器成立期の土器編年」『古文化談叢』32　pp.29-44
吉留秀敏 2008「北部九州における水稲農耕受容期の様相」『平成20年度宮崎考古学会研究会資料集　南部九州における水稲農耕受容期の様相―西日本における他地域との比較を通して―』宮崎考古学会

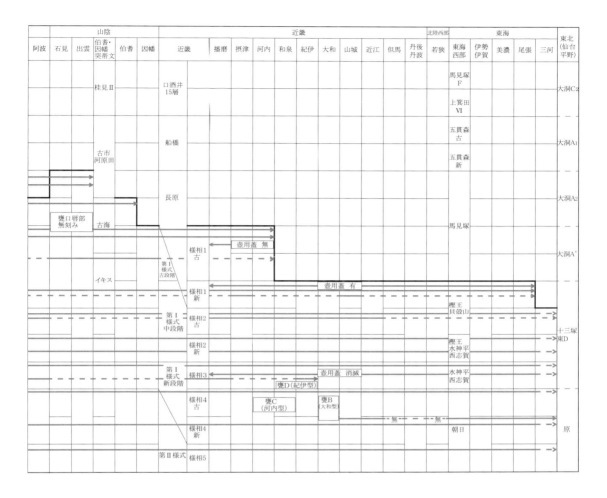

　　　県南例会実行委員会　pp.57-78
若林邦彦 1993「弥生土器地域色顕在化の構図―中期前葉の近畿とその周辺の甕形土器の製作技法と系譜
　　を中心に―」『弥生文化博物館研究報告』2　pp.127-148
若林邦彦 2000「遠賀川系土器様式の終焉―近畿とその隣接地域を中心として―」『突帯文と遠賀川』土
　　器持寄会論文集刊行会　pp.1111-1129
若林邦彦 2015「4 近畿」『考古調査ハンドブック12　弥生土器』ニューサイエンス社　pp.209-268

第Ⅰ章　時間軸をめぐる問題と遠賀川空間の展開

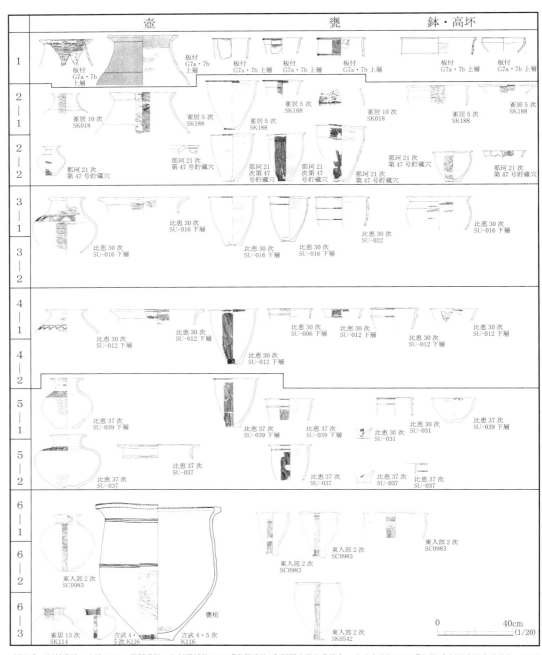

図出典：板付遺跡：山崎 1980、雀居遺跡：松村道博他 1995『雀居遺跡3』福岡市教育委員会、力武卓治編 2003『雀居7』福岡市教育委員会、那珂遺跡：山口譲治編 1992『那珂5』福岡市教育委員会、比恵遺跡：菅波正人編 1992『比恵遺跡群（11）』福岡市教育委員会、菅波正人編 1993『比恵遺跡群12』福岡市教育委員会、東入部遺跡：濱石哲也編 2000『入部Ⅹ』福岡市教育委員会、濱石哲也編 2001『入部ⅩⅠ』福岡市教育委員会、吉武遺跡：力武卓治・横山邦嗣編 1996『吉武遺跡群Ⅷ』福岡市教育委員会

図1　遠賀川式土器の変遷図（福岡平野・早良平野）

第 2 節　遠賀川式土器の特質と広域編年・暦年代

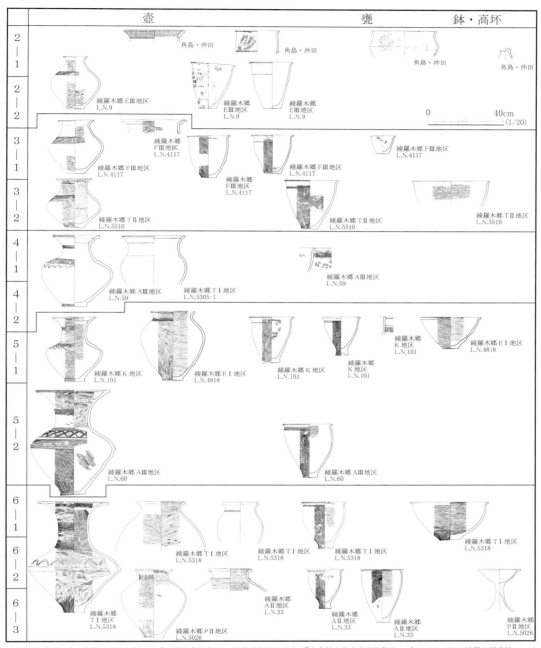

図出典：角島・沖田遺跡：田畑直彦 2003「長門北浦地域における弥生文化の成立」『立命館大学考古学論集Ⅲ－1』pp.395-413、綾羅木郷遺跡：伊東編 1981・田畑 2003

図2　遠賀川式土器の変遷図（下関市域）

第Ⅰ章　時間軸をめぐる問題と遠賀川空間の展開

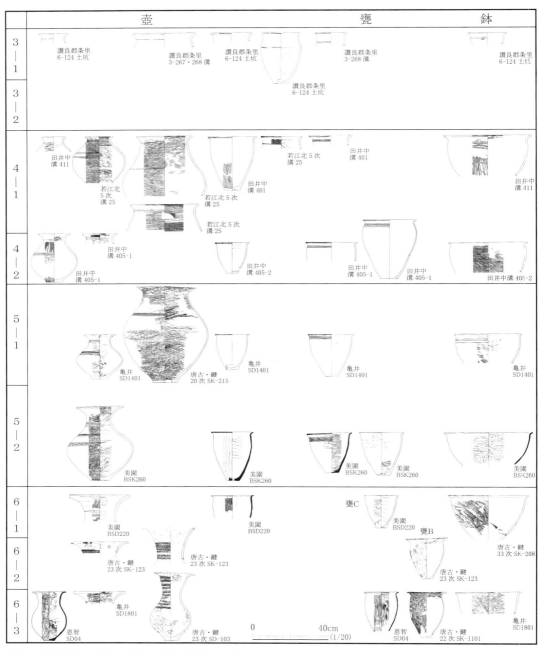

図3　遠賀川式土器の変遷図（大阪平野・奈良盆地）

第3節

大型壺からみた
遠賀川式の近畿地方への定着過程とその特質

山本　亮

はじめに

　本稿では弥生時代開始前後の近畿地方への大型壺の定着過程の具体像について、北部九州から瀬戸内海沿岸の状況を視座に入れつつ検討する。壺は、弥生土器ではその初期から明確な法量分化をみせる器種であり、遠賀川式土器の斉一性の一端を担う特徴とされる（濱田 2000）。大型壺とは広義には組成のなかで相対的に最も大型のものを指すことになるが、このうち、特に大型のものを指すのが一般的であり、狭義の大型壺とも言える。先行研究を参考にすれば、当該期の遠賀川系の壺では容量10ℓ以上、口径30cm以上のものと考えることができる（佐藤 2000、濱田 2000 など）。もちろん時期により細かな口縁部の開きの形態差を加味して考える必要がある[1]。

　弥生時代前期に顕在する大型壺は、岡本勇が注目して以来、稲籾貯蔵と絡めて「弥生化」―農耕社会への移行の象徴と考えられることがあった（岡本 1966）。しかしその起源については、1990年代以降に縄文時代晩期の突帯文土器に含まれる大型壺への着目により、必ずしも弥生時代の開始と結びつくわけではないことが明らかにされてきた。各地で遠賀川系土器が顕在化する以前に、縄文晩期段階ですでに大型壺が存在している（豆谷 1994、佐藤 1999、田崎 2000 など）。この動きは壺形土器そのものの顕在化と同調するとされる。また縄文時代晩期から弥生時代前期にかけて、壺にも複数の系統が存在することが指摘されている。すなわち、①無文土器類似壺、②無文土器系、③浅鉢変容型、④深鉢変容型である（藤尾 1991、佐藤 2000）。大型壺に限らず、各地の壺形土器がいずれの系譜にあるのか検証することが必要となる。

1　大型壺展開過程における近畿地方の位置

　縄文時代晩期、突帯文土器の大型壺については、北部九州をはじめとする地域では韓半島無文土器の影響で出現し（岡田 2010 など）、基本的に瀬戸内以東では従前の縄文土器を下敷きとする形で各地にみられることになる。大づかみな理解になるが、同時期では大型壺は瀬戸内海沿岸、四国には浅鉢変容型、近畿以東は深鉢変容型が主流だ。深鉢変容型の壺は、亀ヶ岡式に端を発し中部地方を経た東からの動きのもとに成立すると考えるのが蓋然性が高い（岡田 2010）。近畿地方で壺形土器がみられるようになるのは縄文時代晩期の口酒井式からとみられ（佐藤 2000）、この点は現在でも追

第Ⅰ章　時間軸をめぐる問題と遠賀川空間の展開

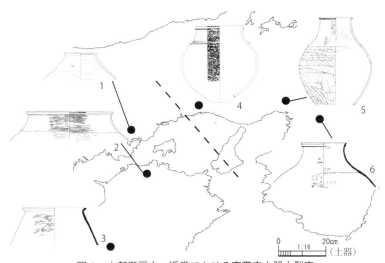

図1　中部瀬戸内〜近畿における突帯文土器大型壺
1：津島岡大　2：林・坊城　3：居徳　4：新宮・宮内　5：口酒井　6：水走

認できる。近畿以東でも浅鉢変容型の壺はみられるが、基本的に中・小型のものに限られる[2]。すなわち近畿地方は、深鉢変容壺が大型壺としてすでに存在するいっぽう、遠賀川式の大型壺を受容した最西端に位置する地域と捉えることができる（図1）。ただし突帯文土器の深鉢変容壺は近畿以東も含めて遠賀川式の壺を基準としてみたときに大型なのであって、突帯文土器の壺のなかでは10ℓ以上が普遍的な大きさであると言える（佐藤2000）。つまり容量という側面からみれば、遠賀川式の中で突帯文土器の壺の機能を直截に引き継ぐことができるのは大型壺であるということになる[3]。これは中四国の浅鉢変容型の壺でも当てはまる（図1-1〜3）。

　瀬戸内以西において、遠賀川式の大型壺を基準としてみれば、縄文晩期突帯文土器の浅鉢変容壺から遠賀川式への移行は、口縁部が強く湾曲して短く伸びる形態を踏襲することからみても一見してスムーズにみえる。浅鉢変容壺や夜臼系壺の口縁部成形技法が、瀬戸内地域では遠賀川式壺に変容していくにあたり、口縁外面の段の成形に結びつくこともまた指摘されている（藤尾1991）。また讃岐地域をはじめ、縄文から弥生への製作技術上の断絶がないことが明らかにされている（柴田2016）。ここで、少なくとも近畿以西ではいずれの地域でも、縄文から弥生への土器の変化は土器製作者の転換を伴うものではなく、製作技術からみて継続的であり、在来伝統の主体性を強く捉えられることがわかる。ちなみに、北部九州では縄文から弥生への変化（夜臼期）は在来伝統を保持しつつ、半島からの影響は選択的に採用されたとされる（田中1986）。夜臼期には様式変化を伴ないつつも、依然として在来系が歴然と存在し、変容型もありつつ集団を把握するには複雑な様相であることが示される（三阪2014）。さらに、北部九州と東の地域との関係性でみても、いわゆる夜臼系と各地の浅鉢変容壺とは必ずしも直接的には結びつかないようだ（田崎2000）。北部九州から半島まで含めて、近畿以西では在来伝統を下敷きに様式変化、器種組成の変化を起こしている。

　いっぽうで目を近畿の東側に移すと、突帯文土器深鉢変容壺では火にかけられることが多いものの遠賀川系ではそうではないことが論じられている（佐藤2000）。近畿地方では船橋遺跡をはじめ、必ずしも全ての深鉢変容壺に煤が付着したり二次焼成がみられたりするわけではないため今後数量的な検討が必要だが、機能面からみても断絶がある可能性が示唆される。確かに、遠賀川式大型壺では外表面を丁寧に磨いた精製品が多い。近畿以西では縄文の大型壺が精製の浅鉢変容壺であった

ことからすると、粗製で外面を粗く削るものが多い深鉢変容壺とは機能面で異なることは十分に想定しうる。その面でも、近畿地方では突帯文から遠賀川式への大型壺の交代は、機能面からみれば繋がりがない現象と捉えられる。

近畿地方における遠賀川式大型壺の出現は、突帯文土器からの系統的な断絶を最もよく示している。これは遠賀川式の土器全体に敷衍できるであろう。もちろん、それは製作者の交代を必ずしも意味するものではないが、近畿地方は前代の土器を下敷きにすることなく新しい器種として精製の大型壺を受け入れた（少なくとも瀬戸内沿岸を通じてでは）最西端に位置したと言えるだろう。

2　近畿地方中部における様相

それでは近畿地方において、遠賀川式の大型壺は出現にあたって具体的にどのような様相をみせるのであろうか。特に時代を問わず貯蔵機能が想定される大型の壺では、保管や転用による長期の使用を考えられることから、共伴資料による検証が不可欠だ。以下ではまず近畿地方で最古相の遠賀川式土器を含むとされている資料について、それぞれ大型壺のあり方を確認しよう。板付Ⅱa-2式期にあたり、本書では田畑氏論考（第1章第2節）の各段階のうち3段階に含まれる資料である。

① 讃良郡条里遺跡6-124二坑（図2-1）──底部から存在は確認できる[4]が、形態不明。
② 讃良郡条里遺跡3-267・268溝（図2-2～6）──少数存在し、土器集積でも他の器種と伴う。
③ 大開遺跡SK443（図2-18）──1点存在する。
④ 水走遺跡Cピット貝塚28-2層──大型壺は突帯文土器深鉢変容型である（図3）。
⑤ 若江北遺跡（5次）土坑14・15、溝25（図2-7～17）──いずれの遺構にも安定して存在する。土坑15では頸部に「指づくね貼付突帯」を巡らすものがあり、縄文要素として評価されている（図2-15、豆谷2000）。管見では、近畿地方の遠賀川系に含まれる大型壺では唯一の例であろう。

以上、①のように一部の溝の資料などは他より重い破片のため沈み込みなど混入の可能性も指摘されようが、土坑資料については共伴が確実視されよう。また②は溝でも土器集積の中で他の器種と伴う出土状況を呈している。包含層出土の④水走遺跡資料を除いても、田畑3段階すなわち近畿地方における遠賀川式土器出現時にすでに大型壺が組成していることは間違いない。

近畿地方より西の地域では、近畿地方に遠賀川式土器が出現する以前、田畑2段階（板付Ⅰb～Ⅱa-1式併行）において遠賀川系の大型壺は各地域で細かい個体差が認められるものの、概ね短く外に開くか段をもって短く外反するものがみられる（図4）。口縁部の形態が明確な②讃良郡条里遺跡3-267・268溝、③大開遺跡SK443ではこれら先行する例と大差ない。

⑤若江北遺跡の資料は田畑3-2段階にあたるが、削出突帯を伴うものがみられ、この点は同遺跡において中型の壺も同様である。こののち、田畑4・5段階（板付Ⅱb・Ⅱc式並行）には近畿地方でも広範に大型壺がみられるようになる（表1のうち、上記①～⑤および単体で出土したもの以外）。口縁部が発達し断面が全体に緩やかな湾曲を描くものがみられるが、一方で口縁部が未発達かつ胴部最大径と頸部の湾曲が急な古い様相を残すものも多い[5]。もちろん、これらの中には共伴資料が

第Ⅰ章　時間軸をめぐる問題と遠賀川空間の展開

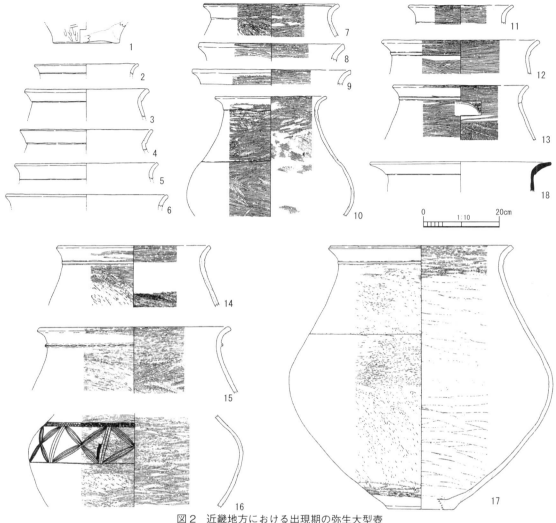

図2　近畿地方における出現期の弥生大型壺
1～6：讃良郡条里遺跡　7～17：若江北遺跡　18：大開遺跡

不十分なものもあり、実際に古い段階の資料が含まれている可能性があるが、型式学的な変化の妥当性を証明できるような資料状況ではない。大型壺に限ってみれば、口縁部に段や削出突帯をもつものでも必ずしも時期が上るとは限らないと言うのに止めておくべきであろう。

　ちなみに④水走遺跡の資料については、突帯文土器と遠賀川式の時期的関係を考えるうえで常に俎上に載せられてきたものであるが、大型壺は深鉢変容型で、遠賀川式の壺は中小型である。仮に当該資料にあって突帯文と遠賀川式が共伴するものであれば、突帯文深鉢変容壺を遠賀川式大型壺の不在を補完するものとして捉えることは不可能ではない。ただし先に触れたように、深鉢変容壺と遠賀川式壺の機能が必ずしも一致するとは限らないこと、さらに煮沸容器については十分に突帯文土器の深鉢も伴い、遠賀川式の甕と重複する点からすれば、やはり積極的に取り上げることはできない。

第3節　大型壺からみた遠賀川式の近畿地方への定着過程とその特質

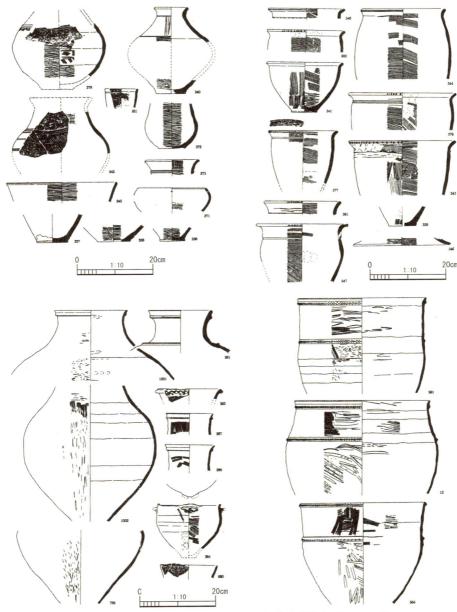

図3　水走遺跡Cピット貝塚（第28-2層）出土土器（一部、S=1/10）

　また機能についても触れておこう。前期に限ってみれば各地域で土器棺として用いられる例が一定量存在するのは間違いない[6]。しかし土坑や溝、流路で他の器種に混じって廃棄されていることのほうが普遍的であり、土器棺としての利用はやはり二次的あるいは副次的なものであろう。ここでは近畿地方では遠賀川式土器の定着時から、壺形土器が法量分化した形で様式を構成し、大型壺は確実にその一角を担っている点を強調しておきたい。突帯文土器と遠賀川式土器では後者が各器

43

第Ⅰ章　時間軸をめぐる問題と遠賀川空間の展開

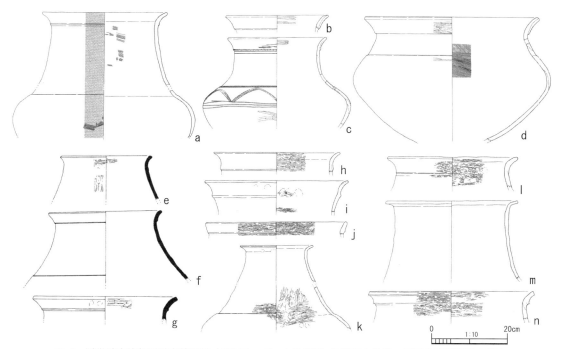

図4　近畿地方遠賀川系定着以前（板付Ⅰb〜Ⅱa-1併行期）の瀬戸内沿岸〜四国の遠賀川系大型壺
a：北九州市備後守屋鋪南側土塁跡2号溝　b〜d：山口市小路遺跡12号溝　e〜g：高知県南国市田村遺跡
h〜j：香川県坂出市下川津遺跡流路1下層　k〜n：下川津遺跡流路1中層

種に明確な法量分化を見せることが広域にみられることが指摘されているが（濱田2000）、それが最初期の段階から見られることは確実である。また、これまでの編年研究でも近畿地方では鬼塚遺跡C地点の資料（大阪府立花園高等学校地歴部1970）などから遠賀川式の成立段階から壺の法量分化がみられることが指摘されてきたが（井藤1983、寺沢・森井1989など）、現在の最古段階資料を見通した知見としても有効であると言える。突帯文土器壺の主体をなす深鉢変容型の壺がほぼ大型で占められると考えられるため、この間の差異がよりはっきりとしたものと言える。

おわりに

以上、近畿地方における遠賀川式大型壺の定着過程を追った。検証に終始した憾みがあるが、
　①近畿地方では以西の地域とは異なり、遠賀川式の大型壺は突帯文土器の壺に系譜を引くものではなく、また機能も継続するものではないと考えられること。
　②近畿地方中部では遠賀川式土器の定着当初（田畑3段階）から生活様式の一画として大型壺が組成していること。
の2点を確認できる。近畿地方における遠賀川式土器の受容にあって、大型壺は在来の突帯文土器からの転換を顕著に示す存在であると言えるだろう。

第3節　大型壺からみた遠賀川式の近畿地方への定着過程とその特質

表1　近畿地方中部出土の大型壺

網かけは生駒西麓産胎土をもつもの

	遺跡調査名	地域名	遺構名	図番号	性格	文様構成	口径	伴出器種 壺	甕	鉢	蓋	突帯紋	備考
1	讃良郡条里	河内	土坑6-124		土坑			段、重弧	段、1条	○			底部
2	讃良郡条里	河内	3-267・268溝 土器群2	265-34	溝中土器溜	段	27.6						
3	讃良郡条里	河内	3-267・268溝 土器群3	268-4	溝中土器溜	段	33.0	○	段				
4	讃良郡条里	河内	3-267・268溝	275-63	溝	段	38.8	段、重弧	段	○	○	○壺含む	
5	讃良郡条里	河内	3-267・268溝 土器群8	272-7	溝中土器溜	段	38.0					○	
6	讃良郡条里	河内	3-267・268溝	275-65	溝	段	35.2						
7	植附	河内	土壙1		土壙	段		突帯、沈線	段、~2条	○	○		
8	若江北5次	河内	土坑14	120-7	土坑	削出	40.8	段、削出、篦沈、重弧、綾杉	段、削出、~2条	○			高杯
9	若江北5次	河内	土坑15	123-12	土坑	貼突刺突	50.8	段、削出、重弧、綾杉	段、1条	○		類	高杯
10	若江北5次	河内	溝24	105-5	溝	削出+削出	38.2						
11	若江北5次	河内	溝25	107-11	溝	段	27.8						
12	若江北5次	河内	溝25	107-12	溝	段	35.6						
13	若江北5次	河内	溝25	107-13	溝	?	38.4						
14	若江北5次	河内	溝25	107-14	溝	段	41.6	段、削出、篦沈、重弧、木葉、綾杉	段、~3条	○			
15	若江北5次	河内	溝25	107-15	溝	段+段	29.2						
16	若江北5次	河内	溝25	109-4		?+篦沈刺突木葉							
17	若江北5次	河内	溝25	111-14	溝	削出	41.6						
18	若江北5次	河内	溝25	111-15	溝	削出	35.6						
19	若江北5次	河内	溝25	12-1	溝	削出+段	48.2						
20	田井中	河内	溝411	30-312	溝	篦沈+篦沈	39.2	段、削出、篦沈、貼突1条	~2条	○	壺、甕	○	
21	田井中	河内	溝405-1	21-196	溝	篦沈+篦沈	34.4	段、削出、篦沈、貼突2条、重弧	~4条、3+3条	○	壺、甕		
22	田井中	河内	溝405-2	16-144	溝	篦沈+段	36.4	段、削出、篦沈、貼突2条、木葉	~3条	○	壺、甕		
23	山賀(その3)	河内	河川7下層	50-239		篦沈	29.2						
24	山賀(その3)	河内	河川7下層	50-340	流路	篦沈	29.6	削出、篦沈、貼突2条	~2条+鋸歯		壺、甕		
25	山賀(その3)	河内	河川7下層	50-241		篦沈	31.4						
26	山賀(その3)	河内	河川7中層	57-296		篦沈	48.8						
27	山賀(その3)	河内	河川7中層	57-297		削出	42.0	段、削出、篦沈、貼突1条	~4条	○	壺、甕		
28	山賀(その3)	河内	河川7中層	57-298	流路	無	38.0						
29	山賀(その3)	河内	河川7中層	57-299		削出+篦沈	32.8						
30	木の本	河内	流路0183中・下層	51-301		段	33.2						
31	木の本	河内	流路0183中・下層	51-302		段	30.8						
32	木の本	河内	流路0183中・下層	51-303		段	31.6						
33	木の本	河内	流路0183中・下層	51-304		段	39.6						
34	木の本	河内	流路0183中・下層	51-305		段	41.8						
35	木の本	河内	流路0183中・下層	5-306		段	43.2						
36	木の本	河内	流路0183中・下層	5-307		段	44.8						
37	木の本	河内	流路0183中・下層	51-309		削出	43.8						
38	木の本	河内	流路0183中・下層	5-310		削出	44.2						
39	木の本	河内	流路0183中・下層	51-311		削出	48.4						
40	木の本	河内	流路0183中・下層	51-312	流路	削出	48.4	段、削出、篦沈、重弧、木葉、綾杉	~3条	○	壺、甕	○	高杯
41	木の本	河内	流路0183中・下層	51-313		削出	46.4						
42	木の本	河内	流路0183中・下層	51-314		篦沈	34.8						
43	木の本	河内	流路0183中・下層	51-315		篦沈	36.8						
44	木の本	河内	流路0183中・下層	51-316		篦沈	40.4						
45	木の本	河内	流路0183中・下層	51-317		篦沈	38.0						
46	木の本	河内	流路0183中・下層	51-318		篦沈	48.4						
47	木の本	河内	流路0183中・下層	51-319		篦沈	49.2						
48	木の本	河内	流路0183中・下層	51-320		篦沈	45.2						
49	木の本	河内	流路0183中・下層	51-321		篦沈	50.8						
50	木の本	河内	流路0183中・下層	51-322		篦沈+篦沈	34.4						
51	木の本	河内	流路0183中・下層	51-323		?+貼突							
52	木の本	河内	土坑0263	76-704	土坑	段	34.0	段、削出、篦沈、綾杉	段、~3条	大型	壺、甕		
53	木の本	河内	土坑0345	85-833	土器棺	篦沈列点+削出	50.0						
54	雁屋	河内	XIII・IX層	5-1	包含層	段	36.8	段、削出、篦沈	段、~4条	○		○	
55	長原H地点	河内	土器棺	94-2	土器棺	段+段							讃岐搬入
56	坪井大福3次	大和	土器棺墓1		土器棺	段+篦沈	34.0			○			鉢は棺蓋
57	坪井大福4次	大和	土器棺墓2		土器棺	段+篦沈	26.8			○			鉢は棺蓋
58	唐古・鍵20次	大和	SK-215	18-35		削出多	34.6						
59	唐古・鍵20次	大和	SK-215	18-36		削出多	36.0						
60	唐古・鍵20次	大和	SK-215	18-37		削出多	39.4						
61	唐古・鍵20次	大和	SK-215	18-38	土坑	篦沈削出+篦沈	35.6	段、削出、篦沈、貼突1条	~5条	○	壺、甕		変形工字紋鉢
62	唐古・鍵20次	大和	SK-215	19-39		篦沈2	34.4						
63	唐古・鍵20次	大和	SK-215	19-40		削出2	34.4						
64	唐古・鍵20次	大和	SK-215	19-41		篦沈+篦沈	30.8						
65	唐古・鍵53次	大和	SX-201		土坑	段+篦沈	48.8	貼突+篦沈					
66	唐古・鍵66次	大和	SR-201		河道	無+無	42.0	削出、篦沈					

第Ⅰ章　時間軸をめぐる問題と遠賀川空間の展開

	遺跡調査名	地域名	遺構名	図番号	性格	文様構成	口径	壺	甕	鉢	蓋	突帯紋	備考
67	大開	摂津	SD401	73-275	環壕	段	37.2	段、篦沈、木葉、重弧	～3条	○、無	甕	○	
68	大開	摂津	SD411	99-507	環壕	段	38.4	段、削出、篦沈、木葉	～2条		甕	○	
69	大開	摂津	SK443	121-573	土坑	段	48.6	段	～2条	○			
70	大開	摂津	SK444	123-595	土坑	?	51.0	段、木葉、重弧	～2条				
71	大開	摂津	SK455	55-114	貯蔵穴	?	34.4						
72	大開	摂津	SK455	55-115	貯蔵穴	?	41.0	段	～3条		甕	○	
73	大開	摂津	SK466	58-156	貯蔵穴	段+篦沈	34.0	段、削出、篦沈、貼突、重弧、綾杉	2条+2条列点	○			
74	大開	摂津	SK481	136-633	土坑	?	37.4		1条、2条列点				
75	大開	摂津	SK502	65-215	土坑	段	32.0	段、木葉、重弧	～4条		甕	○	
76	大開	摂津	SK509	68-240	土坑	段	27.6	段、篦沈、木葉、重弧	～4条			○	
77	大開	摂津	SP507	148-679	土坑	段	56.0					○	
78	東奈良	摂津	溝26	71-4	溝	段	34.8	段、削出、木葉	～3条	○	甕		
79	東奈良	摂津	溝28	75-11	溝	篦沈	35.2	段、削出、篦沈、貼突	～4条	○	壺、甕		
80	東奈良	摂津	SD-Ⅲ下層	49-4	溝	段	38.4	篦沈、貼突1条	～4条				高杯
81	東奈良	摂津	SD-Ⅲ下層	49-5	溝	篦沈+段	28.0						
82	東奈良	摂津	SD-Ⅳ下層	123-4	溝	段	38.4	篦沈多条、貼突	～5条	○			高杯
83	東奈良	摂津	SD-Ⅳ下層	123-5	溝	篦沈+段	27.8						
84	東奈良	摂津	溝25上層	68-13	溝	篦沈	36.0	削出、篦沈	～4条		甕		
85	東奈良	摂津	2号方形周溝墓		土器棺	段+篦沈	30.8						
86	総持寺	摂津	土器棺1		土器棺	篦沈+無	34.4						
87	津之江南	摂津	土器棺		土器棺	?+段						○	
88	新庄	摂津	SK-33		土坑	篦沈+削出	34.8						
89	雲宮	山城	SX60 1層	27-394		無	33.2						
90	雲宮	山城	SX60 1層	27-395		削出	39.4						
91	雲宮	山城	SX60 1層	27-396	環濠	削出	35.6	段、削出、篦沈	～5条	○			
92	雲宮	山城	SX60 1層	27-397		無	39.6						
93	雲宮	山城	SX60 1層	27-398		削出+削出	55.5						
94	雲宮	山城	SX60 2層	32-483	環濠	無	34.6	段、削出、篦沈、貼突1条、内突	～4条	○			
95	雲宮	山城	SX60 2層	32-484		内突	40.8						
96	雲宮	山城	SX60 3層	35-543		篦沈	31.0						
97	雲宮	山城	SX60 3層	35-544	環濠	篦沈	40.7	段、削出、篦沈	～3条	○			
98	雲宮	山城	SX60 3層	35-545		削出	44.0						
99	雲宮	山城	SX60 3層	35-546		段	46.0						
100	雲宮	山城	SX76 2層	10-133	溝	篦沈	47.5	削出、篦沈、貼突2条、内突	～5条	○			
101	雲宮	山城	SX76 2層	10-134		無+無	42.4						
102	鴨田(L143)	山城		23377	土器棺	段+篦沈	24.2	(蓋：?+削出)					
103	上里	山城	土器棺墓89	55-96	土器棺	篦沈+削出	27.3						
104	上里	山城	土器棺墓89	55-95	土器棺	?+貼突							
105	上里	山城	土器棺275	56-97	土器棺	?+貼突	20.0						
106	上里	山城	土器棺墓275	56-98	土器棺	貼突+貼突	26.7						
107	上里	山城	土器棺3066		土器棺	篦沈	32.0						
108	上里	山城	土器棺墓3153	48-139	土器棺	篦沈+削出	27.4	(蓋)					
109	下鳥羽	山城	SK163		土坑	段+段	30.6	段、削出、篦沈、木葉、重弧	～2条	○		○	
110	下鳥羽	山城	SK161	3-4	土坑	削出+削出	36.6	段、削出、篦沈	～3条			○	
111	下鳥羽	山城	SK161		土坑	削出+篦沈							
112	烏丸御池	山城	土坑515	41-386	土坑	段	37.4						
113	烏丸御池	山城	土坑515	41-387	土坑	削出	38.0	○	～2条列点		壺、甕		
114	烏丸御池	山城	土坑515	41-389	土坑	無	38.4						
115	新方1次	播磨	SK8001	19-13	土坑	削出	44.2	篦沈	～2条		壺、甕		墓域
116	新方2次	播磨	SD7001	37-108	溝	篦沈	36.6	削出、篦沈、貼突	～5条	○	壺、甕	浮線紋	
117	玉津田中	播磨	SK22011	55-2057	貯蔵穴	削出	23.4			○			
118	玉津田中	播磨	SB22001上層	61-2169	土器集積	段	37.8	貼突1条+篦沈	～2条	○	壺		
119	玉津田中	播磨	SD22004	63-2193	溝	段+段	43.6	重弧	～4条		甕		
120	玉津田中	播磨	SK22046	69-2261	土器棺?	篦沈、底部	41.2						

謝辞　本稿を成すにあたり以下の皆様にお世話になりました、篤く御礼申し上げます。
　　　梅﨑恵司　　河合　忍　　坂本憲昭　　佐藤浩司　　出原恵三
　　　中村　豊　　信里芳紀　　前田義人　　森下英治　　油利　崇

註
1) ただし容量については実資料からの検証を行っていないため、実測図で比較を行っているに過ぎない。
2) これについては夜臼系と取る意見と（家根1984など）、亀ヶ岡系土器に端を発する東からの影響と考える意見（岡田2010）

がある。本稿では大型壺の状況から、あくまで近畿地方の壺形土器に関する西からの影響は遠賀川式の流入と共にあり、縄文晩期段階にはないと考える。すなわち岡田の意見を支持する。
3) つまり近畿地方における遠賀川式定着の最大の意義は、中小型の壺の出現にあると言ってもよいかもしれない。
4) 底部については法量に揺れがあるが、当例のように径15cmを上回るものについては少なくとも大型壺のものと考えてよい。
5) 紙幅の都合から、遺憾ながら実測図については割愛するが、本稿の草稿であるシンポジウム資料（平成25～28年度科学研究費助成事業 基盤研究一般（B）「近畿地方における初期農耕集落形成をめぐる考古学的研究」（課題番号25284159 研究代表者森岡秀人）成果公開・普及シンポジウム『近畿で「弥生」はどうはじまったか!?』2016年12月）には関連資料の代表的な実測図を掲載しているので、参考にされたい。草稿の内容については本稿の公表をもって更新されたものとしたい。
6) 近畿地方の遠賀川式大型壺をめぐる議論の上で常に議論の俎上に挙げられてきた資料に、長原遺跡H地点の土器棺（㈶大阪市文化財協会1983）がある。形態や胎土に田畑3段階の讃岐地域の壺との共通点が多い。近畿地方への遠賀川式の定着にあたって、直接搬入される事例があったことに意義を見出せる。

引用・参考文献

井藤暁子 1983「近畿」『弥生土器』Ⅰ　ニュー・サイエンス社
梅木謙一 2000「遠賀川系土器の壺にみる伝播と受容」『突帯文と遠賀川』土器持寄会論文集刊行会
岡田憲一 2010「「大型壺」の由来」『橿原考古学研究所紀要考古学論攷』33
岡本　勇 1966「弥生文化の成立」『日本の考古学』Ⅲ　弥生時代　河出書房新社
田畑直彦 1997「畿内Ⅰ様式古・中段階の再検討」『立命館大学考古学論集』Ⅰ
齋藤明彦・松本洋明 1995「坪井遺跡から出土した弥生前期の土器棺」『みずほ』15
佐藤由紀男 1999「大型壺は弥生時代の指標となるのか」『縄文弥生移行期の土器と石器』雄山閣
佐藤由紀男 2000「甕・深鉢形土器の容量変化からみた縄文／弥生―伊勢湾周辺以西の事例―」『突帯文と遠賀川』土器持寄会論文集刊行会
柴田将幹 2016「「遠賀川式土器」出現―讃岐平野を例に―」『魂の考古学―豆谷和之さん追悼論文編―』豆谷和之さん追悼事業会
田崎博之 2000「壺形土器の伝播と受容」『突帯文と遠賀川』土器持寄会論文集刊行会
田中良之 1986「縄紋土器と弥生二器　1．西日本」『弥生文化の研究』3　弥生土器Ⅰ　雄山閣
寺沢　薫・森井貞雄 1989「河内地域」『弥生土器の様式と編年』近畿編Ⅰ　木耳社
濱田延充 2000「遠賀川式土器の様式構造」『突帯文と遠賀川』土器持寄会論文集刊行会
藤尾慎一郎 1991「水稲農耕と突帯文土器」『日本における初期弥生文化の成立』横山浩一先生退官記念事業会
豆谷和之 1994「弥生壺成立以前」『古代文化』46―7　古代学協会
豆谷和之 1995「山口県弥生土器集成Ⅰ」『山口大学構内遺跡調査研究年報』XIII
豆谷和之 2000「遠賀川式土器の成立」『弥生文化の成立』第47回埋蔵文化財研究会
三阪一徳 2014「土器からみた弥生時代開始過程」『列島初期稲作の担い手は誰か』すいれん社
森下英治・信里芳紀 1998「讃岐地方における弥生土器の基準資料Ⅰ」『研究紀要Ⅵ』㈶香川県埋蔵文化財調査センター
家根祥多 1984「縄文土器から弥生土器へ」『縄文から弥生へ』帝塚山考古学研究所

報告書等

伊丹市教育委員会 1988『伊丹市口酒井遺跡』
茨木市 2014『新修茨木市史』第7巻考古編
㈶大阪市文化財協会 1983『長原遺跡発掘調査報告Ⅲ』
大阪府教育委員会 1996a『田井中遺跡発掘調査概要・Ⅴ』
大阪府教育委員会 1996b『新庄遺跡』

大阪府教育委員会 2004『木の本遺跡』
㈶大阪府文化財センター 2009『讃良郡条里遺跡Ⅷ』
㈶大阪文化財センター 1984『山賀（その 3）』
㈶大阪府文化財調査研究センター 1996『巨摩・若江北遺跡発掘調査報告』―第 5 次―
大阪府立花園高等学校地歴部 1970『河内古代遺跡の研究』
岡山県教育委員会 2001『津島遺跡 3』
岡山大学埋蔵文化財調査研究センター 1992『津島岡大遺跡 3』
㈶香川県埋蔵文化財調査センター 1993『林・坊城遺跡』
㈶北九州市芸術文化振興財団 2008『備後守屋舗南側土塁跡』
㈶京都市埋蔵文化財研究所 1991『昭和 62 年度京都市埋蔵文化財調査概要』
㈶京都市埋蔵文化財研究所 2008『長岡京右京二条三坊一・八町跡、上里遺跡』
㈶京都市埋蔵文化財研究所 2013『平安京左京四条三坊八町跡・烏丸御池遺跡』
㈶京都府埋蔵文化財調査研究センター 1997『雲宮遺跡』
高知県教育委員会 1986『田村遺跡群』
㈶高知県文化財団埋蔵文化財センター 2002『居徳遺跡群』Ⅲ
神戸市教育委員会・㈶神戸市スポーツ教育公社 1993『大開遺跡発掘調査報告書』
神戸市教育委員会 2003『新方遺跡　野手・西方地区発掘調査報告書Ⅰ』
四条畷市教育委員会 1984『雁屋遺跡発掘調査概要』
新宮町教育委員会 1982『新宮・宮内遺跡』
高槻市教育委員会 1987『嶋上郡衙他関連遺跡発掘調査概要』高槻市文化財調査概要 11
田原本町教育委員会 1986『唐古・鍵遺跡第 20 次発掘調査概報　黒田大塚古墳発掘調査概報』
東大阪市教育委員会・㈶東大阪市文化財協会 1998『水走・鬼虎川遺跡発掘調査報告書』
㈶東大阪市文化財協会 1999『植附遺跡発掘調査報告書』
東奈良遺跡調査会 1981『東奈良　発掘調査概報Ⅱ』
兵庫県教育委員会 1994『玉津田中遺跡』―第 2 分冊―
向日市教育委員会 1987『向日市埋蔵文化財調査報告書』第 21 集
大和弥生文化の会 2003『奈良県の弥生土器集成』奈良県立橿原考古学研究所

図表の出典
図 1　1：岡山大学埋蔵文化財調査研究センター 1992、2：㈶香川県埋蔵文化財調査センター 1993、3：㈶高知県文化財団埋蔵文化財センター 2002、4：新宮町教育委員会 1982、5：伊丹市教育委員会 1988、6：東大阪市教育委員会・㈶東大阪市文化財協会 1998
図 2　1～6：㈶大阪府文化財センター 2009、7～17：㈶大阪府文化財調査研究センター 1996、18：神戸市教育委員会・㈶神戸市スポーツ教育公社 1993
図 3　東大阪市教育委員会・㈶東大阪市文化財協会 1998
図 4　a：㈶北九州市芸術文化振興財団 2008、b～d：豆谷 1995、e～g：高知県教育委員会 1986、h～n：森下・信里 1998
表 1　讃良郡条里遺跡：㈶大阪府文化財センター 2009、植附遺跡：㈶東大阪市文化財協会 1999、若江北遺跡：㈶大阪府文化財調査研究センター 1996、田井中遺跡：大阪府教育委員会 1996a、山賀遺跡：㈶大阪文化財センター 1984、木の本遺跡：大阪府教育委員会 2004、雁屋遺跡：四条畷市教育委員会 1984、長原遺跡：㈶大阪市文化財協会 1983、坪井大福遺跡：齋藤・松本 1995、唐古・鍵遺跡：大和弥生文化の会 2003、大開遺跡：神戸市教育委員会・㈶神戸市スポーツ教育公社 1993、東奈良遺跡 78・79：東奈良遺跡調査会 1981、80～85：茨木市 2014、津之江南遺跡：高槻市教育委員会 1987、新庄遺跡：大阪府教育委員会 1996b、雲宮遺跡：㈶京都府埋蔵文化財調査研究センター 1997、鴨田遺跡：向日市教育委員会 1987、上里遺跡：㈶京都市埋蔵文化財研究所 2008、下鳥羽遺跡：㈶京都市埋蔵文化財研究所 1991、烏丸御池遺跡：㈶京都市埋蔵文化財研究所 2013、新方遺跡：神戸市教育委員会 2003、玉津田中遺跡：兵庫県教育委員会 1994

第4節

農耕開始期の環濠(壕)と墓葬の広がり

川部浩司

はじめに —課題と論点—

　日本列島における農耕開始期の特徴として、環濠(壕)を具有する集落が出現する。日本列島の環濠(壕)は、東アジア的にみて中国大陸に淵源が求められ、直接の祖型は朝鮮半島にある。まずは九州島北岸域に成立して諸地域へ展開をみせるという認識が通有であろう。汎列島的にみて、弥生時代中期には環濠(壕)で居住域を囲繞した大規模集落が広域的に出現しており、地域社会の拠点的集落を担っている。つまり、拠点的集落の多くが環濠をもつという認識が一般化されて久しく、前期にも遡及させてその先験的解釈を付与してきた場面もあったことは否めない。資料に即した客観的な検討が求められるのは当然であろう。

　武末純一によると、九州島北岸域の弥生時代早・前期の地域社会のなかには、大規模環壕集落—小規模環壕集落—無環壕集落という階層構造が表出しているとみる(武末2002)。小澤佳憲も当該地域の早・前期環壕集落に拠点性を見出している(小澤2008)。いずれも環壕集落そのものに当初からの階層性・拠点性を有する解釈を示した。環濠(壕)の受容と展開の過程が問われよう。

　ここでは環濠(壕)・墓葬をめぐって、以下の論点に留意しながら検討を行う。①一見すると不自然ともいえる農耕開始期の環濠(壕)集落と墓葬の形成、時限的な継続期間と終焉の成因が、なぜ広範に志向されたのか。②環濠(壕)・墓葬の変遷はどのような構図が描かれ、日本列島の環濠(壕)集落や墓葬の成立と展開の様相はどうであったのか。③環壕集落は標準的な農耕集落と位置付けられ、そこに拠点性が付与されたとみられるのか。こうした諸問題をめぐって、これまで継続的に検討を実践してきた(川部2009・2012・2014〜2016)。本稿ではあらためてこの3点について論じたい。

1　農耕開始期の環濠(壕)をめぐって

　農耕開始期の環濠(壕)には、丘陵・山塊や段丘に立地する"環濠"、扇状地・自然堤防など沖積低地の"環壕"の2種があり、寺沢薫が説く淵源についてはともかくとしても、私はその系譜をめぐる歴史的意義を尊重する立場をとる(寺沢1999)。それらの内部構造により〈居住空間〉・〈貯蔵空間〉・〈空閑地(祭儀空間)〉の区画類型が設定できる。特に低地適応環濠(「親水性」の重視)を具有する居住空間(環壕集落)は、備讃瀬戸から伊勢湾岸域までの初期農耕集落形成とその展開をはじめ、

第Ⅰ章　時間軸をめぐる問題と遠賀川空間の展開

地域間交流や社会的機能をめぐる上で重要とみる。環濠（壕）遺跡の立地・内部構造・平面形を指標に分類し（図1・2）、この分類をもとに日本列島での成立・展開過程を示した（図3）。
　朝鮮半島南部を中心とした環壕居住空間（Ⅰa類）が九州島北岸域へ受容され定着する。夜臼式

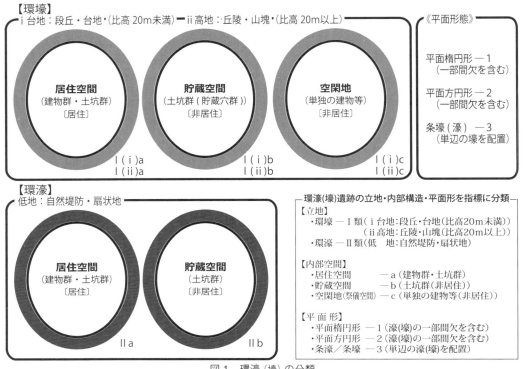

図1　環濠（壕）の分類

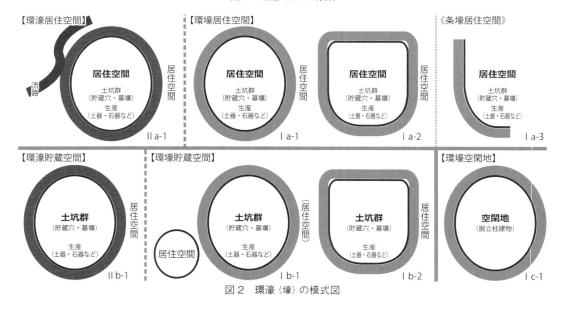

図2　環濠（壕）の模式図

第4節　農耕開始期の環濠（壕）と墓葬の広がり

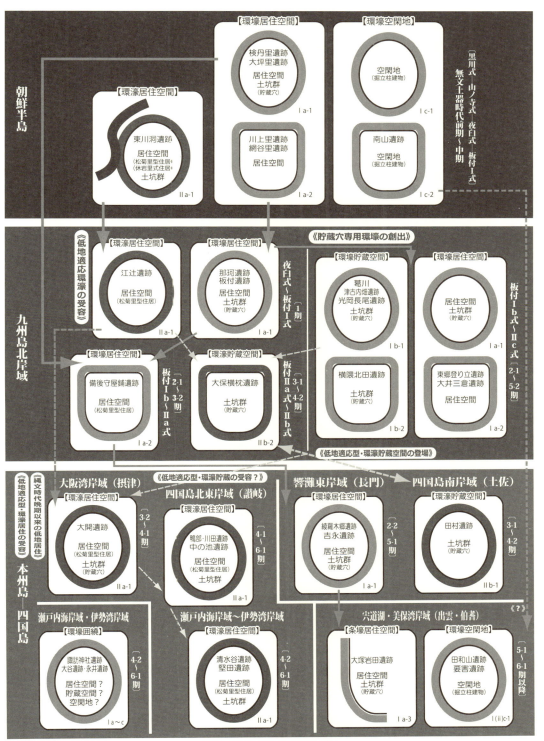

図3　環濠（壕）の変遷モデル

第Ⅰ章　時間軸をめぐる問題と遠賀川空間の展開

表1　環濠（壕）と墓葬の消長

〔田畑氏〕	(北部九州)	(長門)	(土佐)	(伊予)	(備後)	(備中・備前)	(讃岐)	(阿波)	(出雲・伯耆)
各期	九州島北岸域	響灘東岸域	四国島南岸域	伊予灘東岸域	燧灘北岸域	瀬戸内海北岸域	四国島北東岸域	紀伊水道西岸域	宍道湖・美保湾岸域

※環濠／環壕居住空間：環濠（壕）内部空間に竪穴住居等を有するもの（環濠／環壕集落）
※環壕囲繞：居住空間・貯蔵空間・空閑地のいずれかを判別できないもの

期の那珂遺跡、板付Ⅰ式の板付遺跡などがそれに該当するとみられるが、いずれも環壕内部には建物遺構が不明確といった課題が残されている。また、夜臼式期の江辻遺跡は居住空間を区切る溝が認められ、その環状配置により初現期の環壕居住空間（Ⅱa類）と目されている（吉留1994、武末2002など）。これについても、溝が竪穴住居の時期よりも後出するという意見もあり、最初期の集落かどうかはいまだ判然としない。現況において確実な環壕居住空間は備後守屋舗遺跡〔田畑2-1期〜〕であり、貯蔵穴は認められないのが特徴である。同様の時期には、朝鮮半島になかった貯蔵穴専用となる環壕貯蔵空間（Ⅰb類）の創出が認められる。九州島北岸域では葛川遺跡が最初期に位置付けられ、三国丘陵では複数の地点に設けられるなど独自の展開をみせる。

一方、確実な環壕（Ⅱ類）は大保横枕遺跡〔田畑3-1期〜〕であり、環壕貯蔵空間（Ⅱb類）となる。低地適応環壕の出現と居住空間が環壕外に配置される点は、四国島南岸域の田村遺跡も同様のあり方といえ、両地域の親縁性が認められる（出原2016）。朝鮮半島南部の環壕（Ⅱ類）は居住空間であることからも、貯蔵穴専用環壕（壕）の創出は九州島北岸域特有の変容形態と考えられ、諸地

第4節　農耕開始期の環濠（壕）と墓葬の広がり

域への波及の基点となっている。

　環濠居住空間（Ⅱa類）は、東川洞遺跡（武末2005a・b）などの朝鮮半島南部から九州島北岸域の江辻遺跡〔田畑1期～〕へ受容されたと考えられる。ただし江辻遺跡は環濠居住空間かどうか不確定な部分もあり、現況で確実な環濠居住空間は大阪湾岸域の大開遺跡〔田畑3-2期～〕に求められ、四国島北東岸域でも成立と定着を認めることができる。大開遺跡は円形住居（松菊里系統と突帯文系統）・袋状土坑（貯蔵穴）が環濠内に共存する景観であり、いわば先駆的な居住空間を編み出している。これ以降の環濠居住空間には非貯蔵穴の土坑群で占められ、明確な貯蔵空間は見出し難くなる。鴨部・川田遺跡や中の池遺跡は松菊里系統の竪穴住居と平地住居を併用するが、環濠内外に建物遺構を配置するなど、溝を境界として固執しない点が特徴である。低地適応型の環濠居住空間の成立と定着は、田井中遺跡の突帯文段階から遠賀川段階の居住域の近距離移動を好例として、縄文時代晩期以来の低地居住の背景がそこにあり、森岡秀人のいう「土地利用に向けた選地上の潜在的慣習」は支持されるところであろう（森岡2011）。環濠居住空間の担い手は、渡来人を含めた複合体としての稲作農耕体系を保持する集団の入植を契機としつつ、在地集団との接触によるものと想定しておきたい。

　環濠（壕）の分布とその消長をみていく（図4・表1）。環濠居住空間の分布圏は備讃瀬戸から伊勢湾岸域の広範に及ぶが、当初は大阪湾岸域と四国島北東岸域で成立・定着し〔田畑3-2～4-1期〕、これを基点として当該地域内外へ拡散する。田畑4-2期には横断的かつ広域的に波及しており、東限は伊勢湾岸域まで達する。諸地域に定着した環濠居住空間は地域圏でそれぞれの展開をみせるが、遅くても田畑6-1期までに一斉に終焉を迎える。

　環濠と環壕の共有圏は九州島北岸域（三国丘陵）、燧灘北岸域（広島平野）、伊予灘東岸域（松山平野）、四国島北東岸域（讃岐平野）、伊勢湾北岸域（濃尾平野）であり、環壕居住空間あるいは環壕囲繞（貯蔵

第Ⅰ章　時間軸をめぐる問題と遠賀川空間の展開

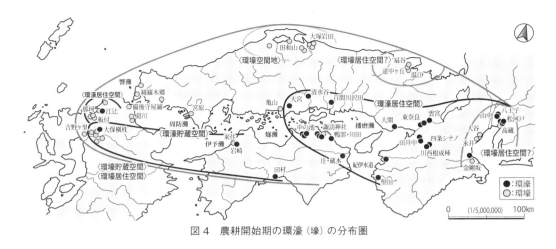

図4　農耕開始期の環濠（壕）の分布圏

空間・空閑地）と共存する。伊勢湾岸域にみられる環濠の受容経路は判然としないが、瀬戸内海から紀伊半島沿岸経由の太平洋岸ルートと想定できるだろう。ただし地域的な変容形態という考えも捨てきれない。

　環濠空閑地〔祭儀空間〕（Ⅰc類）は宍道湖・美保湾岸域に現れる〔田畑5-2期～〕。朝鮮半島南部でみられた同種の空間機能を直接的な系譜として求めにくいが、おそらく環瀬戸内海岸域あるいは九州島北岸域からの環濠・条壕の受容を契機とし、地理・地勢及び地域社会の情況により空閑地囲繞が醸成されたと考えられようか。

　備讃瀬戸から伊勢湾岸域にかけて横断的に分布する環濠居住空間（Ⅱa類）は、環濠により囲繞された人口凝集点としての定住性を志向する集落の場合が多い。これらの集落の規模と存続期間はいわば"同型的"といえ、居住空間の規模、濠の平面形・条数・断面形態は自然／社会的環境により決定されると考えるが、いずれも概ね符合する特徴をもつ。一部の集落でみられる居住空間の拡張（環濠拡張）は、自然膨張的な人口増加に対応したものではなく、外部からの移住と捉えられるだろう。

　環濠居住空間の中には、道具生産・流通にみる地域間交流の結節点を担うように、地域社会での拠点性を帯びるものが認められる。大開遺跡の打製石鏃、鴨部・川田遺跡の磨製石庖丁、堅田遺跡の打製石錐、川西根成柿遺跡の磨製石庖丁と広鍬など、自家消費量を超える余剰生産は広範な地域社会において必要な需要と供給を企図した道具の流通を予感させる。一方で、遠隔地からの過剰な物資の集積は志向されず、自家生産の形跡に乏しい品目もあるなど、一部を外部からの調達を行った側面もある。手工業生産の体系化を達成するだけの潜在能力は揃っているものの、道具体系を網羅的に整備することはない。こうしたあり方は特定の環濠集落のみであり、すべてに当てはまらないことが注目される。少なくとも環濠集落は標準的な農耕集落といえるが、唐古・鍵遺跡のようないわば無環濠の集落様相と期を一にする（環濠の有無にかかわらず拠点性を具有する）など、地域社会の情況に求められるのには違いない。

　森岡秀人が指摘するように、近畿地方では「第1段階：無環濠着床期」を挟んで「第2段階：単

純環濠点在期」に新たな環濠居住空間（Ⅱa類）が創出される。弥生時代中期の「第3段階：肥大環濠成立期」には継続せずに、前期後葉〜中期前葉には終焉を迎える（森岡2011）。環濠居住空間の成立は、縄文時代晩期以来の低地適応型の集落に環濠が付加された形態と一概にはいえないが、一定の変容を伴って創出されたと理解される。後述する墓葬についても変容を見出せるのが、周溝墓の分布圏である備讃瀬戸から伊勢湾岸域の特徴であろう。

2　農耕開始期の墓葬をめぐって

　環濠居住空間の連関を含めて墓葬についてみていく（図5・6）。環濠居住空間の分布圏にみられる墓葬は、土壙墓・木棺墓による集塊状墓群・配列墓群（帯状墓群）であり、それらは集住域と分離しているのが特徴となる。特に環濠居住空間の分布圏に対応するように、周溝墓が創出される点が重要である。各種の墓葬構成と環濠（壕）構成の相関性をみると、それぞれ対応関係となって明瞭に現れている。周溝墓は環濠居住空間と不可分な関係にあることは間違いなく、環濠集落形成以降の田畑5-1期（4-2期に遡及するか）で新たに生成された墓葬とみる。墓域―居住域にみる集団関係に周溝墓成立の背景が求められるだろう。そもそも周溝墓群は出自集団ごとに配列状あるいは集塊状の墓群が形成され、それらが最終的に集合した墓地構成をみせる特徴がある。

　周溝墓の生成は、埋葬施設（木棺墓）間を空間分節する溝・土坑の採用に求められる。成立過程を示すと、木棺墓・土壙墓群→不整形区画をもつ木棺墓・土壙墓群→周溝墓群へと変遷する構図が描ける（図7）。樋ノ口遺跡の墓群区画施設の不整形土坑群は祭祀土坑の性格を有し、周溝墓にこの種の供献行為が共有される。四隅切れ周溝の生成は周溝＋土坑の混淆的区画の付与であり、横倒し供献の好適地は周溝隅部（陸橋部隅）に多い傾向がある。縄文時代晩期以来の集塊状構成で、溝・土坑及び墳丘・木棺墓が付加された墓葬と捉えられるし、そこに一定の変容が伴っている。

　周溝墓の成立は、木棺墓・土壙墓群に空間区画原理が受容されたとみる。その成立地域は、当初に環濠居住空間が成立・定着した大阪湾岸域と四国島北東岸域であり、当該地域内外へ波及すると

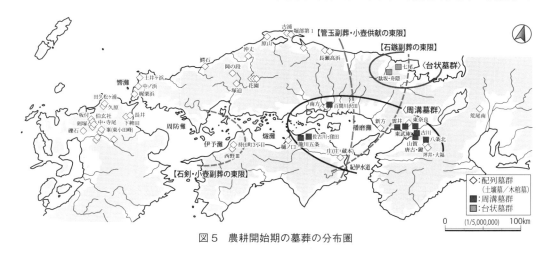

図5　農耕開始期の墓葬の分布圏

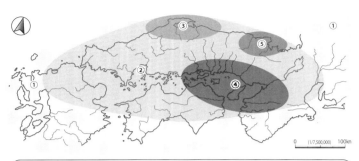

図6 農耕開始期の環濠(壕)と墓葬の相関性

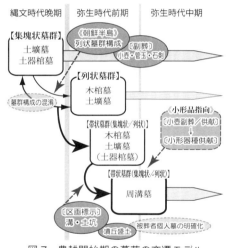

図7 農耕開始期の墓葬の変遷モデル

ともに田畑6-1期で終焉を迎える動態は軌を一にする。つまり、周溝墓群は環濠居住空間に関係する渡来人を含めた農耕技術者集団の墓葬である可能性が考えられる。そこには低地適応型として創出された墓葬と想定できるのではないか。区画原理の淵源は、いわば龍川五条遺跡にみられる環濠居住空間の内部を分節する方形区画溝のような性格と同種なのかもしれない。

農耕開始期の木棺墓・土壙墓群の副葬/供献小壺は、加飾小壺と無文小壺に二極化されており、それらの使用頻度も明確な格差はない。周溝墓供献土器は当該原理を踏襲し、供献する器種を問わず相対的に小形器種を選好した傾向が介在する。田畑5-1期以降の木棺墓・土壙墓群及び周溝墓群には、特殊器種(擬朝鮮系無文土器・瓢箪形土器・加飾精製器種など)の生成と一部に大形器種及び大量土器供献の採用といった墓葬儀礼が認められる。空間区画施設(周溝・土坑)による墓葬土器供献が組み込まれ、出自集団による祭儀の執行が演出されたと考えられる。つまり、複数の出自集団による墓群構成のなかで、仮器化(穿孔・打欠)、被火、破砕散布、立て置き・横倒し供献といった作法を介在させた供献土器儀礼により、被葬者と儀礼執行者及び会葬者の集団帰属の確認行為とその位置づけ(系譜意識)を成し遂げている。

まとめ

遅くとも田畑6-1期で環濠(壕)と墓葬が一斉に終焉を迎える成因が、環瀬戸内海域以東の広範な諸地域になぜ志向されたのか。同様に環濠を具有しない集落も一部を除いて多くが継続しないのはなぜか。そこには、部族的社会において居住集団や複数の出自集団の媒介、ソダリティによる紐帯の連動として、物資調達/流通の一局集中管理は破綻を招き、生産性向上を企図した水田・灌漑水路網の整備にかかる集団協業の不均衡な側面が生じたのだと考える。そのため安定的かつ継続

性を企図した集落の創造と求心（物資調達／流通・手工業生産の統制と灌漑型稲作農耕の相互関係の合理化）が推し進められたのではないか。そのうえでソダリティ的紐帯により、中心性の創発が期待される集落へ集団の移住・移動が進行し、弥生時代中期以降の大規模化を遂げる集落の形成へと繋がっていく。人口集中による居住域の拡充と手工業生産の統制、灌漑型稲作農耕の生産量向上を目指す大規模集落への形成条件が満たされて集落は肥大化を遂げる。

　農耕開始期の地域社会の中心性を担っていた環濠集落は、恒常的な発展性に対する潜在力が未成熟かつ限界に達し、社会情勢に影響されて終焉に至った集落システムであったといえるだろう。

引用・参考文献

李　亨源 2015「韓半島の初期青銅器文化と初期弥生文化―突帯文土器と集落を中心に―」『国立歴史民俗博物館研究報告』185　国立歴史民俗博物館

李　盛周 1998「韓国の環濠集落」『環濠集落と農耕社会の形成』九州考古学会・嶺南考古学会

石黒立人 2015a「「濠（壕）」研究史抄 2014」『《論集》環濠集落の諸問題 2015』《環濠（壕）論集》刊行会（石黒立人編集）

石黒立人 2015b「東海西部の濠（壕）と特質」『《論集》環濠集落の諸問題 2015』《環濠（壕）論集》刊行会（石黒立人編集）

大久保徹也 2005「弥生時代の物資調達方式―共同体像の再検討のために―」『日本史の方法』2　日本史の方法研究会

大久保徹也 2008「バケツリレー的物資調達方式は有効なモデルか？―または弥生社会は如何にして心配することを止めて非自給物資を調達したか―」『日本史の方法』7　日本史の方法研究会

小澤佳憲 2008「1 弥生集団論の新展開　①集落と集団 1―九州―」『集落からよむ弥生社会』弥生時代の考古学 8　同成社

川部浩司 2009『大和弥生文化の特質』学生社

川部浩司 2012「弥生時代集住拠点の形成と社会―川西根成柿遺跡からみた弥生時代前期環濠集落の特質」『莵原Ⅱ―森岡秀人さん還暦記念論文集―』莵原刊行会

川部浩司 2014「内面突帯の出現と展開―前期弥生土器にみる貼付突帯要素の淵源と地域性―」『弥生土器研究の可能性を探る 2』（弥生土器研究フォーラム 2014）石黒立人編集・発行

川部浩司 2015「弥生時代前期集住集落にみる祭儀的・観念世界―瓢箪杓子形土製品・瓢箪形土器共有圏の形成―」『弥生研究の交差点―池田保信さん還暦記念―』みずほ別冊 2　大和弥生文化の会

川部浩司 2016a「弥生時代前期墓葬の土器供献」『魂の考古学―豆谷和之さん追悼論文編―』豆谷和之さん追悼事業会

川部浩司 2016b「弥生時代前期環濠／環壕と墓葬」『近畿で「弥生」はどうはじまったか!?』平成 25～28 年度科学研究費助成事業基盤研究一般（B）「近畿地方における初期農耕集落形成をめぐる考古学的研究」（研究代表　森岡秀人）成果公開・普及シンポジウム 発表要旨集　公益財団法人古代学協会

小泉祐紀 2015「濠をめぐらさないこと」『《論集》環濠集落の諸問題 2015』《環濠（壕）論集》刊行会（石黒立人編集）

小林青樹 2017『倭人の祭祀考古学』新泉社

武末純一 1998「日本の環溝（濠）集落―北部九州の弥生早・前期期を中心に―」『環濠集落と農耕社会の形成』九州考古学会・嶺南考古学会

武末純一 2002『弥生の村』日本史リブレット 3　山川出版社
武末純一 2005a『韓国無文土器・原三国時代の集落構造研究―平成 14～16 年度科学研究費補助金〈基盤研究（C）(2)〉研究成果報告書―』
武末純一 2005b「韓国・東川洞遺跡の集落構造」『考古論集―川越哲志先生退官記念論文集―』川越哲志先生退官記念事業会
田崎博之 2008「弥生集落の集団関係と階層性」『考古学研究』55 ― 3　考古学研究会
田畑直彦 2016「遠賀川式土器の広域編年と暦年代」『近畿で「弥生」はどうはじまったか！?』平成 25～28 年度科学研究費助成事業基盤研究一般（B）「近畿地方における初期農耕集落形成をめぐる考古学的研究」（研究代表 森岡秀人）成果公開・普及シンポジウム発表要旨集　公益財団法人古代学協会
出原恵三 2016「弥生文化成立期の集落」『魂の考古学―豆谷和之さん追悼論文編―』豆谷和之さん追悼事業会
寺沢　薫 1999「環壕集落の系譜」『古代学研究』146　古代学研究会
寺沢　薫 2011「弥生時代史論―研究の現状と展望」『講座日本の考古学 5　弥生時代（上）』青木書店
寺前直人 2017『文明に抗した弥生の人びと』吉川弘文館
中村大介 2012『弥生文化形成と東アジア社会』塙書房
信里芳紀 2003「讃岐地域における弥生時代前期集落の様相」『続文化財学論集』水野正好先生古稀記念論文集　文化財学論集刊行会
濱田竜彦 2009「防塞的集落の展開と機能」『弥生社会のハードウェア』弥生時代の考古学 6　同成社
濱田竜彦 2015「中国地方の前期環壕集落」『《論集》環壕集落の諸問題 2015』《環濠（壕）論集》刊行会（石黒立人編集）
藤井　整 2017「弥生墓制からみた淀川・木津川水系の集団関係」『木津川・淀川流域における弥生～古墳時代集落・墳墓の動態に関する研究』平成 25～28 年度科学研究費助成事業（基盤研究 C・研究代表者 若林邦彦）研究成果報告書　同志社大学歴史資料館
藤原　哲 2011「弥生社会における環濠集落の成立と展開」『総研大文化科学研究』7　総合研究大学院大学文化科学研究科
溝口孝司 2006「西からの視点」『畿内弥生社会像の再検討』考古学研究会例会シンポジウム記録 5　考古学研究会
溝口孝司 2010「弥生社会の組織とその成層化―コミュニケーション・偶発性・ネットワーク―」『考古学研究』57 ― 2　考古学研究会
森岡秀人 2004「農耕社会の成立」『日本史講座』第 1 巻　東アジアにおける国家の形成　東京大学出版会
森岡秀人 2011「近畿地域」『講座日本の考古学 5　弥生時代（上）』青木書店
森岡秀人 編 2016『近畿で「弥生」はどうはじまったか！?』平成 25～28 年度科学研究費助成事業基盤研究一般（B）「近畿地方における初期農耕集落形成をめぐる考古学的研究」（研究代表 森岡秀人）成果公開・普及シンポジウム 発表要旨集 公益財団法人古代学協会
森岡秀人 2017「近畿地方からみた縄文文化と弥生文化」『季刊考古学』138 雄山閣
山崎頼人 2015「九州の環濠と弥生社会」『《論集》環壕集落の諸問題 2015』《環濠（壕）論集》刊行会（石黒立人編集）
吉留秀敏 1994「環濠集落の成立とその背景」『古文化談叢』33　九州古文化研究会
若林邦彦 2008「1 弥生集団論の新展開　②集落と集団 2―近畿―」『集落からよむ弥生社会』弥生時代の考古学 8 同成社
埋蔵文化財研究会 2006『弥生集落の成立と展開―発表要旨集／資料集―』第 55 回埋蔵文化財研究集会

第5節

大陸系磨製石器の伝播と選択的受容

櫻井拓馬

はじめに

　中国大陸に発し、韓半島の青銅器（無文土器）文化を通じて日本列島に伝わった石製収穫具・木工具・武器形石器の一群は、今日、「大陸系磨製石器」ないし「大陸系磨製石器群」（近藤1960・1962）と総称されている（図1）。これらは、列島各地における水稲農耕開始の指標として注目され、出現の時期や系譜が常に問われてきた。その到達点といえるのが下條信行の一連の研究であり、列島における大陸系磨製石器の展開は、北部九州を起点としたリレー式（玉突き式）の伝播と、各地域での器種や属性の選択的受容によって理解できるとした（下條1977・1994・1996・1997・2014ほか）。

　リレー式の伝播は、有柄式磨製石剣や有茎磨製石鏃といった一部の器種が、九州から離れるにつれ欠落することや、石包丁・柱状片刃石斧の形態が徐々に変化していくさまから把握される。

　選択的受容の代表例は伐採用の両刃石斧で、韓半島の伐採斧（厚斧）が北部九州には受け入れられず、縄文系の両刃石斧（薄斧）が次第に厚斧化し（図1-7）、太型蛤刃石斧へと発展していった。この他、縄文時代以来の打製石器が存続することも、選択的受容と表裏の関係で捉えることができる。列島各地では、新来の文化要素を咀嚼しながら、地域の文化に取り込んでいったのである。

　本稿では、近年の石材移動や石器製作技法[1]に関する新たな知見を踏まえつつ、大陸系磨製石器の伝播と選択的受容の具体相をみることにしたい。

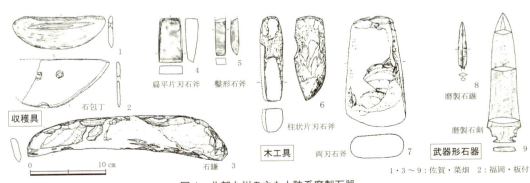

図1　北部九州の主な大陸系磨製石器

1 縄文晩期／弥生早期[2]の大陸系磨製石器

近年、レプリカ法により縄文晩期後半の穀物圧痕の事例が飛躍的に増え（中沢 2017）、西日本では木製耕起具の存在が断片的に知られているが、この時期に大陸系磨製石器のセットを受容した地域は玄界灘沿岸とその付近に限られている。九州では、紐孔を摺り切り穿孔する楕円形石包丁が、イネ・水田とともに南九州まで達したが（桒畑・栗山 2008）、柱状・扁平片刃石斧は受容されず、灌漑型の水稲農耕に適合した石器・木器生産は依然として低調であった。

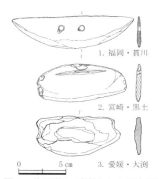

図2　先駆的に受容された石包丁

一方、近畿地方では、縄文晩期以降の数次にわたる農耕情報伝播によって弥生時代の開始を捉えようとする「初期稲作志向モデル」が提唱され、兵庫県口酒井遺跡、大阪府船岡山遺跡などの石包丁が突帯文土器に伴う可能性が示されたが（森岡 1993）、いずれも出土状況から時期を限定しうるものではなく、型式学的にも弥生前期中葉以降のものとみるのが妥当である（下條 2002）。当地域では、突帯文期まで確実に遡る大陸系磨製石器はない。

縄文晩期には、福岡県貫川遺跡の黒川式に伴う石包丁（前田・武末 1994）や、愛媛県大渕遺跡の不定形な石包丁のように、遠隔地から先駆的に伝播した農耕情報がないわけではない（図2）。また、東日本系土器の広範な動きにみるように、北部九州の農耕情報がある程度他地域へもたらされていたことは十分に考えうる。しかし、これらが農耕文化複合の構成要素として各地域に根付き、石器組成の変化や、新来の石器・木器の生産を生むまでには至らなかった。

2 石包丁製作技法からみた伝播と選択的受容の具体相

（1）大陸系磨製石器の成立をめぐる二説

上述のとおり、大陸系磨製石器が関門海峡を越えて広がるのは、遠賀川式土器の成立（本書第1章第2節田畑論文の2-1段階、以下田畑x段階と示す）以降というのが大方の見方であり、弥生前期中頃には、伊勢湾沿岸にまで大陸系磨製石器のセットが波及する。その過程では北部九州を起点とした、リレー式（玉突き式）の型式変化があったと考えられている（下條 1994、図3）。

これに対して、縄文晩期の穀物栽培の広がりを背景に、北部九州を介さない、より多

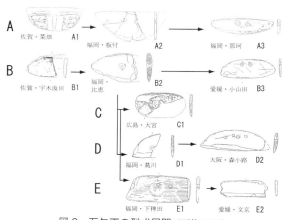

図3　石包丁の型式展開（下條 1994）

系・多元的な大陸系磨製石器の成立と展開を考える説がある（出原1999・2010、石神2003）。国立歴史民俗博物館によるAMS年代の公表後、これを積極的に支持する意見は見当たらないものの、リレー式の伝播、多元論のいずれにおいても、各地で多様化する大陸系磨製石器を、形態的な属性だけで系譜づけようとしてきた点に方法的な問題と限界があった。

以下では、定性的に把握できる石包丁製作技法を取り上げ、技法の伝播・変容という側面から、大陸系磨製石器の伝播と選択的受容の具体相に迫ってみたい。

（2）石包丁製作技法の地域性

弥生時代開始期（早～前期）の石包丁製作技法に地域差があることを指摘し、弥生文化成立の問題として位置づけたのは秋山浩三である（秋山・仲原1999）。秋山は、弥生中期の近畿では紐孔穿孔を最後の仕上げ作業として行うが、九州では研磨（刃付け）の前に穿孔することを明らかにし、この差が水稲農耕の伝播当初に遡ることを示唆した。とりわけ重要なのは、この差は偶発的なものではなく、穿孔具や穿孔技法の差を内包した、技術体系の差と捉えた点である。筆者もこの視座を継承し、韓半島から近畿地方に至る、石包丁製作技法の地域差を鮮明にした（櫻井2013・2016）。

北部九州の石包丁製作工程や穿孔技法には、石包丁の故地である韓半島南部の影響が色濃く残っているが、おおむね関門海峡を境として、①工程順（体部研磨・刃付け前に穿孔する研磨後行型から、穿孔前に体部研磨・刃付けする研磨先行型へ）、②磨製穿孔具の消滅、③敲打穿孔の出現率[3]減少といった変化が、板付Ⅱa式併行期（田畑3段階）に生じている（図4・5）。このように、韓半島南部からの距離に応じて、石包丁製作技法が段階的に変化していくことからも、下條が想定する、北部九州を起点とした大陸系磨製石器のリレー式伝播を追認することができよう。

加えて、北部九州の石包丁製作技法の体系（製作工程順・穿孔具・穿孔技法）は、西部瀬戸内以東には直接的に導入されず、あくまでも湾や灘などの地理的単位に基づく交易圏の連鎖により、大陸系磨製石器が伝わったとみることができる。また、関門地域が文化的緩衝帯となり、その後東方へ波及する上での基礎となった点は、遠賀川式土器の成立過程を考える上でも示唆的である。

なお、関門海峡などで大きく製作技法が変化した背景には、AMS年代から想定される長期的・緩やかな弥生時代の開始や、地理的傾斜をもって進んだ遠賀川式土器の波及などが想起されよう。

工程：研磨後行型
穿孔：敲打で貫通
（福岡：板付）

工程：研磨先行型
穿孔：敲打後回転穿孔
（奈良：唐古・鍵）

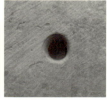
完成品
穿孔：回転穿孔のみ
（香川：鴨部川田）

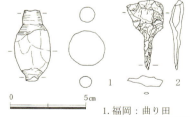
1. 福岡：曲り田
2. 奈良：川西根成柿

図4　石包丁の工程・穿孔技法・穿孔具

（3）石包丁製作技法の変化のプロセス

　石包丁製作技法が各地域でどのように変化したのか、いくつか事例を示しておきたい。石包丁の場合、利用石材・形態・法量など機能に直結する要素は極端に変わらず、伊勢湾沿岸まで伝わっていくが、製作工程順・穿孔技法・穿孔具など機能に直結しない不可視的な要素は欠落し、在地の技術や工具で補填されていった。こうした技法や属性の情報が欠落する要因には、未成品の流通により製作技法の伝習が省略される、各地の初期弥生集落に他地域の搬入石材が多くみられ、その後、在地石材による地域的生産が始まるといった、この時期の磨製石器生産特有の事情がある。

　韓半島から北部九州への石包丁の伝播においては、石包丁の刃部形状（交差刃）や紐孔（摺り切り穿孔・1孔）の変化が生じた（端野 2008）。佐賀県菜畑遺跡の摺り切り穿孔を持つ石包丁（図1-1）は韓半島から搬入された可能性が指摘され（下條 2014）、菫青石ホルンフェルスを用いた石包丁生産が始まると、摺り切り穿孔は姿を消す。同様に、高知県田村遺跡群では、当初（田畑2段階）関門地域で多用されるホルンフェルスや層灰岩が認められ、穿孔技法に関しても当地域の影響を受けていた可能性が高い。その後、在地石材による石包丁生産が始まるが（出原 2008）、この過程で穿孔技法も変化する（図5）。香川県下川津遺跡（田畑2段階）では、在地の瀬戸内火山岩類（安山岩・流紋岩）よりも緑泥片岩・結晶片岩が多用され、燧灘を介した伊予地域の影響が想定される。鹿児島県高橋貝塚（河口 1965）は、磨製穿孔具をはじめ北部九州の石包丁製作技法の影響が強い点で注目されるが、板付Ⅱb式併行の鹿児島県魚見ヶ原遺跡（鹿児島県立埋蔵文化財センター 2007）では、

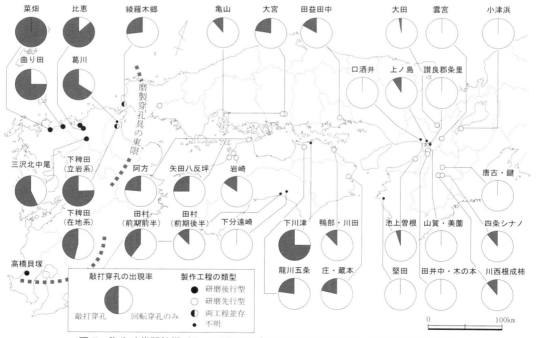

図5　弥生時代開始期（早～前期）の石包丁製作技法の地域性（櫻井2013に加筆[4]）

穿孔技法が変化してしまう。
　このように、各地の初期弥生集落では、隣接地域の石器石材流通圏に組み込まれる「受容」と、その後、在地石材の開発により磨製石器生産が始まる「定着」という二段階が広く認められ、石材流通圏からの逸脱や、受容から定着への転換といった様々なパターンを経ながら、情報の欠落や補填（文化変容）が生じていったのである。なお、この文化変容には、関門海峡以東で生じたとされる石包丁の把握方法の変化（上曰2005）も含まれよう。
　以上のようなプロセスを念頭に、大阪湾沿岸の大陸系磨製石器の受容過程をみてみたい。

3　大阪湾沿岸における大陸系磨製石器の受容過程

（1）初期弥生集落の磨製石器の器種組成をめぐって

　兵庫県大開遺跡、大阪府若江北遺跡、讃良郡条里遺跡といった大阪湾沿岸の初期弥生集落では、穂摘具・木工具など一部の器種が欠如することが多く、大陸系磨製石器のセットが安定して揃うのは前期後半（田畑5段階）以降である。こうした初期弥生集落における器種組成の偏りは、「モザイク状」などと評され、器種の選択的受容が生じた結果とみなされることが多い（禰宜田2002、菅2010）。当地域では、遠賀川集団と突帯文集団の住み分け・共生論（中西1984、秋山1999）に代表される、在来集団による新来情報の選択的受容が、常に想定されてきたからであろう。
　しかし、上記の遺跡では遠賀川式土器が安定して組成し、縄文系石器で欠落器種が補填される状況もないことから、器種組成の偏りを選択的受容の概念で捉えるのは疑問である。むしろ、集落内での磨製石器生産が確立しておらず、外部依存度が高い点や、分節的な集落構造（若林2002）に起因して、磨製石器が大量出土する環境がない点を考慮する必要があろう。

（2）磨製石器生産の段階区分

　上記の観点から、利用石材の動向や未成品の出土傾向を中心に、大阪湾沿岸における磨製石器生産の段階を整理しておきたい。弥生前期の大陸系磨製石器には、瀬戸内火山岩類（流紋岩・安山岩）や結晶片岩（塩基性片岩）が多用され、四国東部の影響が及ぶことが知られている（三好2001、寺前2001）。また仲原知之は、前期の石包丁生産を「受容期」「定着期」の2期に区分し（仲原2002）、上田健太郎は石材利用の様相を詳細に整理した（上田2010）。これらを踏まえ、弥生前期の磨製石器生産を「受容期」「定着期」「展開期」の三段階に区分し、若林邦彦による壺・甕のヘラ描直線文数を基準とした土器様相区分（若林2000）、本書の田畑（第1章第2節）の土器段階区分に即して述べる。
　Ⅰ：受容期（様相1、田畑3～4-1段階）　集落内での磨製石器生産が低調で、外部依存度が高い時期である。讃良郡条里遺跡267・268溝、若江北遺跡5次包含層、大開遺跡5次SK466などを基準とする。丹波帯で採取可能な粘板岩を除けば、石包丁は緑泥片岩・流紋岩、片刃石斧は結晶片岩（塩基性片岩）など、他地域の石材が多用される。未成品は出土例がなく、完成品や完成直前のものが搬入された可能性が高い（沖原2002）。両刃石斧はいわゆる太型蛤刃石斧が当初からみられ、縄文系石斧が卓越する様子はない（寺前2001）。

石材利用で注目すべきは、瀬戸内火山岩類の安山岩利用が流紋岩よりも遅れる点である。瀬戸内火山岩類の故地と目される讃岐地域では、流紋岩・安山岩の併用が一般的であり、今後、流紋岩を主体的に用いる地域の特定も期待されよう。
　Ⅱ：定着期（様相2、田畑4-2～5-1段階）　大和地域で流紋岩、河内地域で安山岩製石包丁の生産が始まり、石材原産地付近で、地域的な磨製石器生産が確立する。資料上明確になるのは、様相2（新）で、奈良県唐古・鍵遺跡20次SK215（流紋岩）、大阪府亀井遺跡SD1401（安山岩）、田井中遺跡95-2区落ち込み848（安山岩）、雲宮遺跡SX76（粘板岩）で石包丁未成品が広く確認できる。しかし近年、奈良県川西根成柿遺跡SD45・46（流紋岩）、大阪府木の本遺跡流路0183（軟質安山岩）など様相1（新）～様相2（古）に遡る資料が増えつつある。集落や木器生産の状況を勘案すると、画期はさらに遡る可能性が高い。
　片刃石斧では片岩製品が引き続き流入するが、河内平野では堆積岩製もみられ、丹波帯付近の摂津・山城地域で生産が開始されたとみられる。大阪湾外の事例だが、両刃石斧は、和歌山県堅田遺跡で多様な法量・形態のものが目立つ。こうした両刃石斧の多様化は、定着期から展開期のひとつの特徴である。
　器種構成では、安山岩・流紋岩製石包丁の生産を基盤として、除草具である大型直縁刃石器（打製・半磨製）が新たに加わる。これらは四国東部との交流のなかで生まれたと考えられ、木の本遺跡では金山産サヌカイト製の打製石包丁や大型直縁刃石器が出土している（櫻井2016）。
　Ⅲ：展開期（若林様相3～4、田畑5-2段階以降）　弥生中期の緑泥片岩・粘板岩製石包丁の流通圏（酒井1974）がほぼ形作られる。大阪府池上曽根遺跡（第二阪和道）SF081、山賀遺跡前期包含層、美園遺跡BSD220・230を基準とする。石包丁は、和泉地域以南で緑泥片岩製石包丁の生産が活発化し、河内平野の諸遺跡でも一定量出土するようになる。緑泥片岩製の磨製大型石包丁もこの時期に登場する。他方、和泉地域においてもなお安山岩・流紋岩製石包丁が全体の2割程度認められ、石包丁の流通は双方向的であった。
　柱状片刃石斧・扁平片刃石斧は堆積岩が多用され、片岩製品は目立たなくなる。河内地域では中期前半までこの傾向が続く。

（3）大陸系磨製石器の受容過程と受容期の位置づけ

　大阪湾沿岸では、周辺地域の影響を断続的に受けつつ、大陸系磨製石器の在地化・石器生産の再編が前期を通じて進行した。受容期は、四国東部地域の石材流通圏内にあり、石器や石材の外部依存度が高い。定着期以降は地域的な磨製石器生産が確立し、大型直縁刃石器など新たな器種がみられる。また、展開期には、弥生中期の社会的分業（酒井1974）の素地がほぼ出来上がる。
　こうした磨製石器生産の動向は、河内潟周辺のサヌカイト産地分析の状況（秋山1999）とも、おおむね合致していよう。縄文晩期の二上山産利用から、弥生前期に金山産利用にシフトし、様相1（若江北遺跡）では金山産が圧倒的多数、様相2（山賀遺跡）には金山産と二上山産が約半数となり、様相3～4（美園遺跡）以降、二上山産サヌカイト利用に戻っていく。打製石器についても、石材の

第5節　大陸系磨製石器の伝播と選択的受容

外部依存から地域的生産への再編、中期への胎動という流れがある。

一方、受容期（初期弥生集落）の磨製石器組成の不安定さは、選択的受容、すなわち在来集団による新来器種の取捨選択がなされたためとすべきでなく、両者をいったん切り離して論じていくことが重要である。受容期の利用石材や磨製石器の型式的特徴を見る限り、西接する四国東部の影響がスムーズに受け入れられており、文化変容の度合は強くない。周辺地域からの情報を選択的に受容し、石器の地域色が強く発現していくのは、むしろ定着期以降のことである。

突帯文土器（長原式）と遠賀川式土器の関係についても、私見を述べておきたい。大阪湾沿岸の

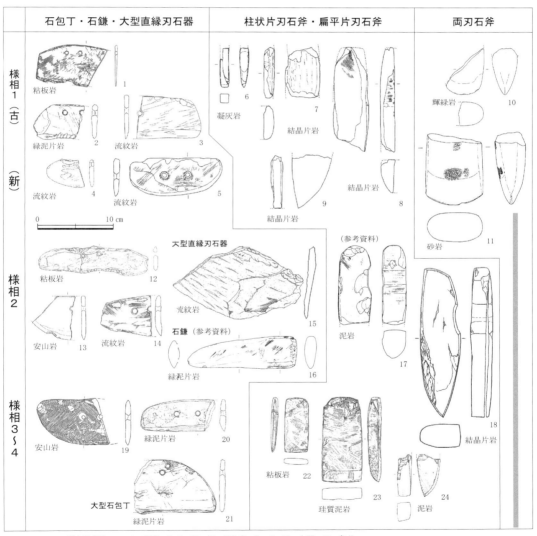

1・2・3・10：讃良郡条里　4・12：雲宮　5・9・16・17：田井中　6～8・11：大開　13：亀井
14・15：唐古・鍵　18：堅田　19：池上曽根　20～24：美園

図6　大阪湾沿岸の大陸系磨製石器の変遷

受容期は、磨製・打製石器とも他地域産石材への依存度が高い状況にある。このような広範な交流のもと、仮に突帯文土器（長原式）と遠賀川式土器が一定期間並存していたならば、大陸系磨製石器・金山産サヌカイトと突帯文土器との共伴例が多く認められるはずだが、そうした状況はない。両者の接点は短く、この時期に突帯文集団の主体性を強調することは難しいと考える。

なお、今回は土器編年上の位置づけが明確な資料を取り上げたため、個別指標の出現時期はさらに遡ると予想される。また、磨製石器生産の画期は、木器生産の動向や環濠集落、水田開発の進展などを踏まえて補正していく必要がある。特に、受容期から定着期にかけては、唐古・鍵遺跡に代表される木器貯蔵穴の出現、石器生産センターとしての環濠集落の発展など、木器生産や集落形成上の画期があり、様相1（新）〜2（古）にかけて別に画期を設定できる公算が高い。大阪湾沿岸と近畿内陸部との地域差についても、今後の検討課題としておきたい。

まとめと展望

日本列島における大陸系磨製石器の展開について、リレー式の伝播と選択的受容という二つの概念を中心に論じてきた。縄文晩期（弥生早期）には、各地に先駆的に伝播した農耕情報があったが、北部九州を除くとイネ、非灌漑型の水田といった一部の要素が受容されたにすぎない。

西日本の大陸系磨製石器は、これら断片から多元的に発芽したのではなく、北部九州を起点として、特に遠賀川式土器の成立以降、順次東（南）へと伝わっていったものである。その過程では、選択的受容による文化変容が生じたが、石包丁製作技法の検討によれば、関門海峡が大きな文化的境界であったこと、地理的単位（湾・灘で結ばれた地域や石材流通圏など）を大きく越えた交流の影響は限られていたことが知られる。こうした状況は、AMS年代や土器編年の細分から導かれる、緩やかな弥生化のイメージとも調和的である。

西日本各地の初期弥生集落では、磨製石器生産に受容期、定着期という二段階がみられ、大阪湾沿岸でも四国東部の強い影響が及ぶ受容期、周辺地域の影響を受けつつ在地化（文化変容）が進む定着期という理解が可能である。また、石器の様相からの間接的な推測ではあるが、当地では突帯文土器から遠賀川式土器への転換は明瞭であり、両者の接触の時間幅は短いか、あるいはヒアタス（瀬戸内の遠賀川式土器の最古相に相当する段階）の介在も想定すべきではないかと考えている。

今後、磨製石器の段階区分をもとに、土器や集落、木器生産の動向との突合せを進めていきたい。

註
1) 「技法」は、個々の技術、工具、工程や石材選択原理の総体を指すが、本稿では旧石器の瀬戸内技法のように、特定の動作の連鎖を示す語としては用いていない。
2) 本稿での弥生早期は、北部九州の山ノ寺・夜臼式期に限って用いている。
3) 敲打穿孔の出現率（敲打穿孔率）は、紐孔を有する個体の総数に占める、敲打穿孔を施す個体数の割合として示している。詳細は旧稿（櫻井2013）を参照されたい。
4) 旧稿（櫻井2013、図4）では、山口県綾羅木郷遺跡と広島県大宮遺跡の円グラフが入れ違いになっており、今回、その誤りを修正した。

引用・参考文献　※紙幅の都合から、発掘調査報告書の多くは割愛した。

秋山浩三 1999「近畿における弥生化の具体相」『論争吉備』考古学研究会　pp.189-222

秋山浩三・仲原知之 1999「近畿における石包丁生産・流通の再検討（Ⅱ）」『大阪文化財研究』17　大阪府文化財調査研究センター　pp.38-62

石神 怡 2003「弥生ことはじめ考」『弥生創世記』大阪府立弥生文化博物館　pp.68-73

上田健太郎 2005「近畿地方における直線刃半月形石包丁の成立」『待兼山考古学論集―都出比呂志先生退任記念―』大阪大学考古学研究室　pp.149-174

上田健太郎 2010「播磨の弥生時代石器」『石器からみた弥生時代の播磨』第11回播磨考古学研究集会　pp.11-34

鹿児島県立埋蔵文化財センター 2007『魚見ヶ原遺跡』

河口貞徳 1965「鹿児島県高橋貝塚」『考古学集刊』3―2　東京考古学会　pp.73-109

桒畑光博・栗山葉子 2008「都城盆地における摺り切り穿孔をもつ石包丁」『南部九州における水稲農耕受容期の様相―西日本における他地域との比較を通して―』宮崎考古学会県南例会実行委員会　pp.103-112

近藤義郎 1960「鉄製工具の出現」『世界考古学大系2　日本Ⅱ』平凡社　pp.34-41

近藤義郎 1962「弥生文化論」『岩波講座日本歴史　原始および古代1』岩波書店　pp.141-188

酒井龍一 1974「石包丁の生産と消費をめぐる二つのモデル」『考古学研究』21―2　考古学研究会　pp.137-150

櫻井拓馬 2013「弥生時代開始期における石包丁製作技法の地域性―穿孔技法の分析を中心として―」『立命館大学考古学論集Ⅵ』同刊行会　pp.103-110

櫻井拓馬 2016「近畿地方・弥生前期における石包丁製作技法の再検討～流紋岩・安山岩～」『魂の考古学―豆谷和之さん追悼論文編―』豆谷和之さん追悼事業会　pp.131-140

下條信行 1977「九州における大陸系磨製石器の生成と展開」『史淵』114　九州大学文学部　pp.179-215

下條信行 1994『弥生時代大陸系磨製石器の編年網の作成と地域間の比較研究』（科研費報告書）

下條信行 1996「扁平片刃石斧について」『愛媛大学人文学会創立二十周年記念論集』pp.141-163

下條信行 1997「柱状片刃石斧について」『伊達先生古稀記念　古文化論叢』伊達先生古稀記念論集刊行会　pp.72-87

下條信行 2002「瀬戸内における石包丁の型式展開と文化交流」『四国とその周辺の考古学』犬飼徹夫先生古稀記念論文集刊行会　pp.351-374

下條信行 2014「生産具（磨製石器）からみた初期稲作の担い手」「西日本における初期稲作と担い手」『列島初期稲作の担い手は誰か』すいれん舎　pp.175-277

菅栄太郎 2010「大阪湾岸地域における弥生時代の石器生産と流通」『石器からみた弥生時代の播磨』第11回播磨考古学研究集会　p53-88

出原恵三 1999「南四国の石器―弥生時代の磨製石器を中心として―」『古代吉備』21　古代吉備研究会　pp.3-41

出原恵三 2008「弥生文化成立期の大陸系磨製石器」『古文化談叢』60　九州古文化研究会　pp.1-24

出原恵三 2010「弥生文化成立期の二相―田村タイプと居徳タイプ―」『弥生・古墳時代における太平洋ルートの文物交流と地域間関係の研究』pp.7-37

寺前直人 2001「弥生時代開始期における磨製石斧の変遷」『古文化論叢』46　九州古文化研究会　pp.27-52

中沢道彦 2017「日本列島における農耕の伝播と定着」『季刊考古学』138　雄山閣　pp.26-29

中西靖人 1984「前期弥生ムラの二つのタイプ」『縄文から弥生へ』帝塚山考古学研究所
仲原知之 2002「弥生前期の石包丁生産と流通―近畿における石包丁生産・流通の再検討―」『紀伊考古学研究』5　紀伊考古学研究会　pp.1 - 14
禰宜田佳男 2002「石器組成」『考古資料大観』9　小学館　pp.173 - 178
端野晋平 2008「計測的・非計測的属性と型式を通じた石庖丁の検討―韓半島南部と北部九州を素材として―」『日本考古学』26　日本考古学協会　pp.41 - 66
前田義人・武末純一 1994「北九州市貫川遺跡の縄文晩期の石包丁」『九州文化史研究所紀要』39　pp.65 - 90
三好孝一 2001「河内潟東・南縁部における弥生文化の受容と定着」『みずほ』35　大和弥生文化の会　pp.20 - 33
森岡秀人 1993「初期稲作志向モデル論序説―縄文晩期人の近畿的対応―」『考古学論叢』関西大学考古学研究室　pp.25 - 52
若林邦彦 2000「遠賀川系土器様式の終焉」『突帯文と遠賀川』土器持寄会論文集刊行会　pp.1111 - 1129
若林邦彦 2002「河内湖沿岸における初期弥生集落の変遷モデル」『環瀬戸内海の考古学』古代吉備研究会　pp.225 - 239

図版出典
図1　1・3〜9：唐津市教委 1982『菜畑遺跡』、2：福岡市教委 2000『板付周辺遺跡調査報告書 第21集』
図2　1：前田・武末 1994、2：松山市教委他 2000『大渕遺跡1・2次』、3：都城市教委 1994『黒土遺跡』
図3　下條 1994
図4　写真：筆者撮影、1・2：櫻井 2013を改変
図5　櫻井 2013を改変
図6　㈶大阪府文化財センター 2009『讃良郡条里遺跡Ⅷ』、神戸市教委 1993『大開遺跡発掘調査報告書』、大阪府教委他 1992『河内平野遺跡群の動態Ⅱ』、同 1992『河内平野遺跡群の動態Ⅴ』、大阪府教委 1999『田井中遺跡発掘調査概要Ⅷ』、㈶大阪府文化財調査研究センター 1997『田井中遺跡（1〜3次）・志紀遺跡（防1次）』、御坊市教委他 2002『堅田遺跡』、大阪文化センター 1979『池上遺跡第3分冊の1 石器編』、㈶京都府埋蔵文化財調査研究センター 1997『雲宮遺跡』、田原本町教委 1986『唐古・鍵遺跡第20次発掘調査概報・黒田大塚古墳第2次発掘調査概報』

謝辞　文献の探索にあたって、森貴教氏にお世話になりました。末筆ながら御礼申し上げます。

第6節

近畿地方における農耕開始期の集団統合原理
―東日本系祭祀の展開―

寺前直人

はじめに

　灌漑施設をともなう水田稲作の導入は、人々に通年にわたる継続的な協業をもたらした。西日本では相前後して環濠集落という新しい集住も開始される。通年での協業や集住で生じたであろう集団内外の摩擦やストレスを緩和、解消するにあたり、マツリや儀礼といった活動は重要な役割を果たしたと予想される。では、近畿地方における水田稲作開始期である弥生時代前期において、どのような儀礼が採用されていたのだろうか。そして、その系譜はどこに求められるのだろうか。本稿では、当該期の儀礼用遺物を分析することにより、この問題を論じることをめざす。

1　研究の動向と論点

　近畿地方の水田稲作開始期（縄文時代晩期末～弥生時代前期）において、目につくのは縄文時代の系譜をひく儀礼用遺物である。具体的には、結晶片岩製の大形粗製石棒（泉 1985、大下 1988、秋山 1991、中村豊 1998）や長原タイプ土偶（大野 1997・1999）と呼称される小型の省略土偶が知られている。これらの存在は、前段階（縄文時代晩期前・中葉）の儀礼品の残留にすぎないという評価や、破砕されているという出土状況をもって、伝統の放棄を示すといった消極的な評価がみられる。一方で、弥生時代における変質（大下 2010）、その変質の背景に中国大陸華中・華北地域農耕社会の男根崇拝の影響をみいだす見解（春成 1996、小林 2007：266）や、環濠集落というあらたな集住形態をとるにあたって、一定の役割を果たしたと評価する意見もある（中村豊 2007：290）。

　儀礼の実態やその社会的機能を考古学的に論じることは、困難である。しかし、非実用的な祭祀系遺物から歴史を論じることも可能ではないだろうか。それは資料のサイズ、デザイン、製作技法、材質に基づき、時間的、地域的な系譜を求め、その出土状況や共伴遺物、あるいは使用痕を観察して、使用方法やそれを用いた具体的動作とその連鎖を復元するという考古学の基礎的方法論を実直に実践することである。

　本稿では、このような視点にたった上で「儀礼行為」のもつ普遍的な社会的機能、それを使用する儀礼をともに執行することで参加者同士が一体感を高め、特定の集団への帰属を確認し、共同性を再生産するという役割に着目して、議論をすすめることとしたい。

2 初期農耕集落と石棒類

　農耕開始期の石棒類をめぐって　近畿地方の水田稲作開始期前後における石棒類研究は、1980年代にさかのぼる。それが1990年代以降になると秋山浩三や中村豊らによる網羅的な集成に基づき、議論が進展した（秋山1991・2002a・b、中村豊1998・2001・2002）。筆者も当該期の資料について、そのサイズを中心に各地の変遷をまとめたことがある（寺前2005）。その後も近畿地方の小形品を中心に型式学的な検討をすすめてきた（寺前2017・2018）。先に指摘したとおり、弥生時代前期初頭において石棒類が一定量存在することは、ほぼ共通の理解となっているといえよう。ただし、それ以降の継続については、それぞれの論者で看過できない差異がある。

　まず、秋山や筆者は弥生時代前期末以降においても、石棒類が存在すると理解している。対して、中村豊は近畿地方における弥生時代前期中葉以降における石棒類の存在をその大形、小形を問わず、認めていない（中村豊2012・2013・2014）。ただし、秋山は弥生時代の土器と共伴する石棒類の形態は、縄文時代のそれとあまり差がないとも述べており（秋山2002b：211・2007：127）、この点では弥生土器とともに出土する石棒類を混入や再利用と解釈する中村の論との間に、形態認識上の共通性をみいだせる（中村豊2014：38）。一方、筆者は縄文時代晩期中葉から弥生時代にいたる小形石棒類の型式変化を、積極的に評価しており（寺前2007・2017・2018）、弥生土器と共伴する小形石棒類は縄文土器と共伴するそれらと型式学的に区分可能であるという立場をとる。

　ただし、近畿地方で環濠集落や灌漑施設を有する水田が出現し、柱状片刃石斧や磨製石包丁といった外来の工具や農具が登場する段階、すなわち弥生時代前期前葉・中葉における石棒類の近畿地方における主流は、大形の粗製品である。その形態や製作技法に時期的変化は乏しく、これらの製作時期を型式学的に論じることは困難であるとされてきた。これらの課題に留意しながら、水田稲作開始期である弥生時代前期以降の集落から出土している石棒類の具体的様相、とくに片岩製を主体とする大形粗製石棒の動向を中心にみていこう。

　初期農耕集落出土大形石棒の実態　各地における初現期の環濠集落において、大形石棒を中心とした石棒類が出土していることは、注目に値しよう。代表的な例としては、兵庫県神戸市大開遺跡（図1-1）、大阪府高槻市安満遺跡、茨木市東奈良遺跡、八尾市田井中遺跡、京都府長岡京市雲宮遺跡（図1-11・14）、和歌山県御坊市堅田遺跡（図1-6～8）、奈良県大和高田市・橿原市川西根成柿遺跡（図1-9・10）などがあげられよう。また、環濠を有さない大阪府四條畷市・寝屋川市讃良郡条里遺跡（図1-4）・八尾市亀井遺跡（図1-5）、和歌山県すさみ町立野遺跡（図1-12・13・16）からも大形石棒の出土が認められる。ただし、これらのなかには下層や周辺に縄文時代の遺構があったり、弥生時代の遺構に縄文時代晩期の土器が少量ながら検出されている遺跡も含まれている。その評価については論者によって異なっており、石棒類の製作時期や使用時期の判断は慎重を要することも事実である。そこで詳細な出土状況や遺跡の形成過程が報告されている事例に対象をかぎり、その帰属時期を慎重に検討していこう。

第6節　近畿地方における農耕開始期の集団統合原理―東日本系祭祀の展開―

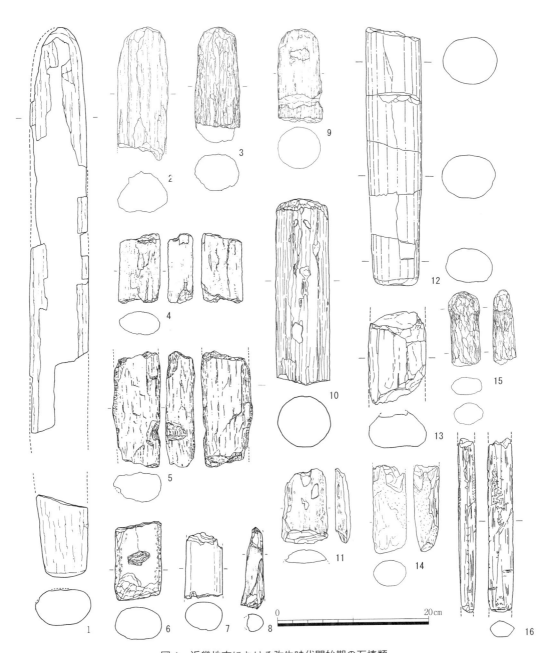

図1　近畿地方における弥生時代開始期の石棒類
1：大開　2・3・15：井手田　4：讃良郡条里　5：亀井　6〜8：堅田
9・10：川西根成柿　11・14：雲宮　12・13・16：立野

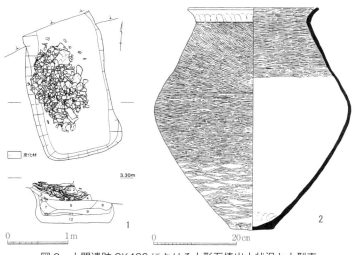

図2 大開遺跡 SK466 における大形石棒出土状況と大型壺

大開遺跡（兵庫県神戸市） 近畿地方における最古段階の環濠が、ほぼ全面にわたり検出された集落遺跡として著名である。六甲山南麓の平野部に位置する。筆者を含む多くの研究者が、石棒出土弥生集落の代表例とする遺跡であるが、実は環濠集落が営まれた下層にあたる第4遺構面において縄文時代晩期後半に属する土坑や土器溜まり状遺構、河道が存在する。したがって、その上層にあたる環濠集落が営まれた第3遺構面から出土している石棒類の帰属時期も、必ずしも安定的でない（神戸市教育委員会1993）。しかし、第4遺構面からは石棒類は出土していないので、第3遺構面出土の石棒群は環濠集落形成時に使用され、廃棄されたものである可能性が高いと、筆者は考えている。つまり、下層に先行する縄文遺構や遺物群があったとしても、そこから石棒類が検出されていなければ、上層遺構出土の石棒類が下層からの混入である可能性は低いといえよう。ここでは、このような判断基準を他遺跡における混入可能性を考える上でも採用していくこととする。

石棒類は合計13点が検出されており、1点をのぞき、結晶片岩製の大形粗製品であった。その1点については、外来系の磨製短剣が在来の石棒類の影響を受けて変容したと筆者は理解している（寺前2009・2010b・2017）。大形粗製石棒の多くは、住居（SB401～404）や土坑（SK420・466・504）から出土している。なかでも、拡張された環濠内に位置する貯蔵穴SK466における大形石棒の出土状況は注目できる。SK466は長辺2.4m以上、短辺1.3mで検出面での深さ0.6mをはかる長方形の貯蔵穴である（図2-1）。埋土の最上層から一括して投棄されたような状況で復元長60cmをこえる大形粗製石棒（図1-1）が破砕された状態で出土しており、他に炭化材と大量の土器片をともなっていた。土器片のなかには、大開遺跡で使用されていた壺形土器のうち最大となる器高60cmの壺形土器（図2-2）を含む。つまり、ここでは大形石棒が熱を用いて破砕され、大形壺などとともに「廃棄」されたという一連の行為が復元できるのである。大形石棒類を凸、男性性の象徴として、中空の土器類を凹、女性性の象徴とみることが許されれば（中村耕2012）、男／女というあるいは在来／外来という二項対立的な思想を読み取ることも可能かもしれない。

井手田遺跡（兵庫県南あわじ市） 弥生時代前期末以降に形成される集落遺跡である本遺跡を初期農耕集落の事例として取り上げるのは、必ずしも適切ではないかもしれない。ただし、結晶片岩製大形石棒の下限を考える上では重要な事例であるので、その詳細について確認しておきたい。

井手田遺跡は淡路島南端の阿万海岸から内陸約 2 kmに位置しており、旧河道に挟まれた中州状の微高地上に形成された集落遺跡である。すでに指摘したように（寺前 2010b：224）、当遺跡からは弥生時代前期末以降に属する大形粗製石棒の存在が報告されている（兵庫県立考古博物館 2007：78）。近年、調査報告書が刊行され、その詳細が明らかとなった（兵庫県教育委員会 2018）。調査範囲からは弥生時代前期末から中期初頭に属する竪穴住居 17 棟がみつかっており、約 10 点の大形粗製石棒（図 1 - 2・3）が住居埋土等から検出されている。多くは長径 5 cmをこえる大形品だが、長径 5 cmを下回る可能性のあるもの（図 1 - 15）も含まれていた。また、居住域からは紀北地域に多くみられる松菊里型住居とともに、紀伊型甕がみられる。大阪府和泉市・泉大津市池上曽根遺跡（秋山 2002a）や後にふれる堅田遺跡のありかたとあわせて、前期末以降における紀伊半島との関係には注意が必要である。
　讃良郡条里遺跡（大阪府四條畷市・寝屋川市）　縄文時代晩期以降、讃良川や岡部川から供給された土砂の堆積上に形成された遺跡であり、溝や水田などが検出されている。近畿地方では最古段階のセットとなる遠賀川式土器群が、突帯文土器と混在した状況で溝からまとまって出土したことで著名である（大阪府文化財センター 2009）。環濠と判断できる遺構は検出されていない。
　図 1 - 4 は片岩製粗製大形石棒片であり、6 区第 8a 層より検出されている。この層からは、ほかに 1 点の大形粗製石棒片が出土しており、突帯文土器の細片 4 点、中部地方の氷式土器とみられる浮線文土器細片 1 点と全形が復元可能なものが 1 点検出されている以外は、弥生時代前期以降に属する土器である。
　なお、この下層にあたる 8b 層は縄文時代後期から晩期にかけて形成された泥質な堆積層であるが、人為的な遺構は確認できず、図化されたのは突帯文土器 3 点のみである。また、8b 面検出の 5 - 1013 土坑出土の土器（大阪府文化財センター 2009：図 322 - 1）が篠原式に類似する以外、出土土器は長原式土器と弥生時代前期前葉以降の土器でしめられている。
　亀井遺跡（大阪府八尾市）　河内平野を代表する拠点的な弥生集落である。合計 6 点の石棒類が出土しており、共伴土器が限定できるものは 2 例ある（大阪文化財センター 1984・1986）。SK3169 において弥生時代前期中葉の土器と共伴した図 1 - 5 と、SD1701 において前期後半から中期初頭に属する大量の土器とともに出土した小形精製品である（寺前 2018）。亀井遺跡（1982・83 年調査域）では、整理コンテナ約 3000 箱のほとんどが弥生土器であるのに対して、縄文土器片はわずかに 5 片であること、さらに石棒類出土の調査区からは縄文土器が確認できていないことを根拠に、両者とも弥生時代に属すると秋山浩三は指摘している（秋山 2002a）。先の大開遺跡での基準をふまえるならば、弥生時代に属する石棒であると判断できよう。
　雲宮遺跡（京都府長岡京市）　山城地域では最古段階の弥生土器がみられる遺跡として、古くから注目を集めていた。淀川支流の小畑川左岸の沖積地に立地する。左京 216 次（京都府埋蔵文化財調査研究センター 1997）と左京 407 次調査（古代学協会 2013）の成果に基づくと、環濠の規模は東西約 120 mとみられ、部分的に二重あるいは三重の環濠が確認されている。環濠集落は名神高速道路

の東側に展開する一方で、高速道路西側では自然流路より滋賀里Ⅲ式・長原式土器、沼状窪地から長原式の深鉢と古式の壺形土器の共伴（左京212次）、また自然流路より突帯文土器と土偶頭部片（左京235次）が報告されているが、いずれも環濠の200m北に位置している。

環濠の北東部を検出した左京407次調査において石棒および石棒状石器は約10点出土しているが、大阪湾沿岸地域で一般的な変成がすすんだ結晶片岩製はみられず、泥質ホルンフェルスが多数をしめる（図1-14）。長径5cmを上回るのは、緑泥片岩製で比較的研磨が密に施された1点（図1-11）のみである。なお、左京407次調査地点において縄文土器は出土していない。以上のように当遺跡における石棒類の様相は、大阪湾沿岸地域における様相とはやや異なる。

川西根成柿遺跡（奈良県大和高田市・橿原市）　京奈和自動車道の建設にともない調査された遺跡である。中心には南北約70mの二重環濠があり、さらにその外側には南北140mをこえる外環濠がめぐる可能性がある。集落北側を大和高田市教育委員会（大和高田市教育委員会2012）が、中央から南側を奈良県立橿原考古学研究所が調査しており（奈良県立橿原考古学研究所2011）、それぞれの成果がまとめられている。縄文土器としては中期中葉から晩期末までの土器が認められる。

大形石棒類は、弥生時代前期でも古層に属する区画溝SD01をきるSK09より、弥生時代前期の土器をともなって出土した図1-9のほか、環濠（SD21）埋土などからも検出されており（図1-10）、合計22点以上となる。ただし、北側環濠（SD22）から約20mはなれた自然流路SR36埋土から3点の石棒類が検出されており、1点が突帯文土器のみがみられる最下層（11層）から、2点が突帯文土器と弥生時代前期土器が同数程度検出されている10層から検出されている。この状況をふまえるならば、すでに指摘があるように（中村豊2014：38）、弥生時代前期の土器と共伴した石棒類にも突帯文期の資料が含まれている可能性がある。

堅田遺跡（和歌山県御坊市）　紀伊水道に注ぐ旧日高川が形成した自然堤防上の微高地に位置する環濠集落である。3条の環濠が検出されており、直径100〜120mの居住空間を囲繞していたと推定されている（御坊市教育委員会2002）。今回の調査区の200m西側には縄文時代後期から晩期前半の土器が出土する田井遺跡があるが、石棒類はみられない。堅田遺跡からは11点の石棒類が出土している。もっとも内側の環濠（1-b・1-c環濠）埋土から5点、外側の環濠（3-b）から1点が検出されている。なお、図1-6の大形粗製石棒は表採資料である。ほかに大形精製品（図1-7）や小形精製品（図1-8）が出土しており、次にふれる立野遺跡出土例とあわせて興味深い。環濠や住居跡からは、いわゆる段甕など前期でも古い特徴を有する甕や壺が散見される一方で、環濠の下層からも多条化した甕や口縁部内面に貼付突帯をもつ壺が検出されており、各遺構の時期を限定的にとらえることは難しい。ただし、いわゆる瀬戸タイプの突帯文系土器が一定量認められるものの、長原式期以前にさかのぼる突帯文土器はみられない。さらに東海系の条痕文土器が散見される点は、石棒類の系譜を考えるうえで重要である。

立野遺跡（和歌山県すさみ町）　紀伊半島南部に位置する遺跡であり、現在の海岸線から約2.5kmの平野部に位置する。周辺の縄文・弥生時代における遺跡の様相は不明な点が多い。2010年度に

実施された調査では、弥生時代前期の自然流路（遺構302）が検出され、その3層からは樹皮が剥がされた状態の自然木が大量に検出されている（和歌山県文化財センター2013）。遺構302からは、瀬戸タイプの突帯文系土器と壺を中心とした弥生時代前期に属する土器がおよそ9対1の比率で検出されている。ほかに少量であるが条痕文土器や浮線文土器がみられる。石棒類は小さな破片を含めると23点が出土している。図1-12は破片が散布状況で検出されたもので、ほぼ等間隔で分断されていた。12と13には被熱痕がみられる。なお、図1-16のような小形精製品もみられる。土器のありかたや石棒群の構成に、先述の堅田遺跡と共通する点には注意が必要である。

　出土状況にみる儀礼行為とその系譜　大開遺跡SK466出土石棒のように加熱による破砕が推察できる被熱痕は、立野遺跡以外にも大阪市長原遺跡、大阪府八尾市田井中遺跡や同市池島・福万寺遺跡でも認められる。

　その系譜は、縄文時代中期中葉（勝坂式段階）に属する東京都町田市忠生遺跡A地区67号住居址での大形石棒出土状況にさかのぼることができよう（忠生遺跡調査団2010・川口2012）。鈴木素行は、大形石棒の廃棄にかかわる現象において「燃焼」がもっとも普遍的な現象であり、「燃焼」という行為が祭儀の最終場面に組み込まれていたとみる（鈴木2012：129）。また、山本暉久は忠生遺跡の例について、中期終末期以降に顕在化する廃屋儀礼の先駆的な形態として理解し（山本2012：138）、後期以降は石棒祭祀が屋外へ転化していくとする。大形石棒が竪穴住居や墓地から出土することから、それらを用いた儀礼は成員間の紐帯強化（山本1979・1983）、あるいは家系の守護、絶えざる繁栄を願う祖霊祭式であるとの理解も有力だ（谷口2005）。

　近畿地方においても石棒類の被熱は、縄文時代晩期前半を主体とする奈良県橿原遺跡などの資料にみられることから、遅くとも晩期前半には石棒焼成が西日本でも行われていたと考えられる。東日本における解釈を前提とするならば、弥生時代開始期における近畿地方の大形石棒の用途もまた、祖霊観念を介して集団間の結びつきを再確認することで、協業や集住の維持や強化をめざす目的の儀礼のなかで使用されていた可能性があるといえよう。

　東日本における大形石棒儀礼の継続　東日本、とくに関東・中部地方の縄文時代晩期中葉段階まで、大形石棒の利用は継続している。縄文時代晩期に属する大形石棒については、中村耕作による集成と検討がくわしい（中村耕2016）。

　東京都調布市下布田遺跡では、配石埋甕墓や合口土器棺墓に近接して、方形配石遺構や石棒集積遺構（第7地点）が営まれており、とくに後者からは10点以上の石棒が検出されている（調布市教育委員会2017）。意図的な再利用の可能性のある縄文時代後期の土器がみられる一方、晩期中葉に属する前浦式土器や佐野式土器も検出されており、安行3c式に構築され、安行3d式期まで利用されたとみられる。なお、下布田遺跡第11地点からは馬見塚F式段階の突帯文が出土しており、西日本の弥生時代早期に併行する時期まで遺跡自体は継続しており、東海地方とも交流があった可能性がある。

　東京都町田市田端遺跡において、1968年に調査された環状積石の状況も興味深い（玉川大学教育

博物館 2017)。縄文時代後期の土器を副葬する土坑墓・配石墓上に長径約 9 m の環状積石が形成されており、その東側では大小 12 点の石棒と石皿 3 点がサークルの一部をなしていたと報告されている。周囲からは晩期中葉の土器も検出されていることから、この遺構が後期後葉から晩期中葉（安行 3d 式）まで機能していた可能性が指摘されている。なお、石棒類には被熱痕が認められる。

山梨県北杜市金生遺跡では、2〜3 m の長方形に配石された第 2 配石より大形石棒 4 点が検出されている（山梨県教育委員会 1989）。出土した土器から、時期は縄文時代晩期中葉後半から晩期後葉前半にかけての時期と考えられている。当遺跡から出土している石棒類の 2 割弱ほどに、被熱の痕跡がみられるという。

東海地方では、さらに遅くまで大形石棒が使用されていた可能性がある。五貫森式から水神平式、すなわち縄文時代晩期後葉から弥生時代前期末までの土器棺墓群が展開する愛知県豊川市麻生田大橋遺跡からは、大小の石棒類が多数出土している（愛知県埋蔵文化財センター 1993、豊川市教育委員会 1993）。必ずしも共伴土器が限定できる資料は少ないが、石棒類の使用は東海地方西部において弥生時代前期末頃まで継続していた可能性がある。

これら東日本の資料と今回紹介した近畿地方のそれらとの関係については、今後の課題としたい。ただし、一定量の条痕文土器が出土している紀伊半島南部の堅田遺跡や立野遺跡、そして紀伊系土器がみられる井手田遺跡における石棒類の存在やありかたを念頭におけば、東海地方から近畿地方への影響は紀伊半島を介して弥生時代前期末まで継続していたと考えられる。太平洋沿岸における弥生時代開始期の交流については、打製石斧などにもみられる傾向である（寺前 2010a）。

3　長原タイプ土偶の起源

屈折像土偶と長原タイプ土偶　弥生時代における石棒類に対する評価がいまだ一致しないのに対して、その系譜関係が明瞭となりつつあるのは、縄文時代晩期後葉の長原式段階において大阪湾沿岸地域から三河湾沿岸地域に出現する小型土偶の系譜である。これらの土偶は、1990 年代後半に大野薫によって長原タイプ土偶と呼称され、その変遷が論じられてきた（大野 1997・1999）。これら長原タイプ土偶のなかで台式タイプとされる一群は、脚部が省略された坐位姿勢をとる。

筆者は、その系譜を東北地方北部において縄文時代後期以降に出現する屈折像土偶に求める（寺前 2015・2017）。屈折像土偶とは、「体部が前かがみに湾曲して居る物」として甲野勇が提示した名称をふまえて（甲野 1928）、1980 年代後半に磯前順一があらたに定義した土偶の一類型である（磯前 1987・1992・1994）。磯前は、腕を組み、立て膝をするものを第 1 類、腕を下垂させ、足を軽く屈曲させた姿勢をとるものを第 2 類とした。第 1 類が退化して、その四肢の屈曲が弛んだものが第 2 類と考え、前者は縄文時代後期前葉から晩期前葉に、後者は晩期中葉に属するとした（磯前 1987）。一方、小杉康は両者に時期的なヒアタスがあることから、型式的には連続しないとする（小杉 2002：155）。

ここで議論の対象とするのは、主に後者に属する一群であり、そのなかには磯前が想定してい

第6節　近畿地方における農耕開始期の集団統合原理―東日本系祭祀の展開―

なかった上半身の姿勢をとる屈折像土偶がある。それは図3にあげた腕は組み合わせず、手のひらを膝頭にのせ、脚部は腰と膝をほぼ直角に屈折させる土偶の系譜である。本稿では掌膝上タイプと名付けて議論をすすめる。掌膝上タイプの多くは、小杉が指摘しているように、腰部をのぞくと無文で写実的に乳房や女性器が表現されることから、人体を意識、とくに出産に関する女性性を強調した造型であると判断できる（小杉 2002：169）。

東日本の掌膝上タイプ　図3-1の宮城県蔵王町願行寺遺跡の土偶は表採品であるので、時期比定は難しいが後頭部の文様から晩期に属すとみられる。臀部以外は無文で乳房表現を有する。

図3-2の青森県むつ市二枚橋遺跡出土土偶は、大洞A式からA'式、すなわち縄文時代晩期後葉から西日本の弥生時代前期に併行するとされる。腰部から大腿部はほぼ直角に屈折し、その先端に手のひらをのせるが、膝下は省略されている（大畑町教育委員会 2001）。

図3-3の岩手県一関市河崎の柵擬定地遺跡出土土偶は、大洞C2式からA1式段階とされる（岩手県文化振興事業団埋蔵文化財センター 2006）。頭部を欠くものの、腰部のみにいわゆるパンツ文を有する点は図3-1や2と共通し

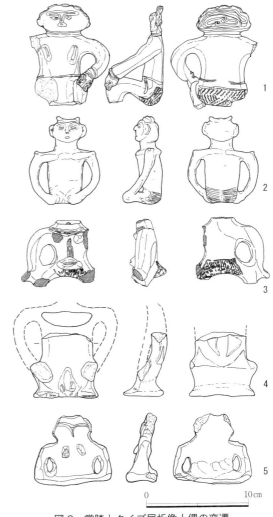

図3　掌膝上タイプ屈折像土偶の変遷
1：願行寺　2：二枚橋　3：河崎の柵擬定地
4：赤野井浜　5：宮ノ下

ているが、臀部が背部に突出するという独自の変化をとげている。また、脚部が前方に屈折するというより外側に広がっている点も特徴的だ。なお、破片であるが、同様の土偶が東京都町田市なすな原遺跡 No.1 地区第158・159号住居址埋土から検出されている（なすな原遺跡調査会 1984）。

また、全体のプロポーションは図3-1～3と類似するものの、全体に板状であり、脚部の屈曲が微弱で、かつ両腕が膝上というよりは体側に接続しているような表現をもつ一群が青森県外ヶ浜町今津遺跡で出土した縄文時代晩期中葉の屈折像土偶である（青森県教育委員会 1986）。同様の土偶は、埼玉県吉見町三ノ耕地遺跡や愛知県幸田町東光寺遺跡において出土している。包含層出土のため、共伴土器から時期は特定できないが、周辺からは晩期中葉の稲荷山式土器が主体をしめるものの、

77

氷式や条痕文系の土器もみられる（愛知県埋蔵文化財センター1993）。

　西日本の掌膝上タイプ　次に西日本の類例をみていこう。図3-4は、滋賀県守山市赤野井浜遺跡河道1第16層より出土した土偶である（滋賀県教育委員会事務局文化財保護課2009）。16層において共伴した土器は、Ⅱ様式からⅢ様式、すなわち弥生時代中期前半の土器群であるが、本層より下層となる25層は滋賀里Ⅱ式から突帯文土器までの土器を含む。図3-4は腕を含む上半身に欠くが、両脚部とも胴部と一体化して表現されている。背部下半以外は無文であり、先にみた図3-3と同様、臀部下端が背部側に突出し、自立するように造作されている。膝頭に相当する部分に剥離痕がみられることを根拠に、著者は膝頭に手のひらをのせた姿勢をとっていたと推定している（寺前2015）。なお、股間部分には女性器が表現されており、その中央には棒状の表現がある。同じような股間の表現は、国宝に指定されている青森県八戸市風張1遺跡や栃木県栃木市藤岡神社遺跡出土の屈折像土偶にもみられる。

　図3-5は大阪府東大阪市宮ノ下遺跡出土の典型的な長原タイプ土偶である（東大阪市教育委員会ほか1996）。厚さ1mをはかる貝層2の下部から検出されており、船橋式から長原式土器と共伴していた。ただし、これら突帯文土器の一部が貝層中部出土のそれらと接合している。貝層中部からは弥生時代前期中葉の土器が検出されているので、下限は共伴土器から考えると弥生時代前期中葉となろう。次にその表現に注目してみよう。独立した脚部の表現はなく、前後に突出する板状の台部に上半身がのる。そして、肩部から下がる腕部はその台部につながる。したがって、いずれの表現も赤野井浜土偶（図3-4）から、さらに省略化が進行した表現であると理解することができる。

　以上をふまえるならば、手のひらを膝頭にのせて膝下まで表現する願行寺土偶（1）を典型とする祖型があり、次に膝下を省略した二枚橋土偶（2）が生み出され、その派生タイプとして脚部が外側にひらく河崎の柵跡擬定地土偶（3）が東北地方で生みだされる。そして、その影響をうけて、近畿地方において膝上部分が体部下半と一体となった赤野井浜土偶（4）が誕生するという変遷が復元できる。

　この屈折像土偶の系統をひき、さらに脚部省略がすすみ、両脚が一体化し、台状に表現されるようになったものが、宮ノ下土偶（5）といった長原タイプ土偶の一群なのである。また、この型式変化には、臀部を中心とした施文の消失や脚部省略に比例する臀部突出の形成といった属性の変化もともなう。つまり、大阪湾沿岸地域から愛知県東部の縄文時代晩期末葉から弥生時代前期初頭にみられる長原タイプ土偶は、縄文時代晩期において東北地方北部で盛行した屈折像土偶の系譜をひく土偶なのである。

おわりに―東西交流からみた「弥生」化現象―

　以上の検討によって、灌漑施設をともなう水田稲作の導入期において、関東地方に類似したありかたをみせる大形石棒や、東北地方に起源をもつ長原タイプ土偶などが、近畿地方において盛行することが明らかとなった。

では、最後に農耕開始期に中国大陸・朝鮮半島からもたらされた可能性のある儀礼具や金属器を用いた儀礼のありかたについて確認しておこう。前者に属する資料としては、卜骨や鳥形木製品といった遺物が該当するが、弥生時代前期に属する近畿地方の類例は乏しい。卜骨については、弥生時代前期に属するものが奈良県田原本町唐古・鍵遺跡20次SD201第Ⅴ層（田原本町教育委員会1986a：89）と同遺跡22次SK209第１層（田原本町教育委員会1986b：47）からそれぞれ１点ずつ出土しているが、中期以降の一般化する肩甲骨を用いたものとは異なる。

　鳥形木製品についても同様だ。弥生時代前期に位置づけられるのは、大阪府東大阪市・八尾市山賀遺跡の弥生時代前期Ⅰ面溝６から検出された棒状の２例のみである（大阪文化財センター1991：66）。その形態は、中期段階にみられる立体的で肉厚のものとは異なる。したがって、鳥を模した木製品、あるいは中期以降に続く鳥形木製品と同一系譜と断言するには躊躇を覚える資料である。なお、後者の武器形青銅祭器や銅鐸をはじめとする青銅器は、鋳型のありかたから弥生時代前期にさかのぼる生産を積極的に認めることは困難である。

　以上をふまえるならば、弥生時代前期の近畿地方では水田稲作の普及に反して、海を越えた外来の祭祀系遺物の出土は乏しい。水田稲作やそれにともなう農具や木工具の普及と比べるならば、その存在は、きわめて微弱であるといわざるをえない。一方で、近畿地方における弥生時代前期に属する遺跡からは、数多くの大形石棒や土偶などが出土することは、すでにみてきたとおりである。

　とくに、それらは各地における初期の環濠集落が形成された集落に目立つ。したがって、弥生時代開始期におけるコメ・アワ・キビという大陸系穀物を軸とする食料生産体制を運営しつつ、環濠内に集住するという新しいライフスタイルを受容していく際の「ストレス」は、東日本系儀礼具を用いたマツリによって、緩和がはかられたと推測できるのである。

　そして、このことが弥生時代中期以降において、とくに北部九州とは異なる金属器文化をこの地域がはぐくむ基盤となったと、筆者は考えている。その展望についてはすでに述べているが（寺前2017）、詳細については別の機会に論じることとして、本稿をとじる。

引用・参考文献

愛知県埋蔵文化財センター 1991『麻生田大橋遺跡』愛知県埋蔵文化財センター調査報告書第21集
愛知県埋蔵文化財センター 1993『東光寺遺跡』愛知県埋蔵文化財センター調査報告書第42集
青森県教育委員会 1986『今津遺跡・間沢遺跡発掘調査報告書』
秋山浩三 1991「縄文時代石刀の変遷」『京都考古』62　京都考古刊行会
秋山浩三 2002a「弥生の石棒」『日本考古学』14　日本考古学協会
秋山浩三 2002b「弥生開始期以降における石棒類の意味」『環瀬戸内海の考古学』平井勝氏追悼論文集（上）　古代吉備研究会
秋山浩三 2007『弥生大形農耕集落の研究』青木書店
泉　拓良 1985「縄文時代」『図説　発掘が語る日本史』4 近畿編　新人物往来社
磯前順一 1987「『屈折像土偶』について」『考古学雑誌』72—3　日本考古学会
磯前順一 1992「関東以西の屈折像土偶—地域性への覚書—」『国立歴史民俗博物館研究報告』37　国立

歴史民俗博物館

磯前順一 1994『土偶と仮面―縄文社会の宗教構造―』校倉書房

岩手県文化振興事業団埋蔵文化財センター 2006『河崎の柵擬定地発掘調査報告書』岩手県文化振興事業団埋蔵文化財調査報告書 474

大阪文化財センター 1984『亀井遺跡』Ⅱ

大阪文化財センターほか 1986『亀井』（その 2）

大阪文化財センター 1991『河内平野遺跡群の動態』Ⅱ―北遺跡群・旧石器・縄文・弥生時代前期編―

大阪府文化財センター 2009『讃良郡条里遺跡』Ⅷ 大阪府文化財センター調査報告書第 187 集

大下 明 1988「石器・石製品について」『口酒井遺跡』第 11 次発掘調査報告書 伊丹市教育委員会・古代学協会

大下 明 2010「大型石棒」『縄文時代の精神文化』第 11 回関西縄文文化研究会 関西縄文文化研究会

大野 薫 1997「近畿地方の終末期土偶」『西日本をとりまく土偶』発表要旨 「土偶とその情報」研究会

大野 薫 1999「長原タイプ終末期土偶試論」『大阪市文化財協会研究紀要』2 大阪市文化財協会

大畑町教育委員会 2001『二枚橋（2）遺跡発掘調査報告書』大畑町文化財報告書第 12 集

川口正幸 2012「東京都町田市忠生遺跡 A 地区出土の大形石棒」『縄文人の石神―大形石棒にみる祭儀行為―』考古学リーダー 20 六一書房

京都府埋蔵文化財調査研究センター 1997『雲宮遺跡』京都府遺跡調査報告書第 22 冊

甲野 勇 1928「日本石器時代土偶概説」『日本原始工芸概説』工芸美術研究会

小杉 康 2002「神像が回帰する社会―前期末葉以降の本州北東域―」『縄文社会論』（上） 同成社

神戸市教育委員会 1993『大開遺跡発掘調査報告書』

古代学協会 2013『雲宮遺跡・長岡京左京六条二坊跡発掘調査報告書』古代学協会研究報告 10

小林青樹 2007「縄文−弥生移行期における祭祀の変化」『縄文時代の考古学』11 同成社

御坊市教育委員会・御坊市文化財調査会 2002『堅田遺跡―弥生時代前期集落の研究―』

滋賀県教育委員会事務局文化財保護課 2009『赤野井浜遺跡―琵琶湖（赤野井浜）補助河川環境事業に伴う発掘調査報告書』第 2 分冊

鈴木素行 2012「大形石棒が埋まるまで―事例研究による「石棒 2007」の改訂―」『縄文人の石神―大形石棒にみる祭儀行為―』考古学リーダー 20 六一書房

忠生遺跡調査団 2010『東京都町田市忠生遺跡 A 地区（Ⅱ）』

谷口康浩 2005「石棒の象徴的意味―縄文時代の親族構造と祖先祭祀―」『國學院大學考古学資料館紀要』21

玉川大学教育博物館 2017『田端環状積石遺構―田端遺跡第 1 次・第 2 次発掘調査報告』

田原本町教育委員会 1986a『田原本町埋蔵文化財調査概要 3―昭和 59 年度唐古・鍵遺跡第 20 次発掘調査概報黒田大塚古墳第 2 次発掘調査概報―』

田原本町教育委員会 1986b『田原本町埋蔵文化財調査概要 4―昭和 60 年度唐古・鍵遺跡第 22・24・25 次発掘調査概報―』

調布市教育委員会 2017『史跡下布田遺跡総括報告書』

寺前直人 2005「弥生時代における石棒の継続と変質」『待兼山考古学論集』Ⅰ 大阪大学考古学研究室

寺前直人 2007「尾張地域における石棒の行方」『朝日遺跡』Ⅶ（第 3 分冊） 愛知県埋蔵文化財センター調査報告書第 138 集

寺前直人 2009「武威と社会形成」『弥生時代の考古学』6 同成社

寺前直人 2010a「石器からみた弥生時代開始期の交流―西日本太平洋沿岸地域を中心として―」『弥生・古墳時代における太平洋ルートの文物交流と地域間関係の研究』高知大学人文社会科学系

寺前直人 2010b『武器と弥生社会』大阪大学出版会
寺前直人 2015「屈折像土偶から長原タイプ土偶へ―西日本における農耕開始期土偶の起源―」『駒澤考古』40　駒澤大学考古学研究室
寺前直人 2017『文明に抗した弥生の人びと』吉川弘文館
寺前直人 2018「弥生時代小形石棒類の型式学的研究」『待兼山考古学論集』Ⅲ　大阪大学考古学研究室
豊川市教育委員会 1993『麻生田大橋遺跡発掘調査報告書』
中村耕作 2012「大形石棒と縄文土器―異質な二者の対置と象徴操作―」『縄文人の石神―大形石棒にみる祭儀行為―』考古学リーダー20　六一書房
中村耕作 2016「第7地点の石棒集積遺構」『史跡下布田遺跡第2・3・7・8地点―國學院大學久我山高等学校による学術調査の再整理報告』調布市教育委員会
中村　豊 1998「稲作のはじまり―吉野川下流域を中心に―」『川と人間―吉野川流域史―』渓水社
中村　豊 2001「近畿・瀬戸内地域における石棒の終焉―縄文から弥生へ―」『考古資料集成』18　縄文・弥生移行期の石製呪術具3
中村　豊 2002「結晶片岩製石棒からみた縄文時代の終末」『究班』2　埋蔵文化財研究会
中村　豊 2004「結晶片岩製石棒と有柄式磨製石剣」『季刊考古学』86　雄山閣
中村　豊 2012「中四国地域における大形石棒」『縄文人の石神―大形石棒にみる祭儀行為―』考古学リーダー20　六一書房
中村　豊 2013「結晶片岩製石棒の拡散」『農耕社会成立期の山陰地方』第41回山陰考古学研究集会　第41回山陰考古学研究集会事務局
中村　豊 2014「中四国地域における縄文時代精神文化について―大型石棒・刀剣形石製品を中心に―」『山陰地方の縄文文化』古代文化センター研究論集第13集　島根県古代文化センター
なすな原遺跡調査会 1984『なすな原遺跡』
奈良県立橿原考古学研究所 2011『川西根成柿遺跡―弥生時代前期の環濠集落の調査―』奈良県立橿原考古学研究所調査報告第107冊
春成秀爾 1996「性象徴の考古学」『国立歴史民俗博物館研究報告』66　国立歴史民俗博物館
東大阪市教育委員会・東大阪市文化財協会 1996『宮ノ下遺跡第1次発掘調査報告書』
兵庫県立考古博物館 2007『年報平成18年度』兵庫県教育委員会文化財調査事務所
兵庫県教育委員会 2018『井手田遺跡』兵庫県文化財調査報告第499冊
大和高田市教育委員会 2012『柿の内東遺跡1次・菅原東遺跡1次・川西根成柿遺跡1次発掘調査報告書』大和高田市埋蔵文化財調査報告書第10冊
山梨県教育委員会 1989『金生』
山本暉久 1979「石棒祭祀の変遷」『古代文化』31―11・12　古代学協会
山本暉久 1983「石棒」『縄文文化の研究』9　雄山閣出版
山本暉久 2006「浄火された石棒」『神奈川考古』42　神奈川県考古同人会
山本暉久 2012「住居跡出土の大形石棒について―とくに廃屋儀礼とのかかわりにおいて―」『縄文人の石神―大形石棒にみる祭儀行為―』考古学リーダー20　六一書房
和歌山県文化財センター 2013『立野遺跡―近畿自動車道紀勢線事業に伴う発掘調査報告書』

コラム

徳島平野の縄文／弥生からみた近畿の初期農耕集落

中村　豊

はじめに

　近畿地方の初期農耕集落についてのイメージは、①中心的な集落は基本的に沖積平野に立地する。②環濠またはそれに類する溝を持つ。③灌漑水田稲作をおこなう。④遠賀川式土器を使用する。⑤大陸系磨製石器をもちいる。おおづかみにいって、以上5つの要素によって特徴付けることができるとみてよいだろう。これはそのまま、列島西部における初期農耕集落のイメージとなる。一方、縄文晩期末の集落像は明確ではない。徳島平野では、縄文後晩期の集落が、弥生前期の初期農耕集落に近接しており、縄文／弥生移行過程を概観するのに適したフィールドである。以下、徳島平野の縄文／弥生移行期の集落を検討することによって、近畿の初期農耕集落成立の背景を考察する一助としたい。

1　農耕集落以前 ―縄文後晩期の集落―

　徳島平野において、のちの農耕集落と同じく河川堆積によって形成された沖積平野の微高地に立地する集落は、縄文中期末以降に増加する。海退にともなって、河川下流域でかつての河谷や扇状地を埋積して形成された氾濫原に、自然堤防や中洲性微高地などの生活適地が形成された。

　列島東部の環状集落は、台地や河岸段丘といった安定した地形環境に立地し、長期間にわたって定住するケースが比較的多い。一方、縄文後晩期の列島西部では、地域の拠点となるような集落を含め沖積平野に立地する遺跡が多くなる。環状集落は、洪水が起きやすい沖積平野を積極的に生活圏とした列島西部諸地域には定着しなかったものと推察される。また列島西部では、遺跡の立地にかかわらず、基本的に小規模な集落が多い。短期間での移動、小規模を前提とするため、2〜3棟の竪穴住居と土坑のみからなる遺跡が多い。

　徳島市矢野遺跡は、鮎喰川の形成する標高約7mの氾濫原に立地する。下層の遺構面では、中期末・後期初頭の遺構を多数検出している。竪穴住居10棟、炉跡54基のほか、住居の可能性が残る不明遺構31基などが、長軸径200mほどの間に密集し環状集落の形状をなしている。しかし洪水もあって長続きせず、中層・上層の遺構面では、集落は小規模・分散化する（藤川ほか2003、氏家2018）。

　徳島市庄遺跡（蔵本団地地点）では、縄文後期末から晩期初頭の竪穴住居1棟のほか、土坑9基、不明遺構2基などが検出された。2〜3棟の住居が、開析谷に面した自然堤防上に立地し、短期間で別の生活適地へ移動する様相をかいまみることができる（岡山1999）。

　三谷遺跡は、眉山北麓に近い自然堤防上に位置する縄文晩期末の集落である（図1、勝浦編1997、中村2017）。1924・25年の調査では、開析

谷と南西側の岸部に形成された貝塚が確認されている。1990・91年の調査では、開析谷に面した自然凹地に貝塚が形成され、多量の遺物が廃棄されていた。貝塚の標高は約0.5mほどである。7体にもおよぶイヌの埋葬がみられ、未成品を含む24点にもおよぶ石棒が出土していることなどから、祭祀の場も兼ねていた可能性が高い。貝類は、ハマグリ・ヤマトシジミを中心に、ハイガイ・マガキなどが出土する。動物類はシカ・イノシシや7体の埋葬があったイヌが大半を占める。魚類はヒラメ・クロダイ・ボラなどが認められる。植物類では、堅果類（イチイガシ）のほか、栽培種ではアズキと多量のイネがみられた。雑穀類はレプリカ法でアワ・キビが相当数検出されている。位置や遺物投棄の様相から、居住域の位置する微高地が貝塚の北側に想定できる。2015年以降標高約1.6mの微高地において、縄文晩期末（縄文弥生移行期）の遺構・遺物を確認している。この調査では竪穴住居跡1棟をはじめ、土坑10数基を検出し、突帯文土器と遠賀川式土器の遺溝内共存を確認している。

三谷遺跡は、開析谷に近接した微高地に居住域を置き、集落規模は大きくない。遠賀川式土器を受け入れてはいるものの、突帯文土器が8割を占める。壺の増加はみられるものの、有文精製の浅鉢も健在である。石棒祭祀を積極的におこない、石器の大半は、石鏃、横刃形石器、打製石斧など縄文系である。すでにイネ・アワ・キビ・アズキの栽培を開始しているが、貝塚の内容をみても、農耕を既存の生業のなかに選択肢のひとつとして加えたとみておくのが穏当である。とくに重要なのは、標高約1.6mで、内湾に極めて近い土地条件を選択して中心的な集落を営んでおり、後の灌漑水田稲作経営を軸とした土地の選択、集落経営とは異なっている点である。

2 初期農耕集落

庄・蔵本遺跡（徳島大学構内地点）は、三谷遺跡より600mほど西方の開析谷上流側に位置する。徳島大学蔵本キャンパス内を中心に調査が進められている（図2、三阪編2016など）。

弥生前期中葉の集落は、開析谷を水源とする灌漑水田稲作経営を核に集落を形成する。開析谷を7か所にもわたって堰止め、灌漑用水として分水している。用水路は一旦微高地へ水を揚げ、緩傾斜を利用して灌漑する。上流側の用水路が、より水田北側外縁部の給水を担っているので、下流側から水田を整備していったものと推察される。灌漑施設の北東一帯では小区画水田を検出しており、その想定面積は1万㎡を超える。農具としては、打製石斧・打製石包丁も残るが、木製農具・磨製石包丁がみられるようになる。ほかに柱状片刃石斧、扁平片刃石斧、伐採斧など、いわゆる大陸系磨製石器が多数出土する。突帯文土器が伴うことはなくなり、その特徴を遠賀川式土器に取り入れている。また、碧玉製管玉などが出土する韓半島〜北部九州系の墓域をもっている。眉山山際の微高地に居住域を擁するが、微高地の落ち際に環濠状の溝を掘削する。また、居住域の立地する微高地縁辺部、ちょうど用水路が水田へ向かう周辺には畠跡がみられる。この畠跡の一角から多量のアワ、キビなどが出土している。初期農耕集落は意識が水田に偏っているせいか、畠に対する注意が不足している。以上、庄・蔵本遺跡は、三谷遺跡より上流側に位置し、山麓の微高地では標高

第Ⅰ章　時間軸をめぐる問題と遠賀川空間の展開

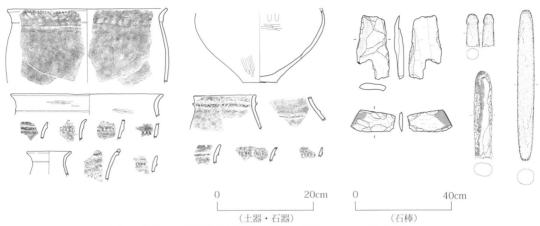

図1　徳島市三谷遺跡出土遺物（石棒のみ勝浦1997、その他は中村2017）

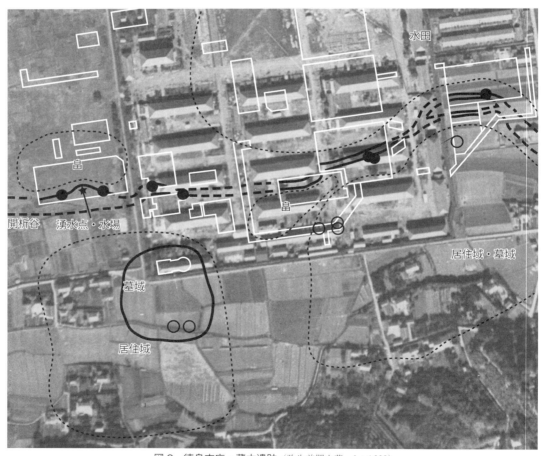

図2　徳島市庄・蔵本遺跡（弥生前期中葉、1：4,000）
○：住居跡　●：井堰または取水口　白枠：調査地点（国土地理院 USA-R517-2-7 より作成）

約3〜4m、用水路や水田の標高約2.5〜2mである。開析谷から水田を灌漑する緩傾斜を確保できる環境にあって、明確に灌漑水田稲作経営を軸に形成された集落といえる。

おわりに

縄文中期末以降、沖積平野の自然堤防や中洲性微高地に立地する集落が増加する点は特徴的である。縄文後期前葉の矢野遺跡中・上層、縄文後期後葉の庄遺跡、縄文晩期末の三谷遺跡などからみて、これらは河道の屈曲部に形成された自然堤防やポイントバー、中州などの微高地に数棟の住居跡をともなう小規模な集落を1・2型式の間形成した後、居住適地の移動を繰り返す集落像を想定してよいものと考えられる。河川による堆積や浸食といった、沖積平野特有の地形環境との共生を選択したものと考えられよう。縄文晩期末には農耕を開始しているが、集落の存続期間、規模などに大きな変化はみられず、その影響は限定的である。

三谷遺跡は、狩猟・漁撈にともなう協業と石棒祭祀を通して地域社会を結びつけることを基盤において、内湾に極めて近い土地条件を中心的な集落として選択した。石棒祭祀は、近畿から中四国東半にいたる列島西部一帯に受け入れられており、これが相互の地域社会を結びつけているというのであれば、これらの地域社会に相応の共通性を想定することはできる。一方、庄・蔵本遺跡は、三谷遺跡より内陸に位置し、開析谷から推定1万㎡以上の水田を灌漑する緩傾斜を確保できる環境のもと、灌漑水田稲作にともなう協業と、土地の開発を軸に集住化する。ここに小規模集落を結びつけてきた石棒祭祀は本来の役割を終えることになる。

引用・参考文献

氏家敏之 2018『シリーズ「遺跡を学ぶ」125 徳島の土製仮面と巨大銅鐸のムラ 矢野遺跡』新泉社

岡山真知子 1999『庄遺跡Ⅲ』徳島県埋蔵文化財センター調査報告書第24集

勝浦康守 編 1997『三谷遺跡』徳島市埋蔵文化財発掘調査委員会

中村 豊 2017『縄文／弥生移行期における農耕の実態解明に関する研究（26370897）』日本学術振興会科学研究費補助金基盤研究（C）研究成果報告書

藤川智之・氏家敏之・湯浅利彦 2003『矢野遺跡Ⅱ 縄文時代篇』徳島県埋蔵文化財センター調査報告書第44集

三阪一徳 編 2016『庄・蔵本遺跡2』徳島大学埋蔵文化財調査室

コラム

高知平野の縄文／弥生からみた近畿の初期農耕集落

出原恵三

はじめに

　弥生文化成立期の高知平野には、田村タイプと居徳タイプという対照的な二つのタイプの遺跡が見られる。前者の代表が田村遺跡、後者のそれは居徳遺跡である。田村遺跡は高知平野の東部に位置し物部川の形成した扇状地に立地する。周辺部に縄文晩期遺跡の分布は全く認められず前期初頭に至って忽然と出現し、土器は最初から弥生土器のみで構成され大陸系磨製石器は全て揃っている。当該期の集落遺跡としては列島屈指の内容と規模を有し、1980年代前半の調査から30有余年の歳月を経るが質・量共に当遺跡の内容を凌駕する調査事例は管見に入らない。弥生文化は、朝鮮半島に近い玄界灘沿岸地域で最初に成立しそれが変質しながら東方に伝播したとする考え方が長きにわたって定着してきたが、田村遺跡の発見は、そのような一元的伝播論に再考を迫るとともに、弥生文化成立期の歴史像を構築する上に新たな資料を提供したのである（出原2009）。

　居徳遺跡は、田村遺跡から西方に20kmの地点あり、仁淀川の後背湿地に浮かぶ残丘に立地しており周辺部には縄文晩期の遺跡が多く分布している。刻目突帯文土器と遠賀川式土器の二重構造が見られ、やがて遠賀川式土器に移行するという典型的な伝播による弥生文化の成立過程を看取することができる。居徳遺跡は大洞式土器など東日本系土器を多く伴うことから、弥生文化成立期前夜に形成された列島を南北に縦断する縄文晩期ネットワークの拠点であったことが窺われる（出原2010a）。

　高知平野の縄文から弥生への移行期、高知平野西部や山間部では居徳タイプ、東部や海岸部に近い地点では田村タイプが多く見られる傾向にある（出原2013）。当該期について筆者は、これまでにも論考を重ねてきたが、ここでは田村遺跡を中心に土器、石器、集落構造とその変遷を紹介しながら近畿の事例と比較を試みる一助としたい。

1　弥生文化成立期の土器

　田村遺跡の前期土器はⅠ期とⅡ期に大区分される。Ⅰ期は遠賀川式土器の生成から甕に少条沈線が見られるまで、Ⅱ期は多条沈線の段階である。Ⅰ期は5小期（Ⅰa古相・Ⅰa新相，Ⅰb，Ⅰc，Ⅰd期）に細分される。田村遺跡を特徴付けるのはⅠa期で、壺、甕、鉢、高杯、甕蓋で構成される。各器種ともにバリエーションが多いことを特徴とするが、最も注目すべきは口縁部に刻目突帯を有する甕の存在である。この種の甕の刻目突帯は、晩期深鉢の名残であるが、成形手法は全て粘土帯・輪積、外傾接合、ハケ調整を基調とする弥生土器の製作手法によっており、居徳遺跡や玄界灘沿岸地域に見られる晩期土器と遠賀川式土器とによる二重構造とは本質的に異なる。Ⅰa期は遺構からの出土状況に

よって古相と新相とに分けることができる。古相は突帯文系甕が主体で、遠賀川式土器は口縁端部が短く屈曲するなど遠賀川式甕に特有の如意形口縁はまだ完成していない。新相に至って如意形口縁が完成し組成比も突帯文系を凌駕するようになる。この種の甕は、朝鮮半島南部の先松菊里段階の無文土器を祖形として周防灘沿岸地域で成立した可能性が考えられる（出原2010b）。甕底部に、朝鮮半島からの影響と考えられる焼成後の底部穿孔例が目立つのも特徴である。壺は8割近くが口縁部に段部を有し、文様は細い原体による複線山形文や重弧文が見られるが施文例は極めて少ない。大型壺が多いのも特徴である。松菊里型土器が竪穴住居と包含層から2点出土している。Ⅰa期は遠賀川式土器の生成期として位置付けられるが、現状ではこのステージが典型的に確認されるのは田村遺跡と北九州市の備後守屋舗遺跡においてである。玄界灘沿岸地域など土器の二重構造を示す地域や近畿でも認められない。

　Ⅰb期を迎えると、甕組成からほとんど突帯文系が消え遠賀川式甕に淘汰される。他の器種についてもⅠa期に見られたバリエーションは減少し、遠賀川式土器としての型式を確立する。甕は、段甕が3割近くに増加し段刻みも顕著となる。底部穿孔は16.5％と依然高比率を占めている。細かいことであるが甕の口唇形態と刻目部位は、Ⅰa期→Ⅰb期へ「面」から「丸」、「下端あるいは下半刻」から「全面刻」へと変化している。壺は口縁部に段を有する例は4割程に減少しているが、大型壺の比率は高い。高知平野において弥生前期の遺跡が広がりを見せるのはこの段階からであり、介良野遺跡や大崎遺跡、仁ノ遺跡などを挙げることができる。居徳遺跡や入田遺跡に遠賀川式が登場するのもこの段階からである。

　Ⅰc期は甕に少条沈線が施される。甕では如意形口縁部甕がほぼ100％を占める。壺では木葉文など文様を施す例が増加し、段部を有する例は3割を切る。当該期は、前期田村集落が最大規模に発展する段階であり、周辺部にも遺跡が更に増加する。

　居徳遺跡は、田村遺跡Ⅰa期併行と考えられる層準には搬入品と考えられる壺形土器片が3点見られるのみで他は全て晩期土器で占められている。Ⅰb期から遠賀川式土器が本格的に登場し晩期土器との二重構造を呈する。当該期の甕の特徴として、ハケ調整が見られず晩期深鉢と同じナデ仕上げであることや、「刻目段」「直線紋刻目段」が多く見られる。東日本からの搬入品である大洞A1式土器の優品は当該期に属する。Ⅰc期には、ハケ調整が見られるようになり少条沈線や「両沈線紋間刻」が施されるなど田村遺跡例との違いはほとんど見られなくなる。Ⅰb期とⅠc期の晩期深鉢と遠賀川式甕の比率を正確に求めることができないが、前者はおおよそ1：1、後者は遠賀川式甕が圧倒的に多くを占めるものと考えられる。壺の文様では複線山形文に継いで木葉文が多くを占めている。田村遺跡Ⅰc期の壺文様の増加、甕の「両沈線紋間刻」などは居徳遺跡との交流のなかで採用された文様である。田村遺跡前期の最盛期を迎える背景の一つには、晩期系集落との交流があったものと考えられる。

2　田村遺跡の前期集落

　弥生文化成立期の集落がどのような形態・構造を有していたのか、その具体像は長い間、不

第Ⅰ章　時間軸をめぐる問題と遠賀川空間の展開

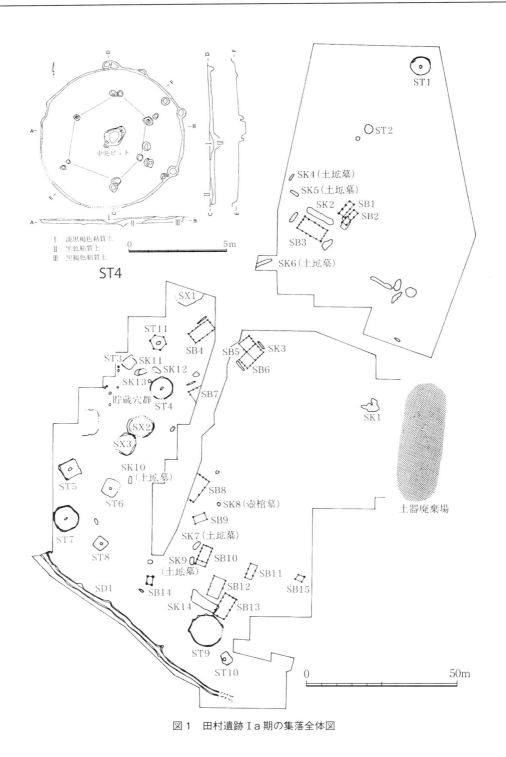

図1　田村遺跡Ⅰa期の集落全体図

明であったが、田村遺跡においてその実態が初めて明らかとなったのである。Ⅰa期の集落は土佐潟に臨む遺跡の南部に位置し、南北に長軸を持つ27,000㎡程の楕円形の範囲に竪穴住居10棟、掘立柱建物16棟、土坑、墓、広場などからなる集落遺構が展開している（図1）。調査区の西側は幅50m以上の大きな自然流路のあったことが確認されており、10棟の竪穴住居が、微高地の縁辺部に北から南に居住域の外縁に沿うようにL字状に並び、その内側に掘立柱建物が配置される。建物列の内側に土坑や墓が配され、中央部にはおおよそ80m×50mほどの遺構が存在しない空間＝広場が形成されている。

竪穴住居は大・中・小型、平面形態は円形と方形が見られ、大・中型はいわゆる松菊里型住居に属する。これらの竪穴住居は、位置関係から大型あるいは中型と小型が一定の間隔をもって配されており、2棟一対で生活の単位を構成していたことが想定される。またこれらの竪穴住居からの出土遺物には顕著な偏在的傾向があり、初期農耕集落の分業のあり方を考える上で示唆的である（出原1987）。

掘立柱建物も大きさから大・ロ・小型の3つに分けることができる。大型は平地住居、小型でも大きな柱穴を有するものは高床倉庫と考えている。これらの諸遺構は位置関係や拡張から2時期が考えられるが、先に挙げたⅠa期の古相、新相に比定しえよう。列島で初めて明らかにしえた弥生前期初頭の集落構造である。成立期の遠賀川式土器と大陸系磨製石器を持ち、松菊里型住居に住みながら、集落構造は縄文的な特徴を有している。類似の集落形態としては江辻遺跡を挙げることができる。

当該期の集落は短期間のうちに移動しⅠb期には北方約300mの地点に営まれ、Ⅰc・d期へと続き、最盛期には遺構の範囲などから5万㎡前後の集落域が想定される。ここでは大量の貯蔵穴と考えられる土坑が集中し、土坑群外縁に竪穴住居が配置され、Ⅰb期には松菊里型の大型住居が見られるが、Ⅰc期には松菊里型住居は減少し小型化が進行する。ここでは掘立柱建物は確認できない。土坑は600基以上を数えⅠc期に属するものが多い。二条の環濠が掘削され内濠で約18,000㎡を囲繞する。掘削時期は土坑との切り合い関係からⅠc期かⅠd期に求められるが、短期間に埋没している。なお竪穴住居は全て環濠の外に配されており、初期環濠の意味が問われよう。Ⅰb期には5,810㎡、244筆の小区画水田が集落南東部の低地から検出されている。

3 大陸系磨製石器の様相

大陸系磨製石器の様相は、田村遺跡の特異性をさらに引き立てている。Ⅰa期の段階でほとんどの器種が揃う。石包丁は直背外湾刃で、石材は全てが北九州の脇野層群産といわれている頁岩質砂岩製で、完製品が搬入されたものである。石斧は、伐採斧は在地の御荷鉾緑色岩を用いているが、1,000g以上の重量を持ったものが最初から見られる。柱状片刃石斧や扁平片刃石斧は、いわゆる層灰岩製で全て搬入品である。磨製石鏃（実用鏃）は、層灰岩製が1点認められる以外は在地の頁岩で作られており、朝鮮半島南部で見られる短冊形の未製品が多く出土している。Ⅰb期は柱状片刃石斧など搬入品もあるが、石包丁や扁平片刃石斧は在地産のものも加わる。在地の石包丁はⅠc期以降のものに比

べて器肉が薄い、これは搬入品の模倣と考えられる。Ⅰc期にはほとんどの器種が在地生産されるようになり、石包丁には直線刃や小判形が登場し、片刃が多く見られる。伐採斧はさらに重量を増す例も見られる。Ⅰb・c期の特徴として石鎌が大量に出土しており石包丁を凌いでいる。またⅠa～c期を通して磨製石鏃が109点出土しており、打製石鏃の出土量を大きく上回っている。

田村遺跡では最初は大陸系磨製石器が完製品として北部九州から搬入され、やがて在地製品に置き換わって行く過程を良好に捉えることができる。弥生文化成立期の玄界灘沿岸地域においては、大陸系磨製石器を選択的に受容したと言われている（下條1986）。伐採斧や実用鎌など縄文晩期に共通の機能を有する石器のある場合は直ちに受け入れなかったという見解であるが、田村遺跡では大型の伐採斧や磨製石鏃（実用鏃）を最初から積極的に受け入れている。また収穫具で石鎌が石包丁を凌ぐなど、組成上からも玄界灘沿岸地域からの一元的な伝播論では田村遺跡の大陸系磨製石器の有り様を合理的に説明できない。田村遺跡が、周防灘沿岸地域を介して朝鮮半島の青銅器文化の影響を強く受けていた結果と考えられる。居徳タイプの遺跡では、大陸系磨製石器の出土は極僅少である。

まとめ

田村遺跡は、弥生文化の生成期から確立期への変遷を集落遺構、遺物ともに充実した内容で把握することの可能な希有な遺跡であり、当該期の新たな歴史像を提供している。近畿の弥生文化は田村遺跡のⅠa期を欠きⅠb期から開始される。開始期の資料としては、讃良郡条里遺跡のSK124などが挙げられる。この時期には僅少ながら長原式土器が伴うとされており、縄文晩期土器を使う集団と緩やかに接触しながら弥生文化を浸透・形成していったことが考えられよう。

高知平野で前期集落が盛行期を見せるⅠc期は、近畿においても大開遺跡や山賀遺跡、若江北遺跡、田井中遺跡など集落の面的な広がりが見られる。弥生文化の確立期とすることができよう。土器形態や文様なども弥生文化を通して高知平野と最も共通性が認められる時期であるが、環濠や貯蔵穴、竪穴住居の位置関係など集落遺構の状況にはかなり相違が見られるようである。大阪湾沿岸地域は中部瀬戸内的な要素が多く見られる。近畿で田村遺跡の集落展開と類似しているのは、南紀の堅田遺跡である。南紀には、田村遺跡から太平洋ルートで弥生文化が伝播している。

引用・参考文献

下條信行 1986「日本稲作受容期の大陸系磨製石器の展開」『九州大学文学部九州文化史研究所紀要』p.134 他

出原恵三 1987「初期農耕集落の構造」『考古学研究』34―3　考古学研究会

出原恵三 2009『南国土佐から問う弥生時代像　田村遺跡』新泉社　pp.4‐25

出原恵三 2010a「弥生文化成立期の二相」『弥生・古墳時代における太平洋ルートの文物交流と地域間関係の研究』高知大学人文社会科学系　pp.32‐34

出原恵三 2010b「〈遠賀川式〉以前」『坪井清足先生卒寿記念論文集―埋文行政と研究のはざまで―』

出原恵三 2013「高知平野における弥生文化の広がり」『私の考古学　丹羽佑一先生退任記念論文集』pp.155‐165

コラム

岡山平野の縄文／弥生からみた近畿の初期農耕集落

河合　忍

はじめに

　近畿と九州北部をつなぐ結節点に位置する岡山平野では、九州北部での水稲耕作の開始期にあたる山ノ寺式・夜臼式に併行する刻目突帯文土器（以下、「突帯文土器」と呼称）に伴って、初期農耕関連の資料が増加しつつある。当地域において、この段階を弥生時代早期と位置づけるかどうかはまだ議論が分かれているが、本稿では弥生早期と呼称することとし、弥生早期から遠賀川式土器が瀬戸内〜近畿に広く受容される弥生前期前葉（九州北部・板付Ⅱa式併行期）までをおもな検討の対象としたい。

1　土器編年と併行関係

　まず、検討の基礎となる土器編年と他地域との併行関係について確認しておきたい。当該期の岡山平野の土器編年については、この30年ほどの間に研究が深められており、一定の成果が上がっている状況である（平井勝1988・1992・1996、岩見1992、平井泰2000、中村2006、小南2012、山口2014など）。これらの諸先学の研究成果を踏まえ、一度総括したことがある（河合2015）（表1）。このうち、早期1・早期2が九州北部の山ノ寺式・夜臼Ⅰ式、近畿の口酒井式と、組成に確実に広口壺が加わる早期3と早期4が九州北部の夜臼Ⅱ式・板付Ⅰa式、近畿の船橋式と、遠賀川式土器が広がる前期Ⅰ（前葉）は、田畑直彦の研究を参考にすると（田畑2016、本書第1章第2節）、九州北部の板付Ⅰb式・Ⅱa式、近畿の長原式および第Ⅰ様式（古）と、それぞれほぼ併行すると考えられる。

2　岡山平野の初期稲作関係資料

　この時期の状況については、下條信行・秋山浩三・平井勝によって詳しくまとめられている（下條1995、秋山1995、平井勝2005）。本稿では、その後追加された知見を加え、当地域の状況を整理したい。追加された知見は多岐にわたるが、実年代についての議論が深まりつつあること（藤尾2009・2013、田畑2016など）、自然環境についての理解が増したこと（松木2007、辻2009、中塚2012、亀山2013、甲元2015、岡山大学埋蔵文

表1　編年対照表（弥生早期〜前期前葉）

岡山平野（備前・備中南部）		基準資料	九州北部	近畿
河合2015	中村勝2006・小南2012			
早期1	津島岡大Ⅰ	津島岡大遺跡23次河道2、南溝手遺跡1河道3	山の寺	口酒井
早期2	窪木河道1	窪木遺跡1河道1、南溝手遺跡1河道1	夜臼Ⅰ	
早期3	津島岡大Ⅱ	津島岡大遺跡3次13層	夜臼Ⅱa	船橋
早期4	沢田	芋間川沢田遺跡2土器溜り13・14	板付Ⅰa／夜臼Ⅱb	
前期Ⅰ-1		津島遺跡南池地点	板付Ⅰb／板付Ⅱa	長原
前期Ⅰ-2		津島遺跡2舟形土坑4、南溝手遺跡1土坑80・90	板付Ⅱa	第Ⅰ様式（古）

化財調査研究センター 2016 など）、それに加え、圧痕レプリカ法の研究の進展からイネなどの大陸系穀物の伝播・受容について詳細な議論が可能となってきたこと（中沢 2009、小畑 2011・2015、山本 2012、山口 2014 など）が大きな成果として挙げられる。

これらを要約すると、実年代については、国立歴史民俗博物館を中心に炭素 14 年代測定が精力的に行われており、岡山平野では本格的な水稲耕作の開始期にあたる前期Ⅰが前 700～650 年に相当すると指摘されている。これは従来の説を大きく遡らせるものであるが、早期に水稲耕作が始まった九州北部はさらに遡るため、水稲耕作が時間をかけて伝わったと評価されている。

自然環境については、実年代の議論とも関係するが、実年代観が遡ったことで、冷涼化があったのは早期前後であったことが指摘されている（図1）。岡山平野でも冷涼化の影響で、海水面が下がり、平野部が広がったものと考えられており、この時期に沖積地に遺跡が増加するのは（春成 1969、平井泰 1987・1992・2005、網本 1987、渡邉 2002 など）、こうした環境的な要因が背景の一つにあると考えられている。なお、岡山平野の旭川流域で、弥生前期の水田が形成されている基盤層である「黒色土層（泥炭層）」（図2）は、水稲耕作に関係したものではなく、

図2　黒色土層の広がりと弥生前期水田
黒色土層は水田下にも広がっている。（亀山 2013 を改変）

早期段階に小海退の影響で広域に形成された腐植土層であると指摘されている。

圧痕レプリカ法については、縄文時代後期に遡るとされた大陸系穀物の圧痕資料は、ほぼ全てに否定的な見解が提示されている状況である。岡山平野でも南溝手遺跡（総社市）の資料の一つがイネの後期の圧痕例として注目されたが（平井泰編 1995）、現在は弥生早期に位置づけられる可能性が示唆されている（中沢 2009）。九州北部では、縄文時代晩期後葉の黒川式（新）～突帯文土器出現期にアワ・キビ・イネが伝来してきた可能性が高いと指摘されており、岡山平野では早期3の上東中嶋遺跡（倉敷市）例が最古の例として知られている（上栫編 2010）。

それでは、これらの成果を念頭に置きながら、時期ごとに様相を整理したい。まず、九州北部での水稲耕作の開始期に相当する早期1においては、岡山平野では初期農耕関連の資料に乏しいが、瀬戸内地域に視野を広げると、西部瀬戸内の大渕遺跡（愛媛県）では、水稲耕作と

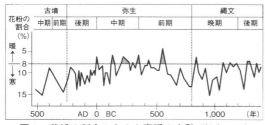

図1　花粉の割合からみた寒暖の変動（松木 2007）

関係が深いとされる大型広口壺が定着し、磨製石包丁やイネ圧痕土器も検出されている（下條1995、栗田編2000）。この背景には、カジ（なすび）文を持った丹塗磨研土器の共伴などから、朝鮮半島〜九州北部からの人の動きや情報の流入があったことが指摘されている。岡山平野でも、津島岡大遺跡の溝の存在が注意されており、それまでは顕著ではなかった土地への働きかけに対して、新たな技術の伝達者からの影響を読み取る見解もある（中村☆2006）が、こうした西からの情報が、断片的にしても確実に瀬戸内地域にもたらされていたものと想定される。

続く早期2でも傾向は大きく変わらないが、窪木遺跡（総社市）で丹塗磨研土器が検出されるなど（岡田編1997）、岡山平野でも確実に朝鮮半島の影響を受けた遺物は存在している。

この傾向が大きく変化するのは早期3である。一番大きな変化は、広口壺が定着することであり、さらにこの段階以降、イネ圧痕土器の検出が顕著となること（山本2012、山口2014）も注目される。浅鉢の胴部内面にイネの圧痕が見つかった上東中嶋遺跡では、カジ文を持つ浅鉢及び大型の広口壺も検出されており（図3）（上栫編2010）、前段階に比べて、水稲耕作に関係した西からの情報が増していることがうかがえる。なお、この段階では瀬戸内海を挟んだ対岸の高松平野の林・坊城遺跡（香川県）において、自然流路から木製農具（手鍬・狭鍬・鍬・エブリ）が出土していることが知られている（宮崎編1993、下條1995、信里2014）。さらに、続く早期4にかけて自然流路から派生する灌漑水路網の存在と自然流路がある程度埋まった上面での水田の存在が指摘されており（信里2008・2014）、受容された水稲耕作関係の情報がこの段階には定着したとみることができる。これは早期2までの限定的で分散的な情報と比べ、質が大きく異なったものと評価できるものであり、対岸の岡山平野でも現状では情報が少ないものの、これに類した状況が予想される。

続く早期4は岡山平野では最もイネ圧痕土器の検出が顕著となる時期である。百間川沢田遺跡（岡山市）では、太型蛤刃石斧とイネの珪酸に似た光沢（使用痕）が付着した石包丁状石器が検出されていることから（平井勝編1993）、水稲耕作の存在が示唆されている。それを裏付ける遺構としては、小区画水田が検出された津島江道遺跡（岡山市）が注目されている。この水田は所属時期が前期に下る可能性も指摘されているが、河道埋積部分に相当するたわみ状に低い部分については砂層で被覆されており、突帯文土器のみが検出されることから、この時期に遡る可能性が指摘されている（神谷1992、扇崎2013）。この遺跡は、後述する前期の津島遺跡の直近に位置し、岡山平野で最も早く水稲耕作が根付いた地域でもあることから、その可能性はあるとみておきたい。ただし、遺構の面的な広がりは認められず、岡山平野全体を見渡しても、大陸系磨製石器などの工具類は部分的な検出にとどまっており、質的に大きな変化は認められないことには留意する必要がある。

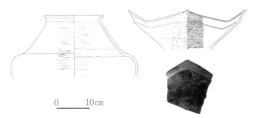

図3　上東中嶋遺跡出土土器
（上栫編2010、写真は岡山県古代吉備文化財センター提供）

図4 津島遺跡の弥生前期乾田系水田（島崎編2003を改変）

そして、遠賀川式土器が受容される前期Ⅰ（前葉）になると、この状況は一変する。津島遺跡では、微高地との境に杭と矢板を打ち込んで区画（護岸保護）された湿田系の水田が検出されており（平井勝編2000）、ここから約250m離れた地点では、さらに前期Ⅱ（中葉）を下限とする乾田系の給水型水田も発見されている。これは水田の中を鍵形に走る水路や短冊形の小区画水田を南北に仕切る大きな畦に組み合わせた完成度の高いものである（図4）（島崎編2003）。このような湿田系水田と乾田系水田の組み合わせは、九州北部と同様のあり方を呈し、2種類を地形的地質的特徴に応じて使い分けていたと評価されている（根木1992）。この段階に至って、体系だったものとして水稲耕作を受容したと評価できる。この後、前期Ⅲ（後葉）までに、水田は津島遺跡周辺の旭川西岸域および百間川遺跡群（岡山市）を中心とした東岸域に広がる（図2）。さらに、この時期の水田は足守川下流域の東山（市道）遺跡（岡山市）でも基幹水路と水田面の組み合わせが検出されており（草原編2013）、南溝手遺跡でも水田面と評価される遺構が検出されるなど（岡田編1997）、岡山平野の各所に広がっていることもこの時期における水稲耕作の定着を示している。

さらに、遺物でも大きな変化は認められる。土器では、浅鉢が消滅し、数％の比率であった壺が津島遺跡の南池地点では約50％を占めるようになる（秋山1995）。石器では、百間川遺跡群において、石包丁・太型蛤刃石斧・扁平片刃石斧・柱状片刃石斧などの大陸系磨製石器が、量的には少ないものの、セットで検出されている（平井勝1992）。注目されるのは、遺物の受容にとどまらず、その扱いについても九州北部と共通点が認められることである。津島岡大遺跡（岡山市）では前期Ⅱの水口（取水口）付近で壺が意図的に置かれた状態で検出されており（野崎編2006）、取水口の祭祀に伴うものと評価されている（光本2006）。水口での壺を用いた祭祀痕跡は九州北部でも多く確認されているものであり（中村慎1999、山崎2008）、堰の構築の知識や技術に加え、農耕儀礼も含めた「農耕文化複合」（設楽2017）として受容していたことが理解できる。

3 岡山平野の縄文／弥生からみた画期

以上、岡山平野の初期農耕集落の様相について、近年の研究動向を踏まえて概観した。岡山平野には九州北部で醸成された水稲耕作に関する情報が200〜300年かけて、大きく3段階の画期を経て、段階的に伝わってきたと考えられる。まず、早期1・2では断片的ではあるが、確実に西からの情報が認められる。次の早期3・4では、情報が質量ともに強まる中、壺が定着し、石器組成にも変化が認められる。また、イネ圧痕土器の存在から稲作を行っていた可能性が高く、水稲耕作であった可能性も

ある。そして、前期には、湿田系と乾田系の水田をともに受容して、地形的地質的特徴に応じて使い分け、また、灌漑水路と大小の畦畔を地形に合わせて複雑に配置するなど、完成された水稲耕作のあり方を受容する。水田にとどまらず、土器や農工具類、さらには祭祀や維持管理全般に関した諸情報など、この段階で九州北部から受容した情報は体系だったものであり、これ以降、水稲耕作は確実に定着し、順調に水田は広がり、遺跡数も増加する。以上で概観してきたように、岡山平野の縄文／弥生からみる水稲耕作の受容は、従来考えられていたよりも緩やかな速度であり、段階的な定着過程を経たと評価できる。

おわりに

本稿では、岡山平野の初期農耕開始期の様相について、おもに九州北部との関わりに焦点を当て概観してきたが、残された課題も多い。例えば、津島遺跡の水口での祭祀に壺に加えて縄文系の石棒が併用される事例が認められるなど（光本2006）、近年は弥生時代に引き継がれている縄文系の諸要素にも注目がなされ（秋山2002）、その背景に縄文後期以降の断続的な東日本からの影響を読み取る意見もある（家根1996、設楽2017、寺前2017など）。このような状況下、「縄文か弥生か」といった二元論に終始するのではなく、文化の構成内容を明らかにして、その質的な変化について議論を深めていくことが大切である。

本稿をなすにあたっては、発表の機会を与えてくださった森岡秀人氏、粘り強く原稿提出を促していただいた麻森敦子氏に大変お世話になりました。記して感謝いたします。

引用・参考文献

秋山浩三 1995「吉備―縄文系ムラと共存した弥生系ムラ―」『弥生文化の成立』角川書店

秋山浩三 2002「弥生の石棒」『日本考古学』14 日本考古学協会

網本善光 1987「稲作受容期における中部瀬戸内地域の遺跡の動向」『比較考古学試論』雄山閣

岩見和泰 1992「刻目突帯文土器の成立と展開」『古代吉備』14 古代吉備研究会

上栫 武 編 2010『上東中嶋遺跡』岡山県埋蔵文化財発掘調査報告226 岡山県教育委員会

扇崎 由 2013「最古の水田？津島江道遺跡」『岡山大学埋蔵文化財調査研究センター紀要2011』

岡田 博 編 1997『窪木遺跡1』岡山県埋蔵文化財発掘調査報告120 岡山県教育委員会

岡山大学埋蔵文化財調査研究センター 2016『吉備の弥生時代』吉備人出版

小畑弘己 2011『東北アジア古民族植物学と縄文農耕』同成社

小畑弘己 2015『タネをまく縄文人 最新科学が覆す農耕の起源』吉川弘文館

神谷正義 1992「最古の水田」『吉備の考古学的研究』上巻 山陽新聞社

亀山行雄 2013「百間川遺跡群の弥生前期水田」『岡山大学埋蔵文化財調査研究センター紀要2011』

河合 忍 2015「中国・四国地方」『弥生土器』ニューサイエンス社

草原孝典 編 2013『東山（市道）遺跡』岡崎市教育委員会

栗田茂敏 編 2000『大渕遺跡―1・2次調査―』松山市教育委員会

甲元眞之 2015「弥生時代の気候変動」『岡山大学埋蔵文化財調査研究センター紀要2013』

小南裕一 2012「環瀬戸内における縄文・弥生移行期の土器研究」『山口大学考古学論集』

設楽博己 2017『弥生文化形成論』塙書房

島崎 東 編 2003『津島遺跡4』岡山県埋蔵文化財発掘調査報告173 岡山県教育委員会

下條信行 1995「瀬戸内―リレー式に伝わった稲

作文化―」『弥生文化の成立』角川書店
杉山一雄 編 2014『百間川原尾島遺跡1』岡山県埋蔵文化財発掘調査報告241　岡山県教育委員会
田畑直彦 2016「遠賀川式土器の広域編年と暦年代」『近畿で「弥生」はどうはじまったか!?』古代学協会
辻誠一郎 2009「弥生成立期の植生と人工改変」『弥生時代の考古学』2　同成社
寺前直人 2017『文明に抗した弥生の人びと』吉川弘文館
中沢道彦 2009「縄文農耕論をめぐって」『弥生時代の考古学』5　同成社
中塚　武 2012「気候変動と歴史学」『環境の日本史1　日本史と環境―人と自然―』吉川弘文館
中村慎一 1999「農耕の祭り」『古代史の論点』5　神と祭り　小学館
中村大介 2006「岡山平野の突帯文土器の系統と変遷」『津島岡大遺跡17』岡山大学埋蔵文化財調査研究センター
根木　修 1992「水稲農耕の展開」『吉備の考古学的研究』上巻　山陽新聞社
野崎貴博 編 2006『津島岡大遺跡17』岡山大学埋蔵文化財調査研究センター
信里芳紀 2008「大溝の検討」香川県埋蔵文化財センター研究紀要Ⅳ
信里芳紀 2014「中部瀬戸内南岸における縄文晩期農耕の様態」『中四国地域における縄文時代晩期の歴史像』中四国縄文研究会
春成秀爾 1969「中国・四国」『新版考古学講座』4　雄山閣
平井　勝 1987「縄文時代」『岡山県の考古学』吉川弘文館
平井　勝 1988「岡山県における縄文晩期突帯文の出現と展開」『古代吉備』10　古代吉備研究会
平井　勝 1992「弥生時代への移行」『吉備の考古学的研究』上巻　山陽新聞社
平井　勝 編 1993『百間川沢田遺跡3』岡山県埋蔵文化財発掘調査報告84　岡山県教育委員会

平井　勝 1996「瀬戸内地域における突帯文土器の出現と展開」『古代吉備』18　古代吉備研究会
平井　勝 2005「キビ的世界の形成」『古代を考える吉備』吉川弘文館
平井　勝 編 2000『津島遺跡2』岡山県埋蔵文化財発掘調査報告151　岡山県教育委員会
平井泰男 編 1995『南溝手遺跡1』岡山県埋蔵文化財発掘調査報告100　岡山県教育委員会
平井泰男 2000「中部瀬戸内地方における縄文時代後期末葉から晩期の土器編年試案」『突帯文と遠賀川』同刊行会
藤尾慎一郎 2009「弥生時代の実年代」『弥生農耕のはじまりとその年代』雄山閣
藤尾慎一郎 2013『弥生文化像の新構築』吉川弘文館
松木武彦 2007『列島創世記』日本の歴史1　小学館
光本　順 2006「堰の構築・使用過程と社会関係」『津島岡大遺跡17』岡山大学埋蔵文化財調査研究センター
宮崎哲治 編 1993『林・坊城遺跡』香川県教育委員会
家根祥多 1996「縄文土器の終焉」『歴史発掘2　縄文土器出現』講談社
山口雄治 2014「中部瀬戸内北岸地域における縄文時代晩期後葉」『中四国地域における縄文時代晩期の歴史像』中四国縄文研究会
山崎純男 2008『最古の農村　板付遺跡』新泉社
山本悦世 2012「縄文時代後期～「突帯文期」におけるマメ・イネ圧痕―圧痕レプリカ法による岡山南部平野における調査成果から―」『岡山大学埋蔵文化財調査研究センター紀要2010』
渡邉恵里子 2002「岡山県南部地域における弥生時代前期遺跡の動向」『環瀬戸内海の考古学』上巻　古代吉備研究会

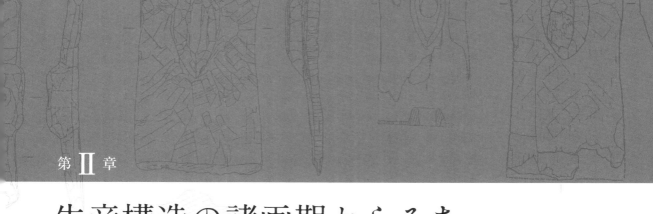

第 II 章

生産構造の諸画期からみた近畿地方の初期農耕社会

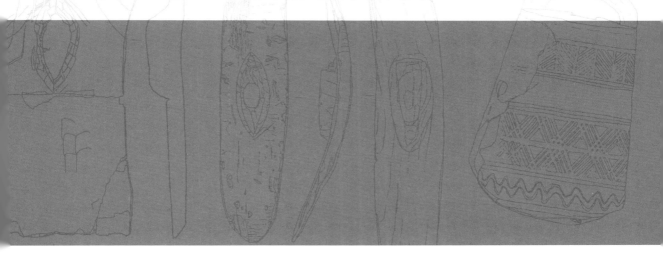

第 1 節

近畿地方における青銅器生産の態様と系譜

國下多美樹

はじめに

　2017 年、近畿地方では兵庫県南あわじ市松帆銅鐸の発見を契機にする青銅器中心の展示が連携して開催された（兵庫県立考古博物館 2017、滋賀県立安土城考古博物館 2017、茨木市立文化財資料館 2017）。近畿での青銅器をテーマにした展示は、1993 年の『銅鐸の世界展』（神戸市立博物館 1993）、1994 年の『金属の考古学』（大阪市立博物館 1994）、2009 年の『銅鐸―弥生時代の青銅器生産―』（奈良県立橿原考古学研究所附属博物館 2009）以来といってよい。これは、およそ 20 年間に銅鐸ばかりでなく青銅器鋳造関連資料の出土例が近畿地方で増加し、その分布と年代について議論を進める条件が整ってきたこと、特に生産の問題が再びクローズアップされる動向を反映している。一方、青銅器資料の多い北部九州では、『弥生の鋳物工房とその世界』（北九州市立考古博物館 1997）、出雲では『弥生青銅器に魅せられた人々』（島根県古代出雲歴史博物館 2012）など青銅器の生産ばかりでなく、青銅器の役割、「クニ」の成立との関係を考えた『新・倭国展』（常松 2015）、大陸も射程にした流通をテーマにした諸研究の深化が継続して進められ、近畿はやや遅れをとった状況とも言えるかもしれない。

　そこで、本稿は、列島の遺跡動向と最新の研究成果に目配りしながら、近畿地方における青銅器生産は、いつ、どこから始まり、どのような実態であったかについての態様を示し、その系譜についての若干の私見を述べたい。

1　青銅器の初源と導入の背景

　まず、列島における青銅器の初源は弥生時代前期に遡ることが明らかになっている。まだ事例は少ないが、福岡県今川遺跡出土の銅鏃（酒井編 1981）と同三沢北中尾遺跡の銅斧（山崎 2012）という確実な調査事例から、北部九州では早ければ前期前葉、遅くとも前期後半のうちに青銅の武器ないし利器が大陸からもたらされている。今川遺跡例は、形態から朝鮮半島南部の遼寧式銅剣の再加工品であることがわかっており、前期前半の板付Ⅰ式新相土器が伴っている（後藤 1991、柳田 2011）。

　三沢北中尾遺跡例は、長方形斧で、伴出土器は板付Ⅱa 新〜Ⅱb 古段階に位置づけられている。このような初源のあり方を示す小形青銅器利器の事例が微増する傾向にあるなかで、既に前期段階

で大陸（主に朝鮮半島）から流入した製品を利用・再加工するような青銅器文化を形成していた可能性も指摘されている（吉田2014）。もっとも、前期の青銅器文化のあり方は中期以降のそれとは異質で、明らかに技術的・系統的に差があり、完全な形状をもつ青銅器が安定的に分布し始めるのは中期初頭を待たなければならない。

　北部九州の特に玄界灘沿岸の弥生時代遺跡で確認される中期初頭の青銅器の多くは、甕棺や木棺の副葬品であり、銅剣・銅矛・銅戈という武器形であった。ただし武器は、生前、本来的な使用を前提にしながらも数に限りがあり、刃が研ぎ出しのないものもあって、儀器としての性格も有していたとみられる。この時期の武器形青銅器の分布は、北部九州にほぼ限定できることに大きな特色がある。

　中期初頭は、前期以来の人口増加によって集団が拡散し、新たな開発地を求め定着する社会の動きがあった。そして、集団の結束あるいは開拓地における新たな地縁的集団の結成に際して、青銅祭祀の需要が高まり、青銅祭器生産が増えたのである（岩永2013）。従って、その生産がいつ始まり、どのような系譜で展開したのかという問題は、弥生時代社会の形成過程のなかで位置づけられるべき重要課題である。

2　近畿地方の青銅器生産

　青銅器は、石製・土製の鋳型に銅・スズ・鉛等の合金を流して製作する。しかし、原材料がインゴットの状態で出土することはない。そのほとんどが鋳潰され再利用されたことは、例えば初期銅鐸の絶対量の少なさからも推測できる。炉跡とともに鋳型、未成品、鉱滓、坩堝、取瓶など工房の存在を示す資料があれば生産を証左することになる。

　まず、近畿地方とその周辺部の遺跡の動向をみておこう。103頁の表1は、近畿地方とその周辺における弥生時代青銅器生産関連資料を集めたものである。中期～後期末までのものが38遺跡から出土している。その分布は、東部瀬戸内～大阪湾北・東岸、淀川中・下流域、琵琶湖沿岸、河内湾周辺、大和南部にほぼ集中し、ごく少数が和歌山の他、東海・北陸（愛知・福井・石川の各県）にある（図1）。一覧表で明らかなように、個々の遺跡では青銅器生産の場や工程を裏付ける資料が必ずしもそろわないのが実情である。この点、北部九州の奴国推定域など後期を中心とする生産工房遺跡群とは対照的である。おそらく近畿地方における弥生時代の青銅器生産の規模や体制が、北部九州と比べ相対的に小規模であったと推定される。また、後期末に至るまで一部の遺跡を除いて広域的に分布するあり方からも移動性が強かったと考えられる。

　初期の青銅器鋳型　鋳型に残る文様の特徴や共伴する土器によって、初期の青銅器生産例として位置づけられている資料がある。近畿地方を超えたやや広い領域まで求めてみる。

　摂津・田能遺跡の銅剣鋳型（表1-12、以下同表番号）、河内・鬼虎川遺跡の銅鐸鋳型（17）、山城・鶏冠井遺跡の銅鐸鋳型（26）に加えて尾張・朝日遺跡の銅鐸鋳型（38）の4例がある。田能鋳型（12）は、中細形a類の銅剣でピットから出土している。中期前半（Ⅱ・Ⅲ期）の土器を伴う。鬼虎川鋳型

第1節　近畿地方における青銅器生産の態様と系譜

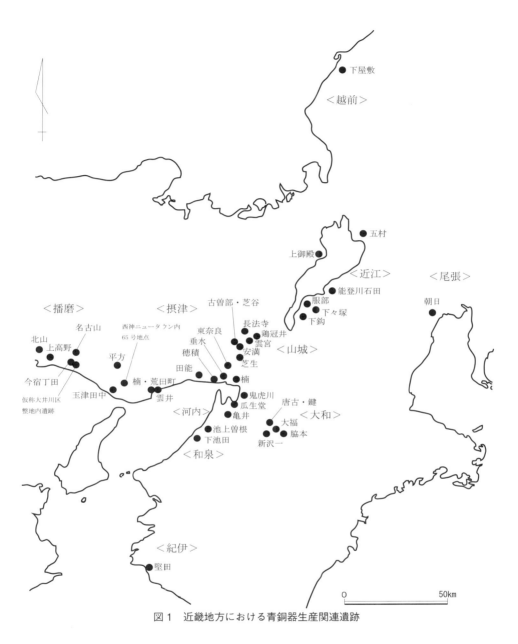

図1　近畿地方における青銅器生産関連遺跡

(17) は、遺跡内で出土した複数の鋳型中、銅鐸文様を特定できるもの。外縁付鈕式4区袈裟襷文に分類される。出土した溝は中期前葉 (Ⅱ期) ～後葉 (Ⅳ期) の年代である。鶏冠井鋳型 (26) は、身部と舞部に斜格子文を施すもので、菱環鈕2式～外縁付鈕1式に復原される。旧流路から出土し中期前葉 (Ⅱ期) の土器と共伴する。一方、近畿から離れるが、朝日鋳型 (38) は、菱環鈕式銅鐸に復原されるもの。中期前葉 (Ⅱ期) の新しい段階の土器と共伴する。

　近畿地方の初期の鋳型は、①広域であるが、近畿中部を中心として出土し、②鋳型材質は、石製

101

第Ⅱ章　生産構造の諸画期からみた近畿地方の初期農耕社会

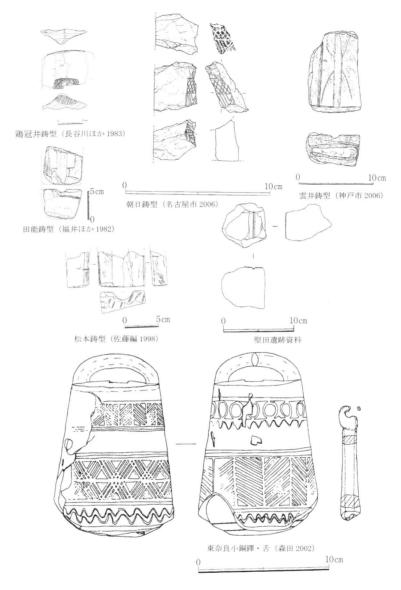

図2　青銅器生産の開始年代関連資料

で和泉砂岩ないし類似する砂岩が使用されること、③鋳型の文様面に被熱痕をとどめ、実際に鋳造したことを示すこと、④確実に共伴する土器の年代は中期前葉（Ⅱ期）であることの4点に整理できる。以上から、近畿中部を中心に中期前葉には銅鐸と銅剣の生産が始まったとみてよい。

　一方、北部九州では北九州市松本遺跡で小銅鐸鋳型（前期末ないし中期初頭）、福岡県福津市勝浦高原遺跡、熊本市八ノ坪遺跡で小銅鐸鋳型（中期前葉）、春日市須玖タカウタ遺跡で武器形鋳型（中期前葉）がそれぞれ出土し、北部九州の青銅器生産は、中期初頭にかなり広い範囲で始まっていた

第1節　近畿地方における青銅器生産の態様と系譜

表1　近畿地方を中心とする青銅器生産関連資料一覧表

遺跡No.	地域	遺跡名	種類	所在地1	所在地2	立地条件	製品	材質	年代	出土遺構	備考	所蔵	文献
1		上高野 KAMIKOUNO	銅鐸鋳型	兵庫県赤穂市	高野上高野	播磨　千種川左岸　現在海岸まで2.9km	扁平鈕式流水文銅鐸、推定高約80cm前後の銅鐸に復原	凝灰岩質砂岩	中期		1916年頃出土。	赤穂市教育委員会	松岡1976
2		名古山遺跡 NAGOYAMA	銅鐸鋳型		山畑新田	姫路城の西約1km、市川のそ岸の独立丘陵上、標高②～30m	（扁平鈕式4区）袈裟襷文、推定高30cm前後の銅鐸に復原	凝灰岩質砂岩	中期中葉（Ⅲ期）～中期後葉（Ⅳ期）	円形住居	砥石転用、1959年出土。住居から板状鉄斧、不明鉄製品、管玉、ガラス小玉、石鏃、石包丁	姫路市教育委員会	梅原1960 浅田他1960 上田・河原1966 秋枝1992・1999
3		今宿丁田遺跡 IMAZYUKUTYOUDA	銅鐸鋳型	兵庫県姫路市	今宿丁田・鯖ノ井	名古山遺跡の西北約700m、自然堤防上の微高地	（扁平鈕式4区）袈裟襷文、2片接合、推定高30cm前後の銅鐸に復原	黒褐色、和泉砂岩	中期後半（Ⅳ期）	旧河道の上位・暗褐色土層	砥石転用、輪羽口、銅滓、1980年出土	姫路市教育委員会	今宿丁田調査団1980 深井1985 秋枝1999
4		仮称大井川区整地内遺跡第6地点 OOIGAWA	鏡鋳型A		玉手字鹿谷道	加古川西方の丘陵上	円形を呈し、平面に格子目状の沈線、側面に三角刺突	土枠	後期（Ⅴ期）前半		銅鐸片、銅さい、炭化材、砥石、銅鏃	姫路市教育委員会	播磨考古学研究所2009
			鏡鋳型B					土枠	後期（Ⅴ期）前半				
5	播磨	平方遺跡 HEIHOU	小銅鐸鋳型A	兵庫県三田市		武庫川右岸の丘陵上、標高290～215m、平野部との比高差60m	扁平鈕式4区袈裟襷文銅鐸、AとBで1組	土	中期後半（Ⅳ期）	2号住居跡	中子、石製舌	兵庫県教育委員会	深井他1992
			小銅鐸鋳型B					土	中期後半（Ⅳ期）	Ⅱ・7号住居跡			
6		玉津田中遺跡 TAMATUTANAKA	銅鐸鋳型		玉津	明石川中流左岸、標高16～18mの沖積地、及び段丘。弥生時代海岸線より4km	不明	土枠	後期～古墳時代前期		輪羽口、坩堝	兵庫県教育委員会	多賀2001
7		西神ニュータウン内第65号地点 SEISINN	銅鐸鋳型A	兵庫県神戸市	西区	明石川中流域とはせ谷川にはさまれた丘陵上、標高7～100m	未成品	凝灰岩質砂岩	中期後半（Ⅳ期）	大溝SD2	砥石に再利用		兵庫県・神戸市2006、神戸女子大1992
			銅鐸鋳型B				未成品	凝灰岩質砂岩	中期後半（Ⅳ期）	大溝SD2			
8		楠・荒田町遺跡 KUSUNOKIARATA	銅鐸鋳型	兵庫区・中央区		六甲山南麓の更新世中位段丘　標高10～16m	不明	凝灰岩質砂岩	前期末～中期前葉	土壙22		神戸市教育委員会	丹治1980
9		雲井遺跡 KUMOI	銅剣か銅戈鋳型	中央区三宮		六甲山南麓、生田川の複合扇状地、標高11～12m	不明	シルト岩（もしくは粘板岩）	中期前葉～中葉	包含層	砥石転用	神戸市2010	
10		北山遺跡 KITAYAMA	青銅塊、比熱土器	兵庫県揖保町北山		揖保川西方、段丘面	—	—	弥生時代終末		金属成分付着被熱砂（推定高坏付着）、輪羽口		種定2007 岸本2001
11		垂水遺跡 TARUMI	小型倣製鏡鋳型	大阪府吹田市	円山・垂水	丘陵～沖積低地、標高55m以下		石			銅鏡の石製鋳型の可能性がある砥石	吹田市教育委員会	増田2004
12		田能遺跡 TANOU	銅剣鋳型	兵庫県尼崎市	田能	猪名川左岸、沖積低地、標高7m	中細a類	石・不明	中期初頭（Ⅱ期）	鋳型ピット	砥石転用	尼崎市教育委員会	福井ほか1982
13	摂津	東奈良遺跡 HIGASINARA	銅鐸鋳型1	大阪府茨木市		沖積地、標高6m前後、居住域の南東約200mで銅鐸鋳型、銅戈鋳型、ガラス勾玉鋳型、輪羽口（1973・1974年）、中期環濠から「小銅鐸」	外縁付鈕式、流水文、完形、縦43.5cm、横29.0cm、厚さ14.5cm	凝灰岩質砂岩	中期前葉（Ⅱ期）～庄内	包含層	輪羽口、土製ガラス勾玉鋳型	茨木市教育委員会	田代・奥井・藤沢1975 茨木市2014
			銅鐸鋳型2				外縁付鈕式、流水文、香川県善通寺市我拝師山銅鐸、豊中市桜塚原田神社境内銅鐸の溶范	凝灰岩質砂岩					
			銅鐸鋳型3				外縁付鈕式、流水文、連続渦巻文、トンボ、サカナ、豊岡市気比3号銅鐸溶范	凝灰岩質砂岩					
			銅鐸鋳型4				外縁付鈕式、流水文、連続渦巻文	凝灰岩質砂岩					
			銅鐸鋳型5				外縁付鈕式、流水文、鋸歯文	凝灰岩質砂岩					
			銅鐸鋳型6				外縁付鈕式、流水文、直線文、渦巻文	凝灰岩質砂岩					
			銅鐸鋳型7				渦巻文	凝灰岩質砂岩					
			銅鐸鋳型8				流水文	凝灰岩質砂岩					
			銅鐸鋳型9				流水文	凝灰岩質砂岩					
			銅鐸鋳型10				鋳型面剥離	凝灰岩質砂岩					
			銅鐸鋳型11				鋳型面剥離	凝灰岩質砂岩					
			銅鐸鋳型12				線刻6条、砥石再利用	凝灰岩質砂岩					
			銅鐸鋳型13				流水文	凝灰岩質砂岩					
			銅鐸鋳型14				側面片	凝灰岩質砂岩					
			銅鐸鋳型15				流水文、砥石再利用	凝灰岩質砂岩					
			銅鐸鋳型16				流水文、砥石再利用	凝灰岩質砂岩					
			銅鐸鋳型17				裾部片	凝灰岩質砂岩					
			銅鐸鋳型18				鰭部片、鋸歯文	凝灰岩質砂岩					
			銅鐸鋳型19				飾耳部片	凝灰岩質砂岩					
			銅鐸鋳型20				鋳型面剥離	凝灰岩質砂岩					
			銅鐸鋳型21				小破片	凝灰岩質砂岩					
			銅鐸鋳型22				鰭部片、鋸歯文	凝灰岩質砂岩					
			銅鐸鋳型23				袈裟襷文	凝灰岩質砂岩					
			銅鐸鋳型24				鈕・身部片、扁平鈕式、鋸歯文、綾杉文、斜格子文	凝灰岩質砂岩					
			銅鐸鋳型25				鈕部片	凝灰岩質砂岩					
			銅鐸鋳型26				小破片	凝灰岩質砂岩					

第Ⅱ章 生産構造の諸画期からみた近畿地方の初期農耕社会

遺跡No.	地域	遺跡名	種類	所在地1	所在地2	立地条件	製品	材質	年代	出土遺構	備考	所蔵	文献
13	摂津	(東奈良遺跡) HIGASINARA	銅鐸鋳型27				砥石再利用	凝灰岩質砂岩					
			銅鐸鋳型28				砥石再利用	凝灰岩質砂岩					
			銅鐸鋳型29				小破片	凝灰岩質砂岩					
			銅鐸鋳型30				小破片	凝灰岩質砂岩					
			銅鐸鋳型31				砥石再利用	凝灰岩質砂岩					
			銅鐸鋳型32				小破片、2条の直線文	凝灰岩質砂岩					
			銅鐸鋳型33				小破片	凝灰岩質砂岩					
			銅鐸鋳型34				砥石再利用	凝灰岩質砂岩					
			銅鐸鋳型35				砥石再利用	凝灰岩質砂岩					
			銅鐸鋳型36				小破片	凝灰岩質砂岩					
			銅戈鋳型1(第1号)				近畿型銅戈、未使用か	土					
			銅鐸鋳型2(第2号)				不明、漏斗状作り付け湯口	土					
			銅戈鋳型3(第3号)				不明	土					
14		芝生遺跡 SIBOU	不明鋳型		芝生	芥川右岸の低地	不明	石			砥石転用		神戸市立博物館 1993
15		古曽部・芝谷遺跡 KOSOBE-SIBATANI	小銅鐸中子?	大阪府高槻市	美しが丘1丁目ほか	丘陵上、標高80〜100m		土	後期初頭(Ⅴ期)	環濠・包含層	鋳口Ⅰ、鉱さい		
16		楠遺跡 KUSUNOKI	銅鏃鋳型?A	大阪府寝屋川市	石津南町	標高4mの淀川左岸の低地	銅鏃?AとBで一組	土枠	後期初頭(Ⅴ期)	土坑1	高坏状土製品、その他、Ⅰ区南側第Ⅴ層、Ⅰ区古墳時代土坑8からスサ入り粘土塊出土。	寝屋川市教育委員会	濱田2001
			銅鏃鋳型?B				不明、鋳型A・Bより厚い	土枠		土坑23			
			銅鏃鋳型?C				不明、鋳型A・Bより厚い	土枠		Ⅱ区南側包含層			
			銅鏃鋳型?D					土枠					
17	河内	鬼虎川遺跡 KITORAGAWA	銅鐸鋳型	大阪府東大阪市	弥生町〜西石切町	標高5〜7m、扇状地〜低地	(外縁付鈕式4(く)製袈裟襷文	和泉砂岩	中期(Ⅱ〜Ⅳ期)	溝8(第13a層)	砥石転用	東大阪市教育委員会	平本・松田1981、1982
			銅剣鋳型				円環型銅鉋大型太身型式	和泉砂岩	中期前半(Ⅱ〜Ⅲ古期)	溝9(第13a層)	砥石転用、連鋳式、砥石転用		
			銅鏃?鋳型				不明	和泉砂岩					
			銅鐸?鋳型				不明	和泉砂岩	中期(Ⅱ〜Ⅳ期)	第13a層	鋳型の可能性ある砥石1		
			銅鐸?鋳型				不明	和泉砂岩			鋳型の可能性ある砥石2		
			不明鋳型				不明	和泉砂岩		貝塚層	砥石に転用された鋳型		鬼虎川遺跡62次、平成18年度調査
			銅剣鋳型				中細形	砂岩			砥石転用		
18		瓜生堂遺跡 URYUDOU	銅戈鋳型		瓜生堂	標高5m、旧大和川の自然堤防、微高地		凝灰岩質砂岩灰黄色	中期後葉(Ⅳ期)	中期包含層Ⅱ	砥石転用、神川層群産		大阪府・大阪セ1980
19		亀井遺跡 KAMEI	銅鐸?鋳型	大阪府八尾市	亀井町ほか	標高6m、旧大和川の自然堤防、微高地		和泉砂岩	中期中葉(Ⅲ期古)	土壙SK3144	砥石転用?	大阪府文化財センター	三好1992
			武器形?鋳型						中期中葉(Ⅲ期古)		砥石転用		
			不明鋳型				不明	土枠					
20		池島・福万寺遺跡 IKESIMA-HUKUMANGI	不明鋳型	大阪府東大阪市・八尾市			不明	土枠	古墳前期				田中2004
21	和泉	池上・曽根遺跡 IKEGAMI-SONE	銅鐸?鋳型	大阪府和泉市		低位段丘、段丘化した低状地、標高8〜13m(地表面)			中期後葉(Ⅳ期)			和泉市2002	秋山2002
22	大和	唐古・鍵遺跡 KARAKO-KAGI	銅鐸鋳型	奈良県磯城郡田原本町		沖積平野、標高48〜51m	扁平鈕式4(く)製袈裟襷文	凝灰岩質砂岩	中期中葉(Ⅲ〜後期(Ⅴ))	SD04・05、包含層他	鋳口、鋳込み片、高坏状土製品、小銅塊、溶解土器、銅鐸片	田原本町教育委員会	濱田2009
			各種鋳型				銅鐸・武器形・銅・鏡など6タイプ20セット以上。	土枠					
23		新沢一遺跡 NIISAWAKAZU	銅鐸?鋳型	奈良県橿原市		低地、標高150m	扁平鈕式?、突線鈕式?	土枠	後期(Ⅴ期)?				古田1928、大阪市立博物館1982
24		大福遺跡 DAIHUKU	不明鋳型1	奈良県桜井市		寺川左岸の自然堤防、標高65m	不明	土枠	庄内期?	15次、河道		桜井市教育委員会	萩原1987 清水1996 橋本・豊島1998 月半2009
			不明鋳型2				不明	土枠	後期末	26次、土坑か			
			不明鋳型3				不明	土枠	布留式(混入か)	26次、井戸	送風管2点(26次後期末の土坑、28次後期後半〜末の溝)、銅滓(28次、後期後半〜末の溝)、青銅塊(28次、後期後半〜末の溝)、銅鐸片2(26次後期末土坑1、28次後期後半〜末溝)		
			不明鋳型4				不明	土枠	後期後半〜末	28次、包含層			
			不明鋳型5				不明	土枠	後期後半〜末	28次			
			不明鋳型6				不明	土枠	後期後半〜末	28次、土坑			
25		脇本遺跡 WAKIMOTO	不明鋳型			初瀬川右岸微高地		土枠	後期中葉〜古墳前期			奈良県教育委員会	青柳・北井2008a・b 青柳・北井2009

104

第1節　近畿地方における青銅器生産の態様と系譜

遺跡No.	地域	遺跡名	種類	所在地1	所在地2	立地条件	製品	材質	年代	出土遺構	備考	所蔵	文献
26	山城	鶏冠井遺跡 KAIDE	銅鐸鋳型	京都府向日市	鶏冠井町	桂川右岸、低地、標高13m	菱環鈕II式～外縁付鈕I式	和泉砂岩	中期前葉（II期）	旧流路SD8214中層	砥石転用、黒変	向日市教育委員会	長谷川ほか1983、國下1994
27		雲宮遺跡 KUMOMIYA	不明品	京都府長岡京市	神足	桂川右岸、扇状地、標高11～4m		石	前期（I期）		砥石転用、黒変	長岡京市教育委員会	小田桐2012
28		長法寺遺跡 TYOUHOUZI	不明鋳型		長法寺	西山丘陵東麓、扇状地		土枠	後期（V期）			長岡京市教育委員会	岩崎1991
29	近江	ドヶ塚遺跡 GEGEZUKA	銅鐸？鋳型	滋賀県野洲市	小篠原		突線鈕式？	土枠	後期（V期）前半	SD1		野洲市教育委員会	
30		服部遺跡 HATTORI	銅鐸？鋳型	滋賀県守山市			突線鈕式？	土枠	後期（V期）	SDE		守山市教育委員会	大橋・山崎1986
			銅鏃鋳型				近畿型	石	後期（V期）				
31		下鈎遺跡 SIMOMAGARI	不明鋳型	滋賀県栗東市			不明	石	後期（V期）			栗東市教育委員会	
32		能登川石田遺跡 ISIDA	不明鋳型	滋賀県東近江市			不明			溝1	輪羽口、銅滓	東近江市教育委員会	能登川町2005
33		五村遺跡 GOMURA	銅成分	滋賀県長浜市		標高93m					輪羽口		用田1985
34		上御殿遺跡 KAMIGOTEN	銅剣鋳型	高島市			双環柄頭短剣	シルト岩	不明				
35		下之郷遺跡 SIMONOGOU	銅鏃鋳型	守山市			連鋳式	凝灰岩質砂岩	中期後半～	9次環濠		守山市埋蔵文化財センター	
36	紀伊	堅田遺跡 KATADA	鋳型（砥石？）	和歌山県御坊市		標高4m前後		石	前期（I期）新	環濠	溶かし状遺構	御坊市教育委員会	御坊市文化財調査会2002
37	越前	下屋敷遺跡 SHIMOYASIKI	銅鐸鋳型	福井県坂井市		段丘、標高50～70m		石	中期（III期）			福井県教育委員会	福井県埋蔵文化財センター1988
38	尾張	朝日遺跡 ASAHI	銅鐸鋳型	愛知県名古屋市・清須市		大山隆状地最端部より南方へ1.5～7km、木曽川水系五条川の氾濫平野	菱環鈕式	きめの細かい砂岩、黒色	中期前葉～II期		砥石再利用	名古屋市教育委員	難波2006
			不明鋳型					土	中期末		銅滓、小銅鐸鋳損じ品		

※一覧表は、三好孝一1993、北井利幸2013を参考にした。文献の詳細、執筆者名は省略。

表1 文献
松岡秀夫 1976「赤穂市上高野発見の銅鐸溶范」『考古学研究』23-2　考古学研究会、梅原末治 1960「新出土の銅鐸の溶范その他」『古代學研究』25　古代学研究会、浅田芳朗・上田哲也・増田重信・矢内　澄・是川　長・松本正信他 1960『姫路市名古山弥生住居址発掘調査経過報告（中間報告）』姫路市教育委員会、上田哲也・河原隆彦 1966「姫路名古山遺跡と銅鐸の范型」『播磨の弥生文化』、秋枝　芳 1992「名古山遺跡」『兵庫県史　考古資料編』兵庫県史編集専門委員会、秋枝　芳 1999「銅鐸をつくったムラ—名古山・今宿丁田そして大井川へ—」『地中に眠る古代の播磨』、今宿丁田調査団 1980「今宿丁田出土の銅鐸鋳型について（コロタイプ図版解説）」『考古学研究』27-1　考古学研究会、深井明比古・篠宮　正 1992「平方遺跡」『兵庫県史　考古資料編』兵庫県史編集専門委員会、多賀茂治 2001「弥生時代後期の青銅器鋳造工房—玉津田中遺跡「鋳型」出土住居の再検討—」『兵庫県埋蔵文化財研究紀要』創刊号　兵庫県教育委員会埋蔵文化財調査事務所、神戸市埋蔵文化財センター 2006『西神ニュータウン内の遺跡』、神戸女子大学遺跡調査会 1992『西神ニュータウン内第65号地点（F地区）遺跡現地説明会資料』、丹治康明 1980『楠・荒田町遺跡発掘調査報告書』神戸市教育委員会、神戸市教育委員会 2010『平成20年度雲井迹跡第28次発掘調査報告書』、種定淳介 1990「播磨における弥生時代青銅器の特質」『今里幾次先生古稀記念播磨考古学論叢』今里幾次先生古稀記念論文集刊行会、岸本 2001「北山遺跡」龍野市教育委員会、増田真木 2004「垂水遺跡出土の鏡范の概要」『鏡范研究I』奈良県立橿原考古学研究所・二上古代鋳金研究会、福井英治ほか 1982『田能遺跡発掘調査報告書』尼崎市埋蔵文化財調査報告書第15集　尼崎市教育委員会、田代克巳・奥井哲矢・藤沢真依 1975「東奈良遺跡出土の銅鐸溶范」『考古学雑誌』61-1　日本考古学会、茨木市 2014『新修茨木市史　第七巻　資料編　考古』、神戸市立博物館 1993『特別展　神戸の世界展—地の神への「いのり」—』、濱田延充 2001『楠遺跡II—共同住宅建設に伴う埋蔵文化財発掘調査概要報告書—』寝屋川市教育委員会、大阪府教育委員会・大阪府文化財センター 1980『瓜生堂遺跡』、芋本隆裕・松田順一郎 1982『鬼虎川の金属器関係遺物』東大阪市文化財協会、三好孝一 1992「亀井遺跡出土の鋳造関連遺物」『大阪文化財研究　20周年記念増刊号』大阪文化財センター、大阪市立博物館 1982『古代日本の再発見』、田中龍男 2004「池島・福万寺遺跡出土の土製鋳型（外枠）について」『大阪文化財研究』25、秋山浩三 2002「池上曽根遺跡の"銅鐸鋳型"と金属器生産の実相」『究班II』埋蔵文化財研究会、藤田三郎 2009「青銅器鋳造関連遺物」『唐古・鍵遺跡I』特殊遺物・考察編　田原本町教育委員会、吉田宇太郎 1928「新澤村石器時代遺跡報告」『奈良県史跡名勝天然記念物調査會第拾回報告』奈良県、萩原儀征 1987『大福遺跡大福小学校地区発掘調査概報』桜井市教育委員会、清水真一 1996「中和幹線道第5次（大福遺跡第15次調査）」桜井市内埋蔵文化財 1996年度発掘調査報告書1』桜井市教育委員会、橋本峰彦・豊福恵子 1998「大福遺跡13次調査の特殊遺物」『みずほ』27　大和弥生の会、丹羽恵二 2009「大福遺跡の青銅器鋳造関連遺物」『特別展図録第72冊銅鐸—弥生時代の青銅器生産—』奈良県立橿原考古学研究所附属博物館、青柳泰介・北井利幸 2008a「脇本遺跡」『奈良県遺跡調査概報2007年』奈良県教育委員会、青柳泰介・北井利幸 2008b「奈良県桜井市脇本遺跡出土青銅器鋳造関係遺物について」『アジア鋳造技術史学会研究発表概報集2』アジア鋳造技術史学会、青柳泰介・北井利幸 2009「奈良県桜井市脇本遺跡出土青銅器鋳造関係遺物の検討」『アジア鋳造技術史学会研究発表概報集3』アジア鋳造技術史学会、長谷川浩一他 1983『向日市埋蔵文化財調査報告書　第10集』向日市教育委員会、國下多美樹 1994「鶏冠井銅鐸鋳型の評価をめぐって（上・下）」『古代文化』46-7・8　古代学協会、小田桐凖 2012『長岡京市埋蔵文化財発掘調査資料選』、岩崎　誠 1991「長法寺遺跡」『長岡京市史　資料編1』長岡京市、能登川町 2005『能登川町埋蔵文化財調査報告書58—石田遺跡—』、用田政晴 1985「虎姫町五村遺跡出土のL字形土製品」『滋賀文化財だより』98、御坊市教育委員会・御坊市文化財調査会2002『堅田遺跡—弥生時代前期集落の存在—』、福井県埋蔵文化財センター 1988『下屋敷遺跡、堀江十楽遺跡』、難波洋三 2006「朝日遺跡出土の銅鐸鋳型と菱環鈕式銅鐸」『朝日遺跡（第13・14・15次）　埋蔵文化財調査報告書54』名古屋市見晴台考古資料館

ことがほぼ明確になった（常松 2015）。特に、須玖タカウタ遺跡では、中期前葉の石製・土製鋳型が確認され、土製鋳型が青銅器生産の当初から存在したことが裏付けられた（柳田 2017、田尻 2018）。

　従って、国内における青銅器生産の開始年代については、その他の武器形青銅器も踏まえた整理からも中期前葉であることがほぼ確定したといえる段階にある（吉田 2008）。

　ところで、前期末の環濠から出土した和歌山県堅田遺跡の鋳型とされる資料がある。この資料はヤリガンナ鋳型とされる（久貝・川崎ほか 2012）。ヤリガンナ鋳型は、佐賀県土生遺跡（角閃石岩製）、福岡県庄原遺跡（長石〜石英斑岩製）でも出土している。これらと堅田資料と形状比較してみる。堅田資料は、隆条帯が身部中央位置（幅 0.25㎝、深さ 0.2㎝、断面 V 字形）にあるものの、縁辺部にあるはずの隆状帯が確定しない。さらに、鋳型面の反りが無く、横幅は約 2.5㎝（復原幅 3.0㎝）と広い。材質も堅田資料が砂岩製と異なる。鋳造時の被熱による鋳型面の亀甲状のひび、被熱による黒変の浸透が 1㎝以上であることを鋳型認定の基準（難波 2006）とすれば、本資料はこの条件を満たさない。また、年代は国内出土ヤリガンナが中期初頭（九州Ⅱ期、片岡 1999）であるのに対し、堅田資料は前期で国内最古になり、青銅器の普及実態とは不整合がある。従って、ヤリガンナ鋳型と特定することは難しく、青銅器生産を直接示す資料とは必ずしも言えない。もっとも、堅田遺跡では覆屋を伴う溶炉遺構が確認されており、鋳型以外にも羽口、焼土塊を多数伴うとされること、溶炉遺構とされた土坑底面の焼成温度の分析結果もあり（木立 2002）、当遺跡における青銅器生産の状況証拠について再検証が必要となる。ただし、松菊里住居と覆屋を伴う溶解炉、焼土塊という組み合わせ、弥生時代遺跡密集地から離れた地域で確認される単発な生産のあり方は、北九州市松本鋳型の出土状態と類似し興味深い。

　系譜関係と生産の諸段階　さらに、近畿地方における青銅器は系譜関係の解明も課題である。神戸市雲井遺跡のシルト岩（泥岩）製の鋳型は、北部九州の鋳型石材質と類似し、北部九州からの技術移入で生産が開始された可能性が指摘される（森岡 2014）。青銅器文化の波及方向は北部九州と親縁的で、その系譜の解明が重要である。雲井鋳型は、未使用であること、鋳型材質が近畿地方の他の鋳型と異なる点で近畿地方では異質な存在である。あるいは、中期前葉の段階に九州の工人によってもたらされた（あるいは現地で製作した）鋳型モデルではないだろうか。この時期、近畿地方にほとんど分布しない細形銅剣であることもこれを左証する。雲井鋳型モデルを参考に近畿地方で始まった初期の段階は、和泉砂岩を選択する工人系譜によって銅鐸生産が始められたと推測する。

　この点、まず、近畿各地における銅鐸鋳型材質の和泉砂岩から凝灰岩質砂岩への転換を青銅器生産工人の系譜の違いと位置づけた上で検討を進めたい。

　和泉砂岩製鋳型を使用した初期青銅器生産のうち、東奈良遺跡の小銅鐸は、共伴遺物から最古段階に位置づけることは難しいが、その文様要素は銅鐸の成立を考える有効な資料である（森田 2002）。朝日銅鐸鋳型の文様構成要素も合わせて、縄文晩期終末〜弥生時代初頭の西日本一帯に広がる北陸系文様モチーフを考える指摘（春成 2008、設楽 2014）に筆者も賛同したい。

　銅鐸生産の直接の契機は北部九州にあっても、定着の背景に北陸・東海を経由した東日本の文化

第 1 節　近畿地方における青銅器生産の態様と系譜

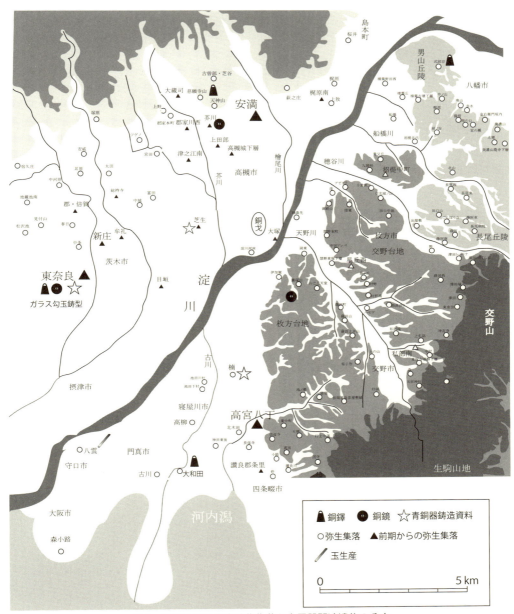

図 3　淀川流域の弥生時代集落と金属器関連遺物の分布

が大いに関係している。初期銅鐸製作者の主舞台は、近畿東縁の北陸―伊勢のラインとする考え（春成 2008）もある。しかし、東西文化の結節点は、淀川流域の山城・摂津地域にあったと予測することから、主舞台は近畿北縁の淀川流域にあったと考える。この点は、中期初頭の近畿地方のハケ甕成立の経緯とも類似する現象で、遠賀川系土器と水神平系土器の製作技法の融合が中期のハケ甕や朝日甕を生んだ系譜（若林 1993）と関係するのであろう。

東奈良遺跡では、中期前葉の生産と中期後半2段階の工房が展開、遅れて播磨の今宿丁田遺跡や名古山遺跡で生産が始まった（北島2011）。この時期、銅鐸鋳型の材質は石製に加え、土型が新たに加わった。扁平鈕式新段階銅鐸の生産を契機に石から土への材質転換があった（難波1986）。
　北部九州では、中期初めの土製鋳型が発見されているので、土製鋳型による銅鐸生産の技術的な改良の導入は九州より遅れて（あるいは別系統もあるが）移入された可能性が考えられる。北部九州産青銅器（銅矛・銅剣・銅戈・巴形銅器・有鉤銅剣・小形仿製鏡）の東伝時期と一致する中期後半という時期も注目される（柳田2009）。鋳型の改良により大型品の製作が可能になった。
　青銅器の原料　鉛同位体比による鉛鉱石の原産地推定では、かつて、菱環鈕式〜外縁付鈕1式までの銅鐸はD領域（朝鮮半島産）、外縁付鈕2式〜突線付1式の銅鐸はA領域（華北産）と変遷し、B領域（中国華南産）、C領域（日本産）とみられていた（馬淵・平尾ｽ1982、平尾良編1999）。しかし、その後の分析によってA領域は中国東北部山東省、遼寧省産、D領域は雲南省産、E領域は中国東北部、朝鮮半島北部産と見直しされ、古代中国の青銅器の青銅素材（スクラップ）としての再利用を示唆するものとなった（新井2000）。すなわち、大陸起源の主原料と副原料という複数の青銅素材のスクラップが流通することが、当初からの動きであったと解釈される（吉田2001）。その後、加茂岩倉銅鐸と同笵関係にある気比2号鐸、気比4号鐸、川島神後鐸、辰馬419号鐸の鉛同位体比も近似値に収まらないことが明らかになり、青銅素材の不均質性が指摘されている（増田2016）。
　青銅器波及ルート　近畿地方とその周辺では、青銅器の鋳型が30遺跡で100点以上出土し、青銅器関連資料も含めると、40遺跡となる。分布の中心は、いわゆる旧国の播磨南部〜摂津、山背、河内・和泉のいわゆる「畿内」に集中する傾向がある。また、淡路島西海岸で一括的に出土した松帆銅鐸が菱環鈕II式〜外縁付鈕1式という最古〜古段階の銅鐸であることも注目される。過去の出土品も合わせ、松帆付近で青銅器が集中的に埋納されたことについては、内海交通の要衝の地であり、重要な港市があった可能性が示唆されている（難波2016）。淡路島の最古ないし古段階の銅鐸の出土は、北部九州から東方への弥生文化波及の諸ルートのうち、大阪湾—淀川—琵琶湖—北陸（東海）ルートが大きな役割を果たしたことを示すのであろう。このルート上各地の青銅器受容のあり方を相互比較しなければならない。

3　淀川流域の弥生集落と青銅器生産

　青銅器生産定着の背景　筆者は、近畿地方における青銅器の受容と波及を考える上で、淀川流域の集落が重要な役割を果たしたとみている。この地域の集落は、散村型の集落構造が一般的である（森岡2000、伊藤2013、國下2013）。中期初頭に青銅器生産が始まった淀川流域の諸地域では、その後生産地が分散する傾向をもつ。しかし、中流域に位置する東奈良遺跡は中期後半に大規模な金属器工房となった。このような集落が形成されたのは、各地との交流の道となる淀川に津（港）を設けることができ、一定の生産域をもつなど諸条件の整った環境が関係するのではないか。同流域には、津（港）と直結した各地の物資交流拠点となる集落も形成された。例えば、断続的ながら環

濠集落として定着した安満遺跡、ヒスイ勾玉から北陸地方と交流のあったことのわかる高宮八丁遺跡、東日本に類例のあるアメリカ式石鏃が出土した芝生遺跡、前期〜中期の碧玉など玉生産を担った八雲遺跡などである。また中期の粘板岩製品の生産を担った神足遺跡などの諸集落含め、広域的交流の拠点として活動した可能性もあろう。青銅器生産の場としては、近畿における物資流通拠点と重なる点を考慮すると、畿内北部の淀川中流域を改めて再評価すべきであろう。さらに、河内湾南東部のいわゆる生駒山西麓一帯の地域もまた青銅器生産の定着の場となった。鬼虎川遺跡、瓜生堂遺跡における青銅器生産の実態解明が将来の重要な課題となろう。

まとめ

近畿地方における青銅器生産の態様と系譜について述べた点を整理してまとめとする。

青銅器生産の開始年代は、北部九州とほぼ同時期の中期前葉であることを改めて確認した。最初の導入は、雲井鋳型の存在から北部九州からの工人移動を契機とすると推定する。近畿の銅鐸製作工人は、新たに和泉砂岩を鋳型素材として選択し、淀川流域、河内湾岸を拠点に小規模な生産を開始する。それからほどなく、尾張平野、北陸にも生産拠点は拡大する。中期前葉は、東西の集団の接触時期に相当し、相互の伝統的文化の接触から地域性が成立し、これを背景に銅鐸生産に拍車がかかる。北陸や尾張に中期前葉の青銅器鋳型が分布するのも、中期前葉の櫛描文成立の背景にある集団関係に関係する可能性が高い。中期後半、九州からの第二波によって、青銅器生産は新たな段階に入る。土型鋳型への転換は大型青銅器の生産を可能にし、後期に至るなかで生産拠点は近畿内陸部へも波及することになったのである。中期後半の新たな系譜も凹線文の波及と無関係ではなかろう。このようにみてくると、近畿地方における青銅器の成立は、列島の東西文化交流の結節地域という地理的特性が背景にあったことを示唆するのである。

引用・参考文献

新井　宏 2000「鉛同位体比による青銅器の鉛産地推定をめぐって」『考古学雑誌』85 — 2
伊藤淳史 2013「集住から散住へ—弥生後期「乙訓郡低地帯遺跡群の評価」—」『みずほ別冊　弥生研究の群像』大和弥生文化の会
茨木市立文化財資料館 2017『銅鐸をつくった人々—東奈良遺跡の工人集団—』展示図録
岩永省三 2013「東アジアにおける弥生文化」『岩波講座日本歴史』第 1 巻　原始・古代　岩波書店
大阪市立博物館 1994『金属の考古学』第 123 回特別展図録
片岡宏二 1999「青銅製鉇考」『弥生時代　渡来人と土器・青銅器』考古学選書　雄山閣出版
北九州市立考古博物館 1997『弥生の鋳物工房とその世界』
北島大輔 2011「弥生青銅器の発達と終焉」『弥生時代の考古学』4　同成社
木立雅朗 2002「堅田遺跡で検出された焼土遺構の肉眼観察と帯磁率測定」『堅田遺跡—弥生時代前期集落の調査—』御坊市教育委員会・御坊市文化財調査会
久貝　健・川崎雅史ほか 2002『堅田遺跡—弥生時代前期集落の調査—』御坊市教育委員会・御坊市文化財調査会
國下多美樹 2013「集落形成にみる地域の個性断章—「乙訓らしさ」とは何か」『みずほ別冊　弥生研究の

群像』大和弥生文化の会
神戸市立博物館 1993『銅鐸の世界展』
後藤　直 1991「日本の初期青銅器―弥生前期末以前」『日韓交渉の考古学　弥生時代篇』六興出版
酒井仁夫 編 1981『今川遺跡』津屋崎町埋蔵文化財調査報告第 4 集
佐藤浩司 編 1998『永犬丸遺跡群 2（八反田遺跡・松本遺跡・永犬丸遺跡）』北九州市埋蔵文化財調査報告書第 216 集　北九州市教育文化事業団
滋賀県立安土城考古博物館 2017『青銅の鐸と武器―近江の弥生時代とその周辺―』開館 25 周年記念平成 29 年秋季特別展図録
設楽博己 2014「銅鐸の起源」『東京大学考古学研究室研究紀要』28
島根県立古代出雲歴史博物館 2012『弥生青銅器に魅せられた人々』
田尻義了 2018「日韓の青銅器と鋳型―近年の出土資料の位置づけ」『第 29 回東アジア古代史・考古学研究会　交流会　研究発表資料集』
常松幹雄 2015「青銅器の生産と流通」『新・奴国展―ふくおか創世記―』開館 25 周年記念特別展図録　福岡市博物館
奈良県立橿原考古学研究所附属博物館 2009『銅鐸―弥生時代の青銅器生産―』
難波洋三 1986「銅鐸」『弥生文化の研究』6　雄山閣
難波洋三 2006「朝日遺跡出土の銅鐸鋳型と菱環鈕式銅鐸」『埋蔵文化財調査報告書』54（朝日遺跡第 13・14・15 次）　名古屋市教育委員会
難波洋三 2016「淡路の銅鐸」『辰馬考古資料館講演会資料』11 月 5 日
西田俊秀・荒木幸治 2000「淀川左岸地域における弥生集落の動向」『みずほ』32　大和弥生文化の会
春成秀爾 2008「銅鐸の系譜」『新弥生時代のはじまり』第 3 巻　雄山閣
兵庫県立考古博物館 2017『青銅の鐸と武器―弥生時代の交流―』開館 10 周年記念展示図録
平尾良光 編 1999『古代青銅の流通と鋳造』鶴山堂
福岡市博物館 2015『新・奴国展―ふくおか創世記―』開館 25 周年記念特別展図録
増田浩太 2018「青銅祭器の自然科学分析―加茂岩倉銅鐸群の分析―」『青銅器の考古学と自然科学』国立歴史民俗博物館研究叢書 3　朝倉書店
馬淵久雄・平尾久光 1982「鉛同位体比からみた銅鐸の原料」『考古学雑誌』68―1　日本考古学会
森岡秀人 2000「弥生集落研究の新動向（Ⅲ）―小特集「淀川流域における集落の様相」に寄せて―」『みずほ』32　大和弥生の会
森岡秀人 2014「弥生小形仿製鏡はなぜ生まれたか」『季刊考古学』127　雄山閣
森岡克行 2002「最古の銅鐸をめぐって―東奈良銅鐸の型式学的研究―」『究班』Ⅱ　埋蔵文化財研究会
柳田康雄 2009「弥生時代青銅器土製鋳型研究序論」『國學院雑誌』110―6
柳田康雄 2011「青銅器とガラス製品の生産と流通」『講座日本の考古学』5　弥生時代（上）　青木書店
柳田康雄 2017「須玖タカウタ遺跡の青銅器鋳型について」『須玖タカウタ遺跡 3-5 次調査』春日市文化財調査報告書第 77 集
山崎頼人 2012「付編　三沢北中尾遺跡 2b 区 127 号土坑出土銅斧について」『三沢遺跡確認調査』小郡市文化財調査報告書第 266 集
吉田　広 2001「青銅器・青銅にみる弥生時代の交易」『弥生時代の交易―モノの動きとその担い手』（第 49 回埋蔵文化財研究集会発表要旨集）埋蔵文化財研究会
吉田　広 2008「日本列島における武器型青銅器の鋳造開始年代」『新弥生時代のはじまり』第 3 巻　雄山閣
吉田　広 2014「弥生青銅器祭祀の展開と特質」『国立歴史民俗博物館研究報告』185　国立歴史民俗博物館
若林邦彦 1993「弥生土器地域色顕在化の構図」『大阪府立弥生文化博物館研究報告』2　大阪府立弥生文化博物館

第2節

縄文−弥生移行期におけるアカガシ亜属の利用
——初期農耕集落の木材利用と生産活動の特質——

村上由美子

はじめに

　あたらしい文化を受容するとき、人々はどんな思いを抱いたであろうか。弥生の始まりにおいて、「日本列島を弥生文化が席巻していく過程は、本格的な水田稲作の伝来に対しての在地の縄文人の同化や葛藤のドラマでもあった」（森岡 2005）とも評される。森林資源利用の観点から、縄文−弥生移行期の人々に葛藤をもたらしたのではないか、と思い至る事象がひとつある。「アカガシ亜属の樹木を伐り、本格的に利用し始めたこと」である。本稿では、縄文時代には食料資源として有用な堅果類を供給していたアカガシ亜属の樹木が、弥生時代に至って農工具を製作するために伐採されるようになった過程を詳述し、その葛藤の内実に迫るとともに、縄文−弥生移行期における継続性と断絶（あるいは画期）を捉え、稲作社会成立の流れのなかでの西日本における木材利用の位置づけを探ってみたい[1]。

　これまでの縄文−弥生移行期をめぐる議論のなかで、資源利用の転換という視点からの考察は十分になされていない。そこで本稿では、森林資源の利用に焦点をあてて食の基盤や生活様式がどう変化し、その変化がどのように伝わり、受容されたのか、「葛藤」を糸口として当時の人々の心性にも迫りつつ検討を行う。まず縄文時代の堅果類利用とその継続性、弥生時代のカシ材利用とその前史を整理する。そしてアカガシ亜属の樹木のおもな用途であり、開発を担った道具である農工具をとりあげ、先行研究の成果に即して系譜ごとに整理し直すことを試みる。さらにアカガシ亜属の利用をめぐる技術面の要素を検討し、そのなかでとくにイチイガシの利用に着目する。対象地域は常緑広葉樹林の卓越した西日本全域を視野に入れ、とくに近畿地方の様相を重点的に扱う。

1　森林資源利用の二相——堅果類の利用と木材利用——

　まず、森林資源の基盤となる植生とアカガシ亜属の特性について概観しておこう。アカガシ亜属やシイ属からなる常緑広葉樹林（照葉樹林）は、九州では約7,000年前、西日本内陸では6,000年前に発達を開始したことが、各地での花粉分析の結果からわかっている（高原 2011）。近畿地方では、兵庫県垂水・日向遺跡で縄文時代中期から後期の埋没林が出土し、多様な針葉樹や広葉樹を交えた照葉樹林において、アカガシ亜属のなかでもとくにイチイガシ[2]が主要な構成要素の一つとして生

育していたことがわかっている（能城ほか 2014）。イチイガシは、アカガシ亜属のなかでも材質として比重が軽い割に粘り強い特性がある[3]。そして果実については、イチイガシはアカガシ亜属のドングリのなかでも渋味が少なく、人々が選択的に集めたと考えられ、とくに有用性が高い（岡本 1979）。こうした特性をもつアカガシ亜属、とくにイチイガシは、縄文時代の人々にとっても、そして弥生時代の人々にとっても、異なる利用法のなかでそれぞれ重要な樹木であった。

（1）縄文時代における堅果類の利用

　縄文時代の森林資源利用に関しては、東日本の落葉広葉樹林が広がる地域がクリ−ウルシ利用文化圏であるのに対して、西日本の常緑広葉樹林が卓越する地域はイチイガシ文化圏と区分されている（佐々木 2014）[4]。日本の遺跡出土大型植物遺体データベース（石田ほか 2016）を活用して縄文時代の出土堅果類の傾向を整理した結果でも、東西の差異は明瞭に確認されており、岐阜県以東の出土堅果類はクリ、オニグルミ、トチノキの3種が主体で落葉樹に偏るのに対し、西日本ではイチイガシを含むアカガシ亜属に加え、落葉樹のクリ、オニグルミ・トチノキも伴う傾向にある（瀬口 2018）。そして西日本内でも貯蔵穴にみられる堅果類の組成には地域性があり、九州では圧倒的にイチイガシが貯蔵物の主体となるのに対し、山陰・瀬戸内ではイチイガシにアカガシやトチノキが多少含まれ、近畿ではイチイガシに落葉樹の堅果類も混じることが多い（水ノ江 2007）。その事例として、京都市北白川追分町遺跡で検出された縄文時代後期後半から晩期の堅果類集積遺構があげられる（図1）。果実600点ほどが出土し、トチノキとクヌギ節の果実各1点を除くと、残りはすべてイチイガシであった（冨井ほか 2007）。貯蔵穴の一部が残った状態と考えられる。

　滋賀県正楽寺遺跡で出土した縄文時代後期の花粉・大型植物遺体・木材遺体の分析結果を踏まえて、当時の植生について「近江盆地から京都盆地では、少なくとも縄文時代の後半期にはイチイガシとトチノキが共存する森林植生が広く成立していた」と総括されている（辻ほか 1996）。こうした常緑樹と落葉樹の混交林における縄文人の森林資源利用のあり方について、泉拓良は多種にわたるアカガシ亜属と落葉樹の果実の利用によって採集時期をずらすことにより、労働力の集中を必要とせず少人数での活動に有利な方式であったことを評価する（泉 1985）。そこで指摘された「資源の収穫期間の長さ」に着目した瀬口眞司は、打製石斧と磨製石斧の点数や貯蔵穴容量の推移も分析したうえで、縄文時代の西日本には多種にわたる食料資源が存在するため、集約的な労働編成を構築する必要性が低く、そのことが関西縄文社会の特色を生み出していたと結論した（瀬口 2018）。堅果類の利用状況が社会のあり方にも影響を与えたといえ、植生を基盤として東日本と西日本の縄文文化の間に大きな差異が

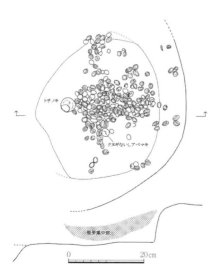

図1　イチイガシを主体とした堅果類の集積遺構（冨井ほか 2007 を一部改変）

第2節　縄文－弥生移行期におけるアカガシ亜属の利用―初期農耕集落の木材利用と生産活動の特質―

あったことを端的に示している。現代的な意味での主食という概念は当たらないにしても、堅果類が縄文時代の人々にとって主要な食料であり、常緑広葉樹林が卓越した地域においてはアカガシ亜属の樹木が主要な役割を担っていたことは相違ないだろう。

奈良県本郷大田下遺跡では、縄文時代後期前半と後期末～晩期前半の2時期において貯蔵穴42基が出土し、貯蔵穴に木材で蓋をしていた状況や、貯蔵穴の底に堅果類を取り残した様子が明らかになっている（岡林2000）。堅果類はシラカシ・アカガシを主体とし、イチイガシがそれに次いで多い。つまりアカガシ亜属の堅果が主であるのに対し、貯蔵穴の蓋材のほうはクリとカヤが多く、アカガシ亜属の材も使われていたが、ドングリの組成と比較するとカシ材の利用割合は低い。貯蔵穴で出土した葉の同定結果でも、イチイガシなどのアカガシ亜属が多く、樹木は周辺に豊富に生えており、ドングリもさかん

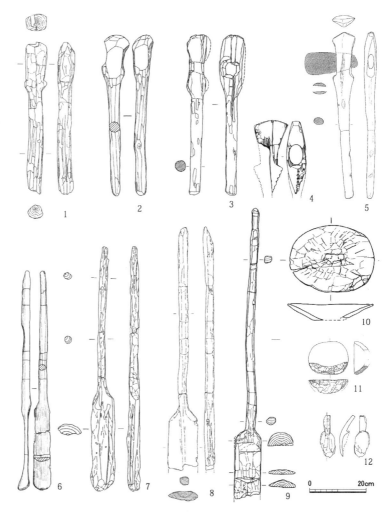

図2　縄文時代から続く木製品〔石斧直柄・刈払具・容器と食事具〕
1：居石（縄文晩期前半）クヌギ節　2・6：滋賀里（縄文晩期後半）コナラ亜属
3：長原（弥生前期前半）コナラ亜属　4：水走（縄文晩期末～弥生前期中葉）コナラ亜属
5：雀居（縄文晩期末）クヌギ節　7：林・坊城（縄文晩期）アカガシ亜属
8：玉津田中（縄文晩期末）アカガシ亜属
9・10：立野（弥生前期中段階後半）アカガシ亜属・クスノキ
11：木の本（弥生前期中段階）クスノキ　12：納所（弥生前期中段階後半）
※イチイガシの識別を行ったうえで「イチイガシ以外のアカガシ亜属」と同定された事例には下線をつけた。また、弥生時代前期の時期区分はおおむね黒須（2015）に準じた。（図2～図4で共通）

に利用・貯蔵されていたが、蓋材には堅果類にみられるほど高い割合ではアカガシ亜属の材は使われなかったことがわかる。

(2) 縄文時代における木材利用と農工具

出土木製品用材データベース（伊東・山田編2012）を参照すると、縄文時代のアカガシ亜属の木

113

材（1885 点）のうち 7 割以上は加工の痕跡がない非加工木と立木・根株が占める。そして炭化材や加工木、杭など加工度の低い材も多く、それらを除くと道具類は 360 点、うち農工具は 98 点に過ぎない。その主体は福井県鳥浜貝塚で出土した縄文時代前期の尖り棒や掘り棒（58 点）、関東地方南部の刈払具（鋤状製品）など東日本の事例であり、西日本の縄文時代の農工具は少数にとどまる。そのなかに後期以前のアカガシ亜属の農工具は確認されず、晩期にようやく 30 点ほどがみられるようになる。しかし、それらは所属時期が「縄文晩期から弥生前期」などと縄文に限らず弥生時代に属する可能性があるものが半数以上を占め、縄文時代晩期に限定できるアカガシ亜属の農工具はわずか 10 点にとどまる。その一例が、佐賀県菜畑遺跡の縄文時代晩期末（弥生早期）の斧直柄である。

　この菜畑遺跡の石斧直柄（アカガシ亜属）に基づき、「木製品の様相からみた弥生時代開始の時期は、西北九州では山の寺式の段階にある」との評価がある（金子 1984）ように、アカガシ亜属の農工具への利用開始をもって、木材利用における大きな画期がひとつ設定できる。近畿地方においては、玉津田中遺跡の刈払具ないし手鋤の未成品（図 2-8）[5]）がアカガシ亜属の農工具が確認できる初例となる。

　以上のように、縄文時代後期から晩期の近畿地方においては、アカガシ亜属を含む常緑樹と落葉樹の混交林が存在し、人々はイチイガシなど常緑の堅果類をトチノキなどの落葉樹の果実も交えてさかんに利用したことが貯蔵穴などの様相から窺える。それに対して、縄文時代にはアカガシ亜属の樹木の利用は顕著ではない。堅くて重い性質をもつカシ材は、縄文時代の薄手の石斧では伐るのが困難であったことが実験考古学の成果により確認されている（山田 2012）。そのため縄文の人々にとってあえて堅いカシ材を使う必要性は少なく、細手の杭や加工材、割材を用いた貯蔵穴の蓋などでの小規模な利用で事足りたとみられる。

　西日本の縄文時代の人々は、土地・森林の改変・開発にはごく消極的であり（瀬口 2018）、多様な資源を維持するうえで一年生の草本植物やクリとは異なり資源の再生により時間がかかるアカガシ亜属やトチノキの樹林の破壊は危険をもたらす（泉 1985）ことを認識していたと考えられる。カシ林の管理に関してはまだ十分な論拠はないが、少なくとも食用とする堅果類を得るために保全すべき対象であったといえる。こうして「堅果類の利用＞木材利用」という状況が、西日本に常緑広葉樹林が成立した縄文時代前期〜中期以降、縄文時代晩期まで継続するなかで、アカガシ亜属の資源の蓄積が進み、それが弥生時代の木材利用の基盤となった。同様の状況は広く西日本に共通していた[6]と考えていいだろう。

（3）弥生時代における堅果類利用

　弥生時代にも堅果類の利用がかなりの比率をもって継続していたことは、1981 年の集成（寺沢・寺沢 1981）以降、注目されてきた。兵庫県大開遺跡では、弥生時代前期の環濠集落内で検出された貯蔵穴には堅果類は残っていなかったようだが、弥生前期より下の遺構面では、縄文時代後晩期の自然流路が検出されており、葉の樹種組成をみてみるとカヤ、モミ属といった針葉樹に次いでイチイガシ、アラカシ、シイ属が出土している（南木 1993）。その後、弥生時代前期までに大規模な植

生変化は生じることなく、基本的に弥生時代前期にも同様の植生を基盤とし、広葉樹の組成は環濠内の貯蔵穴に保管された堅果類にも反映されたとみてよい。

　福岡県長野小西田遺跡では、弥生時代前期末から後期前半にかけて継続的に堅果類が利用された施設が出土しており、その事例を踏まえて遺構の構造や構築技術、出土堅果類の種類には縄文時代との共通性がみられること、水稲耕作開始後も多様な種の堅果類が利用され、渋を抜く必要のないイチイガシだけではまかないきれない量の堅果類が必要であったことが示されている（高瀬2009）。縄文時代に蓄積した豊富なアカガシ亜属の資源を基盤として、徐々に森林資源が縮小しつつも、弥生時代のあいだは日常的な食あるいは救荒食の一端を担うほどには堅果類を採取し続けることは可能であったようだ。

（4）弥生時代における木材利用と農工具

　弥生時代の木材利用は縄文時代から受け継いだ技術と森林資源を基盤とし、大陸から伝わった道具や植物利用の体系も取り入れつつ、新たな生活様式を生み出そうとする模索のなかで地域ごとに展開していった。弥生時代の前期から中期にはとくにアカガシ亜属が多用され、全国の出土木材のうち実に2～3割を占めるように、弥生の木材利用を代表する樹種である（村上2014）。弥生の初期農耕集落を拓いた人々は、新たに生産域（水田）を開拓するにあたり、縄文時代を通じて本格的な開発が及ぶことなく保全・管理されてきた常緑広葉樹の森林から、アカガシ亜属の樹木を伐採してきて農工具を作るようになる。当初は二次林から得た小径木の伐採などごくささやかな規模の開発であったにせよ、カシの伐採は縄文時代を通じて形成・維持されてきた資源観、ひいては自然観の大きな変化を伴う行為であり、時に葛藤も生じたと考えられる。

　縄文－弥生移行期においてアカガシ亜属の資源はすでに十分に蓄積しており、小規模な伐採であれば影響はないものの、農工具の用材は縄文時代晩期から弥生時代中期にかけて次第に大径化が進み（村上2014）、厚斧である太型蛤刃石斧が本格的に導入されると開発も加速して、資源の回復が難しくなる速度で進んだとみられる。森林が伐り拓かれて縄文の豊かな森は次第に失われ、集落を中心として畠・水田域や墓域といった人工的な領域や草地・再生した二次林から成る里の空間へと土地利用（および資源観、自然観）の再編が進んだと考えられる。九州地方の縄文時代の石斧を検討した宮内克己は、太型蛤刃石斧を導入し、縄文時代において母なる木であったアカガシ亜属の大木を伐採・加工して各種の農耕具を製作したことは、縄文時代との決定的な決別を意味したと説く（宮内1987）。太型蛤刃石斧の導入やアカガシ亜属の大径化は時間をかけて進行し、食料としての堅果類の利用も基本的に継続したために、変化の速度としては緩やかな決別であったとしても、そこには人々が葛藤を抱く場面が生じたことだろう。アカガシ亜属の農工具への導入は、先述のように縄文時代晩期後半（弥生時代早期）に始まり、佐賀県菜畑遺跡のほか福岡県雀居遺跡の斧直柄や鍬類、福岡県橋本一丁田遺跡の鍬類などが確認できる。落葉樹であるクヌギ節の鍬も併存しており、韓国での用材選択や木取りに関する情報、あるいは鍬そのものが北部九州にもたらされ、在地のアカガシ亜属を用いて同じ道具が作られるようになった（田崎2000、山口2000）。

第Ⅱ章　生産構造の諸画期からみた近畿地方の初期農耕社会

　木器研究においては、長らく新昌洞遺跡の事例を除いて韓国での状況は不明という状況が続いてきたが、近年の韓国での木製品の報告事例の増加をうけて、西日本への導入の状況が明らかになり、農具の形状や器種組成の時期差・地域差の整理も進んできた（田崎2014）。そして、韓国から西日本各地に至る「選択的な受容」の様相が木器からも論究できる状況が整った。以下では、アカガシ亜属の材を多用した生産用具の検討を行い、田崎（2014）の検討を踏まえて韓国での状況も視野に入れつつ、西日本各地の事例も含め近畿地方における受容のあり方を考える。

2　生産用具の諸相

（1）農耕具

　大陸からもたらされた農耕具の組成　韓国青銅器時代の前期中頃〜後期の農耕具は、楕円形の諸手鍬、身の中央に隆起をもつ諸手鍬、横鍬（えぶり）、竪杵の4つの器種の組合せから成り、同じ農耕具の組成は縄文時代晩期末〜弥生時代前期（夜臼式〜板付Ⅰ式段階）の北部九州でも確認できる（田崎2014）。とくに楕円形の諸手鍬は、韓国と北部九州の事例の間で形状や法量などの類似性が高く、橋本一丁田遺跡出土例（図3-3）などは搬入品の可能性が指摘されている（田崎2014）。現時点で日本列島最古の鍬と位置づけられる高知県居徳遺跡の楕円形の鍬（縄文時代晩期中葉〜後葉）は、身の使用者側が平面ではなく内割りをほどこす点や（樋上2009）、諸手鍬ではなく柄孔の位置が身の片側に寄っている点で、朝鮮半島と北部九州で共通する平円形の鍬とはやや形状が異なる。アカガシ亜属（図3-1）とクヌギ節（図3-2）の板目材を用いており、クヌギ節と併用しつつも、西日本でアカガシ亜属の材を農工具に加工した初例の一つと位置づけられる。

　柄孔の周囲に隆起をもつ鍬は、未成品段階では方形の隆起であったが、成品段階では円形の隆起に整えられる（図3-4〜7）点も韓国から北部九州、四国の事例に至るまで共通する。ここに示した農耕具組成のうち、鍬の三者（楕円形の諸手鍬、柄孔隆起をもつ諸手鍬、横鍬）がみられるのは四国までであり、近畿地方へ到達したのは後述の竪杵のみである。近畿地方における初現期の鍬は、北部九州から東へ伝わる過程で変容を受けて新たに成立した鍬の組合せから成る（下條1995）。

　伝播の過程で変容をうけて成立した農耕具の組成　西日本の弥生時代前期の農具を代表するのが、上原（1993）において「広鍬Ⅰ式」と分類された鍬（図4-2〜5）である。その後、縦断面の反りの有無や製作技法（単体製作か連結製作か）、隆起の形状などについての詳細な検討が進み（中原2003など）、共伴土器もともに資料提示することで弥生前期を6つの段階に分け、九州北東部〜東海にかけての広鍬がどのように展開したかが明らかにされている（黒須2015）[7]。その過程で孔や段などの泥除け装着装置を伴うようになることから、しだいに泥除けも組成に加わり、細長い諸手鍬（図4-6〜8）、竪杵とともに近畿地方の弥生時代前期の農具の組合せが成立する。その成立期である弥生時代前期中段階に、カシ材の利用における第2の画期を認めることができる。

　以上のように、西日本各地における農耕具の初現期の動向をみると、大陸から北部九州、四国へと同じ形状の農耕具が拡散するが、それは近畿地方には到達せず、伝播するなかで変容を受けて新

第2節　縄文−弥生移行期におけるアカガシ亜属の利用―初期農耕集落の木材利用と生産活動の特質―

たに成立した農耕具の組合せが近畿地方に到来し、定着をみる。その過程には、人々が鍬の形状や機能を常に改良し工夫を重ねたことが反映されているとともに、他所で生み出された農耕具と土木技術の受容に際して起こったであろう、人々の葛藤のあとが読み取れる（樋上2009）。

（2）脱穀具（竪杵）

朝鮮半島南部では、苧田里遺跡と梅川洞遺跡で青銅器時代の竪杵の事例があり（田崎2014）、縄文−弥生移行期にあたる時期の大陸での状況が窺える。竪杵の握り部に鼓形の突起をもつのが特徴で、縄文時代晩期末（弥生早期）の雀居遺跡や長崎県里田原遺跡でも同じ形状の竪杵が出土しており、弥生時代前期に中国・四国地方を経て近畿地方、東海地方西部まで到達する。前項でみたように農耕具が各地で変容を遂げつつ拡散したのに対し、韓国から西日本一帯にかけての初現期の竪杵が形態的に共通性・斉一性を備えることは特筆される。鍬類よりもさらに食文化に直結した道具であり、そのままの形状で受容されやすかったのかもしれない。

竪杵の用材に関しては、ツバキ属の芯持材とアカガシ亜属の割材を使う事例が目立つ。後者に関しては、アカガシ亜属の柾目材を農具に用い、同じ樹木のやや細い上部（直径30cm程度）を竪杵に使うという、弥生時代におけるアカガシ亜属の用材システムの一環と位置づけられる。

（3）工具（斧直柄）

石斧柄として縄文時代を通して優勢であった膝柄は、木の枝分かれの部位を用いたも

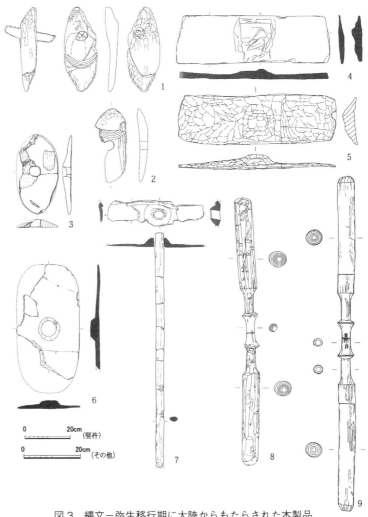

図3　縄文−弥生移行期に大陸からもたらされた木製品
〔平円形の鍬・横鍬・竪杵〕
1・2：居徳（縄文晩期）アカガシ亜属・クヌギ　3：橋本一丁田（縄文晩期末）
4・6・7：雀居（縄文晩期末）クヌギ節・クヌギ節・クヌギ節（身）アカガシ亜属（柄）
5：林・坊城（縄文晩期末）　8：池島・福万寺（図4左下に出土状況図、弥生前期中段階後半〜新段階前半）ヤブツバキ　9：堅田（弥生前期新段階前半）

117

第Ⅱ章　生産構造の諸画期からみた近畿地方の初期農耕社会

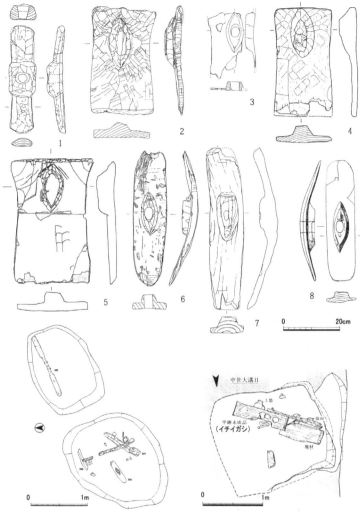

図4　弥生文化で固有の発達をとげた要素
〔舟形隆起をもつ鍬、連結未成品、木製品の水浸け遺構〕

1：林・坊城（縄文晩期末）　2・6：池島・福万寺（図3左下に出土状況図、弥生前期中段階後半〜新段階前半）クヌギ節・クヌギ節　3・7：木の本（弥生前期中段階）アカガシ亜属　4：立野（弥生前期中段階後半）イチイガシ　5：四条シナノ（弥生前期中段階後半）アカガシ亜属　8：唐古（弥生前期）アカガシ亜属
左下：池島・福万寺遺跡　溝内で検出された木製品水浸け遺構
（図3-8竪杵、図4-2広鍬、図4-6諸手鍬の出土状況）
右下：唐古・鍵遺跡（第19次調査）　2連の鍬未成品（イチイガシを利用）

のである。石斧を装着する台部が、強度のかかる伐採用の縦斧としては構造的にやや脆弱で、装着部の破損が生じることもあり、石斧で加工しやすいクリ材への傾斜を生む一因ともなった。縄文時代の後期からしだいに普及した斧直柄は、堅い樹木の伐採にも適した耐久性を備えていたと考えられる。現在のところ最も古い斧直柄が確認できるのは、縄文時代後期の福岡県正福寺遺跡である。ツバキ属の芯持材を用い、幹との分かれ目を石斧のソケットとして利用している点で、弥生の石斧直柄よりもむしろ縄文の膝柄斧と同じ木取りと位置づけられており（熊代2006）、直柄の初現的なあり方が看取できる。香川県居石遺跡の斧直柄（縄文時代晩期前半、図2-1）は、ツバキ属ではなくコナラ亜属の芯持材を用いており、縄文時代晩期の滋賀県滋賀里遺跡で出土したコナラ属の割材を用いた石斧直柄（図2-2）につながる重要な事例である。以上により、資料数は少ないながらも縄文時代の斧直柄はツバキ属芯持材→コナラ亜属芯持材→コナラ属割材という用材変化を経て弥生の斧直柄に至り、アカガシ亜属が採用されるようになることが確認できる。

　従来の石斧直柄の検討では、滋賀里遺跡の事例を起点として瓢形の形状を特徴とする縄文の斧から、石斧装着孔の下の括れや拡張部、頭部先端の形状に応じて細分された各種の弥生斧が成立し

て各地に広がり、地域性が生じていく過程が明らかにされた（禰冝田 1994、飯塚 2009）。用材としては弥生前期の段階では縄文時代晩期と共通するコナラ属の割材（図 2-3・4）もみられ、形状だけでなく樹種においても縄文からの継続性が看取できる。大阪府長原遺跡の事例（図 2-3）は、瓢形を呈する縄文系の斧直柄であるが、石斧装着孔は縄文系の薄手の石斧を装着した雀居遺跡の斧柄（図 2-5）に比べると形状が丸く、厚い石斧に対応していることがわかる。大阪府水走遺跡の石斧柄（図 2-4）は、さらに厚い石斧が装着できる形状となっており、弥生文化成立期の瀬戸内・大阪湾岸地域では、前期のはじめから厚い石斧が普及し、縄文斧がしだいに大型化を遂げた北部九州とは異なる受容のしかたがあったとみる石器研究の成果（寺前 2001）と対応した状況がみられる。

　韓国の青銅器時代の縦斧直柄は形状が大きく異なり、田崎（2014）の集成を参照すると、握り部に 2 条の節帯をもつ点が特徴である。この大陸の直柄は、諸手鍬や竪杵などのように弥生時代前期の西日本に広く普及することはなく、上述のように基本的に縄文の伐採斧が継続して使われ、厚斧化した石斧にも対応した形状も現れていた。そうした状況のなか、大陸の石斧柄は本格的に受け入れるには至らなかった道具といえる。その背景には、縄文時代晩期末（弥生時代早期）以降、西日本においてアカガシ亜属を農工具に用い、水田を拓くようになったことから、人々が開発指向に舵を切ったことが窺えるにしても、それは伐採能力の低い縄文斧の改良型の斧によるスローな開発（下條監修 2016）が基調であったことが影響している。急速な開発を行わなかったことは、葛藤を和らげる上でも大きな意味を持ったと考えられる。

（4）弥生文化の三要素

　前項で整理した 3 種の生産用具の変化のあり方と伝わり方は、かつて山内清男が提示し、佐原真も整理したように、「弥生文化の三要素」として「大陸から伝来した要素」「縄文文化からの伝統として受けついだ要素」「弥生文化独自に発達した要素」の三つの区分（佐原 1975）[8]に対応している。平円形の鍬と直柄横鍬については、北部九州と中四国においては「大陸からもたらされたもの」として受容されたが、それらは近畿地方までは到達しなかった。近畿地方の鍬は、大陸由来の鍬が西日本各地を伝わる過程で変化し、成立した「広鍬Ⅰ式と泥除け、細長い諸手鍬」という組成であった。この組み合わせが成立し、玄鍬へのアカガシ亜属柾目材の利用が本格化して連結製作の技法を用い、鍬の舟形隆起を丁寧に作り出すといった諸相が出揃う時期にあたる弥生時代前期中段階が、カシ材利用における第 2 の画期にあたる。

　弥生時代の開始期に大陸からもたらされた木製農工具のうち、そのままの形状で近畿地方へ到達したのは、脱穀具の竪杵のみであった。そして、伐採斧は石器研究による成果と符合し、弥生時代の当初は瓢形の形状をもつ縄文の斧が継続して使用されたが、徐々に厚斧化した石斧を装着できる柄も増加し、弥生の斧へと変化を遂げる[9]。そして縄文から続く要素としては、伐採斧のほかに刈払具があるほか、農工具以外にも広げると刳物容器や杓子があげられる（図 2）。また、弥生時代前期の杓子や匙の身と柄の境に段差がみられるのは、縄文時代から続く属性であることも明らかになっている（上原 1993）。

3 木器生産にかかわる技術的側面の諸相

各器種の検討に続き、木器の生産において基盤となる技術的側面について、樹種の選択から製材、保管、整形の各工程に沿って検討する。前項の視点を踏襲し、技術の系譜についても整理を行う。

(1) 樹種の選択―イチイガシの利用をめぐって―

各地でイチイガシの再同定を行った結果、弥生時代前期からイチイガシは農耕具の用材として使われていたことが判明した（能城ほか2018）（図5）。複数の時期について再同定を行った奈良県唐古・鍵遺跡の事例により、時期ごとのイチイガシ（およびイチイガシの可能性が高い「イチイガシ？」）の割合変化をみると、弥生中期・弥生後期にもイチイガシの使用率は半数ほどを占めており、変化はみられない。弥生前期の時点で、堅果類の収穫を確保するためにイチイガシの伐採を制限する必要はないほどに食料基盤が整っていたことが窺える。和歌山県立野遺跡では、イスノキを用いた曲柄鍬が農具組成のなかで多くを占める関係上、イチイガシの割合は2割程度にとどまるが、広鍬にイチイガシが使われている（図4-4）。佐賀県菜畑遺跡と島根県西川津遺跡では、点数がやや少ないながらも農耕具の2～6割程度にイチイガシの使用が確認されている[10]。

イチイガシの農工具への利用開始にあたっては、落葉広葉樹林が卓越した大陸からの影響を考慮する必要はほぼなく[11]、縄文時代晩期末（弥生早期）に北部九州において農耕具が受容された際に生じた変化と考えられる。基本的にカシ材の選択は西日本一帯に拡散するが、大阪府池島・福万寺遺跡で出土した弥生時代前期の広鍬と諸手鍬（図4-2・6、出土状況が図4左下）はクヌギ節を用いており、近畿地方でも前期の段階ではカシ材に限定されない用材の形態もあったようである。

(2) 製材技術と木取り

弥生時代の農具用材の大きな特徴は、アカガシ亜属の柾目材を選択的かつ大量に用いたことにある。柾目材を用いた鍬は韓国青銅器時代にもみられることから、北部九州にまずクヌギ節の柾目材を用いて農具を製作する技術が導入され、在地のアカガシ亜属を用いるようになったとみられる。しかし、柾目材の導入がすぐに浸透したのではなく、当初は伐採力の低い縄文の斧を採用し、それを反映してアカガシ亜属の大径化（村上2014）もすぐには進展しなかったことから、弥生時代前期

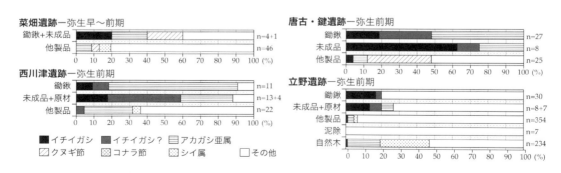

図5　弥生時代早期～前期木製品の用途ごとの樹種組成（能城ほか2018を一部改変）

の農耕具には直径20～40cm程度の原木を用いた板目材も使われている。細長い諸手鍬は直径20cm程度の原木の半割材を用い、厚手の板目材に加工している（図4-1）。この木取りを生かして縦断面に大きな反りを作り出すことも可能となる（図4-7・8）。板目材を鍬に用いた事例は、和歌山県立野遺跡例（図4-4）のように広鍬においても確認でき、直径50cm以上の柾目材をみかん割りして農具製作を行うようになるよりも、前の段階の技法を反映したものと位置づけられる。

（3）連結未成品と舟形隆起

　弥生時代前期における鍬の製作技法を検討すると、北部九州では原材段階で一個体分の長さに分断して作る単体製作が採用されたのに対し、近畿地方では長大なみかん割り材から2～4程度の複数の個体を連ねて作出する連結製作が主流である。この技法は、前期後半までには平鍬・狭鍬・泥除けの製作技術として確立し、東九州から山陰・中国・四国地方から近畿地方まで伝播した（飯塚2001）。弥生の木材利用を特徴づける農具製作技法であり、農工具が伝播する過程で新たに成立したものと位置づけられる。

　続いて西日本一帯へ拡散する過程の鍬をみると、広鍬・諸手鍬の両者に共通する特徴として、舟形を呈する柄孔隆起を備えることがあげられる。大陸と共通する円形の柄孔隆起から長軸方向に発達したものと捉えられる。これも鍬が東へ伝わる過程で新たに成立したものであり、意匠的な意味あいのほかに鍬の成形時に作り手が中軸線を把握しやすいという実用的な役割もあったのだろう。

（4）種実と材の水浸け保管

　食料の保存・備蓄を目的として、堅果類を土坑にまとめて保管する貯蔵穴は、縄文時代にさかんに構築され、弥生時代にも継続する。西日本ではアカガシ亜属やシイ属、トチノキなどが貯蔵穴に保管された状態で見つかっている。低地に木製品（容器や斧柄など）の未成品やその原材を保管することも縄文時代から行われており（飯塚2007b）、滋賀里遺跡では遺構が確認されたわけではないものの、「貯木場」のような状況を呈していたし、斧直柄の成品に近い長さに切断、製材した樹皮つき原木・原材のまとまった出土は、縄文時代晩期前半の居石遺跡でも確認されている。縄文時代後・晩期の小型容器・食事具の製作工程の詳細な検討（飯塚2007a）により、縄文時代の容器類製作は、徐々に加工を進めていくことに特徴があり、未成品の水浸けも行われたが、弥生時代のように水浸け専用の施設で未成品を多量に管理した状況とは異なることが明らかになった。この縄文の技術基盤を継承しつつ、弥生時代前期に至って農具・工具・容器やそれらの原材など多種類の製品について、新たに水浸け用の遺構を設けて保管するようになる（飯塚2007a）。縄文時代から弥生時代にかけての道具組成の変化も反映して、弥生時代に発達をとげた道具管理の技術と位置づけられる。未成品に限らず、使用後の成品が保管される場合もあり、池島・福万寺遺跡の水浸け遺構（図4-左下）には完成品で使用された痕跡がある竪杵と諸手鍬（図4-6）の保管がみられ、「削り直し」あるいは「再利用」のために水浸けされた可能性が指摘されている。

（5）総括：縄文－弥生移行期における森林資源利用の変化とその特質

　以上、雑駁ながらアカガシ亜属を中心に森林資源利用の変化を長期的な流れのなかで捉え、縄文

時代にはイチイガシをはじめ堅果類の利用が主体で木材利用は低調であったのが、そのときに蓄積した資源を生かして弥生時代にはアカガシ亜属を伐採して農工具を製作し、しだいに用材が大径化するなかで大量に木材を利用するようになった過程を素描した。農工具にアカガシ亜属を採用するようになったことに最初の画期を設定することができ、これは単に資源利用の上での変化にとどまらず、当時の資源観や自然観といった人々の内的な変化に基づくものであり、そこには葛藤を抱く場面も生じたと考えられる。しかし、開発の速度は基本的に緩やかなものであり、そのなかで用いた道具や技術は外来の新出のものだけではなく自らの工夫に基づき改良したものや、縄文時代以来のなじみのあるものが混在していたことは、変化のなかで生じた葛藤を緩和する効果があったと考えられる。

そして第2の画期は、瀬戸内から近畿地方において農工具を受容する過程で新たな組合せが成立し、広鍬にアカガシ亜属の柾目材を用い、連結製作の採用や舟形隆起の作り出しなど技法上の特徴も含めて斉一的な一群が認められるようになる弥生時代前期中段階の時期に設定できる。これは中原（2003）において広鍬の成立過程の検討から抽出された画期とも一致する。さらに弥生時代中期初頭には、泥除けにアカガシ亜属の柾目材を利用するようになり、縄文時代晩期以降、長い時間をかけて進行してきたカシ材の大径化がピークに達する（村上 2014）。この時期がカシ材利用における第3の画期と位置づけられる。環境史の観点からは、縄文時代に長らく保たれた森林資源の再生を損なわない利用のあり方から、蓄積した資源を基盤として開発を進める利用のあり方への移行が完了したのがこの段階だと評価できる。そして、この移行の過程においても食料資源としてのアカガシ亜属の堅果類利用は、食料としての割合はしだいに低下しつつも基本的に継続し、資源利用形態の移行に伴う人々の葛藤にも影響したと推測される。

本稿は、能城修一・佐々木由香両氏とともに各地の樹種同定プレパラートを再検討し、アカガシ亜属の再同定作業を進めるなかで得た着想に基づくものである。シンポジウムの準備段階から遅筆の筆者を激励し続けてくださった森岡代表と麻森敦子氏、山本亮氏に深く御礼申し上げます。そしてシンポジウム予稿集からの改稿にあたっては、田崎博之氏より多くのご教示を賜った。

註
1) 水田稲作にしても、アカガシ亜属の利用にしても、何をもって「本格的」とみるかについては、一定の指標を設ける必要がある。ものごとが漸移的にうつろう場合や、まだ事例が不足している場合において、指標の設定は難しいことが往々にしてあり、そうしたなかで設定された指標が必ずしも有効でないこともある。指標を設けることの限界を上記のように認識しつつも、変化の過程を共有するうえでやはり必要な作業だと考える。
2) 木材組織学の進展により、日本列島に分布するアカガシ亜属8種（アカガシ、アラカシ、シラカシ、ツクバネガシ、イチイガシ、ハナガガシ、ウラジロガシ、オキナワウラジロガシ）のうち、イチイガシは道管径がやや大きい点で、他のアカガシ亜属から区別できるようになり（能城ほか 2012）、垂水・日向遺跡の出土木材のように再同定した事例も蓄積しつつある。
3) カシ材は農具（鍬、鋤、竪杵）や工具（斧柄、楔、槌）など、耐久性や強度をとりわけ要する目的のために主に使われた。アカガシ亜属の気乾比重は 0.79～0.97、圧力に対する強度は 678～782（kg/cm²）を測る。そのなかでイチイガシは気乾比重 0.79 で、弾性限界までの仕事量は、比重 0.93 のアカガシや 0.97 のツクバネガシを上回る（能城ほか 2012）。
4) クリ-ウルシ文化圏は果実、木材、樹液といった樹木から得られる多様な資源の利用を踏まえた設定であるのに対し、イチイガシ文化圏はもっぱら果実の利用状況をもとにしている点が大きく異なる。
5) 刈払具は、原材に近い未成品の段階や先端の摩滅が進んだ後は、手鍬との区別が難しくなるが、成品は先端を厚く、両側

縁を薄く刃状に作り出す特徴から草本植物を刈り払う機能が窺える、鋤とは別の道具である（村上2009）。縄文時代の刈払具は、縄文後期の東京都下宅部遺跡、富山県桜町遺跡など東日本に多く、東からの流れを考慮すべき資料と位置づけられる。
6）　そのなかでも落葉樹の果実の利用罒は、西へ行くにつれて低減し、そのぶん常緑樹の比率はより高まっていったとみられる。
7）　広鍬Ⅰ式の成立過程については検討が進み、縦断面の形状に着目して諸手鍬からの形態変化を想定する見解（中原2003）と四国で定型化された縦断面に反りのない広鍬に反りが加わったことにより成立したとする見解（黒須2015）の双方がある。今後、弥生時代前期前半の鍬の事例が増えるなかで、結論がみえてくることだろう。
8）　佐原による検討では、木製品に関連する要素としてはわずかに紡織技術、木工技術、鳥形木製品（以上、大陸からの要素）と２木器製作の基本技術、漆製品、櫛（以上、縄文文化から続く要素）の提示にとどまった。その後40年にわたる調査研究の蓄積を経て、木製品の事例は大きく増加し、各器種の出現をめぐる状況や、その後の展開についても検討が深化している。
9）　民族誌を参照すると、竪杵は女性が使う道具の代表例であり、伐採斧の使い手はほぼ男性に限られる。竪杵については新しい生活様式とともに伝わった道具の形状がそのまま各地で採用されて広く普及し、伐採斧は在来のものが選択・使用され続けたことの背景と、あるいは関連するのかもしれない。甲元（2004）の評価とはまた異なる側面があるようだ。
10）　菜畑遺跡や西川津遺跡では農耕具の点数は少ないながらもアカガシ亜属の割合がやや低いことが図5からわかる。これは生業形態との関連で解釈する余地がある。両遺跡は弥生時代においても縄文時代の狩猟採集民と同様に多様な資源を利用する網羅的食料体系の遺跡と評価されており（甲元2004）、生業の集約化を経て水稲稲作を中軸に据えた選別的食料体系の唐古・鍵遺跡では食料として重要性の低下したイチイガシも、菜畑遺跡や西川津遺跡では縄文時代に引き続きさかんに堅果類を利用していたためにあまり伐採対象とはしなかった、という解釈が成り立つ余地がある。今後の再同定の事例蓄積を経て、さらに検討していく必要があるだろう。
11）　済州島はアカガシ亜属の分布域にあたるので、朝鮮半島南端部や済州島ではアカガシ亜属の材が出土する可能性はある。

引用・参考文献

飯塚武司 2001「農耕社会成立期の木工技術の伝播と変容」『古代学研究』155
飯塚武司 2007a「縄文時代後・晩期の木工技術の発達と製作者について」『古代学研究』177
飯塚武司 2007b「農耕社会移行期の木工における技術継承と革新」『古代文化』59―3
飯塚武司 2009「農耕社会成立期の斧」『木・ひと・文化～出土木器研究会論集』
石田糸絵・工藤雄一郎・百原　新 2016「日本の遺跡出土大型植物遺体データベース」『植生史研究』24―1
泉　拓良 1985「山麓のムラと植物採集」『図説発掘が語る日本史4』新人物往来社
伊東隆夫・山田昌久 編 2012『木の考古学　出土木製品用材データベース』海青社
上原真人 1993『木器集成図録　近畿原始篇（解説）』奈良国立文化財研究所
岡林孝作 2000『本郷大田下遺跡　縄文時代貯蔵穴群の調査』奈良県立橿原考古学研究所調査報告第83冊　奈良県立橿原考古学研究所
岡本素治 1979「遺跡から出土するイチイガシ」『大阪市立自然史博物館研究報告』32
金子裕之 1984「石の刃の威力」『縄文から弥生へ』帝塚山考古学研究所
黒須亜希子 2015「「広鍬Ⅰ式」の成立と展開」『古代学研究』205
熊代昌之 2006「正福寺遺跡第7次調査」『第16回九州縄文研究会大分大会 九州縄文時代の低湿地遺跡と植物性自然遺物』
甲元眞之 2004『日本の初期農耕文化と社会』同成社
佐々木由香 2014「植生と植物資源利用の地域性」『別冊季刊考古学』21　縄文の資源利用と社会　雄山閣
佐原　真 1975「農業の開始と階級社会の形成」『岩波講座日本歴史1　原始および古代1』岩波書店
下條信行 1995「農工具と稲作経営の受容」『弥生文化の成立　大変革の主体は「縄紋人」だった』角川選書
下條信行 2010「弥生石斧の本質」『季刊考古学』111　雄山閣
下條信行監修・古代学協会 編 2014『列島初期稲作の担い手は誰か』すいれん舎

瀬口眞司 2018「関西縄文社会の地域的特色とその背景」『国立歴史民俗博物館研究報告』208　国立歴史民俗博物館
高瀬克範 2009「弥生時代の雑穀栽培と木の実食の評価」『弥生時代の考古学5　食糧の獲得と生産』同成社
高原　光 2011「日本列島とその周辺域における最終間氷期以降の植生史」『シリーズ日本列島の三万五千年―人と自然の環境史　第6巻　環境史をとらえる技法』文一総合出版
田崎博之 2000「水田農耕社会への移行―日本列島の土器・水田・農具の検討―」『韓国古代文化の変遷と交渉』尹世英教授停年紀念論叢刊行委員会
田崎博之 2014「韓国青銅器時代における木製農工具の特性―日本列島西南部地域の縄文時代晩期～弥生時代前期との比較を通じて―」『東アジア古文化論攷』中国書店
辻誠一郎・植田弥生・南木睦彦 1996「正楽寺遺跡の植物遺体群と古植生・堆積環境」『能登川町埋蔵文化財調査報告書第40集　正楽寺遺跡』能登川町教育委員会　pp.194-202
寺沢　薫・寺沢知子 1981「弥生時代植物質食料の基礎的研究―初期農耕社会研究の前提として―」『考古学論攷　橿原考古学研究所紀要』5
寺前直人 2001「弥生時代開始期における磨製石斧の変遷」『古文化談叢』46
冨井　眞・吉江　崇・伊東隆夫・外山秀一・上中央子 2007「京都大学北部構内BD28区の発掘調査」『京都大学構内遺跡調査研究年報2002年度』京都大学埋蔵文化財研究センター
中原　計 2003「木製品における弥生時代前期の画期―広鍬Ⅰ式の製作工程の変化を中心に―」『待兼山論叢史学篇』37
禰宜田佳男 1994「木材加工のための道具―斧の柄を中心として」『季刊考古学』47　雄山閣
能城修一・佐々木由香・鈴木三男・村上由美子 2012「弥生時代から古墳時代の関東地方におけるイチイガシの木材資源利用」『植生史研究』21―1　日本植生史学会
能城修一・南木睦彦・鈴木三男・千種　浩・丸山　潔 2014「大阪湾北岸の縄文時代早期および中～晩期の森林植生とイチイガシの出現時期」『植生史研究』22―2　日本植生史学会
能城修一・村上由美子・佐々木由香・鈴木三男 2018「弥生時代から古墳時代の西日本における鋤鍬へのイチイガシの選択的利用」『植生史研究』27―1　日本植生史学会
樋上　昇 2009「木製農具と耕作の技術」『弥生時代の考古学6　弥生社会のハードウェア』同成社
水ノ江和同 2007「低湿地型貯蔵穴」『縄文時代の考古学5　なりわい　食料生産の技術』同成社
南木睦彦 1993「大開遺跡の大型植物化石と古植生」『大開遺跡』神戸市教育委員会
宮内克己 1987「磨製石斧小考」『東アジアの考古と歴史』(中)岡崎敬先生退官記念論集　同朋舎出版
村上由美子 2009「木製刈払具の検討」『木・ひと・文化～出土木器研究会論集』出土木器研究会
村上由美子 2014「弥生時代における木材利用の変化」『季刊考古学』127　雄山閣
森岡秀人 2005「水田稲作の波及―縄文人と弥生人の遭遇」『先史日本を復元する4　稲作伝来』岩波書店
山口譲治 2000「弥生時代の木製農具―韓国新昌洞遺跡出土農具から―」『韓国古代文化の変遷と交渉』尹世英教授停年紀念論叢刊行委員会
山田昌久 2012「木工技術と森林利用」『木の考古学　出土木製品用材データベース』海青社

第3節

近畿地方における鉄器使用の開始とその後の生産

今井真由美

はじめに

　日本列島で農耕、とりわけ水稲耕作技術が普及したのは、弥生時代である。初期農耕活動の普及に鉄器がどの程度関与したかについて、小稿では考える。早くに渡部義通氏により、生産活動の革命的な物質と評価されて以来（渡部1931）、鉄は唯物史観の観点から生産力の発展を担う物質とみなされ、その材質の有用性が重視されてきた。

　例えば、鉄と社会の関わりに着目した、その嚆矢となる研究では、鉄や鉄器の出現過程や普及の史的背景を段階的に捉えることが重要とし（田辺1956）、農業生産力の発展に関わる不可欠な素材と位置づけている。こうした、鉄や鉄器の生産の視座から弥生社会を解明しようとする試み[1]には、多くの先学による研究の蓄積が存在する。

　小稿では近畿地方を対象に、弥生時代前期から中期における鉄器の使用開始時期について検討し、あわせて鉄器の生産[2]についてはその痕跡として残る鍛冶炉の存否という点に注目し、生産技術獲得の画期について近年の研究動向と成果をまとめつつ若干の検討を加えたい。

1　鉄器の使用と生産に関する研究史

(1) 弥生時代における鉄器の年代観について

　現状では、鉄器の相対年代観は共伴土器に基づくことが多い。しかし、実年代は今世紀に入り、短期・長期の編年観が各種併存するようになったため、採用する土器の年代観によって想定される日本列島での鉄器の導入・流通の時期や様相は大きく変化する。また、長期編年下、検討されてきた弥生時代早期・前期の鉄器の大半は勢い撤退を余儀なくされ、その開始時期が大きく下降する傾向にあり、東アジア世界での鉄器の消長を考える場合、支障をきたす。具体的には、弥生時代早期とされた福岡県糸島市曲り田遺跡や弥生時代前期の熊本県玉名市斉藤山貝塚出土鉄器に対して、その所属時期には疑義が示され（春成2003）、今日、国立歴史民俗博物館は日本列島に鉄器が導入された時期をおよそ中期初頭頃と評価している（藤尾2014）。この立場を採れば、鉄器の導入は稲作の導入から600年以上遅れたことになる。また、中国大陸における紀元前4世紀の戦国時代燕国系譜の鋳造鉄器と紀元前3世紀前後の同楚国系統の鍛造鉄器のインパクトの違いが近畿地方にどのよ

うな段階差を持って影響を与えていたのか、その存否が注目される。

なお、こうした年代観の前提として、鉄器はその素材である鉄が錆化しやすい性質を有しており、土中で分解され依存しにくい。また、後世に再加工・再利用される等して鉄器が廃棄されない場合も想定されている（村上1994ほか）。土器や石器等の遺物とは異なり、鉄器研究ではこのような性質を踏まえる必要がある。

（2）弥生時代における鉄器の生産技術について

弥生時代に到達しえた鉄器生産技術の実態を確認しておこう。日本列島で鉄器生産が行えるようになるまでには、5段階の技術ステージを経たと考えられている（表1）（古瀬2004ほか）。全5段階のステージのうち、弥生時代に到達したのは第3ステージの鍛錬鍛冶段階までであったと考えられ、その到達時期は弥生時代の中期後半頃とみられている。

では、当該時期にどのような入手経路で鉄素材を得ていたのか。この問いに対し、その起源を古代中国や朝鮮半島に求める舶載素材説（東1999ほか）と、日本列島内で鉄を製錬したとする国内製錬説（川越1968ほか）の2つの見解が示されている。弥生時代に長崎県壱岐市カラカミ遺跡の調査報告で鉄生産を行った可能性が指摘されているが、現状では舶載素材説を採用する向きが一般的である。鉄生産を否定しないまでも舶載鉄素材への依存度が高かったといえる（森・炭田ほか1974）。小稿もこの見解に賛同し、舶載鉄素材を主としているとみておきたい。

次に、鉄器生産に関する研究の動向について概観する。鉄器製作道具や生産技術をはじめとした鉄器生産の実態を対象とした川越哲志氏の研究を草分けとし（川越1975）、かかる視点を引き継いだ村上恭通氏が鍛冶炉の総括的な構造研究を進めた（村上1994ほか）。今日では遺構・遺物の存在形態や技術具体論によってその実態を解明しようとする研究が主流となっている。また、検出された鍛冶炉をその構造から大きく4つに分類した村上氏の研究（村上2007）に基づき、鍛冶炉の地域差等の把握が進められている。同時に、既刊の報告書の再検討による鉄器生産遺跡の抽出が進められている。ただし、兵庫県淡路市五斗長垣内遺跡例のような調査成果が増えるにつれて、鉄器生産遺跡と認める際の基準が多様化してきている点は注意を要する（村上2007、今井・森岡2012、禰宜田2013ほか）。

表1 鉄器加工技術の獲得段階模式表

ステージ	鍛冶レベル	技術段階	
1	未加工	鉄器使用	外部より入手した鉄器を使用できる
2	再加工	鉄器使用	石器等を用いて鉄器の手入れができる
3	鍛錬鍛冶	鉄器製作	火熱などを用いて行う加工。鍛冶技術の開始
4	精練鍛冶	鉄器製作	不純物を含む鉄塊から素材を作り出す工程
5	製錬（鉄生産）	鉄生産	鉄鉱石からの鉄生産が行われる

2 弥生時代における鉄器の使用開始時期

鉄器の出土状況から、①近畿地方における鉄器の確実な初現期、②鉄製農具の初現期、③農耕に関する鉄器の初現期を確認する。なお、各出土鉄器の年代は報告書に準拠した。

弥生時代前期から中期の鉄器が報告されている遺跡は、48遺跡が挙げられる（表2）。これに拠

れば、鉄器使用の初現は大阪府堺市四ツ池遺跡出土刀子や兵庫県神戸市吉田遺跡の鉄片出土例、奈良県磯城郡田原本町唐古・鍵遺跡出土の鹿角製刀子柄から、弥生時代前期前半に求められる。ただし、長期編年論者の再検討により、当該時期の確実な例が認められないとの指摘[3]がある（春成2003）。このため、小稿では鉄器の確実な初現期を弥生時代前期に求めることを避け、遺構から土器を伴って出土した弥生時代前期末～中期初頭の京都府京丹後市扇谷遺跡の板状鉄斧が初現例の候補となり得る。本例は農耕作業に関わる鉄器[4]の使用開始例とも評価できる。汎東アジア的な視点で考えたとき、近畿地方の弥生時代前期と中国大陸との時間的併行関係を考慮すれば、東アジアの鉄文化が融通できないという状況は十分考えられよう。

ところで、扇谷遺跡出土例は他の事例よりも突出して古い特殊事例となる可能性はないか。これに後続する弥生時代中期の例として、大阪府東大阪市鬼虎川遺跡の出土状況を確認し、この可能性を否定しておきたい。鬼虎川遺跡では、包含層出土の鑿状鉄器と遺構出土の鉄鏃が弥生時代中期に所属するとして報告されている。この鉄鏃は、畿内第Ⅱ～Ⅲ様式の土器を主体とし、若干第Ⅰ様式の土器を包含する貝塚の上部で出土しており、こうした検出状況からこの貝塚の年代は弥生時代前期末から中期と考えられ、鉄鏃の年代も同様に求められよう[5]（㈶東大阪市文化財協会1982）。

次に鉄製農具の使用開始時期はどうか。その初現は弥生時代中期中葉に兵庫県三田市奈カリ与遺跡及び兵庫県神戸市頭高山遺跡で出土した鋤・鍬先が挙げられるが、いずれも遺構からの出土ではなく、確実な年代の判定が困難であるため、現状では弥生時代後期以降に求めるべきだろう。

さらに近年に至っては、木製品に残された鉄器による加工痕からも鉄器普及を探る研究が進められており、これによると、近畿地方では地域の別があるとしながらも、斧柄を例に挙げれば、弥生時代中期初頭に鉄器化が始まり後期には完了したという（黒須2017）。具体的資料をなお大きく欠くものの、上記で確認した内容とも矛盾しない。

中期末～後期初頭に大阪湾岸に流入してくる大型板状鉄斧（神戸市伯母野山遺跡例等）に先駆け、木工作業の基幹道具である鉄斧が、伐採石斧・加工石斧等の石製工具が盛用される時期に合わせ、斧柄の需要増加を助ける形で一定の浸透をみたことは見逃せない。当該時期には木製農具の製作等に必要な石斧類の柄製作に鉄器が用いられたという点で、鉄器は僅かながら間接的に農耕化の普及に寄与したとの評価が可能であろう。

ついで中期前半に入ると、小型鉄器の微小な普及がみられる。また、広く鉄器の普及過程をとらえたとき、北部九州～中国・四国の状況を加味すれば、中国大陸東北区に由来する鋳造鉄器の断片が近畿に到達することは、十分に想定してよいだろう。凹線文出現直前まで年代を下げれば、鑿や鉇、鉄鏃等の製品が大阪湾岸地域でも認められる（東大阪市鬼虎川遺跡例等）。現状では近畿以西と比較した場合、鉄器の出土数等が不均一な状況であることは否めない。近畿地方で環濠が発達する時期に、想定以上の鉄器類が今後発見される蓋然性は高いが、この点については発掘調査の進展が待たれる。

表2 出土鉄器一覧表

遺跡名	所在地	時期	鍬・鋤先	鎌	板状鉄斧	袋状鉄斧	鋳造鉄斧	その他鉄斧	鏃	鑿	刀子	鑢	錐	その他鉄器
獅子鼻B遺跡	滋賀県東近江市	中期中葉												●
熊野本遺跡	滋賀県高島市	中期前半～後期						2					3	
和泉式部町遺跡	京都府京都市	中期後半						1						
神足遺跡	京都府長岡京市	中期後半			1									
桑飼上遺跡	京都府京田辺市	中期中葉				1								
扇谷遺跡	京都府京丹後市	前期末～中期初頭			1									●
途中ヶ丘遺跡	京都府京丹後市	中期後半～後期?												●
左坂墳墓群	京都府京丹後市	中期末～後期中葉												●
大山墳墓群	京都府京丹後市	中期後半～後期												●
奈具岡遺跡	京都府京丹後市	中期後半				1		2						●
興遺跡	京都府福知山市	中期末												●
平等坊・岩室遺跡	奈良県天理市	中期末			1									
田口山遺跡	大阪府枚方市	中期／中期後半～								1				●
加美遺跡	大阪府大阪市	中期後半									1			
亀虎川遺跡	大阪府大阪市	～中期中葉									1			
池島遺跡	大阪府東大阪市	中期中葉												●
西ノ辻遺跡	大阪府東大阪市	中期中葉～中期後半												●
水走遺跡	大阪府東大阪市	中期中葉～中期後半									1			
山畑遺跡	大阪府東大阪市	中期後半												●
亀井遺跡	大阪府八尾市	中期中葉～後期前半			2		1						1?	●
野々井西遺跡	大阪府堺市	中期／～中期末							2?					
四ツ池遺跡	大阪府堺市	前期									1			
甲田南遺跡	大阪府富田林市	中期中葉～中期後半			2									
亀川遺跡	和歌山県海南市	中期後半											1	●
小松原Ⅱ遺跡	和歌山県御坊市	中期												●
加茂遺跡	兵庫県川西市	中期～後期初頭				1								●
口酒井遺跡	兵庫県伊丹市	中期後半			1								1	
田能遺跡	兵庫県尼崎市	中期中葉												●
五ヶ山遺跡	兵庫県西宮市	中期末												●
仁川高台遺跡	兵庫県西宮市	中期末												●
有鼻遺跡	兵庫県三田市	中期後半			5									
奈カリ与遺跡	兵庫県三田市	中期後半	1		8						2			●
平方遺跡	兵庫県三田市	中期後半												●
伯母野山遺跡*	兵庫県神戸市	中期後半～後期前半			5									
滝ノ奥遺跡	兵庫県神戸市	中期末												●
吉田遺跡	兵庫県神戸市	前期前半												●
戎町遺跡	兵庫県神戸市	中期中葉											1	
居住・小山遺跡	兵庫県神戸市													●
新方遺跡	兵庫県神戸市	中期中葉					1							
頭高山遺跡	兵庫県神戸市	中期後半			2						2	1	2	●
北神ニュータウンNo.4遺跡	兵庫県神戸市	中期後半				1								
福本遺跡	兵庫県神河町	中期後半			1									
名古山遺跡	兵庫県姫路市	中期後半			1									
今宿丁田遺跡	兵庫県姫路市	中期中葉												●
鹿沢本多町遺跡	兵庫県宍粟市	中期後半												●
小神芦原遺跡	兵庫県たつの市	中期中葉												●
新宮・宮内遺跡	兵庫県たつの市	中期中葉									1			
養久山墳墓群	兵庫県たつの市	中期後半～後期後半									1		2?	●

※その他鉄器は、刀、剣、鍬、釣針、鉄滓、不明鉄器等を指す。本稿の内容と関わらないため点数は示さずその有無を●で示した。
※川越哲志編（2000）『弥生時代鉄器総覧』を基に、筆者の管見の限り集成した。ただし、その後の調査成果に基づいて鉄器の種類等について変更を加えた遺跡もある。その場合は遺跡名に*を付した。
※遺跡の所属時期幅が相対的に広いものについては集成から省いた。
※鉄斧の種類について判断がつかない場合、その他鉄斧にまとめた。

3 鉄器生産遺跡の要件と抽出

　以下では、近畿地方における鉄器の生産について、その痕跡を残す鍛冶炉の存続期間を明らかにすることで、確実な鉄器の定着期を掌握したい。その摘出、認定には客観的条件が必要となるが、前述の通り鉄器生産遺跡と認める際の基準が多様化してきており、その要件を再度整理しておこう。

　現状で鉄器生産遺跡であることが明らかな遺跡で確認された遺構と遺物について、いかなる施設や道具立てを保有しているか、みていきたい。鍛冶の証左として最も重要な要素といえるのが鍛冶炉跡である。それは竪穴建物の中で被熱痕が認められる土坑として検出されるのが一般的であり、煮炊炉跡と混同視される恐れがあるが、村上氏は「鍛冶遺構を有する各遺跡に則して判断すれば、

第3節　近畿地方における鉄器使用の開始とその後の生産

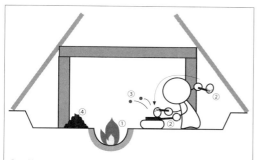

① 鍛冶炉（被熱が認められる土坑や床面）がある。
② 鍛冶関連石製製作道具が出土する。
③ 鍛冶を行った際にでる滓（スラッグ）・剥片などの鉄器遺物が出土する。
④ 鉄素材や鉄製品が出土する。

図1　鍛冶工程の模式図

表3　鉄器生産関連遺物一覧

分類	内容
鍛冶関連石製遺物	鎚（磨製石斧の転用、敲石）、台石（金床）・石皿、砥石（荒砥・中砥・仕上げ砥の使い分け）
鉄器遺物	鉄滓、粒状滓、鍛造剥片、三角切片などの裁断片、鉄素材等
その他の遺物	焼土塊、焼粘土塊、炭化物、燃料材

鍛冶炉と日用の煮炊炉とは位置、規模、形態のいずれか、あるいはいずれもが異なっている場合が多い」（村上2007）と指摘しており、明確に判別できるようである。村上分類にあてはまる鍛冶炉は独特の形態を有していることから、鍛冶に特化していることが認められる。しかし、炉の分類のみでは玉製作やその他の目途の炉跡との判別が確実とは言えず、これを補うため出土遺物等の把握が必要である。

当該遺構の周辺からは鍛冶関連石製遺物や鉄器未成品、鉄板裁断片、微小鉄片、木炭片等が出土することが知られており、まれに鉄滓や鍛造剥片も出土している。このような複数の指標からも、鍛冶炉の性格を識別することはできるだろう。

上述の事例や現在の鍛冶工程から復元すれば、小稿では基本的に一つの竪穴建物内で、①鍛冶炉の痕跡、②鍛冶関連石製遺物、③鉄器遺物（製品・半製品・原料・残材）が認められる場合、鉄器生産を行ったと判断する（図1）。②については、道具の想定がかねてより検討されており（川越1975）、鍛冶に関連する道具としては②と③が挙げられる（村上1994）。各詳細は表3の通りである。なお、鉄器は土中で保存しにくいことを考慮し、①・②が認められる竪穴建物が検出され、かつ同一遺跡内の他の遺構等で③が確認できる場合、鉄器生産遺跡の可能性を含む遺跡として扱う。加えて、①・②を認める竪穴建物内で鍛冶炉跡の可能性を考慮して焼土を検出した場合も同様とする。なお、小稿で扱う遺構名等は報告書に準拠した。

4　鉄器生産集落遺跡の実態

先に示した条件に基づいて、弥生時代前期から中期に該当するものを既刊の報告書を再検討することによって鉄器生産遺跡を抽出した（表4）。抽出した遺跡は、京都府京丹後市奈具岡遺跡（SH61）と兵庫県三田市有鼻遺跡（竪穴住居29）及び同県同市奈カリ与遺跡（南斜面区1号住居址）である[6]。鍛冶炉ではなく焼土の検出であるため、有鼻遺跡及び奈カリ与遺跡は可能性を含む遺跡として抽出した。鍛冶炉の時期及び主要な出土鉄器例をまとめたものが表5である[7]。これら3遺跡における鍛冶炉の存続期間を確認し、鉄器生産遺跡の視点から鉄器普及の画期がいつの段階に求められるか検討する。

弥生時代前期から中期中葉まで鉄器生産遺跡は認められず、これは、鉄器の確実な使用開始時期が

第Ⅱ章　生産構造の諸画期からみた近畿地方の初期農耕社会

表4　鉄器生産集落遺跡の可能性を有する遺跡一覧（中期段階と関わる遺跡に限る）

No.	遺跡名／所在地	遺構名	時期	種別	竪穴建物規模（m）	村上氏類型	深さ（cm）	焼土面数（*1）	中央土坑	鍛冶関連遺物の出土状況	評価（*2）
1	奈具岡遺跡／京都府京丹後市	SH61	弥生時代中期末～後期初頭	竪穴	一辺7.6m+α（*3）	Ⅲ・Ⅳ	1号炉：4 2号炉：2（*3）	▲2	—	鉄器・鉄素材：無 石製製作道具：有*	鍛冶炉（鍛錬）
2	奈カリ与遺跡／兵庫県三田市	南斜面区1号住居址	弥生時代中期後半	竪穴	6.4×5.5m 楕円形	Ⅳ？	—	—	—	鉄器・鉄素材：有 石製製作道具：有	〔−〕鍛冶炉（鍛錬）
3	有鼻遺跡／兵庫県三田市	竪穴住居29	弥生時代中期後半	竪穴	10.2×8.0m 楕円形	Ⅳ？	—	—	—	鉄器・鉄素材：有 石製製作道具：有	〔−〕鍛冶炉（鍛錬）
参考	光勝院寺内遺跡／徳島県徳島市	2号住居址（SB102）	弥生時代中期後半	竪穴	直径6.5m	Ⅰ	15	—	—	鉄器・鉄素材：有 石製製作道具：有	鍛冶炉（鍛錬）
参考	名東遺跡／徳島県徳島市	4号竪穴住居（SB2004）	弥生時代中期末葉	竪穴	直径7.4m 円形	Ⅰ	—	—	70×50cm 長楕円形	鉄器・鉄素材：有 石製製作道具：有	鍛冶炉（鍛錬）

（*1）焼土面数欄において、数字の前の▲印はⅣ類鍛冶炉の焼土面を含むことを示すものである。
（*2）評価欄において、鉄器生産遺跡の可能性を含むものに〔−〕を記す。
（*3）*を付した数値は、筆者が報告書の図版を計測したものである。
（*4）鍛冶関連遺物の出土状況欄では炉跡を検出した竪穴建物の埋土から鉄器が出土した場合は無印、同一遺跡内から鉄器が出土した場合*を付す。

図2　検討対象遺跡分布図

弥生時代前期末から中期初頭に求められることと矛盾しない。当該期間は鉄器を使用していないか、或いは、砥石等を用いた鉄器の再加工を行う技術段階（第2ステージ）に留まると考えてよい。次に、弥生時代中期後葉以降はどうか。奈具岡遺跡は、鉄器生産遺跡としてよく知られる弥生時代中期末の遺跡である。報告書の記述を確認する限り、奈カリ与遺跡と有鼻遺跡の鍛冶炉は弥生時代中期後葉と評価されており、時間幅の中で最大限古く評価した場合、今まで近畿地方で最も古いと考えられてきた奈具岡遺跡よりも遡る可能性がある。今後、未確認の鉄器生産遺跡の確認作業と並行して各遺跡の時期について詳細な検討が必要である。各遺跡の鍛冶炉の年代観に問題は残るものの、鉄器普及の観点から見た場合、弥生時代中期後葉が第2ステージから第3ステージへと移行していく段階と考えられる。中期後葉に出現した鉄器生産遺跡は、後期にはその数を増やし、その技術の広がりには跛行性がうかがえる（今井・森岡2012）。

おわりに

近畿地方での鉄器使用の開始時期は、その出土状況の検討から弥生時代前期末から中期初頭とした。鉄器の生産については、条件を整理したうえで抽出した結果、3遺跡で確認できた。これらの遺跡は弥生時代中期後葉から末葉に、後期の林立的登場に先立って鉄器の生産を行っていたようである。

弥生時代前期から中期における出土鉄器及び鍛冶炉は、検出事例が少ないという資料上の制約も

第3節 近畿地方における鉄器使用の開始とその後の生産

表5 鍛冶炉の消長年表

暦年代	弥生土器の畿内様式編年〔森岡 1998〕	主要遺跡【年輪年代測定による】	主要な出土鉄器の時期	鍛冶炉の時期	できごと	中国王朝
紀元前 300	Ⅰ-1様式（長原式） Ⅰ-2様式（長原式） Ⅰ-3様式 Ⅰ-4様式 Ⅱ-1様式 Ⅱ-2様式 Ⅱ-3様式 Ⅲ-1様式 Ⅲ-2様式 Ⅳ-1様式 Ⅳ-2様式 Ⅳ-3様式 Ⅳ-4様式	B.C.297年+α〈八日市地方〉 B.C.272年+α〈下之郷〉 B.C.248年〈南方〉 B.C.245年+α〈武庫荘〉 B.C.243年〈南方〉 B.C.223年+α〈下之郷〉 B.C.116年〈桂見〉 B.C.97年〈二ノ畔・黄枕〉 B.C.60年〈二ノ畔・黄枕〉 B.C.52年〈池上曽根〉	扇谷遺跡 板状鉄斧1・他 鬼虎川遺跡 鑿1・鎌1 有鼻遺跡 剣1・他 伯母野山遺跡 （大型含む） 板状鉄斧5・鎌3	有鼻遺跡 奈カリ与遺跡 奈具岡遺跡	●B.C.312〜279年 燕の東方進出 ●B.C.221年 秦の始皇帝が韓・魏・楚・燕・斉を滅ぼし、中国を統一 ●B.C.202年 漢高祖劉邦、帝位につく ●B.C.108年 前漢武帝、衛氏朝鮮を滅ぼし、朝鮮半島に楽浪・真番・臨屯・玄菟を設置 ●B.C.82年 真番・臨屯の二郡廃止 馬弩関の廃止	戦国 221 秦 202 前漢
紀元後	Ⅴ-1様式 Ⅴ-2様式	A.D.69年+α〈下鈎〉		西京極遺跡 五斗長垣内遺跡	●A.D.14年 新王葬、貨泉を鋳造する〔漢書食貨志〕 ●A.D.57年 倭の奴国王後漢に朝貢し光武帝より印綬を受ける	8 新 25

あり、不明な部分も多い。しかし以上のことから、農耕開始当初、つまり弥生時代開始期から前期末にかけては、その存否は明らかではなく鉄器が農耕に利用されたというには根拠に乏しい。水田稲作と鉄器の普及は不可分な関係から斥けられるようになった。実態が不明瞭といいながらも、前期末から中期初頭にかけて漸く鉄器の出土が確認されるようになり、中期後葉には出土量も増加するようになる。ほぼ同時期に日本列島内で鉄器生産技術を獲得していることから、このことが鉄器普及の後押しをしたのではないだろうか。

弥生時代前期から中期に時期を限ってみた場合、農耕と鉄器の積極的かつ直接的な関わりは認められなかった。かつて分かり良い響きのあった「農耕金属器文化」（近藤1962）は、今日死語と化しており、その結合関係のない前半期弥生文化の生産力は再吟味が要請されよう。しかし、弥生時代には鉄器の使用開始、生産技術の獲得という流れがあり、徐々に鉄器と社会との親和性が高まるという段階的な発展が確認できた。今回、鉄器器種ごとの利用目的にまで踏み込んで、農耕と鉄器の関わりについて検討するには至ることができなかった。今後こうした視野を含めながらの検討が求められよう。

註
1) 「生産」には自然界にあるものから製品を作り出すというニュアンスが含まれるため、鉄器「生産」とすると弥生時代の実態と乖離した理解がなされる可能性がぬぐい切れない。そのため、本来であれば鉄器"製作"とした方がより実態と合致するかと思われるが、小稿では既存の研究成果との整合性を企図し、鉄器"生産"の語句を用いることとする。
2) 弥生時代における鉄器生産の存在の存否については、評価が分かれるところである。想定される鉄器生産技術の内容も研究者によって異なる。小稿では、発掘調査の成果によって明らかにされた鍛冶関連遺構や遺物を鉄器生産の徴証として積極

第Ⅱ章　生産構造の諸画期からみた近畿地方の初期農耕社会

3) 春成（2003）では兵庫県吉田遺跡、大阪府四ツ池遺跡の出土例を扱っていないものの、これらも他の遺跡出土例と同様に前期前半と評価することは困難と考える。
4) 農耕作業に関わる鉄器とは、木材の伐採や木工作業の基幹道具である斧や工具等の鉄器を指す。
5) 才原金弘氏にご教示いただいた。
6) 禰宜田（2013）でも小稿と同様に奈カリ与遺跡、有鼻遺跡を鉄器製作集落にあげている。
7) 表5作成にあたり、土器の実年代観は森岡秀人氏の試案（森岡2004）を参照した。

主な引用・参考文献　※紙幅の都合により、各報告書の掲載は割愛した。

東　潮 1999『東アジアの鉄と倭』渓水社
今井真由美・森岡秀人 2012「弥生集落に占める鉄器工房の特質」『考古学ジャーナル』631　ニュー・サイエンス社
川越哲志 1968「鉄および鉄器生産の起源をめぐって」『たたら研究』14　たたら研究会
川越哲志 1975「金属器の製作と技術」『古代史発掘』四　講談社
川越哲志 1985「鉄器の生産」『弥生文化の研究』5　雄山閣
川越哲志 編 2000「弥生時代鉄器総覧」『東アジア出土鉄器地名表』広島大学文学部考古学研究
黒須亜希子 2017「近畿地方における農耕具の鉄器化について」『シンポジウム記録10　木製品から見た鉄器化の諸問題』考古学研究会東海例会
近藤義郎 1962「弥生文化論」『岩波講座日本歴史』第1巻 原始・古代　岩波書店
㈶東大阪市文化財協会 1982『鬼虎川の金属器関係遺物―第7次発掘調査報告2―』
田辺昭三 1956「生産力発展の諸段階―弥生式時代における鉄器について―」『私たちの考古学』11　考古学研究会
禰宜田佳男 2013「弥生時代の近畿における鉄器製作遺跡―「石器から鉄器へ」の再検討の前提として―」『日本考古学』36　日本考古学協会
春成秀爾 2003「弥生早・前期の鉄器問題」『考古学研究』50―3　考古学研究会
春成秀爾・今村峯雄・藤尾慎一郎・坂本　稔 2003「弥生時代の開始年代―C14年代の測定結果について―」『日本考古学協会第69回総会研究発表要旨』国立歴史民俗博物館
藤尾慎一郎 2014「弥生鉄史観の見直し」『国立歴史民俗博物館研究報告』185　国立歴史民俗博物館
古瀬清秀 2004「東アジアにおける古代鉄鍛冶技術の伝播と展開」『平成12～平成15年科学研究費補助金基盤研究（B）（2）研究成果報告書』広島大学文学部
村上恭通 1994「弥生時代における鍛冶遺構の研究」『考古学研究』41―3　考古学研究会
村上恭通 1998『倭人と鉄の考古学』青木書店
村上恭通 2007『古代国家成立過程と鉄器生産』青木書店
村上恭通 2017「金属器が語る古代の技術」村上恭通編『モノと技術の古代史 金属編』吉川弘文館
口野博史・富山直人・池田　毅ほか 2005「伯母野山遺跡の研究―斉藤英二氏寄贈資料の整理報告を中心として―」『神戸市立博物館研究紀要』21　神戸市立博物館
森　浩一・炭田知子 1974「考古学から見た鉄」『鉄』社会思想社
森岡秀人 2004「炭素14年代をめぐる議論　研究史と展望」『弥生時代の実年代』学生社
森岡秀人 2005「新しい年代論と新たなパラダイム」『古墳のはじまりを考える』学生社
渡部義通 1931「日本原始共産社会の生産及び生産力の発展」『思想』岩波書店

図版出典
表1～5・図1～2：筆者作成

第4節

動物考古学からみた農耕化現象と集落立地の反映

石丸恵利子

はじめに

　遺跡から出土する動物遺存体は、人が利用した動物資源であり、何をどのように利用したのかを知るための様々な情報を有する。動物資源は、旧石器時代以降の長きにわたり生活に欠かせない重要な資源であったが、狩猟採集を主たる生業としていた縄文時代から水稲農耕の開始によって生産体系や生活サイクルが大きく転換した弥生時代では、動物資源の利用に何らかの変化が生じたと推測される。本稿では、縄文時代から弥生時代にかけての動物遺存体の分析から各時期の生業活動の実態を読み取り、農耕化現象や集落立地の特徴を捉えてみたい。

　分析は、地下の埋設環境によって動物遺存体が多く残されていた一部の遺跡に限定され、調査時の土壌の水洗選別の有無による精度の差にもよるため単純に比較することは難しいが、出土した動物種の生息域や利用形態の変化などの視点から各遺跡の動物資源利用の時期的様相を考察し、農耕化との関係や遺跡の立地環境などの議論を進めたい。

1　縄文時代の動物資源利用の特徴

　弥生時代の動物資源利用の特徴を理解するため、最初に狩猟採集社会である縄文時代の様相を整理する。遺跡の位置は図1に、出土動物種は分類群ごとに本論末尾の表4に記した。

（1）滋賀里遺跡（大津市滋賀里）

　遺跡は、琵琶湖の湖西地域で比叡山系の土砂によって形成された扇状地の裾部に立地する。縄文時代晩期に生活が営まれ、小規模な貝塚が形成されている。出土した貝類はセタシジミを主体としてナガタニシ、イケチョウガイなどの淡水種である。魚類はフナ属が最も多く、コイ、ナマズなどの淡水魚が確認されている（金子1973）。

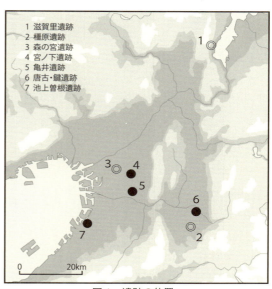

図1　遺跡の位置

琵琶湖での内水面漁撈が中心であったと考えられる。哺乳類は、イノシシとニホンジカ、ノウサギ、アナグマなどの複数種が確認され、スッポン、カエル類なども出土している。イノシシは成獣から幼獣までが含まれる（亀井 1973）。いずれも遺跡周辺で獲得されたと考えられる。同遺跡では、弥生時代前期土器も検出されており、この地が継続して利用された様子がうかがえる。しかし、調査区内には弥生時代の貝塚や動物遺存体が残されていないため、縄文時代晩期よりも動物資源利用は低調であった可能性が高い。

(2) 橿原遺跡（橿原市畝傍町）

　奈良盆地南部に位置する近畿地方を代表する縄文時代晩期の遺跡である。遺跡は、沖積地に突き出した洪積台地と河川によって形成された後背地を周辺にひかえた立地にある。低湿地であったため、多くの動物遺存体が残されていた。貝類は検出されず貝類資源は豊富でなかったといえる。魚類はスズキ属とフグ科が主体を占め、ボラ科、マダイ、ハモ属などの海産魚類が多い点は注目すべきである（丸山ほか 2011）。淡水魚はコイとナマズがわずかに確認されているにすぎない。爬虫類はスッポン、イシガメ、ウミガメ類が、鳥類はキジ科とカモ科が確認されている。哺乳類が最も多く、破片数で全体の99％を超え、イノシシとニホンジカが大半を占めている。イノシシが最も多く、ニホンジカがそれに次ぎ、タヌキ、ニホンザル、ノウサギなどの多様な哺乳類の利用が認められる。ツキノワグマとカモシカの出土は、内陸部山地型の特徴を示していると言えるが、クジラ類や多くの海水魚の出土からは、海浜部との交流が示唆される。また、コイやナマズ、スッポンに加え、ほとんどの種が冬の渡り鳥であるカモ科の出土は、河川や湖沼も生業活動の場であったことを示している。なお、橿原遺跡では、弥生時代の遺構や遺物も出土しているが、それらにともなう動物遺存体は確認されていない。弥生時代は調査区外の場所に動物資源を廃棄した可能性もゼロではないが、積極的な動物資源利用は読み取れない。

(3) 森の宮遺跡（大阪市中央区森之宮）

　森の宮遺跡は、西に大阪湾、東に旧河内湖湾を望む半島状の地形上にあったと考えられている。縄文時代中期から弥生時代前期の貝層が検出され、イノシシやニホンジカなどの哺乳類や魚類などが確認されている（樽野・石井 1978、久保 1996）。縄文中期から後期の貝層は内湾の岩礁域で採集できるマガキと淡水域のシジミ類（セタシジミ・マシジミ）が主体を占め、ハマグリ、ナミマガシワなどの内湾の岩礁や砂底域の海産貝類が多いのが特徴である。一方、上層の縄文晩期から弥生前期の貝層はシジミ類が大半を占め、イシガイやマツカサガイなどの淡水貝類が多く認められ、ウミニナやヘナタリなどの干潟に生息するものも一定量含まれる。少量ながら、バイやイタヤガイなどの沿岸砂泥底などの外海産のものも認められる。縄文晩期以降徐々に海が後退し、淡水域が主な活動の場となったことがうかがえる。

　魚類は、上下貝層ともにコイやフナ属などの淡水魚に加え、クロダイ属やスズキ属などの多様な海水魚が確認されており、下層のカキ層ではマダイやフグ科が目立つが、上層のシジミ層ではコイやナマズ科などの淡水魚が目立つ点や、スズキ属やハモ属などの汽水域から内湾潮間帯の魚種が多

くなる特徴が指摘できる。また、鳥類はシジミ層でカワウが確認された。哺乳類は両貝層ともにニホンジカとイノシシをはじめタヌキやムササビなどの複数種が出土しているが、上層では海生哺乳類が少なくなるのが特徴としてあげられる。イノシシよりニホンジカがやや多い傾向がある。

　本遺跡では、縄文晩期以降に海岸線が後退し、主な活動の場が沿岸部・汽水域から汽水・淡水域へと変化したことがうかがえる。両貝層ともに多様な動物種が認められ、海産資源を主に獲得していたことが読み取れる。ただし、縄文晩期末（長原式）～弥生前期層に限定すると、コイとニホンジカを確認するにとどまる。次にこの地が利用されるのは7世紀になってからで、本遺跡で暮らした人たちは弥生時代前期以降に、より良い生活の場を求めて移動したことがうかがえる。

(4) 宮ノ下遺跡（東大阪市長堂）

　宮ノ下遺跡は、河内平野西部の沖積低地に立地する縄文時代晩期から弥生時代、古墳時代中期の遺跡である。貝層は縄文時代晩期末から弥生時代中期前半にかけて形成され、魚類や哺乳類などの骨類は、縄文時代晩期末から弥生時代中期末を主体に、古墳時代中期や中世の各層でも出土している。いずれの貝層もシジミ類で99％以上を占め、カワニナ科、イシガイ科の淡水貝類が中心となる。サルボウやハマグリなどの内湾の干潟や潮間帯に生息するものや、アワビ類やサザエなどの外海の岩礁域に生息する海域のものも少量確認されている（別所1996）。貝層が形成された時期は、遺跡周辺は淡水から汽水域が広がっていたことがうかがえるが、旧河内湾口や大阪湾側まで海産貝類を採取に赴いたか、それらの地域との交流が示唆される。弥生前期から中期初頭には貝層の厚さが縮小し、貝殻の大きさも小型化しており、集落人口の増加や食糧の中に占める貝類の依存度の低下が示唆される。

　縄文時代晩期の段階（第1期とする）では、魚類はコイとクロダイ属が最も多く、フナ属やナマズなどの淡水魚類とボラ科やスズキ属、サワラなどの海水魚の両者が認められる。スッポンも比較的多く出土している。哺乳類はニホンジカが最も多く、イノシシがそれに次ぎ、イヌ、カワウソなどが確認されている。種数は、他の縄文晩期の遺跡より少ない傾向がうかがえる。

　宮ノ下遺跡は弥生時代中期から古墳時代中期まで継続して集落が営まれているため、弥生時代の様相についてもここで記しておく。縄文時代晩期末から弥生時代前期（第2期）には、魚類の組成はほぼ変わらず、淡水魚ではコイが多いもののフナ属やギギは認められず、海水魚のスズキ属やクロダイ属などに加えフグ科の出土が確認できる。哺乳類はニホンジカ、イノシシ、イヌの3種にとどまる。さらに、弥生中期前半（第3期）には、コイが減少しその他の淡水魚は認められず、イノシシがニホンジカを上回る状況へと変化する。さらに、弥生時代中期末から古墳時代（第4期）は、再度コイやナマズなどの淡水魚やクロダイ属やスズキ属、コチ科などの海水魚が多く確認され、哺乳類はこれまでの状況に加えて、キツネ、ネズミ類が出土するなど、全体的に種数の増加が認められる。イノシシがニホンジカより多い点は変わらない。時期別変化は把握できていないが、イノシシに幼獣や若獣が多い点が指摘されている（別所1996）。また、貝層は第1期から第3期に形成され、時期別の構成比は不明であるが、第4期段階には貝層は形成されていない。

なお、鳥類は第1期においてはツル科、サギ科が多く、カモ科やアホウドリ、コウノトリの出土が特筆され、第2期にはマガンやヒシクイなどのガン族が増加し、第3期になるとツル科とサギ科が減少し、カモ亜科が増加すること、さらに第4期にはカモ亜科が大半を占めるように変化することが報告されている（江田ほか 2014）。これらの変化から、第3期以降には周辺に湿地や池、水田などのカモ科が好む環境が存在した可能性が示唆されている。

2　弥生時代の動物資源利用の特徴

　次に、弥生時代の動物資源利用の様相を述べる。弥生時代のイノシシについては、イノシシかブタかの家畜化あるいは飼養化などの問題があり、今後のさらなる議論が課題となっているが、本稿では両者を区別せず「イノシシ」の用語で統一した。

（1）亀井遺跡（八尾市南亀井町）

　遺跡は、東を生駒山地、北を淀川、南を大和川によって形成された河内平野の中央部南縁の沖積低地に立地する。弥生時代中期から古墳時代の複数の遺構から動物遺存体が出土している。弥生時代中期から後期の遺構で出土した貝類は、淡水種はマツカサガイとシジミ類、タテボシガイ、海産種はハイガイ、アカニシ、アサリがわずかに確認されているだけである。魚類も少量で淡水魚類のコイとナマズ、ギギなどと海産のフグ科とタイ科の出土にとどまる。哺乳類はイノシシが最も多くニホンジカがそれに次ぎ、イヌ、ノウサギなど8種が確認されている（樽野・山西 1980、松井 1986）。イノシシとニホンジカともに幼獣や若獣の比率が高い。そのほかにスッポンが、また未同定ではあるが鳥類とカエル類も出土している。貝類と魚類は弥生中期に淡水産のものが多く、後期に海産の種類が多い傾向があるがいずれも少量である。

（2）唐古・鍵遺跡（奈良県田原本町）

　遺跡は奈良盆地のほぼ中央に位置し、大和川の支流である初瀬川と寺川に挟まれた沖積地の微高地上に立地する、弥生時代の拠点的な環濠集落遺跡である。弥生時代前期から古墳時代中期まで集落が営まれ、動物遺存体も弥生時代前期から後期の井戸や土坑、大溝などの低湿地部から多く出土しており、特に弥生時代中期と後期の動物資源利用の様相が明らかになっている。

　集落での貝類の積極的な利用を読み取ることはできない。魚類は遺跡北部の唐古池周辺の調査地点で多く認められ、地点でやや比率は異なるものの、弥生中期から後期ともにナマズ、アユ、コイ科の出土量が多く、淡水魚が全体の6割（最大8割）を超え、これら淡水魚を積極的に利用した様子がうかがえる（藤田・丸山 2012、丸山・藤田 2014）。集落周辺を流れる河川や湖沼が主な漁場であったと考えられるが、同じく内陸部に位置する橿原遺跡では、淡水魚類がわずかしか確認されていないのと対照的である。唐古・鍵遺跡では河川でのアユやウナギ漁とともに、水田稲作が行われたことにより、それらの施設に入り込んだナマズやドジョウ科などを獲得した可能性が示唆されている。また、ニシン科、サバ属、タイ科などの複数の海水魚が弥生中期から後期を通して一定量確認され、奈良盆地と沿岸部との密接な関わりがうかがえる。中期よりも後期の方が海水魚の種数は増加し、

海水魚への関心度の高まりや沿岸部との交流を深めた可能性が示唆される。ニシン科やサバ属などは腐敗の進行が早いため、干物や塩を施すなどの保存加工がされていた可能性が高い。

　鳥類は、弥生中期の遺構からキジとニワトリを含むキジ科とカモ亜科、スズメ目が出土しており、ニワトリが確認されたことは日本へのニワトリの導入時期を知るうえで注目に値する。また哺乳類は、弥生中期の遺構からイノシシ、ニホンジカ、ノウサギなどが出土しており、イノシシの量が多い状況が認められる。後期の遺構ではイノシシとニホンジカのみが確認されている（江田ほか2016）。弥生中期・後期を通してみてもイノシシの量が卓越している点が特徴と言える（東島2010）。イノシシ、ニホンジカともに幼獣が多いという特徴も認められる。

(3) 池上曽根遺跡（和泉市池上町・泉大津市曽根町）

　遺跡は、沿岸部に近い段丘上に位置する弥生中期を中心に栄えた環濠集落遺跡である。溝や包含層で動物遺存体が出土しており、貝類はオオタニシやチリメンカワニナなどの淡水種が最も多く、ヘナタリやイボウミニナなどの干潟域やサルボウやハイガイなどの内湾砂底域に加えて、バカガイやサザエ、アワビ類などの外海沿岸域のものが認められるのが特徴である（金子・牛沢1980）。魚類はマダイが最も多く、フグ科、ヒラメ、ハモ属など海水魚が多く、淡水魚はコイ科の1種のみである。鳥類もアビ科やカモメ科などの海鳥と、林や人里に生息するカラスやフクロウを確認することができる。沿岸部に位置するため、海産資源を多く利用した状況がうかがえる。哺乳類はイノシシが圧倒的多数を占め、ニホンジカがそれに次ぎ、イヌも多く確認されている。クジラ類が出土しているのも遺跡の立地ならではのものである。

3　縄文から弥生における動物資源利用の画期

　以上のことから、縄文時代晩期と弥生時代前期や後期にかけての動物資源利用の様相は、表1・2のようにまとめられる。次に、主な動物資源であった貝類、魚類、鳥類、哺乳類の4分類群において、時間軸で資源利用の変化を捉えてみたい。

表1　縄文遺跡の主要な動物資源利用の状況

遺跡名	立地	時代	貝類	魚類	鳥類	哺乳類	他
滋賀里遺跡	内陸	縄文晩期	淡水種	淡水種	キジ科？	イノシシ（老獣・成獣・幼獣）＝ニホンジカ、他10種	スッポン、カエル類
橿原遺跡	内陸	縄文晩期	なし	海水種多＞淡水種少	キジ科、カモ科	イノシシ（幼獣含む）＞ニホンジカ（幼獣含むが比率はイノシシより低）、他13種：タヌキ、サル、ムササビ多、山地型：カモシカ、クマ	スッポン、カエル類、ウミガメ類、クジラ類
森の宮遺跡	内湾：汽水～淡水主	縄文晩期～弥生前	シジミ類主体、他淡水種、干潟種少々、外海産僅	淡水種多＋海水種：スズキ属・ハモ属多	カワウ	ニホンジカ（若獣含）＞イノシシ（幼獣少含）、ほか11種	スッポン、カエル類、ウミガメ類
	内湾：灌水～汽水種	縄文中期～後期	マガキ＝シジミ類、内湾岩礁・砂底域多	淡水種＋海水種：マダイ・フグ科		ニホンジカ（若獣含）＞イノシシ（幼獣少含）、ほか9種	スッポン、カエル類、ウミガメ類、クジラ類、イルカ類
宮ノ下遺跡	内湾：汽水～淡水主	晩期末～弥生前	シジミ類主体、他淡水種、干潟・岩礁僅	淡水種＋海水種、両種とも種の変化はあり	ツル科・サギ科主からガン族増へ	ニホンジカ＞イノシシ、ほか4種から1種へ減	スッポン

表2　弥生遺跡の主要な動物資源利用の状況

遺跡名	立地	時代	貝類	魚類	鳥類	哺乳類	備考
宮ノ下遺跡	内湾：汽水～淡水主	弥生中期後半～古墳	貝層なし	淡水種：4種、海水種：6種	カモ亜科が大半占める、他種減	イノシシ＞ニホンジカ、他3種	スッポン、時期区分できていないがイノシシは幼獣・若獣多い
		弥生中期前半	シジミ類主体、他淡水種、干潟・岩礁僅	淡水種減：1種、海水種：6種	カモ亜科増、ガン族多、サギ・ツル科減	イノシシ＞ニホンジカ、他イヌ	
亀井遺跡	内陸沖積低地	弥生中期～後期	シジミ類＋海水3種：僅	海水種：3種少		イノシシ＞ニホンジカ、両種とも幼獣・若獣多、他6種	切り抜げ部、スッポン
		弥生後期	淡水2種（マツカサガイ・タテボシガイ）	淡水種減：1種、海水種：3種	あり	イノシシ＞ニホンジカ、他2種（イヌ）	スッポン、カエル類、中期～後期層に海産貝類2種
		弥生中期	淡水2種（マツカサガイ・シジミ類）	淡水種主：4種	あり	イノシシ＞ニホンジカ、他3種	
唐古・鍵遺跡	内陸盆地沖積地	弥生後期	ほとんどなし、（アカニシあり）	淡水種主体：複数種あり、海水魚一定量・種数増		イノシシ＞ニホンジカ	スッポン、カエル類
		弥生中期		淡水種主体：複数種あり、海水魚一定量・多様	キジ科：ニワトリあり、カモ亜科、スズメ目	イノシシ（幼獣多）＞ニホンジカ（幼獣含）、他5種	
池上曽根遺跡	低段丘上	弥生中期	淡水：3種（オオタニシ・チリメンカワニナ多）＋汽水1種＋海水：ヘナタリ・バカガイ・他12種	海水種：マダイ多・フグ科・ヒラメ他5種＋淡水種：コイ科1種	アビ科、カモメ科他3種	イノシシ（幼獣・若獣多）＞ニホンジカ、イヌ他3種	カエル類、ヘビ類？

（1）貝類

　貝類は遺跡周辺に存在した種を中心に利用したと考えられ、滋賀里遺跡ではセタシジミを積極的に採取していた状況がうかがえる。一方橿原遺跡の周辺河川には食糧となりうる豊富な貝類は存在していなかったか、貝類は好まれなかったことが読み取れる。沿岸部近くの内湾汽水域に立地する森の宮遺跡や旧河内湖沿岸部に位置した宮ノ下遺跡では、汽水域のヤマトシジミと淡水域のセタシジミが非常に多く出土しているが、森の宮遺跡の下層（縄文後期）ではマガキも非常に多く、ハマグリやナミマガシワなどの内湾砂底や岩礁域の海産貝類も多く利用されている。縄文時代晩期から弥生時代前期になると、シジミ類に加えウミニナやハイガイなどの干潟に生息する種が増加し、ハマグリやマガキもわずかに認められる一方で、イタヤガイやサザエなどの湾外の外海域に生息する種も確認できる。眼前の旧河内湖の海岸線が干潟化する中、汽水から淡水域で貝類を採取しながら、大阪湾側にも積極的に赴いた状況がうかがえる。

　宮ノ下遺跡においても、シジミ類が主体を占めウミニナやハマグリなどの内湾の干潟域や砂底域のものから外海のイタヤガイやサザエなども確認することができる。遺跡周辺水域は弥生時代中期前半頃に完全に淡水湖となったとされ、その前後で採取される貝の変化はあったものの、中期後半以降貝塚は形成されず、貝類採集活動は衰退したことを物語っている。また亀井遺跡では中期から後期の段階にシジミ類とマツカサガイ、ハイガイ、アカニシなどがわずかに認められる。

　一方、弥生中期の環濠集落である池上曽根遺跡では、淡水のオオタニシとカワニナがやや多いものの、ヘナタリやハマグリ、バカガイ、サザエなどの多様な海産貝類が利用されている。多くの人たちが暮らす集落であったと考えられるが貝塚は形成されておらず、目の前にある海での貝類採取は積極的でなかったことがうかがえる。

以上のことから、近畿地方における貝類利用は、縄文時代後期から晩期の間と弥生時代中期頃の段階に画期があると言える。ただし、伊勢湾奥部に位置する東海地方最大級の環濠集落遺跡である朝日遺跡では、弥生時代の中期段階になっても多様な貝類が利用され、日本海に面し弥生時代から古墳時代前期を中心に栄えた集落遺跡である青谷上寺地遺跡においても、汽水域から海水域まで複数の貝類が利用されている。弥生時代を通じてみると、遺跡の立地や自然環境によって貝類資源の利用形態は多様であったといえる（渡辺・田中 2000、山崎・織田 2007、井上・松本 2002、黒住 2012）。

(2) 魚　類

　滋賀里遺跡ではコイやフナ属などの淡水魚を多く獲得し、琵琶湖水域での内水面漁撈が積極的に行われたことが分かる。一方同じ内陸部に位置する橿原遺跡では、フグ科を筆頭にスズキ属やクロダイ属、ボラ科などの海水魚が三体を占める点が特筆される。調査時に微細な資料が見逃された可能性も考慮すべきではあるが、コイとナマズの可能性が高い資料が確認されていることから河川での内水面漁撈も小規模ながら指摘はできる。しかし、それ以上に大和川下流域まで赴いた漁撈活動を重視していたか、沿岸部との積極的な交易によって海産魚類を得ていたことが興味深い。沿岸部の森の宮遺跡では縄文後期から弥生前期までを通して、コイやナマズなどの複数の淡水魚類を利用し、クロダイ属やスズキ属などの内湾で捕獲できるものと、サワラやコショウダイなどの外洋沿岸に生息するものなどの多様な海水魚も獲得している。縄文後期にはフグ科やタイ科などの外洋に近い魚種が多産するが、縄文晩期から弥生前期になるとスズキ属やハモ属などの内湾のものが多くなる傾向が認められる。

　亀井遺跡では、弥生中期にコイやナマズなどの淡水魚のみが確認されているが、後期になると淡水魚はナマズのみで、海水魚のハモ属とフグ科などが出土している。唐古・鍵遺跡では弥生中期から後期にかけて、ナマズ科とコイ科を筆頭にドジョウ科やアユなどの淡水域で獲得できる多様な種で半数以上を占める一方で、ニシン科も非常に多くエイ・サメ類やハモ属などの海産魚類も一定量出土している。内水面での漁撈活動が活発であったのに加え、沿岸部との交易も盛んであった様子が読み取れる。沿岸部の遺跡で多く出土するボラ科やスズキ属が少ない点、また明らかにクロダイ属と同定できる資料が確認できていない点は興味深い。ニシン科やサバ属などは干物や塩などによって加工され、持ち込まれる魚種は選択されていた可能性が読み取れる。奈良盆地には縄文時代晩期から海水魚が多く持ち込まれていたが、より多様な海産魚類が利用されるのは弥生時代中期になってからである。奈良盆地での積極的な内水面漁撈も弥生中期以降に認められる。交易先の遺跡としては、池上曽根遺跡のような集落の可能性が指摘できる。沿岸部に位置するため、マダイやフグ科、ハモ属などが出土している。

(3) 鳥　類

　橿原遺跡でカモ科が、森の宮遺跡の縄文晩期から弥生前期段階にカワウが確認されている。宮ノ下遺跡では主に陸域の湿地や湖沼などに生息するカモ科やサギ科、ツル科が多く、海洋や沿岸部に生息するアビ科、草原や林縁に生息するキジ科やカラス科は少量である（江田ほか 2014）。時期別

第Ⅱ章　生産構造の諸画期からみた近畿地方の初期農耕社会

表3　宮ノ下遺跡から出土した主要鳥類の時期別出土状況と環境推移

種類	狩猟場所	季節	縄文晩期	縄文晩期〜弥生Ⅰ期（前期）	弥生Ⅱ期（中期前半）		弥生Ⅳ期（中期後半）〜古墳中期
キジ科	草原・林縁	周年	1%	2%	4%		3%
			周年狩猟可				
サギ科	湿地・湖沼	冬季	33%	21%	6%		4%
			幼・若鳥多：夏季〜冬季に狩猟				冬季のみ狩猟
ツル科			36%	28%	12%		4%
			冬季のみ狩猟				
カモ亜科			18%	13%	41%		76%
			幼・若鳥多：一部の種は夏季〜冬季		冬季のみ狩猟		
ガン族			8%	30%	33%		4%
			冬季のみ狩猟				
環境等の推移			汽水〜淡水域				淡水域
			貝塚形成	貝塚形成、水位上昇？	貝塚規模縮小、開析谷狭まる、建物・溝、水たまり	貝塚縮小・分散化、開析谷さらに狭まる、溝・杭、水たまり増	貝塚なし、開析谷埋没、水位上昇
					ガン族好む場所増	カモ亜科好む環境増	ガン族好む場所減、ニワトリ確認

＊江田ほか（2014）を参照し作成

出土量が分析され、縄文時代晩期はツル科とサギ科が破片数にして全体の7割を占め、弥生前期では半数を占めるが、弥生中期になると2割程度に減少し、弥生中期後半以降は1割に満たなくなる（表3）。一方で、ガン族（マガンなど）は縄文晩期から弥生前期に増加し、弥生中期後半までは全体の3割を占める。またカモ亜科（マガモ・カルガモ・オナガガモなど）は弥生中期になって増大し、弥生中期後半以降は全体の8割を占める。これらの変化は、遺跡周辺にカモ科の好む湿地や湖沼が増加したためと考えられる。弥生中期前半には貝塚規模も縮小し、貝類採取よりも冬季に獲得できる鳥類への依存が高まったことが示唆される。また、幼鳥や若鳥の存在から狩猟の時期を知ることができ、弥生中期後半以降は鳥類獲得が冬季に限られると指摘されている（江田ほか2014）。出土鳥類や水域環境の復元情報から、弥生中期前半に貝塚の縮小や水鳥のカモ科の増加、またそれらの多くが冬季の狩猟であることなどが明らかとなり、生業形態の大きな画期が読み取れる。また弥生中期後半にはさらにその特徴が顕著となり、ガン族の減少とニワトリの出土へと変化が認められ、住居などの構造物は別の場所に移動したことが示唆され、この時期も大きな画期と言える。

唐古・鍵遺跡では、弥生中期の遺構からニワトリとカモ亜科、スズメ目、キジ科が出土しており、草原・林縁ならびに湿地・湖沼での鳥類獲得とニワトリの利用開始が読み取れる（江田ほか2016）。

(4) 哺乳類

哺乳類は縄文晩期から弥生時代中期・後期を通して、イノシシやニホンジカを主体に多様な種の利用が認められるが、縄文期は多くの遺跡でイノシシよりもニホンジカが優占し、弥生期になるとその比率が逆転する特徴がある。宮ノ下遺跡では、弥生前期段階でもイノシシよりもニホンジカが優占するものの（個体数比2：3）、イノシシの比率は晩期よりもやや高くなる（晩期7：12）。また、弥生期に入ると種数が減少する点も認められ、イノシシとニホンジカに集中する状況が読み取れる。ただし、朝日遺跡や青谷上寺地遺跡では、弥生期においてもイノシシとニホンジカを主体に多様な動物種が利用されており、この点からも地域や遺跡の立地によって動物資源利用には差があると言える（新美2000、井上・松本2002、井上・江田2012）。また、彦崎貝塚（岡山市）では、縄文前期

から後期をとおしてイノシシはニホンジカより多く確認することができるため（石丸・富岡 2006）、弥生期になってイノシシ優占へと変化するのは、遺跡の立地や狩猟方法などの影響による可能性がある。弥生時代前期資料や他の遺跡の様相などをさらに検討する、あるいは動物種による廃棄場所の差を考慮する必要はあるが、近畿地方においては弥生時代中期を境にイノシシが優占種となる傾向は認められよう。また年齢構成としては、滋賀里遺跡では老獣から幼獣までが認められるのに対して、唐古・鍵遺跡や亀井遺跡ではイノシシもニホンジカも幼獣が多い点が指摘されている。弥生期に幼獣の比率が高くなるのも特徴の一つだといえる。

　また弥生時代には、卜骨と下顎骨の穿孔や配列という縄文時代には見られない特徴的な動物利用が認められる。新しい文化の導入や生業形態の変化による動物の取り扱いの変化の可能性が高いため、それらの出土状況についても簡単に触れておきたい。

　イノシシ・ニホンジカの卜骨　卜骨は、骨を灼き表面に生じた亀裂をみて占ったとされるもので弥生時代に登場する。これまで多くの遺跡で発見されているが、近畿地方では唐古・鍵遺跡（イノシシ12点・シカ3点、弥生時代前期・中期〜後期）、鬼虎川遺跡（イノシシ1点、弥生後期？：東大阪市）、亀井遺跡（イノシシ2点・シカ1点、弥生中期）、森の宮遺跡（シカ1点、弥生中期〜後期）に報告がある（浪形 2009）。全国的に見ても唐古・鍵遺跡の前期資料3点（シカ肩甲骨、イノシシ橈骨・大腿骨）が最も古いものである。弥生時代中期に増加し、後期にはさらに増加すること、西日本ではイノシシが多く使われているが、東海地域以東ではニホンジカが多いことが指摘されている（浪形 2009）。動物遺存体の出土量もイノシシが多い点と調和的である。卜骨の登場からみると弥生時代前期に画期が認められるが、資料の増加から近畿地方の盛期は中期段階だと言える。

　イノシシの下顎骨穿孔・下顎骨列　イノシシ下顎骨（下顎角部分）に穿孔を施したもの、あるいは下顎骨を並べた状態のものも弥生時代になって登場する特徴的な資料である。穿孔し、そこに棒を通して連ねたものや、穿孔はされていないが棒に引っ掛けた状態のもの、あるいは下顎骨だけを集積したものがあり、農耕儀礼の一つとする見解が有力となっている。唐古・鍵遺跡では、穿孔を施したもの、孔をあけずに14個の下顎骨を棒に引っ掛けた状態のものや、7個の下顎骨を集積したものなど、弥生前期と中期の溝や中期と後期の井戸などから多く出土している。そのほか近畿地方では池上曽根遺跡（弥生中期：和泉市）や亀井遺跡など、中国地方では南方遺跡（弥生中期：岡山市）、門田貝塚（弥生前期：瀬戸内市）、青谷上寺地遺跡（弥生前期〜古墳前期初頭）、西川津遺跡（弥生中期：松江市）などで、九州では菜畑遺跡（弥生前期：唐津市）など、東海地方では朝日遺跡など、西日本各地の弥生遺跡で出土が確認されている（春成 1993、扇崎・安川 1995、河合・水村 2010）。これらの行為の開始は弥生時代前期であることが読み取れる。

4　動物資源利用からみた農耕化現象と集落立地

　前述のように、各遺跡から出土した動物群の内容の変化と遺跡の立地環境、弥生時代に特有な動物利用形態について考察した。動物資源利用から見た小さな画期としてはいくつかあるが、最も大

きな変化は弥生前期と中期にある。その根拠としては、貝塚の規模が縮小し淡水貝類が主体となること、淡水魚類の利用が増加すること、沿岸部の遺跡であっても貝類採取が盛んでなくなること、宮ノ下遺跡を例にするとカモ科が増加し近くに湖沼や水田の存在が示唆されること、哺乳類の優占種がニホンジカからイノシシに移ること、さらには幼獣の比率が増加することなどである。

　貝塚の縮小は、多くの貝類の採取季節が春から夏にかけてであるが、これらの活動が農耕に関わる生業へと置き換わったと理解することができる。淡水魚の増加は稲作農耕の水管理にともない容易に獲得できるようになったと読み取ることもできる。ただし沿岸部では海産魚類の獲得は引き続き行われていたといえる。またイノシシの優占化は、農耕に適した低地に遺跡を営み、狩猟活動の季節が冬季に限定されたことから狩猟域も狭まった可能性があり、山間部や森林地帯に生息するシカよりも低山帯の平地や草原に生息するイノシシのほうが遺跡周辺に多かったことも理由の一つにあげられる。またイノシシは水場が近い場所を好むとされる。あるいは金子らによって指摘されているようにイノシシの飼養の可能性も捨てきれない（金子・牛沢 1980）。さらに、狩猟獣の若獣化は、人口増加による狩猟圧の高まり、あるいは当時の狩猟技術や季節の影響などがあげられる（松井 1986、宮地ほか 2006）。人とイノシシやニホンジカとの関わりについては、さらなる追究が必要であるが、前述したように哺乳類や鳥類などの狩猟活動の変化は農耕化との関わりが深いと言える。

　また、近畿地方において農耕文化の一端とされる卜骨や下顎骨穿孔および配列などの儀礼的な要素を取り入れたのは弥生時代前期である。また、出土量の増加や集落規模が大きくなるのは弥生時代中期の段階の遺跡が多いことが指摘できる。これらのことから、弥生時代前期に農耕文化を取り入れ、中期前半の段階で盛期を迎えると理解することができる。

　以上のような生業が営まれた集落の立地は、台地や扇状地の縁辺や斜面から低地や沖積地へと推移する状況が認められる。動物資源利用から遺跡の立地をとらえると、農耕に適する場所に集落を形成し、そこで獲得可能な動物資源を利用するよう環境適応してきたと読み解くことができる。

引用・参考文献
石丸恵利子・富岡直人 2006「彦崎貝塚出土の動物遺存体」『彦崎貝塚』岡山市教育委員会　pp.254-296
井上貴央・松本充香 2002「青谷上寺地遺跡から検出された動物遺存体について」『青谷上寺地遺跡4 本文編2』鳥取県教育文化財団調査報告書74　財団法人鳥取県教育文化財団　pp.470-480
井上貴央・江田真毅 2012「青谷上寺地遺跡第12次調査によって検出された動物遺存体（魚類・貝類を除く）について」『青谷上寺地遺跡12 第11・12次発掘調査報告書』鳥取県埋蔵文化財センター調査報告46．鳥取県埋蔵文化財センター　pp.246-252
江田真毅・別所秀高・井上貴央 2014「大阪府宮ノ下遺跡出土資料からみた先史時代の河内平野における鳥類利用」『動物考古学』31　pp.21-32
江田真毅・安部みき子・丸山真史・藤田三郎 2016「唐古・鍵遺跡第58次調査から出土した動物遺存体」『田原本町文化財調査年報』24　田原本町教育委員会　pp.119-142
扇崎　由・安川　満 1995「岡山市南方（済生会）遺跡のイノシシ類下顎骨配列」『動物考古学』5　pp.69-73
金子浩昌 1973「滋賀里遺跡出土の魚類遺存体」『湖西線関係遺跡調査報告書』湖西線関係遺跡調査団

pp.243-246

金子浩昌・牛沢百合子 1980「池上遺跡出土の動物遺存体」『池上・四ツ池遺跡第6分冊自然遺物編』財団法人大阪文化財センター　pp.9-32

亀井節夫 1973「滋賀里遺跡より出土した獣骨類について」『湖西線関係遺跡調査報告書』湖西線関係遺跡調査団　pp.241-242

河合章行・水村直人 2010「骨角器の分類」『青谷上寺地遺跡出土品調査研究報告5 骨角器（1）』鳥取県埋蔵文化財センター　pp.19-98

久保和士 1996「動物遺体の調査結果」『大阪市中区森の宮遺跡Ⅱ―中央労働総合庁舎新営工事に伴う発掘調査報告書―』財団法人大阪市文化財協会　pp.134-174

黒住耐二 2012「青谷上寺地遺跡第12次調査で得られた貝類遺体」『青谷上寺地遺跡12 第11・12次発掘調査報告書』鳥取県埋蔵文化財センター調査報告46　鳥取県埋蔵文化財センター　pp.265-276

樽野博幸・石井みき子 1978「森の宮遺跡出土の動物遺体」『森の宮遺跡―第3・4次発掘調査報告書―』難波宮址顕彰会　pp.160-165

樽野博幸・山西良平 1980「動物遺体」『亀井・城山』財団法人大阪文化財センター　pp.397-404

樋泉岳二 2012「青谷上寺地遺跡第12次調査で採集された魚類遺体」『青谷上寺地遺跡12 第11・12次発掘調査報告書』鳥取県埋蔵文化財センター調査報告46　鳥取県埋蔵文化財センター　pp.253-264

東島沙弥佳 2010「唐古・鍵遺跡北部地域出土の動物遺存体」『田原本町文化財調査年報』18　田原本町教育委員会　pp.65-76

浪形早季子 2009「弥生時代の卜骨の再検討―シカ・イノシシからみた時代性・地域性について―」『國學院大學伝統文化リサーチセンター研究紀要』1　pp.47-67

新美倫子 2000「朝日遺跡出土の動物遺体」『朝日遺跡Ⅵ―新資料館地点の調査―』愛知県埋蔵文化財センター調査報告書第83集　財団法人愛知県教育サービスセンター・愛知県埋蔵文化財センター　pp.438-457

春成秀爾 1993「豚の下顎骨懸架―弥生時代における辟邪の習俗」『国立歴史民俗博物館研究報告』50　pp.71-131

藤田三郎・丸山真史 2012「唐古・鍵遺跡第37次調査出土の魚類遺存体について」『田原本町文化財調査年報』20　田原本町教育委員会　pp.111-119

別所秀高 1996「動物遺体」『宮ノ下遺跡第1次発掘調査報告―第2分冊―』東大阪市教育委員会・財団法人東大阪市文化財協会　pp157-173

松井　章 1986「亀井遺跡（切り広げ部）出土の動物遺存体の分析」『亀井（その2）』大阪府教育委員会・財団法人大阪文化財センター　pp.423-484

丸山真史・橋本裕子・松井　章 2011「橿原遺跡出土の動物遺存体」『重要文化財橿原遺跡出土品の研究』橿原考古学研究所研究成果第11冊　奈良県立橿原考古学研究所　pp.281-294

丸山真史・藤田三郎 2014「唐古・鍵遺跡出土の魚類遺存体について」『田原本町文化財調査年報』22　田原本町教育委員会　pp.135-147

宮路淳子・中原　計・松井　章 2006「門田貝塚出土の動物遺存体」『邑久町史考古編』邑久町史編纂委員会　pp.186-203

山崎　健・織田銑一 2007「動物遺存体」『朝日遺跡Ⅶ―第2分冊出土遺物―』愛知県埋蔵文化財センター調査報告書第138集　財団法人愛知県教育・スポーツ振興財団・愛知県埋蔵文化財センター　pp.264-291

渡辺　誠・田中禎子 2000「朝日遺跡貝層ブロック・サンプリングの調査報告」『朝日遺跡Ⅵ―新資料館地点の調査―』愛知県埋蔵文化財センター調査報告書第83集　財団法人愛知県教育サービスセンター・愛知県埋蔵文化財センター　pp.413-430

第Ⅱ章 生産構造の諸画期からみた近畿地方の初期農耕社会

表4 近畿地方の縄文時代および弥生時代の出土動物遺存体一覧

第4節　動物考古学からみた農耕化現象と集落立地の反映

分類群	種名	生息環境	滋賀里遺跡	橿原遺跡	森の宮遺跡		宮ノ下遺跡				亀井遺跡		唐古・鍵遺跡	池上曽根遺跡	青谷上寺地遺跡		朝日遺跡	
	所在		大津市滋賀里	橿原市畝傍町	大阪市中央区森之宮		東大阪市長堂				八尾市南亀井町		奈良県田原本町	和泉市池上町・泉大津市曽根町	鳥取市青谷町		清須市・名古屋市春日町	
	時代		縄文晩期	縄文晩期	縄文後期	縄文晩期〜弥生前期	縄文晩期	縄文晩期末〜弥生前期	弥生中期前半	弥生中期後半〜古墳中期	弥生中期	弥生後期末〜微高地	弥生中期〜後期	弥生中期	弥生後期初頭	弥生時代前期末〜中期前葉	弥生時代後期〜終末期	弥生前期末〜中期初頭	弥生中期
	立地 生息環境		扇状地裾部	洪積台地縁辺/沖積地	濃積台地斜面		自然堤防上/低地				扇状地性低地/微高地		内陸部盆地沖積地	低位段丘上	河口三角州帯		沖積低地	
魚類	コチ科	内湾沿岸浅海帯〜外洋沿岸/底生		△	△			△							△		△	
	ヒラメ				△										○				
	ニシン科													○		●		○	△
	カタクチイワシ																		
	サワラ	内湾湾央部〜外洋沖合/表層												△		○		△	
	サバ属					△						△		△	△	○			
	アジ科					△			△			△		△		△			
	サメ類											△		△		△			
	カワハギ科	内湾湾央部〜外洋沿岸/低層					△							△		△			
	フグ科			○	△		△					△		△	○	△			
	ハリセンボン科															△			
	マダイ亜科			△	△						△	△		△	●	△	●		
	タイ科	湾口部〜外洋沿岸/中層			△		○					△		△		△	●		
	イサキ															○			
	シマイサキ科															○			
	コショウダイ属				△														
	ダツ科															△			
	トビウオ科															△			
	ハタ科	外洋沿岸〜沖合/表層														△?			
	ブリ属													△		△			
	マグロ属															△			
	ソウダガツオ属															△			
両生類	カエル類	河川、湖池沼など	△	△	△	△				△		△		△	○	○		△	
爬虫類	スッポン	河川、湖池沼など	○	△	△	△													
	カメ類			△	△														
	ウミガメ類	沿岸、海水域			△											△			
	ヘビ類	山地、林など		△	△			△				△		△	△?				
鳥類	アビ科	冬鳥/海洋					△									△			
	アホウドリ科	海洋														△			
	ミズナギドリ科	海洋														△			
	ウミスズメ科															△			
	カイツブリ科	湖池沼など			△	△													
	ウ科	河川、湖池沼、海岸			△	△										△			
	サギ科	河川、湖池沼、海岸、竹林など					●	○	△	△		△			△				
	ツル科	河川、湖池沼、田、湿地、草原など					●								△?				
	カモ科			△															
	ガン類	淡水域、湿原、海洋など			△	△	●	●	●	△					△	●		△	
	カモ類						○	△	△	●				△					
	ハクチョウ類															△			
	コウノトリ科	草原、河川、湖池沼、湿地など					△					△							
	タカ科	森林、草原、海岸など														△			
	ハト科	森林、草原など														△			
	フクロウ科															△			
	カラス科	森林、草原、海岸、市街地など				△										△			
	キジ科		△?	△	△	△	△	△	△	△		△		○		△			
	ニワトリ	山地、林、農耕地など								△									
	スズメ目															△			
	不明鳥骨			△	△						△			△					
哺乳類	ジネズミ	山地、林など				△													
	ネズミ類		△		△	△						△				△			
	モグラ類				△														
	ノウサギ		△	△	△	△						△				△			
	ムササビ		△	△	△	△													
	テン			△												△			
	イタチ		△		△	△										△			
	アナグマ			△											△	△			
	カワウソ											△							
	ニホンザル		△		△	△								△		○			
	タヌキ									△						○			
	キツネ			△			△			△				△		△			
	オオカミ		△?	△												△			
	イヌ			△		△	△							○	△?	○			
	ツキノワグマ		△	△		△								△		△			
	ニホンジカ		○	○	●	●	●	●	●	○		○		○	●	○		●	
	イノシシ		○	●	○	●	○	●		●		●		●	●	●		●	
	イノシシ類																		
	カモシカ															△			
	アシカ科	沿岸、海水域														△			
	イルカ類				△											△			
	クジラ類															△			
	備考		亀井1973,金子1973より	丸山ほか2011	樽野・石井1978,久保1996より		別所1996,江田ほか2014				樽野・山西1980,コイ科はワタカ,他にテボシ△		松井1986	藤田・丸山2012,中村2014,江田ほか2016,東島2008より	丸山・藤田2014,井上・江田2012,東島2008より	金子・米沢1980	井上・松本2002,井上・江田2012,楠泉2012,黒住2012	渡辺・田中2000,新美2000,山崎・織田2007	

145

第5節

山城地域における初期農耕集落の石材利用
── 雲宮遺跡を例に ──

朝井琢也

1 弥生時代の石器研究

　石器、特に打製石器は、旧石器時代から長きにわたって使用されてきた道具である。大陸系磨製石器や金属器が導入されるようになる弥生時代においても、打製石器は主要な利器の座を占めていた。打製石器には、産地が限られる石材が利用されることが多い。そういった石材には、原産地遺跡から消費地遺跡への人の動き、モノの動きが見え隠れしている。

　弥生時代の石器研究でも、戦争や交易（流通）、経済システムといった社会論に発展させたものも多く実施されている（佐原1964、蜂屋1983、塚田1990、禰冝田1997など）。このような研究も、詳細な遺物観察を抜きにして、議論することはできない。

2 二つのサヌカイト

　近畿地方で打製石器に最も使用された石材は、サヌカイト（讃岐石）である。サヌカイトは、瀬戸内火山岩類の一種の無斑晶古銅輝石安山岩である。近畿地方でサヌカイトと呼ぶ場合、一般的には大阪府羽曳野市・柏原市・奈良県香芝市にまたがる二上山北麓地域産出のサヌカイトを指す。二上山北麓産サヌカイト[1]は、後期旧石器時代から弥生時代の打製石器石材として盛んに利用されてきた。二上山北麓地域では、サヌカイトの採掘抗や石器製作址など多くの遺跡が見つかっている。

　二上山北麓産サヌカイトのほかに、もう一つのサヌカイトとして金山産サヌカイト[2]が挙げられる。金山は香川県坂出市に所在する山で、そこで採取できるサヌカイトは近畿地方をはじめ中国・四国地方を中心に広く使用されている。金山産サヌカイトは石理が強く、板状に割れやすい特性がある。縄文時代（特に後期以降）には、瀬戸内地域を中心に板状をした石材の流通が盛んになり、それは弥生時代にも継続している（竹広2003）。

　弥生時代の近畿地方では、そのほかの石材が打製石器に用いられることもまれにあるが、もっぱらこの二つのサヌカイトが使用されている。これらは、蛍光X線分析装置を用いた自然科学分析によって区別できることがわかっている（藁科・東村1988など）。また、両者の剥離面を比較すると、斑晶が少なく均質な二上山北麓産サヌカイトに比べて、金山産サヌカイトは表面のざらつきや白色の粗いフィッシャーが目立ち、油脂状の光沢がある（図1）。このように、両者の区別は肉眼に

よってでも可能である。この肉眼による分類が、自然科学分析の結果と齟齬を生じないことも指摘されている（山中 1992、栗田 2010、上峯 2018 など）。

　二上山北麓産サヌカイトは、採取する地点によって自然面（原礫面、礫の表皮に当たる部分）に違いがあることがわかっている（松藤 1982、塚田 1990、上峯 2012 など）（図2）。金山産サヌカイトでも、採取地点による自然面の違いが議論されており（長井 2004、朝井 2018 など）（図3）、二上山北麓産サヌカイトと同様に、多様性を示すことが明らかになっている。

　サヌカイトの採取地点は石材の獲得・消費を明らかにするうえで重要であり、消費地遺跡での分析の蓄積が期待される。

3　弥生時代前期における金山産サヌカイトの利用

　この二つのサヌカイトについて、最も関心を集める時期が弥生時代の前期である。先に述べた蛍光X線分析による原産地推定によって、弥生時代前期に近畿地方で金山産サヌカイトが多く使われるようになることが明らかにされている。兵庫県神戸市大開遺跡では金山産サヌカイトが出土石器の100％近くを占めており、京都府長岡京市雲宮遺跡など金山から離れた遺跡でも金山産サヌカイトが使用されていることが指摘されている（藁科・東村 1988）。そのほかにも、和歌山県御坊市堅田遺跡や、三重県鈴鹿市八重垣神社遺跡など、広い範囲に流通していたことがわかっている（図4）。秋山浩三（1999）や上峯篤史（2012）は、近畿地方の縄文時代晩期中葉から末葉にかけて低調だった金山産サヌカイトの利用が、弥生時代前期に激増することを肉眼観察から追証している。

　このような弥生時代前期に金山産サヌカイトが近畿地方で使用される現象は、稲作の伝播と関連付けた西からの影響として議論されることが多い（山中 1992、秋山 1999 など）。秋山は、河内潟周辺に到来した西から来た集団が、金山産サヌカイトを持って来た、あるいは、継続的な搬入ルートを確保していたのではないかと推察している。

　では、その石材はどのような形で持ち込まれたのだろうか。この時期の金山産サヌカイトの近畿地方への搬入事例としては、大阪府八尾市田井中遺跡が著名である。田井中遺跡では、弥生時代前期に属する土坑から、20㎝前後の金山産サヌカイトの板状の大型剝片15点の集積が検出されている（岩瀬編 1996）（図5）。このように、金山産サヌカイトは板状石材の形で近畿地方に搬入され、使用されたと考えられる。しかしながら、田井中遺跡以外の当該期の遺跡では板状石材の集積遺構は発見されておらず、どのような形状で移動していたのかを示す資料もほとんど確認されていない。

　弥生時代前期における金山産サヌカイトの利用の激増は、稲作文化の伝播と絡めてクローズアップされている。しかし、その内情は、一部の自然科学分析や河内潟周辺を中心とする地域の分析といった限られた事例にとどまっているのが現状である。近畿地方における弥生時代前期の動向を明らかにするためには、より広い地域での詳細な分析事例が必要である。

　例えば、先ほど挙げた雲宮遺跡ではどうだろうか。石器の原産地推定研究の初期段階から、金山産サヌカイトの使用が指摘されてきた遺跡である。肉眼観察によってもその利用は言及されてきた

第5節　山城地域における初期農耕集落の石材利用—雲宮遺跡を例に—

図1　二上山北麓産と金山産サヌカイトの剥離面の違い（上峯2018）

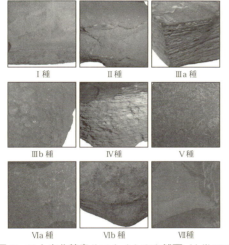

図2　二上山北麓産サヌカイトの自然面（上峯2012）

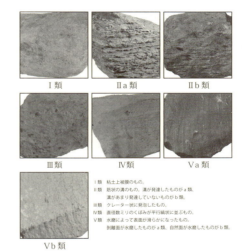

図3　金山産サヌカイトの自然面（朝井2018）

①丁・柳ヶ瀬遺跡　②砂部遺跡　③美乃利遺跡　④玉津・田中遺跡
⑤戎町遺跡　⑥大開遺跡　⑦口酒井遺跡　⑧田能遺跡
⑨安満遺跡　⑩雲宮遺跡　⑪山賀遺跡　⑫亀井遺跡
⑬美園遺跡　⑭田井中遺跡　⑮堅田遺跡　⑯八重垣神社遺跡

図4　金山産サヌカイトが出土する弥生時代前期遺跡

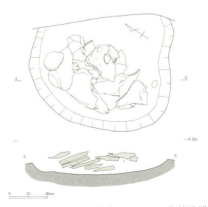

図5　田井中遺跡の金山産サヌカイト集積遺構
（S=1/20）（岩瀬編1996）

149

第Ⅱ章　生産構造の諸画期からみた近畿地方の初期農耕社会

が（岩崎1991、中川1997）、量比など詳細な検討はなされてこなかった。

　雲宮遺跡は、淀川水系である小畑川左岸の扇状地上に立地する。この地点は、桂川・宇治川・木津川の三川合流地点の北側に位置し、淀川をさかのぼって山城地域に至る玄関口といえる。淀川水系や三川合流地点の地域は、縄文時代より石材の運搬経路として用いられた交通の要衝であったと考えられている（大下2009）。金山から離れた地域での石材利用を考える上で、重要な遺跡である。

　また、雲宮遺跡は、佐原真が弥生時代前期の土器を三段階に細分するきっかけとなった遺跡であり（佐原1967）、前期中葉の標識遺跡として著名な遺跡でもある。複数の環濠が検出され、山城地域で最も古い段階の環濠集落であることが判明している。環濠で囲まれた範囲は、東西120ｍ、南北100ｍほどに復元されている（桐山 編2017）。雲宮遺跡については、本書第3章第1節も参照されたい。

4　雲宮遺跡の石材の利用状況

　雲宮遺跡[3]で、金山産サヌカイトがどの程度使用されていたのかを明らかにするために、二上山北麓産サヌカイトと金山産サヌカイトを肉眼観察によって分類した。その結果、点数比で46％、重量比で42％の金山産サヌカイトが利用されていることがわかった（図6）。先行研究で明らかにされている河内潟周辺と同じ様相が指摘できる。

　肉眼分類の精度を補強するため、出土資料の一部を自然科学分析に供し原産地を推定した[4]。分析対象は無作為に抽出したサヌカイト製石器60点である。石器は風化層に覆われているが、風化層を除去せず非破壊で分析した。

　分析の結果、37点が二上山エリア春日山群、23点が讃岐エリア金山1群のサヌカイトであることが推定された（図7）。今回の分析結果では、風化の影響によって判別図上で本来のエリアから上下にずれる傾向が認められる。これは、サヌカイトが風化することによって鉄（Fe）などの元素が減少するため（井上2008）と考えられる。しかし、微量元素に大きな変化は認められず、このような分析結果でも二上山北麓産サヌカイトか金山産サヌカイトかを判別することに支障はないことが指摘されている（上峯ほか2014）。本事例も同様に考え、原産地を推定している。

　自然科学分析の結果とその資料の肉眼分類の結果を比較しても、齟齬は認められなかった。肉眼分類は一定の精度を保っているといえる。雲宮遺跡の打製石器には、45％程度の金山産サヌカイトが使用されていることが明らかになった。

　では、これら金山産サヌカイトと二上山北麓産サヌカイトは、使い分けなどがあるのだろうか。肉眼分類の成果に従って分けた器種構成（表1）では、両者に大きな差はみられない。雲宮遺跡の打製石器の製品としては、石鏃が最も多く、次に石錐、削器と続く。打製石剣を含む尖頭器も出土している。ただし、尖頭器は金山産サヌカイトでは作られないことは特徴的である。製品以外では剝片が最も多く、楔形石器も一定量認められるが、石核はほとんど出土していない。

　石器の大きさを見ても、顕著な違いは認められない（図8）。石鏃や石錐はおおむね最大長4㎝、

第5節　山城地域における初期農耕集落の石材利用―雲宮遺跡を例に―

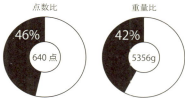

図6　二上山北麓産と金山産の使用率

表1　打製石器の器種構成

	二上山北麓産	金山産
石鏃	37	30
尖頭器	8	0
削器	6	8
石錐	12	7
楔型石器	41	23
剥片	214	213
二次加工のある剥片	25	15
石核	0	1
合計	343	297

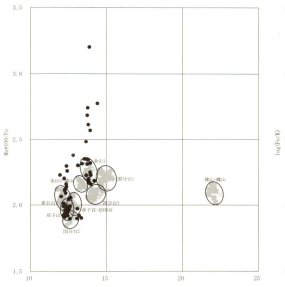
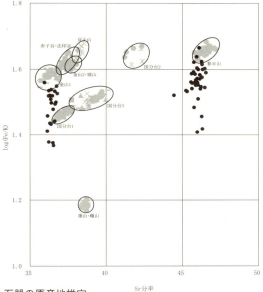

図7　雲宮遺跡出土石器の原産地推定

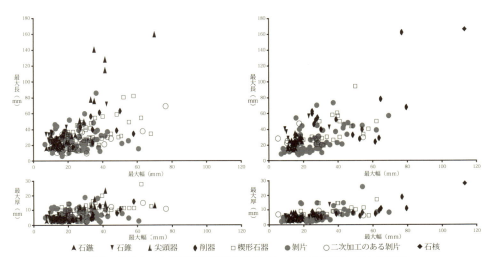

図8　サヌカイト製打製石器の大きさ（左：二上山北麓産　右：金山産）

151

最大幅2cmの範囲内で収まっている。グラフから除外した二上山北麓産サヌカイト製品として、叩き石が1点ある。全周が敲打痕に覆われており、10cm程度の亜円礫を素材としている。複数の剝離痕も留めることから、原礫から自然面打面で剝離した石核を転用していると考えられる。

　グラフの中では、金山産サヌカイトの大形の石核が目を引く。出土資料の中で突出して大きく、遺跡内に石材がどのような形態で持ち込まれたのかを示唆する資料である。

5　石材の搬入形態

　出土資料の中で最も大きいこの石核は、石理に沿うように直接打法で求心状に剝離された資料である（図9-1）。側辺には筋状の溝を持つ自然面をとどめている[5]。表裏ともに複数の剝離痕があるが、おおむね扁平であり、板状石材を素材としていたと考えられる。複数枚の剝片を剝離した後に、石核を分割するように厚手の剝片を石理に沿って剝離している。この剝離痕を打面として、剝離作業が進められている。その打面再生時の剝片が図9-2であり、これらが接合する（図9-接合状態）。雲宮遺跡内で、素材となる板状石材から剝片が剝離されていたことを示す資料である。

　その他にも、大形の剝片を素材とした削器がある（図10-3）。先ほどの石核と同様に、遺跡内では群を抜いて大きい資料である。自然面打面の資料で、石理に沿って剝離されている。対応する石核が認められないため、板状石材のように大形の剝片として搬入されたと考えられる。

　図10-4は、熱破砕した資料である。表裏は平坦な剝離痕で形成され、厚さが2.5cmある。側面には、中央から割れが生じるポットリッド状破砕が認められる。平坦な剝離痕や他の剝片より著しく厚いことから、板状石材が被熱によって破砕した資料と考えられる。

　これらのことから、弥生時代前期に金山産サヌカイトは山城地域にまで板状石材として搬入されている可能性が高いといえる。搬入されたそれらは、あるものは石核素材に、あるものは大形の削器として利用されていたようである。

　一方、二上山北麓産サヌカイトには、金山産サヌカイトのような板状を呈する大形の資料は見られない。では、どのような形態で遺跡内に持ち込まれていたのだろうか。二上山北麓産サヌカイトの剝片の上位25％を占める比較的大きめの剝片には、自然面が認められるものが6割以上ある。その中には、背面や片側辺全面に自然面を留める剝片が複数認められる（図10-5・6）。これらの剝片は、原石から初期の段階に剝離された剝片である可能性が高い。剝片に残存する自然面から、多くの原石の形状は10cm程度の亜円礫であったと推定できる[6]。先述のように、10cm弱の原石に近い状態の叩き石も出土しており、この推定を支持する。二上山北麓産サヌカイトは拳大程度の原石か、それに近い状態で持ち込まれたと考えられる。

　ここで問題になるのが、10cmを超える大形の尖頭器である。雲宮遺跡では、これらを製作できる素材は出土していない。また、先述の通り入手している原石の大きさが10cmを超えないものである可能性が高い。大形の尖頭器は原石とは別に入手していると考えられる。遺跡内で未成品も出土しているため、ある程度成形された状態で入手し、遺跡内で加工し完成させていたのだろう。

第5節　山城地域における初期農耕集落の石材利用―雲宮遺跡を例に―

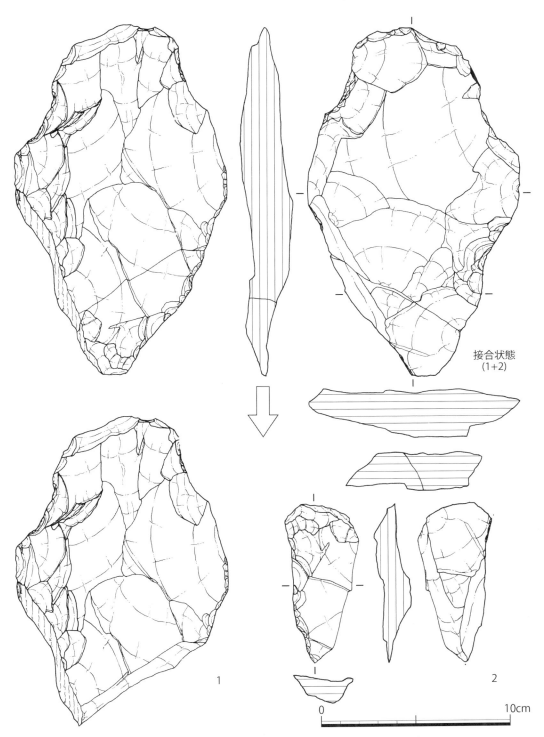

図9　雲宮遺跡出土の石器(1) (S=1/2)

第Ⅱ章　生産構造の諸画期からみた近畿地方の初期農耕社会

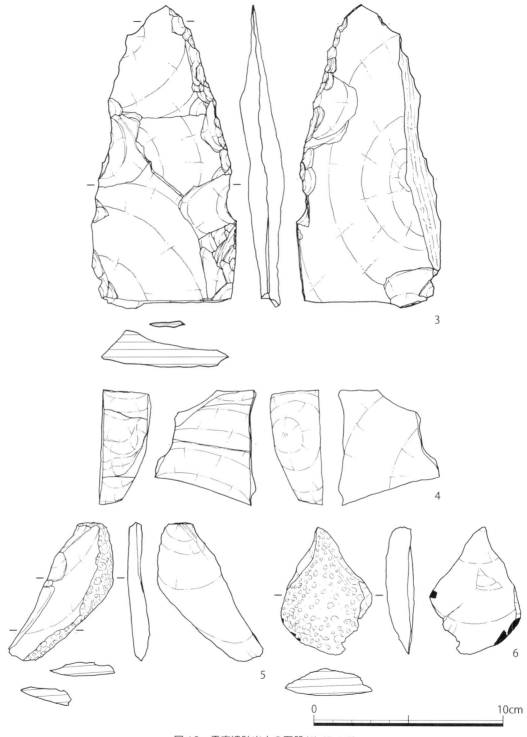

図10　雲宮遺跡出土の石器(2)(S=1/2)

6 初期農耕集落の石材利用の解明に向けて

　遺跡内での石材利用を解明するためには、石器の全容を明らかにしなくてはならない。一部の資料を自然科学分析で原産地を推定したとしても、それはその産地のものがあるということしかわからない。その点、肉眼分類は労力さえ惜しまなければ、遺跡から出土した遺物全点の産地を推定することが可能である。

　今後、淀川流域や京都盆地、琵琶湖沿岸といった地域はもちろん、日本海側や紀伊半島、伊勢湾沿岸といった地域も含めて検討していかなければならない。どこの産地の石材が、どういったかたちで、どの程度持ち込まれ利用されているのかを、時期ごと、地域ごとに明らかにしていくことで、稲作文化の伝来との関係も含めた初期農耕集落の石材利用を解明することができるのである。

謝辞
　本稿を執筆するにあたり、上峯篤史氏（京都大学白眉センター・人文科学研究所）に様々な助言を賜りました。また、資料調査に際して長岡京市埋蔵文化財センターの方々には大変お世話になりました。末筆ながら記して感謝申し上げます。

註
1) 一般的に「二上山産」と呼称されることも多いが、二上山はサヌカイトの産出地ではなく、その北麓にある春日山・大久保山がサヌカイトの噴出源と考えられている。そのため、「二上山北麓産」とする方が正確である（上峯2012）。本節ではこれに倣い、「二上山北麓産」と呼称する。
2) 金山産サヌカイトの他に、讃岐地域には五色台（国分台）産のサヌカイトがある。特に旧石器時代の国分台遺跡などが著名である。また、淡路島では海浜礫としてサヌカイトが採取できる。ただし、これらのサヌカイトの弥生時代での使用例は多くないため、ここでは詳述しない。
3) 本稿で取り扱う資料は、1997年から1998年にかけて古代学協会が発掘した長岡京左京407次調査で出土したもので、前期の環濠集落の北東部にあたる地点である。
4) 測定は、株式会社パレオ・ラボ所有の分析装置を使用し、分析方法は、蛍光X線分析のX線強度による判別図法を用いた。測定結果のうち、特定の元素のX線強度について指標値を計算し、各地の原石と石器のデータを照合して産地を推定する方法である。本方法は黒曜岩の原産地推定に用いられるが、サヌカイトにも応用可能であることがわかっている（竹原2012）。装置の仕様などは竹原（2012）のものに準拠している。
5) 自然面が確認できる金山産サヌカイトのうち7割以上がこの自然面であり、図3のⅡ類にあたる。
6) 自然面の観察では、図2のⅢb種やⅤ種、Ⅵ種が過半数を占めている。二上山北麓の大阪層群が再堆積した地点や、原産地近くの河川での採取が伺える。

引用・参考文献
朝井琢也 2018「金山産サヌカイトの多様性」『実証の考古学　松藤和人先生退職記念論文集』pp.193-204
秋山浩三 1999「近畿における弥生化の具体相」『論争吉備』pp.189-222
粟田　薫 2010『弥生時代石器の技術的研究―二上山周辺地域の弥生時代社会におけるサヌカイトの使用―』真陽社
井上　巌 2008『関東・中部地方ガラス質安山岩写真集―地質学から考古学へのアプローチ―』第四紀地質研究所

第Ⅱ章　生産構造の諸画期からみた近畿地方の初期農耕社会

岩崎　誠 1991「弥生時代　雲宮遺跡」『長岡京市史』資料編Ⅰ　pp.214-241
岩瀬　透 編 1996『田井中遺跡発掘調査概要Ⅴ』大阪府教育委員会
上峯篤史 2012『縄文・弥生時代石器研究の技術論的転回』雄山閣
上峯篤史 2018『縄文石器―その視角と方法―』京都大学学術出版会
上峯篤史・高木康裕・竹原弘展・朝井琢也 2014「蛍光X線分析によるサヌカイトの原産地推定に前処理は必要か？」『日本文化財科学会第31回大会、研究発表要旨集』pp.112-113
大下　明 2009「近畿地方における縄文時代の打製石器石材―サヌカイトを中心に―」『環瀬戸内地域の打製石器石材利用　研究発表資料集』pp.279-304
桐山秀穂 編 2017『雲宮遺跡発掘調査報告書（補遺編）』古代学協会
佐原　真 1964「石製武器の発達」『紫雲出』詫間町文化財保護委員会
佐原　真 1967「山城における弥生式文化の成立―畿内第１様式の細別と雲ノ宮遺跡出土土器の占める位置」『史林』50―5　pp.103-127
竹原弘展 2012「判別図法によるサヌカイトの産地推定について」『日本文化財科学会第29回大会、研究発表要旨集』pp.238-239
竹広文明 2003『サヌカイトと先史社会』渓水社
塚田良道 1990「弥生時代における二上山サヌカイトの獲得と石器生産」『古代学研究』122　pp.1-27
中川和哉 1997「考察　4.石器」『雲宮遺跡』京都府埋蔵文化財調査研究センター　pp.145-153
長井謙治 2004「金山の地質環境」『香川考古』9　pp.1-18
禰宜田佳男 1997「大阪湾岸の石器生産と流通―二上山サヌカイトを中心に―」『みずほ』22　pp.20-27
蜂屋晴美 1983「終末期石器の性格とその社会」『藤澤一夫先生古希記念　古文化論叢』pp.37-82
松藤和人 1982「二上山の石器文化をめぐる諸問題」『旧石器考古学』25　pp.125-144
山中一郎 1992「石の動き、土器の動き」『新版［古代の日本］第五巻近畿Ⅰ』角川書店　pp.73-92
藁科哲男・東村武信 1988「石器石材の産地分析」『考古学と関連科学　鎌木義昌先生古稀記念論集』pp.447-491

コラム

最初の銅鐸埋納地か　淡路島松帆

森岡秀人

1　松帆銅鐸発見の急報

　新年度の仕事が軌道に乗り始めた2015年4月、時々訪れる淡路島から銅鐸発見の報が突如としてもたらされた。松帆銅鐸の出現である。遺跡名は少し時を置いて名付けられたものであったが、3年経った今でも定着するに良いネーミングだと思う。淡路島西海岸の美しい景観、風物が遺跡の名と自然と重なり合うからだ。

　4月11日の夜、兵庫県南あわじ市教育委員会の文化財を担当するベテラン女性職員の声は冷静さを装いながら、さすが事が事だけに動揺が感じられた。「銅鐸はいくつ出ましたか。」「作業員の人が見つけたのが大小2個」「その場所の砂はどこからなのか。もし別の所からならば、そこも怪しくなる。」「そこは既に見に行って、そこでも2個、大小が入れ子になって埋もれていたのですよ。」「全部で4個か。まだ出ると思うな。」「さらに見に行きますが、今日は県の職員が慌ててやってきました。」「明日、行けるようにする。」「ありがとうございます。早く見に来て下さることになり、よかった。」「了解です。」そんな深夜の電話のやり取りがあり、翌日、三宮から淡路方面行きのバスに乗り込み、一路バス停「陸のみなと西淡」を目指した。

　バスの停留所から南あわじ市の応急保管先の美術館までは車で5分。すぐに銅鐸と対面した。最初に確認された大小の銅鐸は、中に入ってセットで出たようで、大きい方が1号鐸、小さい方が2号鐸。既に仮番号が付けられていた。その2つには舌2本が伴っていた。食い入るようにして見た。3・4号の入れ子鐸は砂にまみれた状態で美術館の空調のきく特別収蔵庫に収められていた。4個の銅鐸がその日見たすべてであった。「鐸内に充満している土砂は崩れ易いけれど、できるだけ外に出さないようにそのままに。」少し助言をして、「この調子だと、砂利の採取地、運搬保管場、そして作業場の3ヶ所すべてが怪しくなるな。まだまだ出るでしょう。」と言って、銅鐸を観察し、メモや写真をとり、奈良文化財研究所の難波洋三さんに早く連絡して来てもらう旨、念押しした。

　5号以降の銅鐸はその後、南あわじ市教育委員会の専門職員4名が砂を選別するベルトコンベアーの上に寄り添うようにくまなく捜した結果出てきたものであり、大変な作業のご褒美のように見つかったものである。3週間ほどの間、多くの仕事を止め、全力投球したようだ。舌も結局7本となり、銅鐸数に見合うものとなったが、銅鐸と銅舌の大小が合わないものもあり、少なくともあと一つ銅鐸と銅舌が発見されていない可能性を考えている。

2　松帆1号鐸の第一印象と埋納年代の解明

　最初に1号鐸を見た時、以前実測したことのある龍泉寺所蔵鐸を一回り大きくしたような印

象を抱いた。その銅鐸は洲本市中川原出土で、菱環鈕1式。列島最古相のものだ。1号鐸は高さ26.5cmとかなり大きいものの、鰭が狭く無いに等しい状態で文様もなく、鰭の連続部が縁として鈕の周囲には周らず、みるからに古い要素を持つものだった。松帆の銅鐸群は、この菱環鈕2式1個と外縁付鈕1式6個から成るもので、その埋納時期については、発見当初より古いものであるという直感があった。紀元前の弥生社会に遡るような埋納を予測し、そうなれば全国で最も古い銅鐸埋納になると考えた。あくまで考古学的要素を関連づけての仮説の一つである。しかし、その後の放射性炭素を用いた科学年代測定の実施により、具体的に紀元前2～4世紀という数値が発表されたので（2017年6月）、その立証の一つになったと理解している。銅鐸の埋められた年代が自然科学の方法で初めて解明できたことは、日本考古学史上、画期的なことである。松帆銅鐸の年代に関するデータは考古学界に少なからず波紋を呼ぶことだろう。淡路島が銅鐸のマツリを最初に行い、早々と埋納すると思料すれば、いかなる理由があるのだろうか。

　その根拠を列挙してみよう。①埋納場所の特異性（海浜部、浜堤上、淡路島で最も西海岸寄り）、②銅鐸の型式学的位置、組み合わせ（最古、古段階鐸の集合の可能性）、③その予測される埋納姿勢（鰭を上下の関係にすることなく、平置きか？）、④教科書的な節度ある銅舌の伴い方、古式のマツリを体現（使用状態を自然な姿でよく保つ）、⑤鈕や舌と関わる紐などの実用的存在、使った直後を思わせる付属資料の顕在化、⑦近畿圏西縁部でのありよう、北部九州に最も近い地理的位置（近畿の窓口）、⑧鉛同位体比分析値の朝鮮産鉱山系ラインへの集中。諸特徴をこうして順次整理してみると、大半の項目がこれまでの銅鐸埋納例と比べ、イレギュラーが多い点に着目したことが理解されよう。考古学上、長期間にわたって消長を遂げる器物や遺構、文化様相には、最初期に異質な要素・部分が短期間なれども姿をみせ、その後は続かず、むしろ定式化し、安定化していくような変遷を示すケースが多いことが知られている。例示するなら、大陸系の陶質土器と須恵器の日本列島化の関係や初期前方後円墳と定型的な前方後円墳の関係などが挙げられよう。銅鐸もその初現的な兆候を持つ好例がこの松帆例だと思われる。ただし、挙げた事象の多くは欲しい年代そのものを表さない。属性上、より古いと解釈しているだけである。今後、より多くの出土例で自然科学的年代が検証され、大量銅鐸の多段階埋納の問題が進展することに期待を寄せたい。

　銅鐸の埋納祭祀が始まる年代については、従来、弥生時代中期末～後期初頭と同後期末という2段階埋納説が最有力学説であり、多くの考古学者の共通見解にもなっている。私自体が1975年にこの二つの画期を提唱した。当時の年代観に則するなら、紀元2世紀末（倭国乱後）と同3世紀末（古墳時代開始期の直前）と考えられたが、動いた現今の実年代に照らせば、紀

図1　松帆銅鐸　鐸と舌（南あわじ市教育委員会提供）

元1世紀初頭と同2世紀後半～末頃に相当することになろう。この2段階埋納説が誤っているのではなく、公表された放射性炭素を用いた科学年代測定による「松帆年代」は銅鐸埋納のマツリの古さを新たに問題提起している。現状では、むしろ孤立しているとみるべきであろう。しかし、銅鐸が年代論争の俎上にのぼったことにもなり、日本列島における紀元前の弥生社会の体質も根底から見直される必要があろう。

3　同笵銅鐸の確認と淡路・出雲の大量埋納

現状で判明してきた松帆銅鐸の同笵関係についてみてみたい。外縁付鈕1式に属する松帆銅鐸の中には、島内資料や島根県の荒神谷鐸・加茂岩倉鐸などとの間に同笵鐸が確認され、注目されることになった。松帆2号鐸─松帆4号鐸─慶野中の御堂鐸（日光寺所蔵）の外縁付鈕1式四区袈裟襷文鐸、松帆3号鐸─加茂岩倉27号鐸の外縁付鈕1式四区袈裟襷文鐸、松帆5号鐸─荒神谷6号鐸の外縁付鈕1式四区袈裟襷文鐸の3例が同笵銅鐸となり、著名な山陰の銅鐸とともに近接地にも実例があったのである。慶野中の御堂鐸は南あわじ市教育委員会の文化財担当職員と共に16年前、実測調査を実施した関係から、松帆2・4号鐸との同笵関係は了解でき、松帆3号鐸と加茂岩倉27号鐸は発見段階でも写真の比較で酷似点があったので、合点がいく。しかし、松帆5号鐸と荒神谷6号鐸との同笵認定は少なからず驚きがあった。

この3つの同笵関係鐸のネットワークは各群の形成が同時性の一部を示すと仮定すれば、松帆銅鐸の埋納年代にも影響を及ぼすことになるが、少なくとも紀元前の近畿弥生社会と他地域、とくに山陰地域との関係性を探る上に見過ごせない成果と言えるだろう。同笵関係は埋納地同士の関係を島内と淡路・出雲両地域それぞれで示すが、生産地（銅鐸工房）や使用地（祭祀場）が第三の地域・場所に存在する蓋然性も大きく、銅鐸を同じ鋳型（石型）で製作した場所が判明したわけではない。ただし、島内で完結する3鐸については、淡路島三原平野周辺の在地生産を考えてみる配慮は残されるであろう。

また、残り二つのグループの存在は、遠隔地への送り先として選ばれた存在とみて、なにゆえ淡路と出雲が選ばれたのかという問題を考えてみる必要にかられる。これらのグループの形成は、埋納時期を中期後半～中期末までの期間で、荒神谷鐸→加茂岩倉鐸という順の小時間差を考える私などには、松帆5号鐸（鐸身高23.5cm）と松帆3号鐸（鐸身高31.5cm）の大きさの明瞭な違いに、受給地である荒神谷と加茂岩倉の埋納目的の各銅鐸に対して意識的な選択が働いている証左に映る。つまり、20cmクラスにまとまる荒神谷と30cmクラスと45cmクラスを揃えた加茂岩倉といった集められた銅鐸の大きさの統一感が偶発的ではなく、きっちり企図されたものと理解できる点が重要だ。加えて加茂岩倉と組むグループは、互いの埋納地においても入れ子の出土状態をみる点で共通している点も興味深い。

大小の銅鐸が明確に群をなす場合、こうした入れ子の組み合わせが生じていることは、銅鐸埋納の全期間を通して緩やかに貫徹されている。ただし、松帆の同笵銅鐸の構成は外縁付鈕1式に限られるので、扁平鈕式新段階の型式まで包括する点が銅鐸群全体の年代を下げている加茂岩倉鐸に基づき松帆鐸全体の埋納年代を下降させることはできない。つまり、同笵鐸が生産の

時間的共有関係を示唆したところで、埋納の同時性まで暗示することはないということだ。松帆→荒神谷→加茂岩倉といった埋納の段階差を考えることをけっして妨げないであろう。

淡路島の銅鐸は推定地まで含めると、伝淡路国出土鐸（尼崎市本興寺所蔵、外縁付鈕2式二区流水文鐸）が加茂岩倉15号鐸と同笵を示し、出雲との関係を窺わせる。倭文鐸は伊勢・神戸鐸、伝大和国出土鐸、河内・恩智垣内山鐸と同笵関係にあり、東の地域、近畿中央部や伊勢湾岸との世界と繋がる。山陰との関係では、摂津と因幡との同笵関係が桜ヶ丘1・2号鐸―泊鐸、摂津と因幡・出雲との同笵関係が桜ヶ丘3号鐸―上屋敷鐸、加茂岩倉31・32・34号鐸に認められ、中国山地越えのルートが低所を選びつつ設定されたようである。既に東奈良遺跡出土の第3号流水文銅鐸鋳型で製作された銅鐸が豊岡市気比3号鐸として運ばれているので、山陰ルートはかなり前から知られていた。弥生中期を通して段階的に運搬されたものと考えている。大阪湾岸地域と淡路島の銅鐸は、紀元前の弥生社会において、山陽道より山陰道とより強く結びついているように思われる。

4　松帆インパクトから銅鐸再考への路

松帆銅鐸の発見から早や3年が経とうとしている。今やこの銅鐸を前提としない銅鐸論は、その出現・祭祀・埋納のさまざまな視角から語りにくくなった。あえて言えば、銅鐸生産の実態については手掛かりが少ないため、淡路島内での製作も証左がない。しかし、現在、完形の菱環鈕式銅鐸が前後の連続型式で出土しているのは淡路島だけであり、扁平鈕式段階までの「聞く銅鐸」のみから成る点も大きな特色である。島内で最古級の銅鐸が自発的に作られたことも選択の余地はまだあろう。

祭祀や埋納の問題は、今後大きく発展するものと思われる。残る自然科学分析結果にも多くのヒントがあり、その発表が待ち望まれる。

引用・参考文献
佐原　真 2002『銅鐸の考古学』東京大学出版会
田中　琢 1970「『まつり』から『まつりごと』へ」『古代の日本』第5巻　角川書店
寺沢　薫 2009『弥生時代政治史研究　青銅器のマツリと政治社会』吉川弘文館
難波洋三 2006「付論1 朝日遺跡出土の銅鐸鋳型と菱環鈕式銅鐸」『埋蔵文化財調査報告書54　朝日遺跡（第13・14・15次）』名古屋市教育委員会
難波洋三 2011「銅鐸群の変遷」『豊穣をもたらす響き　銅鐸』大阪府立弥生文化博物館
難波洋三 2016「銅鐸研究における松帆銅鐸発見の意義」『奇跡の発見！松帆銅鐸』大阪府立弥生文化博物館
兵庫県立考古博物館 2017『青銅の鐸と武器―弥生時代の交流―』開館10周年記念特別展図録　兵庫県立考古博物館
福永伸哉 1998「銅鐸から銅鏡へ」『古代国家はこうして生まれた』角川書店
藤尾慎一郎 2017「序章　弥生時代像の再構築」『弥生時代って、どんな時代だったのか？』国立歴史民俗博物館研究叢書1　朝倉書店
的崎薫 2016「兵庫県南あわじ市出土の松帆銅鐸」『古代文化』67―4　古代学協会
森岡秀人 1975「銅鐸と高地性集落」『芦の芽』27　芦の芽グループ
森岡秀人 2004「銅鐸の埋納行為と弥生人」『季刊考古学』86　雄山閣
森岡秀人 2016「大量銅鐸の多段階埋納は証明できるのか」田中良之先生追悼論文集編集委員会 編『考古学は科学か 上』田中良之先生追悼論文集　中国書店
森岡秀人 2017「弥生農耕社会の変質と銅鐸の遠隔埋納」『研究紀要』33　神戸市立博物館

コラム
山稜の弥生集落　猿楽遺跡の謎
―西日本最高所にある山住みの集落―
柴田昌児

はじめに

　「こんな所に弥生時代の遺跡が…」、初めて猿楽遺跡に登った時、農耕集落の立地選定原理を大きく逸脱した立地景観に私は驚愕した。

　西日本最高峰の標高1,982mの石鎚山を主峰とする四国石鎚山脈には三十余峰を数える千mを超える山々が連なっている。愛媛県久万高原町猿楽遺跡は、その一角、高知県境にある標高1,541mの中津明神山へと連なる二箆山付近、標高1,080〜1,100mの山稜上に位置している（図1・2）。この稜線上には近世土佐街道が敷設されており、猿楽遺跡近くにある猿楽石と呼ばれる巨岩に近接して大師堂が建立され、その脇には江戸時代から残る松山札ノ辻から十二里の標石が今もなお残っている。猿楽石は、平成の初めころまで予土近隣の人々が集まり、奉納相撲などが行われた交流の場となっていた（図3）。

1　発見の経緯と経過

　猿楽遺跡は、久保國和によって林道敷設工事の切通から遺物が発見され、長井數秋とともに研究誌に報告したことで、周知されることになった（久保・長井2008）。その後、愛媛大学柴田研究室と久万高原町教育委員会は協力して、遺跡の有無や遺物出土層位を確認するため、2015年9月に猿楽遺跡とその周辺遺跡の試掘調査と踏査を行った。その結果、T-1トレンチで黒色磨研浅鉢が出土、さらに450mほど西に位置する山稜部

図1　四国島と猿楽遺跡の位置

図2　山稜の弥生集落

（猿楽遺跡第2地点）から弥生時代後期後半の土器と石器を表採した。猿楽遺跡は、西日本で最も標高が高い弥生集落の一つであることがわかった。

2　トレンチ調査の概要（図4）

　2016年9月に実施した1次調査では2015年の試掘調査で遺物が出土したT-1トレンチに接するT-3トレンチを調査した。その結果、縄文晩期後半の土器と弥生前期の土器、多量の泥岩製剥片・チップが、音地火山灰に起因する堆積層から出土した。とくにトレンチ北側が浅い凹

161

第Ⅱ章　生産構造の諸画期からみた近畿地方の初期農耕社会

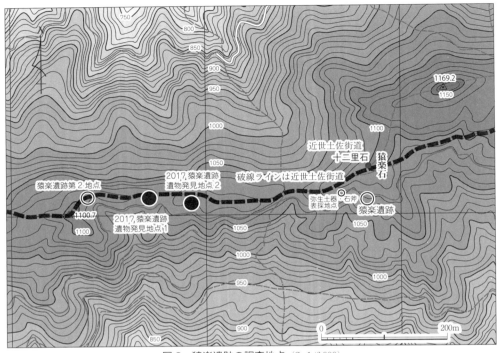

図３　猿楽遺跡の調査地点（S=1/6,000）

部状の落ち込みになっており、黒色磨研土器を中心に良好な遺存状態の土器がまとまって出土している（柴田・遠部2017）。

2017年９月に実施した２次調査では、T-3トレンチ北側に接して東に直交するT-4トレンチを設定、遺構・遺物の広がりを確認する調査を実施した。多量の泥岩製剝片・チップとともに泥岩製の五角形打製石鏃が出土、遺跡内で泥岩を利用した小型剝片石器を製作していることが明らかとなった。泥岩製剝片・チップ出土分布域は、トレンチ西側に集中し、T-3トレンチでは北側に集中することから、直径約７mの集中域を想定することができる。これは土器が集中する凹部とも重なり、この地点に小規模な遺構を形成している可能性が高い。

また、トレンチ東側を中心に結晶片岩製の打製石斧未成品、中・小型の剝片・石核が出土し、

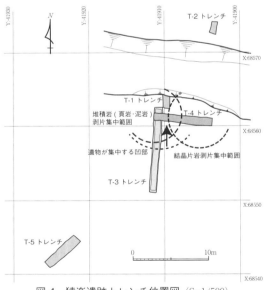

図４　猿楽遺跡トレンチ位置図（S=1/500）

打製石斧の製作を行っていたことがわかった。検出した泥岩製剝片・チップ集中域と結晶片岩製剝片出土域は、出土分布域と層位が異なって

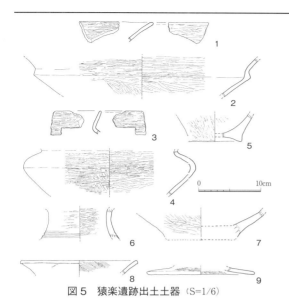

図5 猿楽遺跡出土土器 (S=1/6)

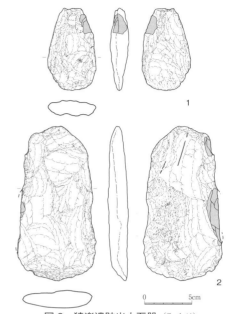

図6 猿楽遺跡出土石器 (S=1/4)

おり、時間的な前後関係が想定できる。

T-3・4トレンチの南側に広がる舌状の緩傾斜平坦地に遺跡の広がりを確認するためにT-5トレンチを調査したが、遺構・遺物が全く出土しなかった。このことから遺跡として展開した範囲は平坦面全体に広がるのでは無く、T-3・4トレンチを中心とした、ごく限られた範囲に集中することがわかった（柴田・遠部2018）。

3 T-1・3・4トレンチ出土土器（図5）

出土土器は、精製された黒色磨研土器が多い。図5-1・2は屈曲部を有し、口頸部が外反する浅鉢である。1と2は同一個体の可能性が高い。1の口縁部は端部を丸く収めており、肥厚や突起は認められない。2の屈曲部は、大きく明瞭に外反する口頸部を有し、外面にはおこげが付着している。図5-3・4は胴が張った浅鉢である。4は丸みを持った胴張部を有し、屈曲する頸部が確認できる。3は4の口縁部で頸部が屈曲した後、短く立ち上がり、端部は丸くなっている。図5-5は深鉢の上げ底の底部で、内面には炭化物が付着している。

出土した黒色磨研土器は、浅鉢の屈曲部と胴張体部、そして口縁端部の形状から篠原式（家根1994）の後出段階と考えられ、縄文時代晩期中葉のやや新しい段階、つまり晩期後半の範疇に位置付けておきたい。

量的には少ないものの弥生土器が出土している。図5-6は壺の口頸部で3条のヘラ描直線文が施されており、西部瀬戸内I-2様式、弥生時代前期前半に位置付けられる（柴田2011）。近隣の基準資料では松山平野の文京遺跡4次調査SB2・山越遺跡2次調査SD2、高知平野の田村遺跡Loc.44D-SK8に併行する。

4 周辺の踏査（図3・5・6）

猿楽遺跡調査地点から西に約50mの林道切通部、標高1,065mの地点で結晶片岩製打製石斧1点（図6-1）と前期弥生土器底部1点を表採した（図5-7）。さらに西側約400mの標高1,085〜

1,100mの山稜南側傾斜地で西部瀬戸内V-3様式、弥生時代後期後半の土器（図5-8・9）と緑色玄武岩製打製石斧（図6-2）を表採した。この地点を猿楽遺跡第2地点とした。

2017年度の踏査では猿楽遺跡第2地点の東側、約100mと170mの2カ所、いずれも標高約1,088mの地点で、第2地点と同様、弥生時代後期後半の土器や石器を表採した。このことから、山稜南側緩傾斜面の比較的平坦な地形に点在するように、ごく限られた小規模な範囲から弥生土器などの遺物が出土する傾向があることがわかった。

まとめと課題

猿楽遺跡の調査では、標高約1,080～1,100mの高地で縄文時代晩期後半、弥生時代前期前半、弥生時代後期後半に縄文・弥生人の活動痕跡を確認することができた。T-3・4トレンチでは泥岩や結晶片岩など、近辺で露頭している石材を使って小規模な石器製作を行っていることが判明した。猿楽遺跡ではごく限られた範囲に遺物が集中し、小規模な遺構を形成し、何らかの生業活動を行っていた可能性が高い。

さらに踏査では、猿楽遺跡第2地点の東側山稜南斜面で弥生時代後期後半の遺物が出土する箇所が点在していることがわかった。こうした状況から小規模な集団が散在する集落景観、あるいは同一の小規模集団が転々と移動しながら居住空間を形成する景観を想定することができ、私は後者の可能性が高いと考えている。

発掘調査では小規模な石器製作など、自立した人間活動が行われていたことがわかった。しかし、遺構の構造や集団の性格、主要な生業活動の有無など、未だ解明するには至っていない。

現状では仮説として、山稜沿いに敷設された近世の主要幹線道である土佐街道に沿って遺跡が分布していることを踏まえ、交易・交通・移動という活動が山稜の弥生遺跡群の主たる機能ではないかと想定している。では何のために、どこから来てどこに行くのか、課題が多く残る。さらに一方で狩猟採集や畑作など、山住みの集落特有の生業も今回の調査成果では否定することはできない。また高知県鷹ノ巣山遺跡など、四国山間部に点在する標高千m前後の山稜の弥生集落にも注視する必要がある。そして遺跡・遺構・遺物の断続性は、気候変動や社会変動が密接に関わっていることも重要な視点である。

今後は、こうした仮説や気候変動・人間活動の様々な課題を検証し、層位的な遺構・遺物の検出、出土遺物や土壌・付着物の解析、山稜部の分布調査などを継続的に行っていくことで「山稜の弥生集落」の実態を解明していきたい。

引用・参考文献

岡本健児 1979「高知県鷹ノ巣山遺跡」『高地性集落の研究 資料篇』学生社　pp.950-960

久保國和・長井數秋 2008「猿楽遺跡と出土遺物」『ふたな』5　愛媛考古学研究所　pp.81-85

柴田昌児 2004「高地性集落と山住みの集落」『考古資料大観10 遺構編』小学館　pp.315-330

柴田昌児 2011「弥生文化の地域的様相と発展―中・四国西部地域―」『講座日本の考古学』第5巻　青木書店　pp.950-960

柴田昌児・遠部　慎 2017『猿楽遺跡―山稜の弥生集落確認調査概要報告書―』久万高原町教育委員会

柴田昌児・遠部　慎 2018『猿楽遺跡2次調査―山稜の弥生集落確認調査概要報告書2―』久万高原町教育委員会

家根祥多 1994「篠原式の提唱」『縄紋晩期前葉―中葉の広域編年』科研費（総合A）研究成果報告書　pp.50-139

第III章

農耕集落形成過程の
地域的分析

第 1 節

雲宮遺跡における弥生前期の環濠集落

桐山 秀穂

はじめに

　京都府長岡京市にある雲宮遺跡は、京都府南部を代表する弥生前期の遺跡として著名である。とりわけ、雲宮遺跡から出土した弥生前期の土器を佐原真が細かく検討し、古段階・中段階・新段階の3段階に細分したことから、全国的に有名になった（佐原1967）。雲宮遺跡の発掘調査は、断片的な調査が多かったが、弥生前期の集落の実態がある程度認識できるようになったのは、1997年から翌年にかけて行われた古代学協会の発掘調査（長岡京左京407次調査）による（古代学協会編2013・2017）。この調査成果を中心に、これまでの調査も総合して雲宮遺跡における弥生前期の環濠集落を概観してみたい。

1　遺跡の概要

　まず雲宮遺跡について若干説明しておきたい。雲宮遺跡は、桂川の支流である小畑川左岸の扇状地上に位置している（図1）。小畑川左岸の扇状地は一文橋（図1の方位記号付近）を扇頂部として南東方向に広がっているが、雲宮遺跡は扇状地扇端に近い位置にある。

　雲宮遺跡は、遺跡としては縄文時代からあり、弥生時代も前期のほか、中期、後期、終末期と地点を変えて継続している。古墳時代に入っても集落は継続しており、前期から中期、後期、そして飛鳥時代の遺跡も重なっている。長岡京期では、長岡京内にあたり、条坊や宅地が確認されており、その後の時代の遺構も存在する。様々な時代の遺跡が重層的に存在する遺跡であるが、その中で弥生前期環濠集落が見つかったのは、標高約11ｍ、周辺よりもやや高い地点である。

2　時期区分

　遺跡を説明するにあたって、出土した弥生前期の土器の時期区分についても触れておきたい。雲宮遺跡の土器の時期区分については、長岡京左京216次調査を行った京都府埋蔵文化財調査研究センターにより設定されており（京都府埋蔵文化財調査研究センター編1997）、古代学協会による長岡京左京407次調査の成果もそれを踏襲している。その時期区分は以下の通りである。弥生前期の前半から後半にあたる。

第Ⅲ章　農耕集落形成過程の地域的分析

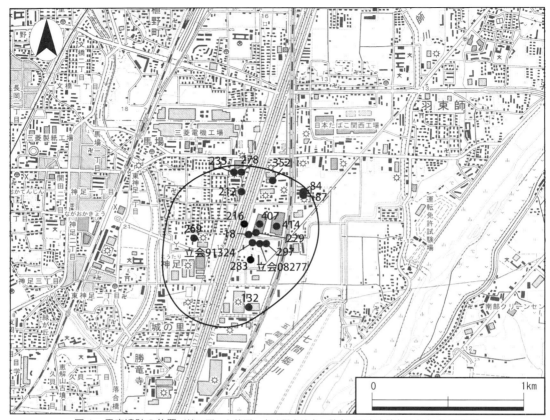

図1　雲宮遺跡の位置（線で囲った範囲。点は調査地点、数字は調査次数を示す。）（1/25,000）

雲宮Ⅰ期：左京212次調査の沼状のくぼみから出土した土器群がある。弥生土器は壺形土器で、縄文晩期の長原式の深鉢と共伴している。頸胴部界に段が認められる個体である。

雲宮Ⅱ期：左京216次調査SX60第3～5層で出土した土器群がこれにあたる。壺形土器の口頸部界・頸胴部界の文様とも段のものが20％、1～3条の沈線が約半数を占めている。

雲宮Ⅲ期：左京216次調査SX60第1・2層で出土した土器群で示される。壺形土器の口頸部界・頸胴部界の文様とも段のものが5～6％と少なくなり、1～3条の沈線が約半数を占めている。

雲宮Ⅳ期：左京216次調査SX76第2・3層で出土した土器群で示される。壺形土器の口頸部界の文様のうち、1～3条の沈線は少なくなり、3～6条の沈線のものが多くなる。貼付突帯3～6条が出現する。頸胴部界の文様は1～3条の沈線が少なくなり、3～6条の沈線のものが増加。6～10条の沈線のものが出現する。

雲宮Ⅴ期：左京216次調査SX76第1層で出土した土器群で示される。壺形土器の口頸部界の文様のうち、3～6条の沈線のものが減少、6～10条の沈線のものが増加、頸胴部界の文様は1～3条の沈線が少なくなり、6～10条の沈線のものが増加。貼付突帯も増加。

雲宮Ⅵ期：左京17次調査SD1710・SK1719出土土器がこれにあたる。ほか同時期のものとして南

栗ヶ塚遺跡出土土器がある。壺形土器の文様について多条沈線があるほか、櫛描文が出現する。
　ただし、左京216次調査の報告書（京都府埋蔵文化財調査研究センター編1997）では、雲宮Ⅱ期とⅢ期は、器形では区別しておらず、沈線の本数と出土土器の中でその本数の土器の占める比率の違いによっている。左京407次調査の報告書（古代学協会編2013）では、同じ基準での検討は難しかったので、雲宮Ⅱ・Ⅲ期とまとめて表示している。

3　これまでにみつかった遺構

　雲宮遺跡ではこれまでに70次以上の調査が行われているが、弥生前期の遺跡が確認されたのは、表1の15回の発掘調査である。これからまず、見つかった遺構について概観する（図2）。

（1）環　濠

　左京407次調査において明確に集落の環濠が見つかっている。この調査では環濠集落の東北部にあたり、環濠が2条見つかっている。南側のSD1787と北側のSD1879の2条である。また地点を別にして、SX1563の1条が見つかっている。SD1787とSD1879の2条は、集落の北縁を画する濠として東西方向に併行して延びている。SD1787の幅は2.2～3.2m、深さは1.0m。断面形は逆台形である。SD1879は幅3.5m、深さ1.0m。断面形は逆台形。ともに弥生前期前半、雲宮Ⅱ期には掘削されるが、南側の環濠SD1787は雲宮Ⅲ期には埋められて整地されている。北側の環濠SD1879は、前期後半の雲宮Ⅴ期まで機能しているようであり、この時期ある程度の深さがある。この後SD1879は自然埋没している。

　ところでこの環濠SD1787とSD1879の2条には、それぞれの南肩に1条のピット列が認められる。これは柵列と考えられる。土塁については、痕跡が確認されなかったのと、土塁が想定される位置に土坑や柱穴が形成されており、もともとなかった可能性が高い。

　また、集落の東端では、古墳時代の河川SR572に切られ底しか残っていないが、SX1563がある。この出土土器は雲宮Ⅱ・Ⅲ期のものであり、その時期に掘削されたものであることがわかる。埋没などその後については、SR572に切られよくわからない。

表1　雲宮遺跡における弥生前期遺跡の調査

次数	調査年	発見された遺構	出土遺物	文献
	1960	不明	土器・石器	佐原1967
左京18次	1978	土坑・柱穴	土器・石器・炭化米	戸原1985
左京84次	1982	流路	土器	小田桐1983
左京87次	1982	流路	土器	小田桐1983・1984
左京132次	1985	土坑	土器	中尾1987
左京212次	1989	沼地	土器	白川1990
左京216次	1989	環濠・溝・土坑	土器・石器	京都府編1997
左京229次	1989	溝・土坑・柱穴	土器・石器・炭化米	中島1991
左京269次	1991	土坑	土器	岩崎1993
立会調査（調査番号91324）	1991	環濠	土器・石器	小田桐1993・2012・2015
左京297次	1992	壺棺	土器	小田桐1994
左京352次	1994	流路	土器	中島1996
左京407次	1997	環濠・炉跡・杭列・柱穴・溝・土坑	土器・石器・木製品・動物遺存体・炭化米	古代学協会編2013・2017
左京414次	1997	土坑・土器棺墓・流路	土器	山本1999、福家2017
立会調査（調査番号08277）	2008	環濠	土器・石器	原・木村・2010

第Ⅲ章　農耕集落形成過程の地域的分析

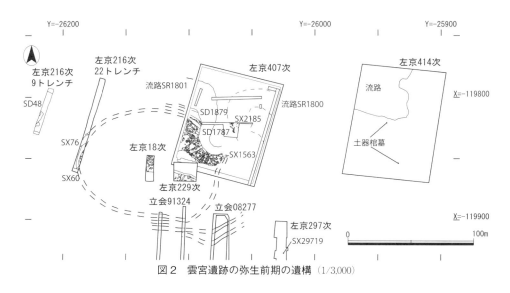

図2　雲宮遺跡の弥生前期の遺構 (1/3,000)

　このほか、環濠の可能性が指摘された遺構として、長岡京左京216次調査22トレンチで確認された2条の溝SX60とSX76、長岡京市の立会調査（調査番号91324）において環濠とみられる6条の溝（小田桐1993・2012・2015）、立会調査（調査番号08277）においては2条の環濠とみられる溝が確認された（原・木村2010）。長岡京左京216次調査について、SX76はSX60を切っており、新旧関係ははっきりしている。先に触れたが、SX60は雲宮Ⅱ期からⅢ期、SX76は雲宮Ⅳ期からⅤ期の遺構である。SX60は、幅約3m、深さ約1mの断面逆台形の溝、SX76も幅約5m、深さ約1mの断面逆台形の溝である。現在では集落西端の環濠の一部と考えられている。また、長岡京市の立会調査（調査番号91324）で見つかった環濠とされる遺構は、南北方向のトレンチ調査で確認された。東辺のトレンチと西辺のトレンチの2か所で、それぞれ3条の東西方向の溝が確認されている。いずれも幅約3m、深さ約1mの断面逆台形であった。それぞれの出土土器は僅少であり、所属時期ははっきりとしない。立会調査（調査番号08277）で見つかった環濠とされる遺構は、2条の溝でこれも幅約3mある。雲宮Ⅴ期の土器と石包丁の破片が出土している。
　以上のようなところから雲宮遺跡の環濠は、平面形東西に長い楕円形を呈し、その東西は約120m、南北は100m以上を測る。2重ないし3重の環濠が巡ると考えられている。
(2) 環濠内の住居・炉跡
　環濠内で住居の確実な事例はまだない[1]。ただし、炉跡とそれに伴う遺構は、左京407次調査において、炉跡としてSX1472、炉跡とそれに伴う遺構で住居の可能性のあるものとしてSK1603がある。SX1472は、地床炉で伴う遺物がないが、遺構が形成された面から弥生前期と考えられる。SK1603は断面皿形、平面形円形の土坑。その底面中央に灰穴炉の跡が確認された。ただし、柱穴が確認されておらず、住居跡と断定していない。出土した遺物から雲宮Ⅱ・Ⅲ期と考えられている。
　ほか住居に関わると考えられる遺構として、焼土塊が出土した遺構がある。この焼土塊をめぐっ

て、面的に広がる焼土や植物痕跡のある焼土塊、発泡した焼土塊については、厚みがあって、焼成温度も高いものが含まれる。しかし土器生産や金属生産に関わる焼土塊とは明らかに異なっており、住居が火災をおこした結果できたものと推測した（古代学協会編 2017）。そしてそれらが出土した遺構は、いくつかのまとまりとして把握することができ、住居がその付近にあった可能性を考えたい。

　このほか、集落内の遺構として土坑・柱穴は左京 407 次調査だけではなく、左京 18 次調査、左京 229 次調査でも多数確認されている。時期は雲宮Ⅱ期からⅤ期のものである。しかしながら、住居や建物と直接結びつくものはない。生活の痕跡として認識できるが、それ以上に生活の具体像が推測できるところには至っていないのが実情である。

（3）土器埋設遺構

　左京 407 次調査で 2 基、左京 297 次調査で 1 基、左京 414 次調査で 2 基見つかっている。左京 407 次調査では、土器埋設遺構 SK1375 と SK1477 が環濠内で確認された。SK1375 は甕形土器を斜位に、SK1477 は壺形土器を正位の立位で埋設している。これらの土器埋設遺構は、明らかに集落の中、住居などが想定される生活空間の中にあり、これらが確実に土器棺墓となるのか、もう少し検討が必要なようである。

　また、左京 297 次調査の土器埋設遺構は環濠の外、集落の南東の微高地上にある（小田桐 1994）。弥生前期の壺棺が確認されているが、詳細はよくわからない。また左京 414 次調査でも見つかっているとされるが、調査略報（山本 1999）ではその記述はなく、福家恭氏の論文で初めて示された（福家 2017）。これも詳細はよくわからない。

（4）方形周溝墓

　左京 216 次調査の 9 トレンチにて、方形周溝墓の東縁を画する溝と北東の角が見つかっている。周溝を確認したのみで、主体部は調査区外のため確認できていない。これは環濠の外で集落の西に位置している。

（5）河川と杭列 SX2185

　集落の東側を流れる 2 本の旧河川 SR1800、SR1801 が確認された。いずれも南流すると考えられるが、一連の流路とする考え方もある（福家 2017）。そして、SR1800 については出土遺物から弥生時代前期から中期に機能していたことがわかる。一方、SR1801 も前期の集落がある時期に機能しており、集落が廃絶してからも、埋没する環濠を切っていることから、河川として機能していたことがわかる。このほか、埋没した自然流路は、左京 87 次、左京 352 次調査でも見つかっている。

　調査区の中央部、SR1800 の西岸に杭列 SX2185 が見つかった。使用された杭には木をそのまま先を尖らせて杭をしたもので長いものと短いもの、そして矢板の 3 種類がある。流路の西岸を護岸するために打ちこまれたようにみえる。前期末、すなわちⅤ期とⅥ期の間の時期とⅡ様式の土器が出土しており、前期から中期前葉の遺構である。

第Ⅲ章 農耕集落形成過程の地域的分析

4 出土遺物

出土遺物には弥生土器、石器、石製品、木製品、漆製品、動植物遺体などがある。

(1) 弥生土器

土器は前述のように弥生前期の前半から後半にかけて土器があり、それを雲宮Ⅰ期からⅤ期の5時期に区分した。まず雲宮Ⅰ期は、左京212次調査出土の土器群で、弥生土器は壺形土器で、縄文晩

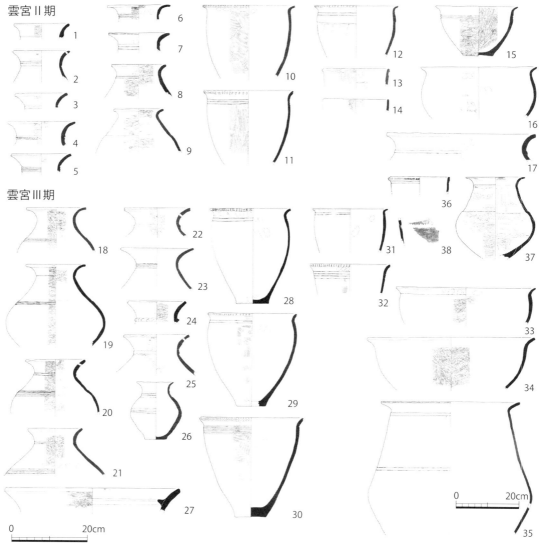

図3 雲宮遺跡出土の弥生前期土器1（35のみ1/12、それ以外は1/10）

3・4・13・14：長岡京左京216次SX60第5層出土　10・11・12・15・16：同第4層出土
1・2・5〜9・17：同第3層出土　19・20・24・27・28・31・32：同第2層出土
18・21・22・23・25〜30・33・34・35：同第1層出土　36〜38：長岡京左京407次SD1787出土

第1節　雲宮遺跡における弥生前期の環濠集落

期の長原式の深鉢と共伴している。雲宮Ⅱ期以降は縄文土器が基本的に伴わないので、縄文土器と伴うのはこの時期のみとなる。

　雲宮Ⅱ期は左京216次調査SX60第3～5層出土土器が中心であるが、左京407次調査SD1787出土土器の一部もこの時期である（図3）。壺形土器（1～9）、甕形土器（10～12）、鉢形土器（14～16）、大形の壺形土器（17）がある。壺形土器は、口頸部界の文様について段のものが多いが、沈線は1～3本まで、削出突帯でもその上の沈線は1～3本である。甕形土器でも1～2本がほとんどで、段が施されたものも含まれる。なお口縁に貼付突帯のある土器（13）がこの時期以降出土している。

　雲宮Ⅲ期は同じく左京216次調査SX60第1～2層出土土器が中心で、左京407次調査SD1787出土土器の一部も含む（図3）。壺形土器（18～27）、甕形土器（28～32）、鉢形土器（33・34）、大形の壺形土器（35）がある。壺形土器で段をもつものが少なくなり、1～3本の沈線のものが増えるが、貼付突帯のものも出てくる。甕も沈線が3～4本施されるものが出てくる。壺形土器の口縁内面に突帯をめぐらすものもある。なお、左京407次調査のSD1787で出土した土器には、突帯を口縁下

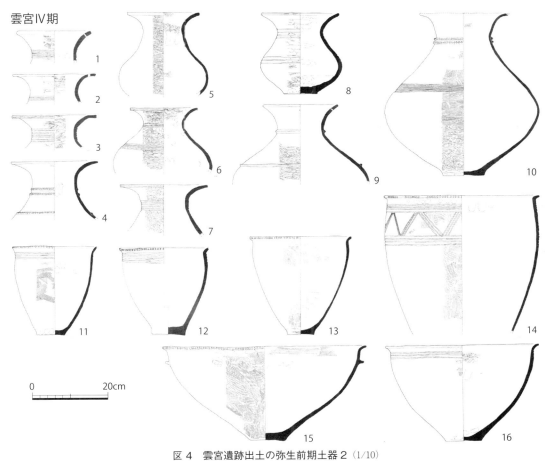

図4　雲宮遺跡出土の弥生前期土器2（1/10）
7・16：長岡京左京216次SX76第3層出土　1～6・9～15：同第2層出土　8：長岡京左京407次SD1879第3層出土

173

第Ⅲ章　農耕集落形成過程の地域的分析

にめぐらした甕形土器 (36) や胴部に段をもちその上に刻目が施された鉢形土器 (38) も出土している。これらは雲宮Ⅱ～Ⅲ期のものである。

　雲宮Ⅳ期は、同じく左京216次調査SX76第2～3層出土土器が中心で、左京407次調査SD1879の6～8層出土土器の一部も含む (図4)。壺形土器 (1～10)、甕形土器 (11～14)、鉢形土器 (15・16) がある。壺形土器の口頸部界の文様は3～6条の沈線のものが多くなり、貼付突帯3～6条が出現する。頸胴部界の文様は3～6条の沈線のものが増加し、6～10条の沈線のものが出現する。器形も頸部が長く伸びるものや口縁が大きく外に開くものが出てくる。甕形土器は、逆「L」字状口縁の瀬戸内系のものが出現する。ほか胴部に山形文がある大形の甕形土器もこの時期にある。また、

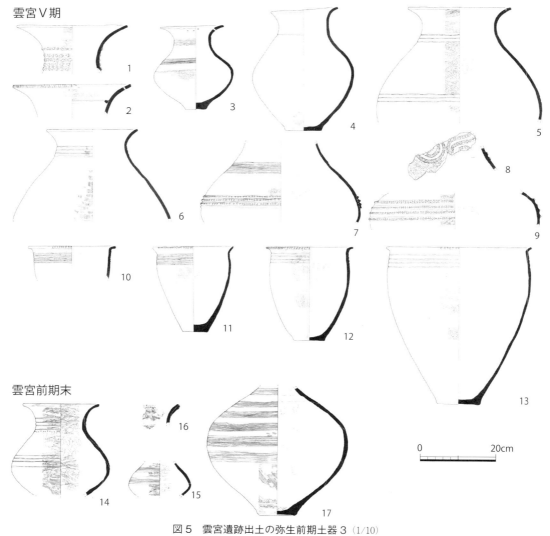

図5　雲宮遺跡出土の弥生前期土器3 (1/10)
1～13：長岡京左京216次SX76第1層出土　14・15：長岡京左京407次SD1879・1層出土　16・17：同SX2185出土

口径が器高の 1.5 倍以上の口縁が大きい鉢形土器もこの時期出現する。

　雲宮Ⅴ期は、同じく左京 216 次調査 SX76 第 1 層出土土器が中心で、左京 407 次調査 SD1879 の 2～5 層出土土器の一部も含む（図 5）。壺形土器（1～9）、甕形土器（10～13）、鉢形土器がある。壺形土器では口頸部界、頸胴部界とも沈線 6～10 条のものが増え、貼付突帯も 6～10 条のものが増加する。甕形土器も沈線 6 条以上のものが出現するが、1～4 条のものが主である。鉢は口縁が広い器形のものがなくなる。双頭渦文の壺形土器も出土している（8）。これは播磨からの影響が指摘されるもので、西方からの影響を示す遺物である。

　なお、雲宮Ⅴ期とⅥ期の間に位置づけられる土器が出土している。「雲宮前期末」としてあげた土器がそれである（図 5-14～17）。壺形土器のみであるが、いずれも 10 条以上の沈線が施される段階の土器で、櫛描文が出現する直前の時期と考えている。左京 407 次の環濠 SD1879 の 1 層と杭列 SX2185 から出土しているのみである。この時期環濠はほぼ埋没しており、環濠集落としては途絶えてしまった時期である。また左京 407 次以外の調査では出土例がなく、空白の時期とみられていたが、少ないながらも出土しており、弥生人が付近で活動していたことが推測される。

　また、土器の製作地については、生駒西麓産の土器が僅少であるが、出土している。土器の胎土分析を左京 216 次調査時に行っているが、その結果では、生駒西麓産を含む 2 種が全くの異質で搬入の可能性が高いとされたが、それ以外は 10 グループに分類できるが、それらは分散傾向にあり、個体数が多いものに関しては在地産の可能性が高いとされる以外、はっきりしない。明確に搬入土器とわかるものは現時点では少ないとすべきであろう。

(2) 石　器（図 6）

　石器には磨製石包丁（11～15）、磨製石鎌（16）、磨製尖頭器（17）、磨製両刃石斧（18・19）、扁平片刃石斧（20）、鑿状石斧（21）、磨製石鏃（1）、打製石鏃（2～7）、打製尖頭器（10）、打製石錐（8・9）、打製削器、楔形石器、石棒、石鋸、砥石、石皿、叩石、石錘などが出土している。磨製石包丁には頁岩・粘板岩系の石材が使用される。外湾刃のものが主である。磨製石鎌は 2 点あるが、いずれも頁岩・粘板岩系の石材である。関西地方では類例が少ない。磨製両刃石斧と扁平片刃石斧は、泥質ないし砂質ホルンフェルスが石材として使用されている。扁平片刃石斧は、稜が明瞭で弥生前期の特徴をよく備えている。鑿状石斧も断面は正方形に近い。磨製尖頭器は頁岩・粘板岩系の石材が使われるが、寺前直人氏は極大形磨製尖頭器の可能性を指摘している（古代学協会編 2013）。磨製石鏃は、有茎式で打製石鏃と比べると大きい。石材は緑泥片岩の可能性が指摘されている。打製石鏃には有茎式（2）、尖基式（3）、平基式（4・5）、凹基式（6）があるほか、両側縁に抉りを持ついわゆるアメリカ式石鏃（7）も出土している。打製石器について石材はサヌカイトである。石材について頁岩・粘板岩系の石材やホルンフェルスは、産地の確定が難しい石材ではあるが、おそらく周辺に産する石材と思われる。サヌカイトは二上山産ないし金山産である。発掘調査では頁岩・粘板岩系の素材剥片やサヌカイトの素材剥片が出土していること、叩石が出土していること、失敗品が存在することなどから、具体的な製作過程は復元されていないが、雲宮遺跡において石器生産がなされていた

第Ⅲ章　農耕集落形成過程の地域的分析

ことがわかる。

　なお、一つ問題のある石器がある。22の砥石である。立会調査（調査番号91324）で溝SD04の第1層から出土したものである（小田桐2013）。板状の砥石であるが、砥石として使用されていない面の真ん中に縦に3条の溝があり、黒く被熱している。2次利用で砥石にされているが、立会調査直後は金属生産に使われた鋳型の可能性が指摘されていた。左京407次調査で焼土塊が多量に出土したが、鋳型や坩堝、鉱滓など金属生産に関わる遺物が伴出しないこと、金属生産に関わる焼土塊としては焼成温度が低いこと、形態的に異なることから、金属生産に関係する可能性が極めて低いと考

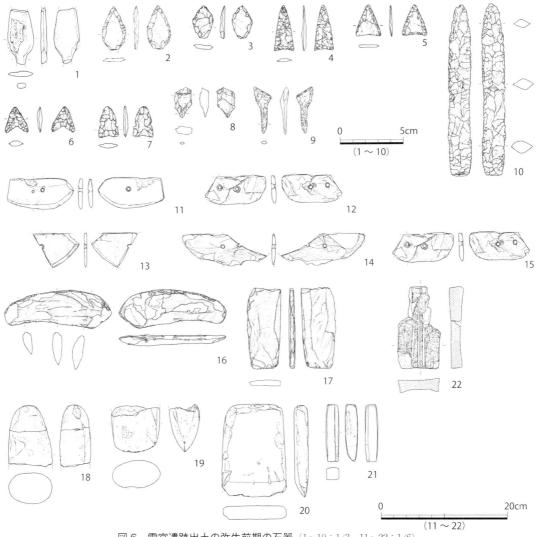

図6　雲宮遺跡出土の弥生前期の石器　（1～10：1/3、11～22：1/6）
2・4・5・6・8・9・10：長岡京左京216次調査出土　1・3・7・11～21：長岡京左京407次調査出土
22：立会調査（調査番号91324）出土

えた。ただし、この砥石については、判断を保留している。この解釈は今後の課題である。
(3) 木製品・漆製品
　木製品は、環濠を中心に広鍬、狭鍬、又鍬、鋤、磨製両刃石斧の柄、高杯の杯部、高杯の脚部が出土している。広鍬は未成品が出土していることから、雲宮遺跡において木製品の生産が行われたことが判明する。漆製品も環濠から1点竪櫛が出土している。SD1879から出土しているが、細い材を束ねて曲げて漆で塗り固めているものである。

5　集落の景観

(1) 立地環境
　雲宮遺跡は、前述のように小畑川左岸の扇状地上に位置している。小畑川は老ノ坂峠に源を発し、初め東南へ流れていたのが、上里で南に方向を転じて、馬場、勝竜寺と流れ下り、下植野で桂川に合流している。馬場から勝竜寺までは右岸の河岸段丘を縁どるように流れるが、この左岸は小畑川が形成した扇状地が広がる。この扇状地は一文橋を頂点に、扇端は東海道新幹線の少し東まで達する。傾斜は緩やかであるが、ところどころに小畑川の旧流路が確認できる。一文橋から菱川に至る旧河道が現地表からも認められるが、これは永続性の高い旧河道である。ほか、氾濫による一時的な旧河道もある。そうした扇状地扇端に近い位置に雲宮遺跡はある。
　また、左京87次調査では流路内の堆積した土壌から、左京216次調査では環濠SX76内に堆積した土壌から花粉分析及びプラントオパール分析がなされている（小田桐1984、京都府埋蔵文化財調査研究センター編1997）。前者によれば、樹木花粉はモミ属・コウヤマキ属・ツガ属など針葉樹林が中心とされる。草本花粉では、水田雑草であるタデ科の花粉のほかイネ科花粉も検出され付近に水田の存在が推測されている。後者によれば、弥生前期の雲宮遺跡周辺は、山地・丘陵部はアカガシ亜属を主体にシイノキ属─マテバシイ属などが生育する照葉樹林が優勢で、スギ属を中心にコウヤマキ属やヒノキ属、モミ属、ツガ属などの針葉樹林が分布を広げていたとされる。その他コナラ亜属やニレ─ケヤキ属などの落葉樹林も一部みられる。一方低地部では、イネ科花粉が多く得られ、またプラントオパールも多量に検出されイネが存在したのは確実である。花粉分析でササ類などのイネ科、ヨモギ属やタンポポ亜科などのキク科、アカザ科─ヒユ科といった雑草類が多い。集落周辺では、そうした雑草が生育していたことが推測されている。なお、水生植物であるオモダカ属の花粉も見つかっている。プラントオパールではネザサ節型のササ類やクマザサ属型のササ類の出現率が高く、花粉分析の結果とあわせても、集落周辺ではそうしたササ類が茂っていたことも推測できる。

(2) 環濠集落とその構造
　集落の構造については、すでに福家恭氏がまとめている（福家2017）。ほぼ重なるが私なりにまとめておきたい。
　これまでの調査成果から雲宮遺跡の弥生前期の集落は、2重ないし3重の環濠を持つ集落である。

それは、平面形では東西に長い楕円形を呈し、東西約120m、南北100m以上を測ると考えられた。そしてその環濠内には炉跡が2基確認されるなど居住域がある。また、環濠の外に方形周溝墓や土器棺墓が見つかっているなど、墓域が存在することが明らかになっている。集落の時期とずれるところはあるが、河川内に杭列が造られたこともわかっている。

まず、環濠内について、炉跡2基は左京407次調査で見つかっている。そして、焼土塊の分布する地点を焼失家屋との関連を想定したが、そうだとすれば、集落の東北部はほぼ居住域になろう。左京18次や左京229次についても土坑や柱穴が主に見つかっているが、左京407次の遺構の状況をもとに考えれば、やはりこの両者の地点も居住域と考えておきたい。なお、この居住域とした中に土器埋設遺構が2基見つかっている。

ただし、遺構の状況が異なる地点がある。それは、左京407次調査区で集落の東端部にあたる地点である。溝を境にその東側では柱穴のみが分布し、土坑などが見当たらない。焼土塊はこの柱穴のみが分布する地点の西端から出土しているがそこのみで、基本的には出土しない地点とみておきたい。また、出土遺物は土器が出土しているが、量的には少ない。祭祀に関わる遺物は特に出土していないので、非日常的な空間とも言い難い。柱穴のみがある地点は、日常的な空間の可能性が高いが、居住域とはやや性格が異なることが推測される。

ついで環濠外についてみてみる。方形周溝墓1基と土器棺墓3基、河川とそれに伴う杭列が確認されている。方形周溝墓は左京216次調査にて、周溝のみが確認されているが、集落の西に位置している。土器棺墓は左京297次調査と左京414次調査で確認されているが、これは集落の東にある。いずれも環濠集落の外縁部に位置することから、墓域が集落の外縁に形成されている可能性が指摘できる。そしてそれは方形周溝墓と土器棺墓の2種類があるといえる。河川は、左京407次調査で集落の東側に1本ないし2本の河川が確認されている。そしてその川の西岸に、岸にほぼ併行する形で杭列が確認されている。この具体的な性格についてはよくわかっていないが、集落の廃絶した後にも機能していたようである。

(3) 先行する遺跡

左京212次調査では沼状のくぼみから土器が出土している。長原式の縄文土器深鉢と弥生土器の壺形土器が共伴している。壺形土器は頸胴部界に段が認められる個体で、胴部が丸く膨らむ。雲宮Ⅰ期に位置づけられる土器であるが、これは雲宮遺跡の弥生前期の環濠集落の外であり、北西側にあたる。また、この周辺では左京235次調査では自然流路から土器や木製農耕具、土偶頭部、堅果類などが出土している。土器の中で時期決定が可能なものは晩期末のものであった。この時期での木製農耕具の存在は注目すべきであるが、土偶もこの時期のものと考えられている。また、この隣接地の左京278次調査では土坑が検出され、船橋式から長原式の土器が出土している。雲宮遺跡を中心に乙訓地域の縄文遺跡を検討した小島孝修氏は、この3調査地点周辺が縄文晩期の雲宮遺跡の中心地と考えている（京都府埋蔵文化財調査研究センター編1997）。

なお、縄文晩期の遺物を出土している地点は3地点のみではない。環濠集落の南側にあたる左京

283次調査や左京297次調査でも出土している。ほか、環濠集落内で2次堆積になるが、左京407次調査でも長原式の壺が出土している。生活の痕跡は、弥生前期の環濠集落の周辺のあちこちに確認されている状態なのである。先行する遺跡は、中心的な集落もあるが、小集落が散在する状況でもある。扇状地扇端付近の不安定な地形のため、集落の移動が頻繁だった可能性もある。それが雲宮Ⅱ期に環濠集落を成立させ、集約された可能性、あるいは安定して継続的な集落となった可能性も考えられよう。

おわりに

雲宮遺跡の弥生前期の環濠集落について概観してきた。山城地域においては、数少ない弥生前期の環濠集落であり、ある程度集落の実態がつかめる事例として重要であろう。これまでの研究をまとめると、その成立は、もともと縄文時代に集落が展開していた中に弥生土器など弥生文化の要素がわずかに入ってきた段階があって、次に環濠集落の成立、土器がほぼ弥生土器化する、大陸系磨製石器が受容されるなど、一挙に変革する段階がある。それが雲宮遺跡の弥生前期の環濠集落の成立になろう。成立時より土器・石器の様相や生駒西麓産の弥生土器・金山産サヌカイトの存在などから摂津や河内、瀬戸内方面など西からの影響が強い。そしてその集落は弥生時代の前期前半に成立し、後半まで存続する。比較的安定して継続した集落といえるだろう。

なお本文中では触れなかったが、弥生前期の環濠集落の廃絶後について、左京17次調査や左京444次調査で方形周溝墓や土坑墓が確認され、雲宮Ⅴ期からⅥ期の土器は出土している。それはつまり環濠集落よりも西方に集落の中心を移しており、さらに西の神足遺跡へも進出したと考えられている（福家2017）。左京407次調査の杭列は集落廃絶直後の遺構であるし、Ⅱ様式からⅢ様式の竪穴住居跡や土坑が見つかっている。そしてⅣ様式、Ⅴ様式の集落は左京414次調査地点を中心に展開している。弥生前期の環濠集落の廃絶後は、明確な集落は見つかっていないものの、周辺に継続的に集落があったことは十分に推測される。ただし、しばしば指摘されている雲宮遺跡から神足遺跡への連続性を否定するものではない。

雲宮遺跡の弥生前期集落については、ある程度明らかになってきたとはいえ、集落の問題、未発見である水田遺構の問題、個別の遺物の問題のどれにもまだまだ課題が多く残されている。これからの調査研究においてこれらが徐々に解明されることを願ってやまない。

註

1）長岡京左京18次調査（戸原1985）において、1間×1間の掘立柱建物が復元されているが、『長岡京市史　資料編一』（長岡京市史編さん委員会編1991）において岩崎誠氏は疑問を残すとしているので、ここでは外した。

引用・参考文献

岩﨑　誠 1993「左京第269次（7ANMST-5地区）調査概報」『長岡京市埋蔵文化財センター年報　平成3年度』㈶長岡京市埋蔵文化財センター　pp.116-121

第Ⅲ章　農耕集落形成過程の地域的分析

小田桐淳 1983「左京第 84 次（7ANMTG - 2 地区）調査・左京第 87 次（7ANMTG - 3 地区）調査略報」『長岡京市埋蔵文化財調査年報　昭和 57 年度』㈶長岡京市埋蔵文化財センター　pp.139 - 142
小田桐淳 1984「第 1 章　長岡京跡左京第 87 次調査概要（7ANMTG - 3 地区）」『長岡京市埋蔵文化財調査報告書　第 1 集』㈶長岡京市埋蔵文化財センター　pp.181 - 213
小田桐淳 1993「第 91324 次調査」『長岡京市埋蔵文化財センター年報　平成 3 年度』㈶長岡京市埋蔵文化財センター　pp.148 - 149
小田桐淳 1994「左京第 297 次（7ANMJN - 2 地区）調査概報」『長岡京市埋蔵文化財センター年報　平成 4 年度』㈶長岡京市埋蔵文化財センター　pp.306 - 309
小田桐淳 2012「1. 第 91324 次立会調査〜雲宮遺跡、溝群出土資料〜」『長岡京市埋蔵文化財発掘調査資料選』（一）（公財）長岡京市埋蔵文化財センター　pp.1 - 12
小田桐淳 2015「1. 第 91324 次立会調査 - 2〜雲宮遺跡、溝群出土資料〜」『長岡京市埋蔵文化財発掘調査資料選』（五）（公財）長岡京市埋蔵文化財センター　pp.1 - 10
京都府埋蔵文化財調査研究センター編 1997『雲宮遺跡』京都府遺跡調査報告書第 22 冊　㈶京都府埋蔵文化財調査研究センター
古代学協会編 2013『雲宮遺跡・長岡京左京六条二坊跡発掘調査報告書』古代学協会研究報告 10　（公財）古代学協会
古代学協会編 2017『雲宮遺跡発掘調査報告書（補遺編）』古代学協会研究報告 13　（公財）古代学協会
佐原　真　1967「山城における弥生式文化の成立─畿内第Ⅰ様式の細別と雲ノ宮遺跡出土土器の占める位置─」『史林』50 ─ 5　pp.103 - 127
白川成明 1990「左京第 212 次（7ANMYB 地区）調査略報」『長岡京市埋蔵文化財調査年報　昭和 63 年度』㈶長岡京市埋蔵文化財センター　pp.68 - 69
戸原和人 1985「5. 長岡京跡左京第 18 次（7ANMTD 地区）調査概要─左京六条二坊七町・雲宮遺跡─」『長岡京市文化財調査報告書』第 14 冊　長岡京市教育委員会　pp.41 - 71
長岡京市史編さん委員会編 1991『長岡京市史　資料編一』長岡京市
中尾秀正 1987「左京第 132 次（7ANMTB - 2 地区）調査概報」『長岡京市埋蔵文化財センター年報　昭和 60 年度』㈶長岡京市埋蔵文化財センター　pp.178 - 185
中島皆夫 1991「左京第 229 次（7ANMTD - 3 地区）調査概報」『長岡京市埋蔵文化財センター年報　平成元年度』㈶長岡京市埋蔵文化財センター　pp.110 - 111
中島皆夫 1996「左京第 352 次（7ANMKK - 4 地区）調査概報」『長岡京市埋蔵文化財センター年報　平成 6 年度』㈶長岡京市埋蔵文化財センター　pp.250 - 255
原　秀樹・木村泰彦 2010「第 08277 次」『長岡京市埋蔵文化財センター年報　平成 20 年度』㈶長岡京市埋蔵文化財センター　pp.181 - 182
福家　恭 2017「乙訓地域における縄文〜弥生時代の集落─雲宮遺跡と上里遺跡の動態から─」『弥生文化出現期前後の集落について』第 24 回京都府埋蔵文化財研究会発表資料集　京都府埋蔵文化財研究会　pp.7 - 16
山本輝雄 1999「左京第 414 次（7ANMTD - 5 地区）調査略報」『長岡京市埋蔵文化財センター年報　平成 9 年度』㈶長岡京市埋蔵文化財センター　pp.176 - 181

図出典
図 1　国土地理院発行の 2 万 5 千分の一地形図「京都西南部」に一部加筆し転載。
図 2　各報告書より引用し、筆者作成
図 3〜6　京都府埋蔵文化財調査研究センター編 1997、古代学協会編 2013 より転載

第2節

乙訓地域の弥生集落と展開画期

岩﨑　誠

はじめに

　ここで扱う乙訓地域とは、京都盆地南西部に位置する桂川右岸を指す。現在の行政単位では、およそ京都市西京区、同伏見区、同南区、向日市、長岡京市、大山崎町の比較的広い範囲である。この乙訓地域の弥生集落がどのように成立し、どのような経過をたどったかについて考察しようとするものである。それには、まず乙訓地域の大まかな集落分布を確認し、代表的な集落を例に集落構成を明らかにしたい。

1　乙訓の弥生集落の概要

　縄文後期〜晩期の集落分布（図1・2）　縄文時代晩期の遺跡分布は、縄文後期までの遺跡分布状況と大きく変わる（岩﨑2010）。後期には、台地やその縁辺部、段丘を覆う扇状地や緩扇状地に広く分布していたが、晩期には低地一般面や氾濫源、扇状地などに広がりを見せる。特に、小泉川左岸の遺跡群の活動が著しく低下し、小畑川が形成した扇状地への進出が著しい。向日市寺戸川流域の鶏冠井・石田・森本遺跡の活動も活発になる。風呂川・善峰川流域の遺跡は、後期では散在的分布であったのが、晩期には数か所にまとまりを見せる。

　遺跡分布状況の変化は、移動拠点の必要がなくなり、活動拠点の集約（雲宮遺跡と鶏冠井・石田遺跡）がはかられた結果と考えられ、土地への執着のあらわれと理解する。活動拠点として低地一般面や低地の微高地が選ばれたことは、水稲農耕受容に大きく影響を及ぼしたと思われる。

　弥生前期の集落分布（図3）　縄文時代晩期から弥生時代前期への分布状況の変化は、縄文後期から晩期へ

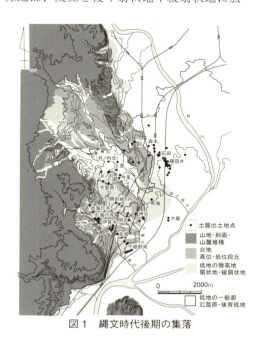

図1　縄文時代後期の集落

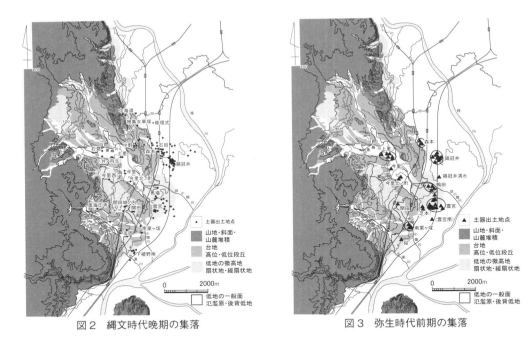

図2　縄文時代晩期の集落　　　　　　　　　図3　弥生時代前期の集落

の変化に比べて漸次的である。分布範囲は、寺戸川沿い、小畑川沿い、犬川沿いの3グループに分けられる。縄文晩期から弥生前期へ継続する遺跡には、森本、鶏冠井、石見町南、上里、今里、開田、雲宮、南栗ヶ塚などがある。中でも、鶏冠井と雲宮は、長原式以前から第Ⅰ様式中段階あるいは古段階に継続あるいは重複する。両集落が明らかになれば、縄文晩期の拠点的集落が水稲農耕を受容した様相がわかってくると思われる。上里遺跡は、縄文晩期から弥生前期への経過を示す貴重な集落である。畿内第Ⅰ様式出土遺跡数は、縄文晩期からの集団数を示していると考えられる。

　弥生中期の集落分布（図4）　弥生時代前期から中期への分布状況の変化は、新たな集落の激増に大きな特徴がある（岩﨑1983）。第Ⅱ様式から始まる神足遺跡は、低位段丘に立地を移した環濠を持つ拠点的集落の代表的な遺跡と言える。鶏冠井遺跡は、縄文後期末葉からの継続遺跡であるが、弥生中期後半には衰退する。北山遺跡は、高地性集落として名高い。また、雲宮遺跡や上里遺跡は、衰退した集落の代表と言える。

　弥生後期の集落分布（図5）　弥生時代中期から後期へ変化は、拠点的集落が山裾に移るという特徴がある。環濠を持つ長法寺遺跡や開田城ノ内遺跡はその代表で、井ノ内遺跡も後期の大集落である。庄内期を中心とする中海道遺跡は、古墳時代への移行を示す貴重な集落である。また、拠点的機能を失った中期集落には、低位段丘に位置する神足遺跡などがある。

2　縄文晩期から弥生前期の集落

　雲宮遺跡　雲宮遺跡は、滋賀里Ⅱ式期からの継続遺跡である。畿内第Ⅰ様式期では、環濠内（居住域と推定）に小穴や土坑が高密度で無数に検出されている。小穴には、明らかに柱痕が看取でき

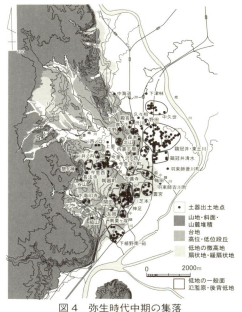
図4　弥生時代中期の集落

図5　弥生時代後期の集落

るものがあり、柱穴が含まれていると考えられる。環濠より内部で出土している焼土塊は、竪穴建物の被覆土が焼けたものと考えられるものが含まれているという（桐山ほか2013、桐山2017）から、環濠内に竪穴建物があったと思われる。環濠外には、方形周溝墓1基や土器棺墓3基が検出されている。

　雲宮遺跡での縄文時代晩期の明確な集落遺構はないが、晩期突帯文土器出土地点が多いこと、居住域を囲む環濠を巡らせる新しい集落構造が成立すること、縄文時代からの伝統的葬法（土器棺墓）と共に新たな墓型式が採用されていることなどから、住居型式は不明であるが、在地縄文集団と淀川をさかのぼって来た稲作集団が融合した集落と考えられる。

　上里遺跡（図6〜8）　縄文時代晩期（滋賀里Ⅱ）からの集落変遷が明確になった集落遺跡である。滋賀里Ⅱ式期から篠原式段階（約200年間）までは、5期の変遷（単純計算で1期約40年間の変遷と言える）が想定されている。突帯文の時期は、建物こそ検出されなかったが、広い範囲に土器棺墓や焼け土面土坑などが散在する様子が明らかにされている（図7）。これと並行あるいは後続する第Ⅰ様式段階では、竪穴建物、掘立柱建物、柱列、土坑、土器棺墓などが検出されている（図8）。

　縄文晩期の残存状況の良好な竪穴建物（上里5期＝篠原式中段階の竪穴建物16-3175）は中央に炉を持つ円6型または円7型（石野1975の分類）で、他の竪穴建物は不正円または不正隅丸方形からなる。居住域は2〜3グループに分けられ、一時期の竪穴建物数は、最大4軒と考えられている。この居住域に隣接して土器棺墓群が配置されている（図6）。

　弥生前期では、竪穴建物6棟や掘立柱建物2棟のほか、柱穴列10列、土器棺墓1基、土坑8基、焼土痕8基などが検出されている（図8）。竪穴建物には不正円形と不正隅丸方形がある。各竪穴建

第Ⅲ章　農耕集落形成過程の地域的分析

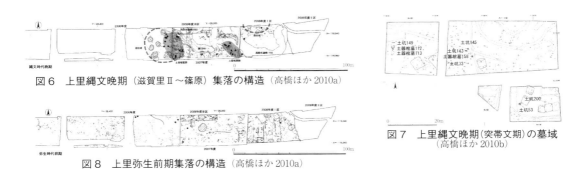

図6　上里縄文晩期(滋賀里Ⅱ～篠原)集落の構造 (高橋ほか 2010a)

図7　上里縄文晩期(突帯文期)の墓域
(高橋ほか 2010b)

図8　上里弥生前期集落の構造 (高橋ほか 2010a)

物の主柱穴と周壁溝の存在は明確にならなかったようであるが、炉は、中央より偏った位置に設置する傾向にある。屋内炉の位置を除いて、縄文晩期の竪穴建物と類似する傾向が見られる。土坑には、長方形に近いものもあり、墓が含まれている可能性があるが、土器棺墓が主流であったと考えられる。

　このように、竪穴建物の型式や墓制において、縄文的要素の継続が見いだせることから、上里遺跡の集落は、縄文集落が水稲農耕を受け入れた集落と考えたい。

3　中期の集落

　鶏冠井遺跡群　鶏冠井遺跡は、縄文時代後期宮滝式期からの継続遺跡である。弥生時代前期の集落構成は明確でない。鶏冠井遺跡は銅鐸鋳型出土遺跡で、青銅器(銅鐸)生産集団が立ち寄った拠点的集落と考えられる。周辺部の調査成果から、中期前半の検出遺構を抽出すると、周辺部の遺跡を墓域とする様相が捉えられる(図9)。國下氏は、自然流路を挟んだ東西のグループに分けられると考えられている(國下1997)。方形周溝墓群が検出された東土川遺跡では、小区画水田も検出されている(野島ほか 2000)。また環濠と報告されている方形周溝墓群内の数条の溝は、神足遺跡の方形周溝墓群内に見られる区画溝(福家2014)との共通性が見いだせる。

　検出されている竪穴建物は、すべて円形または楕円形あるいは不整円形と考えられ、中央に屋内炉を設置することを常としているようである。規模の大きい竪穴建物は、國下氏の言う東部領域にあるが、銅鐸鋳型出土地点は、國下氏の言う中央部領域南東部にある。旧河道とされている流路が、私の想定する居住域にどのような影響を及ぼしたか、調査の進展を待ちたい。

　竪穴建物について見ると、重複住居が見られるようになる。円形住居SH25953・62・65は、1点で接する増築と横移動の建て替えが見られる重複住居と見ることができ、石野氏の一方増築と全周増築(石野1975)の双方が重なって検出された例と考えられる。ただし、石野氏の一方増築とされているもののうち、円形住居の一方増築とされているものは、小面積円形住居をより大きい円形住居に建て替えた、全周増築建て替え住居と捉えたい。また、ほぼ同規模の横移動住居を、全周建て替え住居と捉えたい。後者の場合、一部または大部分が重なり合う場合と、隣接する位置に移動したと考えられる場合がある。

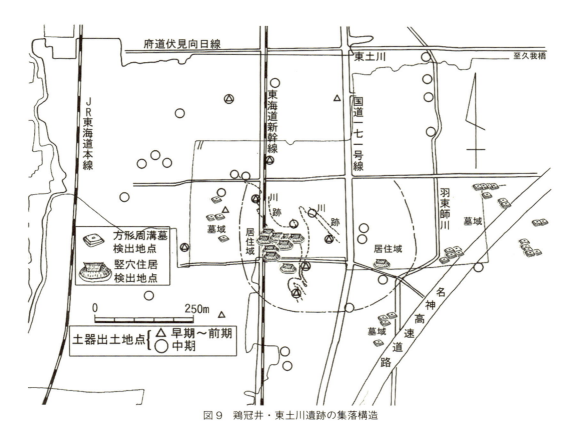

図9 鶏冠井・東土川遺跡の集落構造

　神足遺跡　神足遺跡は、銅剣の保有集落であり、これを忠実に模倣した有樋式石剣をはじめとする石器生産が盛んな、弥生時代中期前葉から始まる環濠集落である。私は、中心的居住域をなす環濠内の居住域Aと、方形周溝墓群を挟んで少し離れた位置にある居住域Bが基本的な居住域で、居住域Aを取り巻くように方形周溝墓群があり、その中に散在的に竪穴建物が配置していると考えている。方形周溝墓群内に散在する竪穴建物は、居住域と言えるほどのまとまりがない事や、いずれも小規模で重複住居もないことから、墓域の管理・造営・祭儀に関係する施設ではないかと考えている。また、居住域Bは、居住域Aより後出で、居住域Aからの分岐集団の居住域と考えている。福家恭氏は方形周溝墓や長距離に掘られた溝の検討から、4期の変遷を提案している（福家2014）。

　神足遺跡の主な検出遺構には、竪穴建物143棟（重複住居をそれぞれ別個に加算）、掘立柱建物4棟、方形周溝墓171基、土壙墓46基、土器棺墓7基などがある。

　居住域のA・Bの竪穴建物は、円形を主体としながらも、居住域A・Bを合わせて隅丸方形23棟があり、居住域Aには多角形（六角形）2棟が含まれている（表2）。

　円形住居は、明確な周壁溝を持ち、中央に深さ30cmから50cmの炉を設置する。主柱穴は、2～6基で、規模が大きいほど多くなる。規模は、直径5～6mが一般的で、直径10mを超えるものも3棟あり（表3）、この3棟は約100m離れた2か所に配置している。

185

隅丸方形住居は、各辺が弓なりにわずかに膨らむ形状をなすもの（SH1603-A・-Bなど）と、各辺が直線的で、より方形に近いもの（SH1641など）がある。前者は、一辺4m以上の規模を持ち、中央に円形住居と同様の炉を設けている。主柱穴は4基が多い。後者は、居住域Aでのみ検出され、小規模のものに多く、中央炉は皿状に浅く窪む焼土面を持つ形状で、特徴的である。主柱穴は2基で、柱穴の深さも10cm前後と浅い。一般的な住居ではなく、特殊な機能を持って築かれたものか、前期の竪穴建物形態の名残と思われる。

表1　掘立柱建物集計表

遺跡名	遺構名	平面形	柱間	規模	柱穴規模	柱間	備考
上里遺跡	掘立柱建物2	長方形	5間以上×2間	4.5m以上×2.2m	径20cm	桁行柱間0.8～1m	
	掘立柱建物3	不整楕円形			径30cm	柱間0.7～2m	焼土土坑308
神足遺跡	掘立柱建物1	長方形	4間×2間	5.7×3.5m	径30～50cm	桁行1.3～1.5m	
	掘立柱建物2	長方形	2間×2間	4.5×2.8m	径30～50cm	桁行2.5m	
	掘立柱建物3	長方形	2間×2間	5×2.7m	径30～50cm	桁行2.5m	
	掘立柱建物4	長方形	4間×2間	5.6×3.1m	径30～40cm	桁行1～1.3m	
谷山遺跡	SB23708	長方形	3間×1間	10.5×4.3m	径50～60cm	桁行柱間3.2～3.5m	

表2　竪穴建物形態別統計表

形態	円形・楕円形	多角形	隅丸方形・長方形	不明	合計
上里	4（66.7%）	0（0%）	1（16.7%）	1（16.7%）	6（100.1%）
鶏冠井	17（100%）	0（0%）	0（0%）		17（100%）
神足A	86（80.4%）	2（1.9%）	19（17.8%）		107（100.1%）
神足B	7（63.6%）	0（0%）	4（36.4%）		11（100%）
長法寺	7（70.0%）	1（10.0%）	2（20.0%）		10（100%）
谷山	1（14.3%）	1（14.3%）	5（71.4%）		7（100%）

表3　竪穴建物規模比較表

円形・楕円形住居規模（楕円は長軸）

規模（直径）	4m台以下	5m台	6m台	7m台	8m台	9m台	10m台	11m台	不明	合計
上里	1（25.0%）	3（75.0%）								4（100%）
鶏冠井	2（11.8%）	7（41.2%）	1（5.9%）		1（5.9%）		1（5.9%）		5（29.4%）	17（100.1%）
神足	11（12.8%）	22（25.6%）	18（20.9%）	13（15.1%）	7（8.1%）	8（9.3%）	2（2.3%）	1（1.2%）	4（4.7%）	86（100%）
神足B		4（57.1%）	1（14.3%）	1（14.3%）	1（14.3%）					7（100%）
長法寺				1（14.3%）	1（14.3%）	2（28.6%）			3（42.9%）	7（100.1%）
谷山							1（100%）			1（100%）

多角形住居

規模（直径）	4m台以下	5m台	6m台	7m台	8m台	9m台	10m台	11m台	合計
神足			1（六角形）	1（六角形）					2
長法寺							1（六角形）		1
谷山				1（五角形）					1

隅丸方形・長方形

規模（一辺m）	3×3以下	3×4	4×4	4×5	5×5	5×6	6×6	6×7	7以上×3以上	不明	合計
上里									1（100%）		1（100%）
神足	3（15.8%）	1（5.3%）	2（10.5%）	4（21.1%）	2（10.5%）	1（5.3%）		1（5.3%）		5（26.3%）	19（100.1%）
神足B	2（50.0%）			1（25.0%）	1（25.0%）						4（100%）
長法寺				1（50.0%）						1（50.0%）	2（100%）
谷山				2（40.0%）	1（20.0%）			1（20.0%）		1（20.0%）	5（100%）

（隅丸方形住居の場合、3×3以下＝3m台×3m台以下、3×4＝3m台×4m台以下、4×4＝4m台×4m台以下、4×5＝4m台×5m台以下、5×5＝5m台×5m台以下、5×6＝5m台×6m台以下、6×6＝6m台×6m台以下、6×7＝6m台×7m台以下、7×3以上＝7m台×3m台以上）

第 2 節　乙訓地域の弥生集落と展開画期

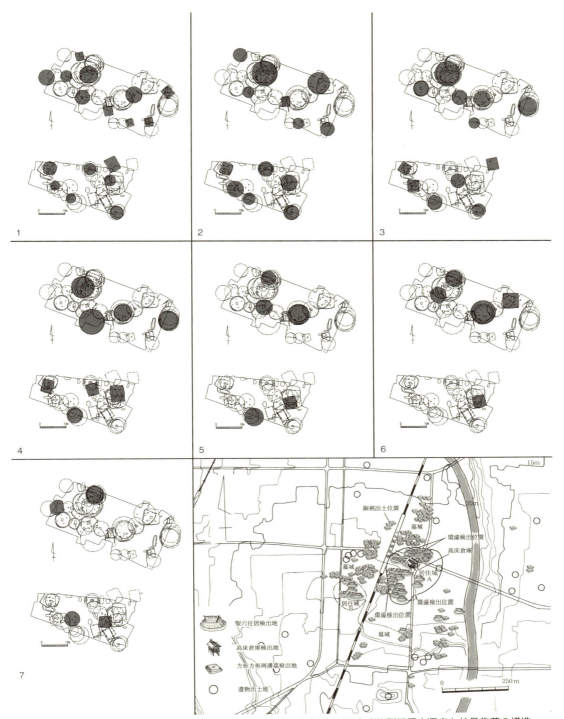

図10　神足遺跡居住域A地区（長岡京跡右京第279次調査地点）の竪穴建物群配置変遷案と神足集落の構造

六角形住居は、主柱穴の位置に対応して周壁溝が屈曲しており、規模や構造に円形住居と差が見られないことから、基本的に円形住居と変わらないものと思われる。ただし、ほぼ同規模・同形態の住居が近接して検出されたことは、意味があるのかも知れない。

　居住域Aから検出される竪穴建物の多くは、同心円状または横移動による建て替え重複住居である。たとえば、SH218は同心円状に全周増築建て替えの典型であり、SH1603A・Bは隅丸方形の同規模横移動の全周建て替え住居である。各住居が接したり重複せず、重複住居は小から大に増築され、最大限同時併存したと仮定した場合、7期の変遷が考えられる（図10）。これらの住居を弥生中期の約300年間の変遷と考えた場合、単純計算で一時期約40年間となる。同時期の竪穴建物数を少なく仮定すれば、それだけ変遷期が増加し、一時期存続期間が短くなる。このようなほとんどの竪穴建物が重複する住居配置は、長期間の安定居住のあらわれであると同時に、世帯・家族の土地の占有（柵などで区画しないあいまいな範囲の占有）を意味していると思われる。同心円状の増築住居を世帯人数の増員に起因するとすれば、一増築期を数年間と捉え、同心円状増築住居の存続期間を数十年間と考えるほうが良いかもしれない。一方、同規模重複または隣接住居は、老朽化による建て替えと考えられる。また、竪穴建物の規模と配置の関係を見ると、一般的な規模の竪穴建物1棟に1〜3棟の小型住居が付随するような配置を示している。直径10ｍを超える大規模竪穴建物は、100ｍに1棟の割合で検出され、その近くに、直径9ｍ前後の竪穴建物が配置されている。これは、およそ8,000㎡に1か所の割合で集団の重要な施設が置かれていたと考えることができる。

　掘立柱建物は、いずれも小規模で、重複している。ほかにも、無数の小穴があり、捉えきれていない掘立柱建物や竪穴建物が存在する可能性がある。しかし、大規模な掘立柱建物は確認されておらず、小規模な高床倉庫数棟が、居住域の一角に配置されていたものと思われる。

まとめ

　乙訓地域の集落分布と、代表的集落の様相を概観した。集落分布では、縄文時代晩期から弥生時代前期への移行は劇的変化を伴わないことを明らかにした。ここでは触れなかったが、前期から中期にかけては、農工収穫具が木製・石製品として盛んに消費されている一方、石鏃や敲石と石皿などの狩猟・調理石製品も消費されており、小河川水系ごとの縄文時代以来のテリトリーを保持して狩猟・採集活動が続いているものと思われる。その範囲は、建築材や木製品素材の資源地としても有効であったと思われる。

　集落については、雲宮遺跡では、縄文時代晩期の様相がわからないとはいえ、畿内第Ⅰ様式段階では、完成された弥生文化の集落構成であり、在地集団と先進文化を携えた集団の融合による集落と考え、上里遺跡では、在地集団が弥生文化を受け入れた集落と考えられることを推察した。果たしてこのような集落は、森岡秀人氏のどのモデル（森岡1995）からの変遷と捉えるか、検討課題と言える。現在の農村では、「農家組合」「水利組合」「寄り合い」「人足」「隣組」などの組織・事業が、農耕地や村の維持管理・運営に欠かせない。おそらくこれらの初源的な体制が弥生時代前期に

整えられていたものと察せられる。

　これに続く鶏冠井遺跡や神足遺跡では、竪穴建物の定型化と増改築の激増および居住地のあいまいな範囲の占有が考えられることを示した。また後期では、竪穴建物に排水溝を設置したものが現れ、隅丸方形が定型化する。乙訓地域の前期の竪穴建物は不明な点が多いとはいえ、中期に円形住居が主体となり、後期に隅丸方形へと移行する傾向は、畿内の状況と足並みをそろえている。大型住居は、後期の長法寺遺跡や谷山遺跡で特殊性が見いだせる。集落構成要素のひとつと言える墓の形態や配置については、縄文時代後期からの土器棺墓が弥生時代前期にまで継続して集落の一端に営まれている場合が多く、雲宮遺跡では方形周溝墓が採用され始めている可能性を指摘した。中期の神足遺跡や鶏冠井遺跡などでは方形周溝墓が居住域面積を超えた広範囲に営まれている。ところが、庄内期では方形周溝墓が馬湯遺跡や神足遺跡などで検出されているにもかかわらず、後期については皆目わからないのが現状である。

雲宮遺跡文献（刊行年順）

佐原　真 1967「山城における弥生文化の成立―畿内第Ⅰ様式の細分と雲ノ宮遺跡出土土器の占める位置」『史林』50―5　史学研究会

戸原和人 1985「長岡京跡左京第18次調査概要」『長岡京市報告書』14　長岡京市教育委員会

中島皆夫 1991「左京第229次調査略報」『長岡京市センター年報』平成元年度　㈶長岡京市埋蔵文化財センター

戸原和人 1991「長岡京跡左京第216次・右京第343次発掘調査概要」『京都府遺跡調査概報』40　㈶京都府埋蔵文化財調査研究センター

戸原和人 1992「長岡京跡左京第216次調査　雲宮遺跡　長岡工区」『京都府遺跡調査概報』47　㈶京都府埋蔵文化財調査研究センター

小田桐淳 1993「第91324次立会調査」『長岡京市センター年報』平成3年度　㈶長岡京市埋蔵文化財センター

小田桐淳 1994「左京第297次調査略報」『長岡京市センター年報』平成4年度　㈶長岡京市埋蔵文化財センター

中川和哉 1997「雲宮遺跡」『京都府遺跡調査報告書』22　㈶京都府埋蔵文化財調査研究センター

山本輝雄 1999「左京第414次調査略報」『長岡京市センター年報』平成9年度　㈶長岡京市埋蔵文化財センター

原　秀樹・木村泰彦 2010「第08277次立会調査」『長岡京市センター年報』平成20年度　㈶長岡京市埋蔵文化財センター

小田桐淳 2012「第91324次立会調査」『長岡京市埋蔵文化財発掘調査資料選』（一）　㈶長岡京市埋蔵文化財センター

桐山秀穂ほか 2013「雲宮遺跡・長岡京左京六条二坊跡発掘調査報告書」『古代学協会研究報告』10　（公財）古代学協会

小田桐淳 2015「第91324次立会調査―2」『長岡京市埋蔵文化財発掘調査資料選』（五）　（公財）長岡京市埋蔵文化財センター

桐山秀穂 2017「雲宮遺跡発掘調査報告書」（補遺編）『古代学協会研究報告』13　（公財）古代学協会

上里遺跡文献（刊行年順）

山本輝雄 1997「長岡京跡右京第22・25次調査報告」『長岡京市センター報告書』11　㈶長岡京市埋蔵文化財センター

永田宗秀ほか 2003「長岡京右京二条四坊一・八・九町跡、上里遺跡」『京都市埋蔵文化財研究所発掘調査報告書』2003-3　（財）京都市埋蔵文化財研究所

網　伸也ほか 2003「長岡京右京一条四坊十三・十四町跡」『京都市埋蔵文化財研究所発掘調査報告書』2002-2　（財）京都市埋蔵文化財研究所

網　伸也ほか 2003「長岡京右京二条四坊一町跡、上里遺跡」『京都市埋蔵文化財研究所発掘調査報告書』2003-4　（財）京都市埋蔵文化財研究所

上村和直ほか 2006「長岡京右京二条三坊九・十六町跡、上里遺跡」『京都市埋蔵文化財研究所発掘調査報告書』2006-4　（財）京都市埋蔵文化財研究所

上村和直ほか 2007「長岡京右京二条三坊八・九町跡、上里遺跡」『京都市埋蔵文化財研究所発掘調査報告書』2006-34　（財）京都市埋蔵文化財研究所

高橋　潔ほか 2008「長岡京右京二条三坊一・八町跡、上里遺跡」『京都市埋蔵文化財研究所発掘調査報告書』2007-12　（財）京都市埋蔵文化財研究所

高橋　潔ほか 2010a「長岡京右京二条三坊一・八町跡、上里遺跡」『京都市埋蔵文化財研究所発掘調査報告書』2009-9　（財）京都市埋蔵文化財研究所

高橋　潔ほか 2010b「上里遺跡Ⅰ―縄文時代晩期集落遺跡の調査―」『京都市埋蔵文化財研究所調査報告』24　（財）京都市埋蔵文化財研究所

引用・参考文献（五十音順）

石野博信 1975「考古学から見た古代日本の住居」『日本古代文化の探求　家』社会思想社

岩﨑　誠 1983「桂川右岸の弥生遺跡」『長岡京』29　乙訓地方の自然と遺跡（2）　長岡京跡発掘調査研究所

岩﨑　誠 2010「乙訓における縄文遺跡の消長」『第17回　京都府埋蔵文化財研究集会』資料集　京都府の縄文時代　京都府埋蔵文化財研究会

桐山秀穂 2017「第Ⅲ章　焼土出土の遺構をめぐる問題」「雲宮遺跡発掘調査報告書」（補遺編）『古代学協会研究報告』13　（公財）古代学協会

國下多美樹 1997「鶏冠井遺跡」『向日市埋蔵文化財調査報告書』45　向日市教育委員会

野島　永ほか 2000「長岡京跡左京二条三・四坊・東土川遺跡」『京都府遺跡調査報告書』28　㈶京都府埋蔵文化財調査研究センター

福家　恭 2014「乙訓地域の弥生拠点集落―神足遺跡を中心とした弥生時代中期の動態―」『第20回京都府埋蔵文化財研究会』発表資料集　京都府下の重要遺跡の再検討　京都府埋蔵文化財研究会

福家　恭 2017「長岡京市長法寺遺跡の調査―弥生後期の拠点集落―」『近畿弥生の会第19回集会大阪場所発表要旨集』近畿弥生の会

森岡秀人 1995「初期水田の拡大と社会の変化」金関　恕・大阪府立弥生文化博物館 編『弥生文化の成立』角川選書

第3節

比叡山西南麓における弥生前期の微地形復元と遺跡立地

伊藤淳史

はじめに

　京都大学吉田キャンパスは、京都盆地の東北、比叡山の西南麓に位置している（図1）。東方の山麓に発して西流する白川が形成した扇状地の末端にあり、標高50～70m程度の南西へとゆるやかに下る地形が卓越するなかに、古生層の小丘陵である吉田山（121m）が東に控えている。キャンパスのほぼ全域は、「周知の埋蔵文化財包蔵地」となっており、これまで、発掘調査だけでも150件あまりが実施されてきた。そのなかで、弥生前期の遺跡については、北部構内（北白川追分町）と吉田南構内（吉田二本松町）の2地点で水田遺構を検出しているほか、数多くの地点でその他の遺構や遺物包含層のひろがりが確認されている。本稿では、これらの調査情報を集約整理して[1]、弥生前期段階の微地形とともに、その地形環境のもとでなされた農耕や居住などの活動空間もあわせて復元を試みる。そして、その成果を初期農耕集落の遺跡立地のひとつの実態として、考察を加えることとする。

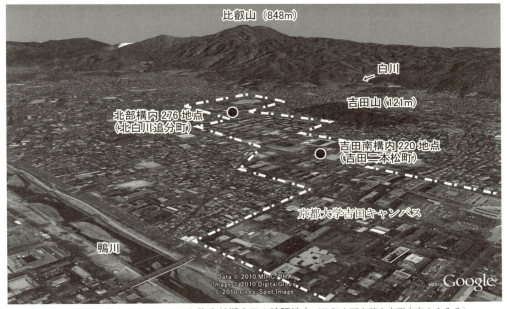

図1　京都大学吉田キャンパスと弥生前期水田の確認地点（比叡山西南麓を南西方向からみる）

第Ⅲ章　農耕集落形成過程の地域的分析

1　堆積環境の特徴

　吉田キャンパスで広域で良好に弥生前期の遺跡が確認されるのは、その面が厚い洪水層におおわれていることによる。前期水田が確認されている北部構内と吉田南構内2つの調査地点での基本層序における第5層（黄色砂）が、それである（図2）。この黄色砂と呼ぶ洪水層よりも上層からは弥生中期初頭以降の遺構が確認され、下層からは前期末までの遺物しか出土しない（櫛描文を施す土器は出土していない）。このため、前期末〜中期初頭のごく一時期に生じた堆積であると認定でき、京都大学構内の遺跡調査では鍵層として用いられている。また、北部構内では厚さ2mに達し、層中には花崗岩の巨礫が多数含まれていることから、土石流と呼び得る規模のイベントであったとわかる。

　本節では、この黄色砂とそれ以下の土層の状況について、地点別に詳しくみることを通して、一帯の堆積環境の特徴と地形形成過程の地点差について確認しておく。

　黄色砂の堆積状況　図3には、黄色砂の確認されたすべての調査地点と、そこでの堆積の厚さの相違が視覚的に把握できるように円の大きさで示した。

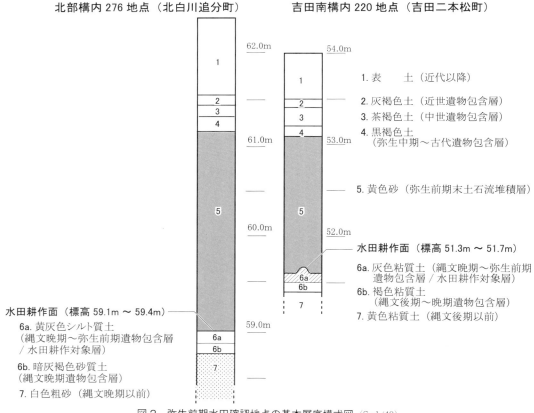

図2　弥生前期水田確認地点の基本層序模式図（S=1/40）

192

まず、吉田キャンパスでも西半になる西部・医学部・病院の各構内では、堆積そのものが確認されていない。これは、本来的に堆積していなかったのではなく、弥生中期以降に流失してしまった可能性が高い。現在は構内の西方約500mを鴨川が南流しているが、構内各地点での調査所見によれば、平安時代以前にはこれら構内西半域へも流域が及んでおり（高野川系流路と呼称している）、安定した土地条件になるのは古代末以降であることが判明しているからである。

　また、北部構内の北半と、本部構内や吉田南構内の東半でもほとんど堆積が確認されないほか、北部構内の南半の一部の地点や本部構内中央付近では、50cm未満の薄い堆積となっている。これらは、黄色砂の供給源である土石流が及ばなかったか、及んだとしても周縁部がわずかに覆う程度であった空間といえる。後述するように、本部構内中央から吉田南構内東半にかけては、土石流が生じた時点で尾根状の微高地であったことから、影響が減じられたと考えるのが自然である。北部構内の北半についても、東西方向にはしる微高地に阻まれるような状況となり、土石流が及ばなかったと想定される。

　一方で、1mを超えるような厚い堆積の地点をたどると、北部構内の南辺付近から本部構内の西辺へ、そしてそこからは南方の吉田南構内の西半へと至り、図3中の破線に示すようなルートとなる。これが、土石流の主体が流下した経路としておおよそ想定されるとともに、その時点で、谷状に低まった地形が卓越していた範囲とみることができる。

　黄色砂以下の堆積環境　黄色砂の直下には、さきに述べたように、最も新しくて弥生前期末までの土器が確認される遺物包含層が堆積している点では全域で共通している。しかし、それより下部の状況は北部構内と吉田南構内とで大きく異なっている。

　北部構内では、56・135・229地点（それぞれ地点番号の位置については図4を参照）で、谷状の地形や自然流路を砂やシルトと泥炭質土が互層に埋めている状況が確認されている。その厚さは、縄文晩期後葉の土器が出土する層だけで1.5m前後に達していることから、晩期の後半になっても盛んな埋積が継続しており、弥生前期に至ってようやく低平地として安定したことがうかがわれる。

　一方、吉田南構内においては、白色粗砂で埋積する自然流路が一部で確認はされるものの、上述するような晩期後葉層が複数厚く堆積するような状況はみられない。縄文晩期～弥生前期の遺物包含層が、黄色砂直下におおむね1層程度確認されるにとどまる。220・428地点の弥生前期水田の基盤となっている土層が典型的に示しているように、下部には黄色や黄褐色の粘質土が厚く堆積しており、その層内からは縄文後期中葉の北白川上層式3期を下限とする時期の土器が出土する。すなわち、吉田南構内一帯では、おおむね縄文後期のうちには谷や低地の埋積はほぼ完了しており、その後弥生前期まで長らく安定した低湿地が卓越する土地条件にあった、と想定できる。

　このように、およそ南北に500mあまりを隔てるにすぎない北部構内と吉田南構内であっても、弥生前期水田が営まれるに至るまでの地形形成過程や安定度は、大きく相違しているのである。

第Ⅲ章　農耕集落形成過程の地域的分析

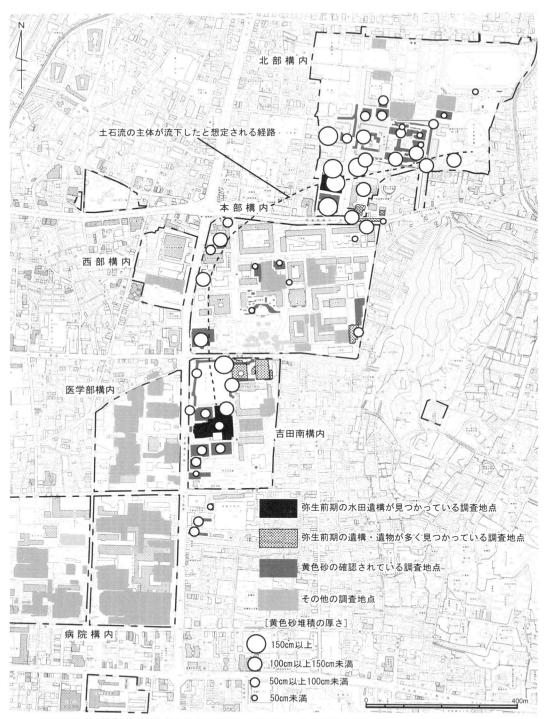

図3　構内の調査地点と弥生前期末～中期初頭の洪水砂層（黄色砂）の厚さ（S=1/10000）

第3節 比叡山西南麓における弥生前期の微地形復元と遺跡立地

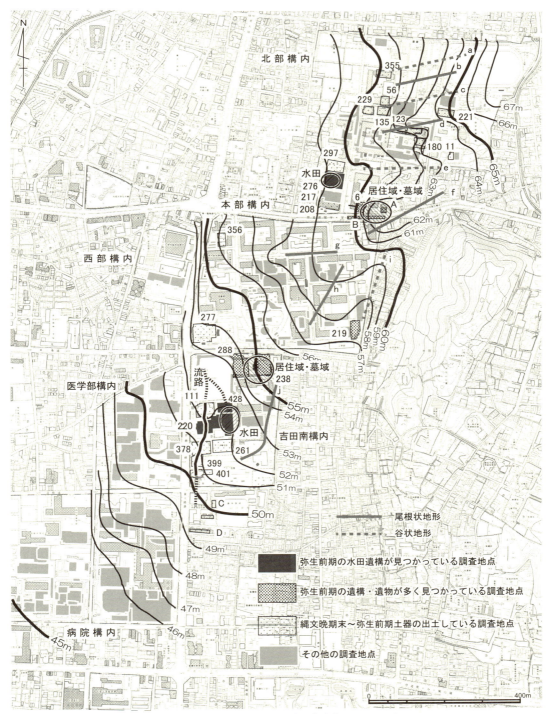

図4 弥生前期の微地形と関連調査地点 (S=1/10000)

2 弥生前期の微地形復元

　前節で示したように、北部構内と吉田南構内では、弥生前期に至るまでの堆積環境には違いがあるものの、前期末の時点で同時に土石流に覆われることになる。構内の各調査地点における黄色砂直下のレベル情報を集積し、そこから1mオーダー等高線の微地形を復元した（図4）。以下これをもとに記述を進める。

　北部構内　縄文晩期の段階にも盛んに埋積が進行していたことは前述したが、弥生前期末段階にもその名残りはあり、西方に張り出すように複数の尾根状地形がはしる状態であった。北から谷a・尾根b・谷c・尾根d・谷e・尾根fとしておく。そのうち、尾根dとしたものが最もしっかりと認識できるもので、尾根上にあたる123地点では黄色砂の堆積はみられず、近世の耕作土下に縄文中期末の遺物包含層の堆積と住居址が確認されている。削平された可能性も残されてはいるが、弥生前期の遺物はほとんど出土をみないことから、そのころ積極的に利用された可能性は低いとみられる。

　この尾根dの北側には、微地形図としては明瞭に現れてこないが、谷や尾根が並行してはしっていたものと考えられる。たとえば、56地点で黄色砂で埋積する谷cの存在が認識されながら、北側の355地点で確認された谷aでは黄色砂は堆積していないことから、ここには土石流が及んでいないことになり、両地点の間に土石流の波及を阻む尾根bの存在が推測される、といった状況である。

　対して尾根dの南側には、土石流の本流が下ったとも考えられる大規模な谷eと、西〜南方向に放射状に張り出す尾根g・hを派生していく尾根fが想定できる。発掘では、6地点と京都市埋蔵文化財研究所調査のB地点において、標高62m付近から2mあまり急激に西へと下る地形が検出されている。扇端部の地形的特徴を反映するものだろう。それより100mほど西方の208地点にかけては、標高差のほとんどない平坦地がひろがっている。

　本部構内から吉田南構内　基本的な地勢は、北東−南西方向から北−南方向へと転じながら張り出していく尾根状の地形g・hで、本部構内の中央付近一帯がそうした高まりに相当する。東側の吉田山との間には、南北方向の谷iが想定でき、東南隅の219地点では、黄色砂で埋積する幅6m、深さ2m程度の流路が確認されている。吉田南構内は、東半部にこの尾根hの延長が及んでおり、尾根jとして続いている。標高54m付近には、地形変換点となる段差があり、やはり西へと2mほど急激に下る状況が288地点で検出されている。南北方向の尾根jは、南方では西方へも張り出しているとみられ、220地点の東南隅では、水田域の南を画することになる南への高まりとして確認されている。また261地点と401地点の東半で黄色砂の堆積がみられないことも、こうした尾根状の地形が影響していると考えられる。

3　弥生前期の遺跡立地

　それでは、各調査地点での弥生前期段階の遺構や遺物出土状況から、さきに復元した微地形上における遺跡立地を、それぞれの土地利用の内容にも踏み込んで検討してみよう（図4）。

　北部構内　弥生前期水田が確認されている276地点は、谷eの延長に位置する不安定な低地帯を利用している。その100mほど南東に位置する比高差2〜3mの尾根f上の微高地である6・A・B地点で、前期土器のまとまった出土や土器棺の遺構が確認されている。これらを、生産域（水田）とそれに対応する居住域・墓域と認めて良いであろう。北東に同程度の距離を隔てる尾根d上にも、居住域を設けている可能性は皆無ではないものの、先述したように現状では弥生前期段階の資料が出土しておらず、積極的な利用は想定しにくい。こちらは、比高差のありすぎる急峻な立地や谷の存在などがあって、生産域の視認やアクセスの点で不都合であったのかもしれない。もっとも、56・229・297・335といった地点では少量ながら弥生前期土器が出土しているとともに、297・355地点ではイネ科のプラントオパール等の検出も報告されている。畦畔が確認されていないだけで、こうした北方一帯の空間も生産域として利用されていた可能性がある。この状況については、後に再述したい。

　本部構内　中央付近一帯には、比較的安定した微高地が広がっていたとみられるが、縄文晩期〜弥生前期を通じてほとんど遺物が出土していない。資料が確認できるのは東西の縁辺部に偏っている。本部構内の西側については、先述しているように高野川系の流路で流されてしまっているため確認不可能であるが、本来は生産域が存在して、その視認に適した微高地縁辺部が居住などに利用されていた可能性を示唆している。また弥生前期では、東南隅の219地点で局所的に濃密な出土が確認されている。東側の谷iの下流域は構内外で未調査であるが、219地点に対応する生産域などの存在が予見される。

　吉田南構内　広い範囲で良好に水田遺構が確認されている220・428地点については、東〜南側に尾根jがはしる。100mほど北東に位置して比高差2〜3mとなる238・288地点では、弥生前期の土器・石器類の濃密な出土が確認されるほか、土器棺とみられる大形壺などの出土もあることから、明らかに対応する居住域や墓域が形成されていると認定できる。なお、水田の西側には、幅2mを超える南流する流路がはしっており、111地点から401地点に至るまでの200m以上にわたって確認されている。一帯の水源となる基幹的な流れであろう。検出された水田へも、北方に堰を設けて分水していたとみられ、428地点ではこうした分流が北から水田へととりついている状況が確認できた。想定した居住域は、水田そのものだけでなく、このような取水施設があった場合西側で容易に視認できる位置関係にあり、水資源の利用や維持管理にとっても好適地であったということができる。

第Ⅲ章　農耕集落形成過程の地域的分析

4　遺跡立地の評価

　復元した微地形上における弥生前期段階の遺跡立地の内容を、あらためて簡単にまとめておこう。地形環境としては、北東から南西への緩斜面が卓越する扇状地上において、尾根状地形と谷状地形の微起伏が連続している条件にある。そのなかで、生産域である水田を設ける空間から100m程度を隔てた、平均すると比高差3m前後の微高地上に、対応する居住域・墓域を設けている。また、微高地であればいずれでも、ということではなく、水田域の視認やアクセス、水資源の管理などへの便宜にも配慮した位置取りである。とくに弥生前期遺物の濃密出土地点が、谷状地形や低地に接する尾根の縁辺部に偏るのは、このような生産域と居住空間との関係性が反映されているのである。

　もっとも、こうした理解は、この段階の食糧資源がもっぱら水稲を中心とする、という前提に依拠していることに配慮しておきたい。

　ここで、確認されている2地点の水田遺構の規模についてみてみよう。吉田南構内220地点（図5-2）では、現状で南北約60m×東西18m程度の範囲で畦畔が確認されている。ここに東側の未調査分を想定加算しても、尾根状の微高地まで10m程度しか余裕がないことから、1700㎡程度となる。北部構内276地点（図5-1）の場合は、現状では300㎡程度しか確認できていないが、隣接地点での畦畔の確認はなく、大規模な水田遺構のひろがりは想定しがたい。こうした水田規模に、池島・福万寺遺跡で試みられているような人口保持力を算出する換算を適用すると[2]、それぞれ1年間で2.5人と0.6人程度しか養えない規模、という結果となる。これではあまりに小規模な集団となるため、さらに未発見の水田が存在していることとともに、水稲以外の食糧資源で補われていることの可能性を、十分考慮しなければならないのである。

　上記の問題に関連する調査成果として、276地点の水田から300m北方の355地点を挙げることができる。大型植物遺体分析などの結果からは、縄文晩期－弥生前期移行期の農耕と植物利用について、水田遺構を伴わない湿地でのイネ栽培の可能性や、微高地でのアワの畑栽培が想定されている。そして、それらの導入時点でも、堅果類や液果類の利用は継続し、縄文的な植物利用に大陸的な穀物栽培が追加されたような生業体系が展開されていたと結論されている。とくに北部構内のような、縄文晩期段階でも谷部の埋積が進行していたような空間では、土石流の生じる弥生前期末の段階まで、遺構として確認できる小区画畦畔の水田以外の形態も採用した、多様で不安定な地形環境への柔軟な対応を十分に想定する必要があろう。実際、276地点の水田遺構そのものについてみても、明瞭な導水施設を設けず100㎡足らずで完結する範囲があるなど、狭小で簡素な特徴が際立っているといえる。したがって、この段階の生産域のありようは、集団が居住の拠点とする空間と1対1で対応するような固定的な空間だけにとどまらず、扇状地内の複雑で狭隘な起伏と平坦地を臨機応変に利用する小空間が多数散在している、とみる方がふさわしいだろう。

第3節　比叡山西南麓における弥生前期の微地形復元と遺跡立地

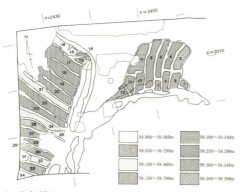

1. 北部構内 276 地点の弥生前期水田遺構

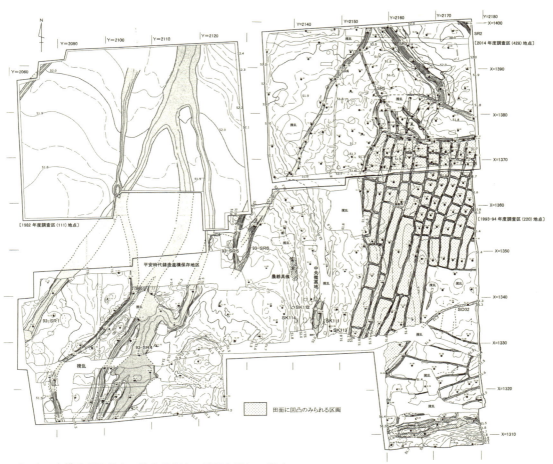

2. 吉田南構内 220 地点の弥生前期水田遺構と周辺の微地形
図5　京都大学吉田キャンパス構内発見の弥生前期水田遺構（S=1/800）

第Ⅲ章　農耕集落形成過程の地域的分析

図6　弥生前期の遺跡立地と利用空間の想定（S=1/10000、地点番号・標高等は図4を参照）

なお、居住域・墓域の空間規模については、遺構の広がりから北部構内と吉田南構内ともおおむね径100m程度の範囲と想定している。対応する生産域は、畦畔が確認されるような水田は100m程度を隔てた距離に開かれているわけだが、同時期の遺物包含層が確認される地点は、およそ居住域から最大で400m程度離れた範囲まで確認されている。これに、確定できた2カ所の居住域間の距離がおおよそ400m強であることも考慮すると、弥生前期段階の基本生活領域に相当するのは、居住域周囲の径400m程度までの範囲を想定したい（図6）。実態としては、居住域は中心に位置するのではなく、それぞれ南端や北端に近い位置にあることになる。北部構内の状況については上述したとおりだが、吉田南構内においても、基幹となる南北の流路沿いに確認されている弥生前期の遺物出土地点が、このような小規模な生産域を含めた利用空間に相当するものと考える。

おわりに

本稿では、弥生前期の地形復元と遺跡立地に焦点を絞り、京都大学吉田キャンパスの局所的な状況を取り上げてきた。そのため、縄文／弥生移行期では最重要課題となるような、水稲農耕導入の時期や、土器編年上での縄文晩期末突帯文土器と弥生前期遠賀川式土器との時間的な重複についての問題は、詳述していない。比叡山西南麓においては、突帯文土器資料は広域かつ豊富な出土をみているのに対して、遠賀川式土器については、後半期以降の段階がほとんどを占め、かつまとまった出土地点は限定されるとともに、前期前半期の資料はほとんどみられない。この現状をどのように考えるかで、上記の課題についての回答は異なるであろう。

仮に未発見の資料が無いとして、時間的重複を無いかあるいはごく短期と見なすならば、前期前半期段階には、例えばそうした資料がまとまって確認される雲宮遺跡や下鳥羽遺跡、烏丸御池遺跡など他の地域への移動を想定する必要が生じてくる。逆に、連続的な遺跡形成が継続されてきた空間であることを重視して、前期前半期段階にも無人となることはないと考えると、時間的重複を見積もることとなる。筆者（伊藤）の立場は、どちらかと言えば後者であるが[3]、遺構や出土状況で確実に立証されている現況にはない。今回対象とした山城盆地最奥部の扇状地は、水稲農耕の採用と定着があっても、その後に集団の集住や集落の拡大といった現象が顕著に認められない空間といえる。このような特性を十分に考慮し、沖積低地でのありようとの比較も念頭に置きながら、今後の検証を続けていきたいと考えている。

第Ⅲ章　農耕集落形成過程の地域的分析

註
1) 本稿で参照する京都大学構内における発掘調査成果は、調査順に付している調査地点番号にもとづいて、『京都大学構内遺跡調査研究年報』各年次の図版1および本文末所収の一覧表からたどることができる当該地点の報告にもとづいている。
　また、構内隣接地での調査（図4-A・B・C・D）については、それぞれ以下の報告文献を参照した。
　　A：竜子正彦 1999「7 京都大学北部構内遺跡（98KS161）」京都市文化市民局 編『京都市遺跡立会調査概報平成10年度』pp.27-31
　　B：長戸満男・竜子正彦・尾藤徳行 1997「15 京都大学構内遺跡」㈶京都市埋蔵文化財研究所 編『平成7年度京都市埋蔵文化財調査概要』pp.62-69
　　C：㈶京都市埋蔵文化財研究所 編 2012『白川街区跡・吉田上大路町遺跡』京都市埋蔵文化財研究所発掘調査報告 2011-3
　　D：㈶京都文化財団 編 1989『吉田近衛町遺跡』京都文化博物館調査研究報告第4集
　本稿の挿図は、以上をもとに伊藤淳史が作成した。
2) 廣瀬時習 2015「弥生時代の農業生産力を考える」『弥生研究の交差点』（みずほ別冊2）pp.249-256
3) 出土土器からの検討は、かつて以下に呈示している。
　　伊藤淳史 2003「比叡山西南麓における縄文から弥生―京都大学構内遺跡出土資料の紹介と検討を通じて―」『立命館大学考古学論集』Ⅲ pp.193-206
　　遠藤英子・伊藤淳史 2013「比叡山西南麓における栽培穀物出現期の様相―レプリカ法による京都大学構内遺跡出土資料の種実圧痕調査―」京都大学文化財総合研究センター『京都大学構内遺跡調査研究年報』2010年度 pp.181-200

第4節

農耕開始期の近畿集落の竪穴建物とその特性

上田裕人

はじめに

　竪穴建物は、人々の生活の基本である衣食住の「住」という点から、集落を分析するための必須構成要素である。しかし、近畿地方では弥生時代前期の竪穴建物の検出例が極めて少なく、十分な分析ができないのが現状である。また、発掘調査において検出される竪穴建物は廃絶時の跡にすぎず、人々が生活していた当時を示すものは数少ない。それでもその分析を進めることにより、初期農耕集落の「住」の実態を復元することが可能であろう。

　弥生時代前期の集落、竪穴建物については、第47・55回埋蔵文化財研究集会で二度にわたり西日本一円を対象とした集成が行われている。本論では、その集成成果を参考にしながら、近畿地方（奈良県・京都府・大阪府・兵庫県・和歌山県）における初期農耕集落について、竪穴建物の再集成及びその類型化を行い、近畿地方の弥生時代前期における初期農耕集落の性格や系譜の一端に迫る。

1　研究の概略

　弥生時代前期竪穴建物の研究は数多く存在するため、主要なものについて触れる。その中でも、中間研志氏が論じた縄文時代晩期と弥生時代の竪穴住居形態の比較によって、水稲農耕文化発生期の諸要素の解明を試みたものが目立つ存在として挙げられる。中間氏は、弥生的な円形住居の系譜は「松菊里型住居」に求められるとして、西日本に分布するものを挙げて「古期松菊里型住居」、「新期松菊里型住居」、「発展期松菊里型住居」の3つに類型化した。それぞれの特徴を縮約すると、以下のようになる（中間1987）。

　　古期松菊里型住居…中央二主柱の他に床面には主柱穴を有しない。中央二主柱は深くしっかりしている。周壁ラインと重複するように柱穴を配置する。床面積が14～22㎡。

　　新期松菊里型住居…直径5m以下の小型類が多くを占める。周壁ラインに柱穴を有しないものもある。

　　発展期松菊里型住居…中央二主柱の他に、床面に4～12本の主柱穴がある。中央二主柱が、他の主柱穴と比べて小さく浅い。

　別に「松菊里型住居」に注目したのが石野博信氏で、全国的な竪穴住居の集成を行い、各地の住

居型発達の過程を考察した上で、弥生時代前期を考える重要な要素として、「松菊里型住居」に言及する（石野1990・2006）。

　弥生時代前期を分析するために、「松菊里型住居」を、研究の俎上へと最も押し上げたのが、第55回埋蔵文化財研究集会「弥生集落の成立と展開」である。この研究会では、西日本と韓国を中心に、弥生時代の竪穴建物の集成を行い、その後の研究の流れを作った重要な転機と考えられる。出原恵三氏は、北部九州から近畿の縄文時代晩期から弥生時代前期にかけての集落遺跡を竪穴住居・掘立柱建物・貯蔵穴・環濠などから総合的に分析し、縄文時代晩期と弥生時代前期は連続性があると指摘した。また出原氏は住居の竪穴床面積を基準として、大型（40㎡以上）・中型（30㎡前後）・小型（20㎡前後またはそれ以下）の3つに分類し、さらに各地域の詳細な分析から、北部九州・環瀬戸内・近畿の弥生文化成立期の竪穴住居は、松菊里型住居の受容も含めてそれぞれ独自な展開をしていると考えた。結果として、出原氏は弥生時代前半期の集落構造については、同時併存2棟前後の小規模なものと、10棟前後が共存する比較的規模の大きなタイプの2つに分類しており、後者については基本的に遺構が中央広場を囲むように環状配列となっていることから、縄文時代晩期集落と弥生時代前期集落の間には、連続性が認められるとした（出原2000）。

　また近年では、各地域で弥生時代の竪穴住居の集成が盛んに行われており、奈良県内では豆谷和之氏によって300棟近い弥生時代の竪穴住居が集成された（豆谷2011）。

2　研究の意義・方法と対象資料

(1) 研究の方針・意義について

　本論の意義は、竪穴建物1棟毎の規模・構造・出土遺物を整理することで集落の内部を詳細に分析することができ、西日本の初期農耕文化の成立とその特性について予察することにある。さらに今までの研究では、遺跡単位で何棟の竪穴建物が検出されているかという集成方法であったが、今回は竪穴建物1棟毎の規模・屋内施設・主柱穴数・周壁溝・炉跡・その他などに焦点を絞った属性分析を行い、必要に応じて出土遺物を検討に加えて、竪穴建物を類型化する。

(2) 竪穴建物集成の対象地域と対象遺跡

　　・奈良県…鴨都波遺跡・箸尾遺跡・平城宮跡・脇本遺跡
　　・京都府…雲宮遺跡・鶏冠井遺跡・赤ケ平遺跡・大淵遺跡・上里遺跡
　　・大阪府…八雲北町遺跡・植附遺跡・美園遺跡・三軒屋遺跡・国府遺跡・新庄遺跡・大里遺跡・
　　　　　　　弓削ノ庄遺跡・瓜生堂遺跡・田井中遺跡
　　・兵庫県…九蔵遺跡・若宮遺跡・寺田遺跡・大開遺跡・新方遺跡
　　・和歌山県…堅田遺跡・徳蔵地区遺跡・溝ノ口遺跡

(3) 研究の方法

　本論の研究方法は、基本的に第Ⅰ様式の土器が出土している竪穴建物を中心に集成を行い、それぞれの立地状況・標高・竪穴建物平面形・規模・屋内施設・柱穴数・周壁溝・中央穴・出土遺物な

どの細目に注視し、検討した（表1）。

3 弥生時代前期の竪穴建物をめぐる諸類型

（1）集成資料の概観

弥生時代前期の詳細な竪穴建物類型は、「弥生集落の成立と展開」（第55回埋蔵文化財研究集会 2006）で県別に分析を行い、地域ごとの弥生集落の展開を明らかにしている。本論では、近畿地方（大阪府・兵庫県・奈良県・京都府・和歌山県）を分析し、近畿枢要部の広い範囲で弥生成立期の竪穴建物の展開を分析することを目的として集成を行った。その結果、弥生時代前期（第Ⅰ様式）の竪穴建物は、5府県で116棟抽出できた。縄文時代晩期の可能性があるものも含まれている。

平面形の内訳は、円形100棟、方形16棟を数え、円形が卓越する。規模の

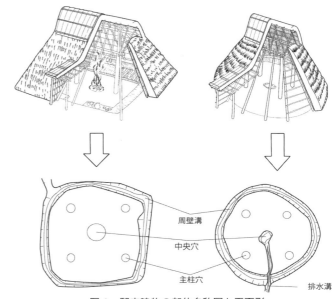

図1　竪穴建物の部位名称図と平面形

平均値は、円形5.31m（直径）、方形3.01m（一辺）と算出された。規模の最大値に関しては、円形が11m（国府遺跡SB-01）、方形が4.2m×4m（田井中遺跡　土坑125）を測り、円形では既に10m以上の例が含まれている点が注目される。今回行った竪穴建物分類の指標は、大分類を平面形（円形・方形）、中分類を規模（円形＝直径・方形＝一辺の長さ）、柱穴数、小分類を柱穴の配置場所、周壁溝などの屋内施設とする。しかし、松菊里型建物（中央穴の両脇に2柱穴を穿つ竪穴建物）は、初期農耕を考える上で重要なため、円形・方形竪穴建物とは別に松菊里型建物として分類した。

これを基にして、初期農耕集落における竪穴建物の類別を行う。近畿地方における弥生時代前期の竪穴建物は、平面形・主柱穴数・主柱穴配置・周壁溝などから、以下の9つに類型化できた。それぞれの類型について、その特徴を述べる。

（2）住居型の諸類型とその特徴

○　円形竪穴建物

竪穴建物の集成の結果、近畿地方で円形竪穴建物を100棟抽出した。そしてそれらを大きく3つに類型化することができた。

円－A型　主な資料は、大鬧遺跡SB404、田井中遺跡住居跡401・403、鶏冠井遺跡SH25954、堅田遺跡竪穴住居356・710・903・904などである。特徴は、平面形は円形を呈しており、直径が4～

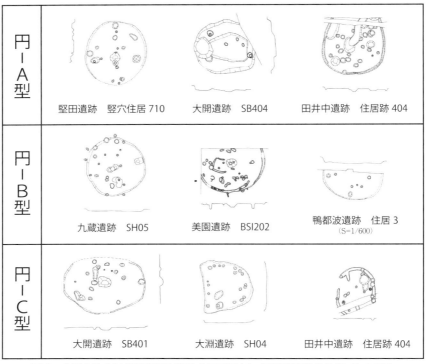

図2　主要な弥生時代前期竪穴建物の平面形(1)　円形竪穴建物分類（S=1/300）

6m、主柱穴が4～6本で周壁溝を掘り込まないものが大多数を占める。直径4mの堅田遺跡竪穴住居904以外は、直径5～6mの範疇で収まり建物間で大きな規模の差が見られない。円-A型が、近畿地方における弥生時代前期竪穴建物の典型例と考えられる。

　円-A型の中でも、前期前半と後半で建物構造が変化している。前期前半と考えられる堅田遺跡や大開遺跡の円形竪穴建物は、主柱穴が壁際に穿たれるものや柱間が乱雑になっているものがある。その一方で、前期後半～中期初頭と考えられる鶏冠井遺跡や田井中遺跡の円形建物は、早い段階で周壁溝を設け、主柱穴が四角形や五角形に整然と配置されるものが見られるようになる。したがって円-A型の建物は、周壁溝や柱配置の点から中期～後期へと繋がる円形竪穴建物の祖型である。

　円-B型　主な資料は、鴨都波遺跡住居3、美園遺跡BSI202、九蔵遺跡SH05などである。特徴は、平面形が円形で、直径が5～6m（鴨都波遺跡住居3は直径10.4m）、主柱穴が5～7本周壁に沿って設けられ、周壁溝を設けないものが多い。円-B型が、円-A型と大きく異なる点として主柱穴の配置位置である。円-A型が少ない主柱を中心部に寄せている一方で、円-B型はより周壁に近い場所に多くの主柱を配する。これも上屋構造に関係していると考えられる。さらに円-B型は、中期～後期の周壁溝際に主柱穴を十数本並べるような竪穴建物の祖型にあたると考えられる。

　円-C型　主な資料は、田井中遺跡住居跡404、堅田遺跡竪穴住居358・472、寺田遺跡SB402、大開遺跡SB401・403などである。特徴は、平面形が楕円形を呈し、長径5～7m・短径3.6～5.5m

で、主柱穴が5本以上周壁に沿って配され、周壁溝が設けられないものが多い。円-A・B型は、正円形に近いことから中期以降に続く円形竪穴建物の祖型としたが、円-C型は縄文時代から続く不整円形竪穴建物の最終形と考えられる。なぜなら、中期以降の円形竪穴建物は、ほぼ全てが正円形に整えられ円-C型のような歪な形の円形竪穴建物は建てられなくなるからである。

　小結　弥生時代前期の円形竪穴建物集成から、一つの大きな画期が見えてきた。それは、前期後半段階に起きる円形竪穴建物の平面形と主柱穴配置の変化から読み取れる。円-A型では、前半段階まで乱雑であった主柱穴配置が、後半段階では整然とした配置に変化し、円-C型では後半段階を境にラグビーボールのような平面形の竪穴建物は築かれなくなる。この円形竪穴建物の変化が、近畿地方における集落の竪穴建物から考えられる初期農耕化の結果である。

　○ 方形竪穴建物

　近畿地方の方形竪穴建物は16棟抽出できた。その結果、大きく3つに類型化することができたが、それぞれを明確に分類するまでには至っていない。

　方-A型　主な資料は、三軒屋遺跡SB-01、田井中遺跡住居跡402、平城宮跡SB14857などである。その特徴は、四辺四隅が明確で、主柱穴が4本、一辺が2〜4mとやや小型の建物である。方-A型が、弥生時代前期の方形建物の典型例と考えられる。

　方-A型は、主柱穴の配置で二つに分類できる可能性がある。三軒屋遺跡SB-01が周壁の近い場所に主柱穴を4本配しているのに対して、田井中遺跡住居跡402は中央穴に寄った形で主柱穴を4本配している。この両者の違いが、系譜の差なのか上屋構造の構築技術の差なのかは不明であるが、方形竪穴建物を分析するための視点になると考える。

　方-B型　主な資料は、美園遺跡BSI204、BSI205などである。特徴は、四辺四隅が明確で、主柱穴が4本、長辺約3m、短辺約2mの平面形が長方形を呈している。さらに、松菊里型住居や円形竪穴建物でもあまり見られなかった周壁溝が設けられていることも、方-B型の特筆すべき点である。明確な周壁溝が設けられるのは、第Ⅱ様式の円形竪穴建物からで第Ⅰ様式の竪穴建物は全周するものは数が少ない。

　方-C型　方-C型の主な資料は、平城宮跡SB14860、堅田遺跡竪穴住居701、708などである。特徴は、方形竪穴建物の特徴である四辺四隅が明確ではなく平面形が多角形に近い形を呈している。また周壁溝は無く、主柱穴もコーナー部に近い場所に配されている。方-C型は、規模も他の方形竪穴建物と比べても大きく、一辺が5〜7mある。

　これらのことから、方-C型は方形竪穴建物に分類はしたものの、弥生時代における多角形竪穴建物の祖型である可能性が指摘できる。弥生時代前期の多角形竪穴建物は、円形と大差が無いため、本論においてもいくつも見逃していると考えられる。したがって本論では、峻別の視点の一つとして、コーナー部に主柱穴を配していることを、多角形竪穴建物の特徴とする。

　小結　弥生時代方形竪穴建物の集成・分類を行ったが、松菊里型住居や円形竪穴建物とは異なり、曖昧な分類となった。しかし集成結果からは、非常に興味深い結果が得られた。それは、地

第Ⅲ章　農耕集落形成過程の地域的分析

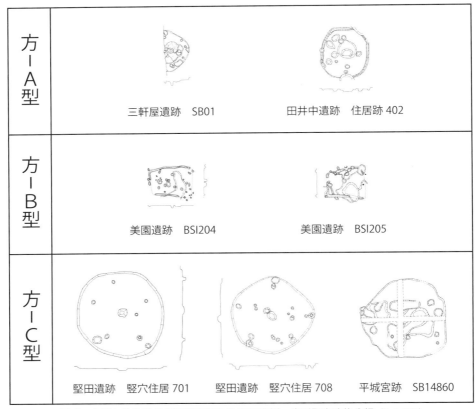

図3　主要な弥生時代前期竪穴建物の平面形(2)　方形竪穴建物分類（S=1/300）

域の中でも棟数に差が出ることである。本論では近畿地方（奈良県・京都府・大阪府・兵庫県・和歌山県）の資料を対象としたが、方形竪穴建物の検出棟数が多かったのが大阪府と和歌山県の大阪湾岸地域であった。その一方で、兵庫県では1棟も見出せず、内陸の京都府や奈良県でも棟数は少なかった。この結果は、今後地域内における弥生化の伝播形態を考える上で、大きなキーポイントになるのではないかと考える。

　○　松菊里型建物
　9棟抽出することができた。棟数は少ないながらも類型化は可能で、大きく3類型に分かれる。
　松-A型　大開遺跡SB402、堅田遺跡竪穴住居682・683、鴨都波遺跡遺構221が主な資料である。松-A型は、平面形が円形で直径約5mを測り、主柱穴が中央穴の両側の2柱穴のみで周壁溝がないことが大きな特徴である。中央の2柱穴の深さは、堅田遺跡竪穴住居683で0.7mを測るが、その他はそれよりも浅く掘られている。また遺構検出面から竪穴建物の床面までの掘り込みは、0.1～0.2mを測る。出土遺物は、石器が見受けられるが、石器製作の建物である根拠は少ない。
　松-A型は、九州地方で分類されている松菊里型建物の中間分類「古期松菊里型住居」、小澤分類「江辻型」（小澤2006）に類似している。しかし九州地方の両類型は、弥生時代早期に出現した

と考えられているが、松-A型に堅田遺跡・大開遺跡で弥生時代前期前半に出現している一方で、鴨都波遺跡では弥生時代前期後半に出現していることから、近畿地方では松-A型が弥生時代前期を通して長期間展開していることが分かる。しかし弥生時代中期以降、松-A型のような２柱穴で上屋を支える構造の竪穴建物は極めて少ないことから、松-A型の系譜は弥生時代前期で終わると考えられる。

　松-B型　主な資料として堅田遺跡竪穴住居486、脇本遺跡SB18003、徳蔵地区遺跡竪穴住居100が挙げられる。松-B型の特徴は、平面形が円形で直径6.5〜7.5mを測り、中央穴の両脇の２柱穴の他に周壁に沿って５〜８本の主柱穴を持ち、周壁溝が設けられないことである。中央の２柱穴の柱穴深は堅田遺跡竪穴住居486で0.6mを測るが、脇本遺跡SB18003は0.2〜0.3mであり、さらに柱穴の最小径が0.1mである。このことから脇本遺跡SB18003の中央の２柱穴は、実用的な面で松-A型と差異を持つ可能性がある。両者ともに石器の成品、未成品、剥片が出土していることから、石器製作に関連していた建物であると考えられている。

　松-B型は、九州地方で分類されている「発展期松菊里型住居」、「剣塚型」に類似している。この類型が、西日本を中心に弥生時代前期後半に広がることが以前から指摘されているが、その後の系譜としては未だ不分明な点が多くある。しかし和泉市内においても、少ないながらも松-B型の竪穴建物は第Ⅳ様式の池田下遺跡で２棟、軽部池遺跡で１棟、府中遺跡で１棟検出されている。この点から近畿地方では松-B類型が、弥生時代前期に出現し中期後半まで系譜が追えることが分かる。さらに和泉地域のみの変遷的特徴であるが、池上曽根遺跡が弥生時代前期後半に出現し、中期には地域の中心集落に成長し、その地域の中核開拓集落として小河川毎に出現した池田下遺跡、軽部池遺跡で松-B型建物が築かれる。軽部池遺跡の松-B型建物は、集落で最初に築かれた竪穴建物と考えている。そのため中期からの松-B類型は、地域の開拓集落に築かれたものという一つの傾向が窺えよう。

　松-C型　溝ノ口遺跡YSB-01が典型例である。構造の特徴は、平面形が方形で一辺が約5m、中央穴両側の２柱穴の他に４本の主柱穴を方形に配し、周壁溝を飛び飛びに掘り込んでいることである。中央穴両側の２柱穴の深さであるが、床面から0.2m掘り込まれており、中央穴の掘り込みより浅くなっている。先述した松-A型、松-B型の２柱穴の柱穴深は、中央穴より深く掘り込まれている。このことから松-C型の２柱穴は、他の２類型とは異なり用途の面での差異がある。さらに松-C型は平面形の点でも、前者の２類型とは違い方形を呈することから、別類型として分類した。

　小結　近畿地方の松菊里型建物の分類を行ったが、３類型に分類することができた。しかし近畿地方における松菊里型建物の受容と展開、中期以降の系譜などについて不分明な点も多い。現時点で松菊里型建物の受容と展開について、松-A型と松-B型・松-C型の主柱穴数と上屋構造の相関関係で考える。竪穴建物を考察する上で主柱穴から考えられる上屋構造は重要であり、松-A型は主に中央２柱穴で支えられている一方で、松-B型・松-C型は中央２柱穴の他に壁に沿った多数の柱穴で上屋を支えている。つまり主柱穴から考えられる上屋構造の点から近畿地方における典

第Ⅲ章　農耕集落形成過程の地域的分析

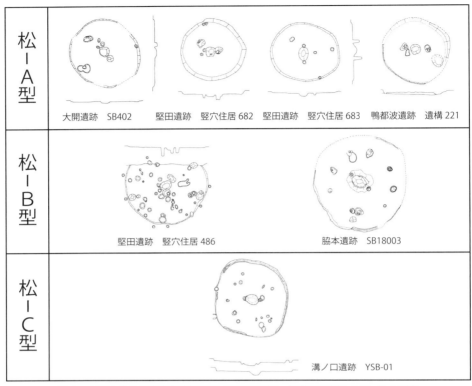

図4　主要な弥生時代前期竪穴建物の平面形(3)　松菊里型建物分類　(S=1/300)

型的な松菊里型建物は松-A型のみであり、松-B型・松-C型は初期農耕集落が農耕文化を受容するなかで松-A型の亜種として出現した型式と考えられる。そのため松-B型・松-C型の出現が、松-A型より遅れたのであろう。

　近畿地方における松菊里型建物の中期以降の系譜については、和泉地域の実例で多少考察を加えたが、未だ集成資料数が少ないため十分な論が築けていない。また先述のとおり、和泉市の池田下遺跡、軽部池遺跡の松菊里型建物を、池上曽根遺跡の開拓集落に築かれる特徴的な建物の可能性があるとした。しかし、中期以降の竪穴建物で中央穴の周囲に2～4本の小柱穴を穿っているものが散見される。したがって、このような建物と前期から続く松菊里型住居との区別する基準を設けながら、今後集成を続けなければならない。

4　まとめ

　まとめとして、今回集成を行った弥生時代前期竪穴建物の特性を概観する。弥生時代前期前半の竪穴建物の平面形は不正円形のものが多く、弥生時代前期後半から弥生時代中期初頭にかけて正円形に近くなっていく傾向が見られた。周壁溝は、沖積地上に築かれている竪穴建物には多く見受けられ、段丘上に築かれる竪穴建物には少ない傾向にある。しかし、この結果が周壁溝の用途に直接

関係するとは、現段階では言い切ることはできない。

　今回の竪穴建物集成では集落の存続期間について、特徴的な様相が見て取れた。それは、縄文時代晩期～弥生時代前期前半の竪穴建物が築かれる集落は、その後に集落が存続せず衰退する様相が見て取れた。その一方で、弥生時代前期後半～中期の竪穴建物が築かれる集落は、連綿とその後も集落が続くような様相がうかがえる。

　初期農耕が集落の定着にどのような影響を与えたかという点を、竪穴建物から考えると、一つに平面形の変化が挙げられる。今回集成した中で方形の竪穴建物は、16棟全てが第Ⅰ様式の範疇で収まり、中期初頭まで続かない結果となった。このことから、矢野氏も指摘しているように縄文時代晩期の住居と弥生時代前期の住居の連続性を示す要素として、多数が円形（楕円形）で少数が方形という点（矢野2006）から、弥生時代前期の方形竪穴建物は縄文時代からの系譜が容認できよう。したがって、弥生時代中期後半から再び出現する4本柱の定型的な方形竪穴建物は、弥生時代前期の方形竪穴建物とは別系譜であると考えられる。さらに円形の竪穴建物については、伊藤氏が前期後葉にはじまり中期以降に継続発展していく集落では、その段階から定型的な円形竪穴住居を採用した可能性があると指摘した（伊藤2006）。この点については、今回も同様の様相が見て取れた。しかし、農耕が定着したことで、円形の竪穴建物が多数を占めるようになった直接的な因果関係を明らかにすることができなかった。

5　今後の課題

　今回の集成で明らかとなった課題や新たな課題を数点挙げる。一つ目に竪穴建物が築かれているベース面によって、平面形・規模・内部施設の差異がどのように変わってくるのか明確な基準で分析しなければならない。

　縄文時代に見られる周壁が明確に掘り込まれない竪穴建物から、弥生時代前期の明確な周壁を持つ竪穴建物へと、何が主たる要因で変化したのかを検討しなければならない。

　近畿全域で、弥生時代前期竪穴建物の集成を行い、その結果（規模・柱穴数・中央穴・周壁溝）を数値化し変遷や傾向などを視認できるような形にする。

　最後に、今回行った集成によって弥生時代前期竪穴建物の分類を行ったが、竪穴建物1棟ごとの評価を総合し、建物から考えられる集落動態を分析することができなかった。そのため今後は集成結果を基にして、近畿地方における初期農耕集落の特性を考えなければならない。

引用・参考文献

荒木幸治 2006「播磨・摂津地域」『第55回　埋蔵文化財研究集会　弥生集落の成立と展開　発表要旨集』埋蔵文化財研究会

石野博信 1990『日本原始・古代住居の研究』吉川弘文館

石野博信 2006『古代住居のはなし』吉川弘文館

伊藤淳史 2006「京都府域における弥生集落成立期の住居跡について」『第55回　埋蔵文化財研究集会

第Ⅲ章　農耕集落形成過程の地域的分析

　　　　弥生集落の成立と展開　発表要旨集』埋蔵文化財研究会
小澤佳憲 2006「玄界灘沿岸地域の弥生時代前半集落の様相―住居形態の変遷を中心に―」『第55回
　　埋蔵文化財研究集会　弥生集落の成立と展開　発表要旨集』埋蔵文化財研究会
後藤　直 2006『朝鮮半島初期農耕社会の研究』同成社
出原恵三 2000「弥生文化成立期の集落とその遺構」『第47回埋蔵文化財研究集会　各地域における弥生
　　文化成立期の具体像　発表要旨集』埋蔵文化財研究会
中間研志 1987「松菊里型住居―我国稲作農耕受容期における竪穴住居の研究―」『東アジアの考古と歴
　　史　中　岡崎敬先生退官記念論集』岡崎敬先生退官記念事業会

表1　近畿弥生集落の竪穴建物集成

住居名	形態・規模	屋内施設	柱穴数	周壁溝	中央穴	土器から考えられる時期
奈良県						
鴨都波遺跡　河岸段丘上・標高100m						
遺構221	円形・5.2m	整地層を検出	2本	×	○	第Ⅰ様式
遺構230	円形・不明		2本？	不明	不明	第Ⅰ様式
住居3	円形・10.4m		5本？(3本残存)	×	○	第Ⅰ様式～第Ⅱ様式
箸尾遺跡　微高地上・標高40m						
SB2001	円形・4.8m		不明	○	不明	第Ⅱ様式？
SB2002	円形・5.8m		6本	○	○	第Ⅱ様式？
SB2028	円形・4.2m		不明	不明	不明	第Ⅱ様式？
SB2029	円形・4.8m		不明	不明	不明	第Ⅱ様式？
平城宮跡						
SB14857	方形・2m×2m		4本	×	不明	第Ⅰ様式
SB14858	円形・3.1m		6本？(5本残存)	×	不明	第Ⅰ様式
SB14859	方形・2m×2m		×	×	不明	第Ⅰ様式
SB14860	円形？方形に近い・6.6m	建物内に多数の土坑	4本	×	不明	第Ⅰ様式
SB14866	方形・3.8m×3m		4本？(2本残存)	×	不明	第Ⅰ様式
脇本遺跡　河岸段丘上・標高100.2m～92.3m						
SB18003	円形・7.5m	貼床を検出・炉周辺に堤状の高まり→土坑内の炭化物が掻き出された結果	主柱穴　8本 炉横　2本	○	○	第Ⅰ様式
京都府						
雲宮遺跡　沖積地の微高地上・標高11m						
SH1350	円形・4.2m		4本	×	○	第Ⅱ様式
鶏冠井遺跡　沖積地上・標高13m						
SH12450	円形・12.8m	壁際に小ピット多数	不明	△	○	第Ⅱ様式
SH25954	円形・長径　5.1m・短径　5.0m	中央穴周辺に炭の掻き出し痕　一部の柱穴底に礎板	4本	○	○	第Ⅰ様式～第Ⅱ様式？
SH25953	円形・5.7m		4本？(残存2本)	○	○	第Ⅰ様式～第Ⅱ様式？
SH25962	円形・6.5m		4本？(残存2本)	○	○	第Ⅰ様式～第Ⅱ様式？
SH25965	円形・不明		不明	不明	不明	第Ⅰ様式～第Ⅱ様式？
SH25970	円形・5m		4本	不明	○	第Ⅰ様式
大淵遺跡　沖積地上・標高89.5m						
SH04	半円形・長径　4.6m・短径　4.0m	床面に焼土	6～7本？	×	○	第Ⅰ様式
長岡宮跡北辺官衙(南部)・中野遺跡　尾根上・標高43.35m						
SB15203	円形・11m		5本？(検出19本)	○	不明	縄文時代晩期
上里遺跡　段丘上・標高33.0～34.0m						
竪穴住居687	楕円形・長径　8m　短径　7m	中央土坑が焼けている　床面の所々に焼土痕	8本	×	○	第Ⅰ様式
竪穴住居334	不整円形・長径　5.7m・短径　3m以上		？	×	×	第Ⅰ様式
竪穴住居335	？・？	屋内に焼土坑を検出	？	×	○	第Ⅰ様式
竪穴住居415	隅丸方形・7.3m	屋内に焼土坑を検出	4本？	×	？	第Ⅰ様式
竪穴住居580	円形・5m		？	×	？	第Ⅰ様式
竪穴住居3171	楕円形・長径　5.5m・短径　5.0m	中央土坑の底面が焼けている	7本	×	○	第Ⅰ様式
竪穴住居3289	円形・4m		6～7本？	×	○	第Ⅰ様式
赤ヶ平遺跡　段丘上・標高90～100m						
SB02	楕円形・長径　6.2m・短径　5.1m		3本	×	○	不明
SB15	円形・6.2m	貼床を検出	5本	○	○	第Ⅱ様式
大阪府						
八雲北町遺跡　沖積地上・標高2～3m						
1区住居址	楕円形・長径　7m・短径　5.5m	周壁溝から溝を敷設	中央　2本 周囲　6本	○	○	第Ⅱ様式
3区住居址	円形・6m		6～8本	○	○	第Ⅱ様式

第 4 節　農耕開始期の近畿集落の竪穴建物とその特性

豆谷和之 2011「奈良県弥生時代竪穴住居の集成」『みずほ』42　大和弥生文化の会
三好孝一 2006「河内地域」『第 55 回　埋蔵文化財研究集会　弥生集落の成立と展開　発表要旨集』埋蔵文化財研究会
李弘鐘 2002「松菊里文化の時空的展開」『韓半島考古学論叢』すずさわ書店
矢野健一 2006「関西地方の縄文後晩期住居」『第 55 回　埋蔵文化財研究集会　弥生集落の成立と展開　発表要旨集』埋蔵文化財研究会
若林邦彦 2000「河内潟沿岸地域における弥生文化成立期の様相」『第 47 回埋蔵文化財研究集会　各地域における弥生文化成立期の具体像　発表要旨集』埋蔵文化財研究会

石器	その他	参考文献
	松菊里型住居・朝鮮系無文土器類似土器出土	橿考研 1989
	建て替え　221 → 230・復元は松菊里型住居	御所市教委 1992
	大溝と柵列との関係・建て替え 1 回・第 11 次調査	
石核	建て替え　SB2001 → SB2002	橿考研 1991
	SB2001 を切り、SB2021 に切られる	
石包丁　2 点、石鏃	竪穴建物か？	奈文研 1992
石包丁　2 点	複数回の建て替えか？	
サヌカイト剥片　多数	複数回の建て替えか？・松菊里型住居 石器製作をしていた可能性？	橿考研 2015
		古代学協会 2013
剥片 スクレイパー		京都府埋文 1986
	中央穴は、建物解体後次段階の竪穴建物 の中央穴として再利用か	向日市埋文・同市教委 1992
	建て替え　SH259531 → SH25962 SH25965（順序の前後不明）	
剥片	壁際に比較的多く主柱穴を敷設	京都府埋文 2003
	周壁溝が二・三重あるため、同位置で建て替えか？	向日市教委 1986
		京都市埋文 2008
	覆土内に多くの土器・石器混じる	京都市埋文 2010
砥石、石鏃　2 点	ガラス製勾玉の破片	京都府埋文 2002
剥片　多数、石鏃　3 点	SB02、SB15 に隣接して第Ⅰ様式（中） の土器と剥片が出土する土坑を検出	
石鏃（金山産サヌカイト）、叩石、碧玉製管玉、鉄石英、メノウ製石器	建て替え　2 回・玉作り工房跡	大阪府教委 1987
剥片　11 点 (17.6g)、→二上山サヌカイト、打製石包丁（金山産サヌカイト）、鉄石英・メノウ・サヌカイト製玉作り工具、碧玉製管玉　未成品	建て替え　2 回・玉作り工房跡	

213

第Ⅲ章 農耕集落形成過程の地域的分析

住居名	形態・規模	屋内施設	柱穴数	周壁溝	中央穴	土器から考えられる時期
植附遺跡 標高7m							
竪穴住居1	円形・8m	壁際に小ピット多数	不明	不明	×	第Ⅰ様式
竪穴住居2	円形・9m	壁際に小ピット多数	5本?	不明	○	第Ⅰ様式
美園遺跡 沖積地上・標高1.9〜2.3m						
BSI201	楕円形・長径 4.7m・短径 4.2m	周壁溝内に柱穴	不明	△	不明	第Ⅰ様式
BSI202	楕円形・長径 6.0m・短径 5.2m	周壁溝内に小ピット多数	6本（4本残存）	○	○	第Ⅰ様式
BSI203	楕円形・長径 6.0m・短径 5.3m		不明	不明	不明	第Ⅰ様式
BSI204	長方形・長辺 3.0m〜3.4m 短辺 1.9m〜2.3m	床面に小ピット多数	4本?	○	○	第Ⅰ様式
BSI205	長方形・長辺 3.0m〜2.8m 短辺 2.0m〜2.5m		不明	○	不明	第Ⅰ様式
BSI206	円形・長径 6.3m・短径 5.5m	壁際に小ピット多数	7本	×	○	第Ⅰ様式
BSI207	円形・4.5m	貼土を検出	不明	×	不明	第Ⅰ様式
BSI208	円形・5.5m	周壁溝際に小ピット 焼土を一部で検出	不明	○	不明	第Ⅰ様式
BSI209	円形・4.5m	周壁溝から溝を敷設	4本	○	○	第Ⅰ様式〜第Ⅱ様式
BSI210	円形・5.5m		不明	不明	不明	第Ⅰ様式
BSI211	円形・5.0m	壁際に小ピット	不明	×	不明	第Ⅰ様式
BSI212	楕円形・長径 5.5m・短径 4.5m	壁際に小ピット	不明	×	不明	第Ⅰ様式
BSI213	円形・4.0m	壁際に小ピット	不明	○	不明	第Ⅰ様式
BSI214	円形・長径 5.5m・短径 4.0m		不明	○	不明	第Ⅰ様式
三軒屋遺跡 低位段丘上・標高 25.2m						
SB01	方形・2.8m × 2.8m	貼り床面を検出・炉跡周辺に焼き炭が巡る・礫石器が埋置	不明（残存8本）	×	○	縄文時代晩期? 第Ⅰ様式
国府遺跡 洪積段丘上・標高 16〜22m						
SB-01	円形・11m	貼り床面を検出?	不明	○	○	第Ⅰ〜Ⅱ様式?
SB-02	方形 or 隅丸方形・不明	不明	不明	○	不明	不明
SB-03	円形・3〜4m	不明	不明	×	不明	不明
SB-04	円形・2.5m	不明	不明	○	不明	不明
新庄遺跡 微高地上・標高 5〜12m						
6-5-SB399	円形?		8本			第Ⅰ様式
6-5-SB401	円形?		8本			第Ⅰ様式
6-5-SB402	円形?		6本			第Ⅰ様式
6-5-SB403	円形?		5本			第Ⅰ様式
6-5-SB405	円形?		8本			第Ⅰ様式
6-5-SB406	円形?		5本			第Ⅰ様式
6-5-SB413	円形?		8本			第Ⅰ様式
大里遺跡 谷部・標高 191.5m						
B-12区土坑	隅丸方形・不明		不明	×	不明	第Ⅰ様式
弓削ノ庄遺跡 自然堤防上・標高1〜2m						
1-123 土坑	円形・3.1m	平面形がやや乱れている	6本?（残存5本）	×	△	縄文時代晩期? 第Ⅰ様式?
瓜生堂遺跡（平地式住居） 微高地上・標高1.5m						
住居1	円形・2.8m		5本	×	×	第Ⅰ様式
住居2	円形・5.1m		8本?（残存4本）	○	○	第Ⅰ様式
住居3	円形・3.4m		5本?（残存4本）	×	×	第Ⅰ様式
田井中遺跡 沖積地上・標高 10.1〜12.3m						
住居（第1調査区）	隅丸方形・3.1m		不明	○	不明	第Ⅰ様式?
住居（第1調査区）	隅丸方形?・不明		不明	○	不明	第Ⅰ様式?
住居101	円形・不明		不明	○	不明	第Ⅰ様式?
住居102	円形・3m 以上		不明	○	不明	第Ⅰ様式?
住居145	円形・1.6m 以上		不明	○	不明	第Ⅰ様式?
住居146	円形?・不明		不明	○	不明	第Ⅰ様式?
住居208	不明・不明		不明	○	不明	第Ⅰ様式?
住居225	円形?・3m 以上		不明	○	不明	第Ⅰ様式?
土坑125	方形・4m × 4.2m		4本?（残存1本）	×	不明	縄文時代晩期?
住居跡401	楕円形・5.6m		7本	○	○	第Ⅰ様式 突帯文土器数片混じる
住居跡402	楕円形・長径 4.1m・短径 3.8m		4本	○	○	第Ⅰ様式
住居跡403	楕円形・長径 5.6m・短径 4.6m		8本?（残存4本）	×	○	第Ⅰ様式
住居跡404	楕円形・長径 4.8m・短径 3.6m	周壁溝内に柱穴	6本（残存5本）	○	○	第Ⅰ様式
兵庫県						
九蔵遺跡 埋没扇状地上・標高 8.2〜8.9m						
SH05	円形・5.2m	床面に人頭大の石が複数存在	6本?	×	○	第Ⅰ様式
若宮遺跡 台地上・標高 7〜11m						
SBV-01	円形・4.35m		6本	×	○	第Ⅱ様式
寺田遺跡 扇状地上・16〜26m						
SB401	円形・4.5m		不明	×	不明	第Ⅰ様式
SB402	楕円形・長径 6.1m・短径 5.3m		6本	×	○	第Ⅰ様式
SB403	不明・不明	貼床を検出	不明	×	不明	第Ⅰ様式
SB401	円形・長径 7.6m・短径 7.0m		4〜5本	×	○	第Ⅰ様式

第4節　農耕開始期の近畿集落の竪穴建物とその特性

石器	その他	参考文献
	建て替えの可能性あり	東大阪市文 1999a
	焼失住居の可能性あり	
磨製石剣、不定形刃器、石鏃、棒状石製品、用途不明石製品（表面に漆？）		大阪府教委・大阪府文 1985
扁平片刃石斧	建て替え　BSI210 → BSI208 矢筈状鹿角製品（覆土上面より出土） 骨角器未成品	
	建て替え　BSI210 → BSI208	
	建て替え　BSI206 → BSI212 C 住居群の中で最も古い可能性	
		泉佐野市教委 1985
		大阪府教委 1981
		大阪府教委 1996b
メノウ製石鏃、サヌカイト小剥片（70g）		大阪府教委 1986
		大阪府文 2005
		東大阪市文 1999b
	建て替え　3 → 1 → 2	
	報告上では、詳細に触れられていない	大阪府教委 1997
	建て替え　101 → 102	
	建て替え　145 → 146	
		大阪府教委 1998
	近接する土坑 121 より、石棒・凹石・石皿が出土	大阪府教委 1994
	数回建て替え？	大阪府教委 1996a
	建て替え 404 → 403	
		兵庫県教委 2015
サヌカイト剥片		芦屋市教委 1999
		芦屋市教委 2005
サヌカイト剥片、チャート原石・剥片、石鏃　17点、石錐　8点、太型蛤刃石斧　3点、石包丁　1点、砥石　3点、磨石　1点、石匙　1点、刃器　2点	石器製作に関連した竪穴住居の可能性 土器片を利用した土製円板　2点	芦屋市教委 2003

215

第Ⅲ章　農耕集落形成過程の地域的分析

住居名	形態・規模	屋内施設	柱穴数	周壁溝	中央穴	土器から考えられる時期
大開遺跡　沖積地の微高地上・標高4.5m							
SB401	楕円形・長径　7.0m・短径　5.4m		5本	×	○ 2つ	床面直上　突帯文土器　第Ⅰ様式
SB402	円形・長径　5.6m・短径　5.2m		2本？	×	○	床面直上　生駒西麓産突帯文土器　第Ⅰ様式
SB403	楕円形・長径　5.5m・短径　4.6m	後世の攪乱で詳細不明	4本	×	○	第Ⅰ様式
SB404	楕円形・長径　5.4m・短径　4.6m	浅い方形土坑が床面中央に広がる	4本？	×	○	第Ⅰ様式
SB405	不明・不明		不明	不明	不明	
SB11	楕円形・長径　4.6m・短径　3.6m	35cm×25cmの焼土坑	4本	×	○	第Ⅰ様式
SB12	楕円形・長径　5m・短径　4m	土坑1基	不明	一部	不明	第Ⅰ様式
SB13	楕円形・長径　4.5m・短径　4.0m		6本（残存4本）	○	○	第Ⅰ様式
新方遺跡　沖積地の微高地上							
SB6001	楕円形・長径　4.4m・短径　2.8m	屋内2段構造（1段目4.4m　2段目2.8m）	2本（残存1本）	×	○	第Ⅰ様式
和歌山県							
堅田遺跡　自然堤防上の微高地・標高2.0m							
堅穴住居356	楕円形・長径　6.0m・短径　5.5m	屋内に焼土面	4本	×	△	第Ⅰ様式
堅穴住居358	楕円形・長径　5.1m以上・短径　5.1m	屋内に焼土面・床面に多数の小柱穴	？	×	○	第Ⅰ様式
堅穴住居472	楕円形・長径　5.6m・短径　4.7m	屋内に焼土面　床面に砥石が据えられる	4本	×	○	第Ⅰ様式
堅穴住居486	円形・6.5m		5本　炉横　2本	×	○	第Ⅰ様式
堅穴住居581	円形・6.4m（復元径）	屋内に焼土面	？	×	○	第Ⅰ様式
堅穴住居582	円形・5.1m（復元径）		？	×	？	第Ⅰ様式
堅穴住居682	円形・5.0m		炉横　2本	×	○	第Ⅰ様式
堅穴住居683	楕円形・長径　5.4m・短径　4.7m		炉横　2本	×	○	第Ⅰ様式
堅穴住居701	方形に近い不整円形・長径　7.2m・短径　6.75m	炉の周囲が赤く変色	5本	×	○	第Ⅰ様式
堅穴住居708	方形に近い不整円形・6.3m		5本	×	○	
堅穴住居710	楕円形・5.6m	炉が3基・屋内に焼土面	4本？	×	○	第Ⅰ様式
堅穴住居815	円形・5.4m（復元径）	屋内に焼土面	？	×	？	？
堅穴住居826	円形・5.5m（復元径）		4本	×	？	？
堅穴住居903	楕円形・長径　5.9m・短径　5.2m	屋内に焼土面	4本？	×	×	
堅穴住居904	円形・3.75m		？	×	？	第Ⅰ様式
堅穴住居1684	楕円形・長径　6.4m・短径　5.7m		？	？	？	第Ⅰ様式？
堅穴住居1903	円形？・8m？	炉内に炭が敷かれる	4本	？	○	？
堅穴住居1904	円形？・8.8m		？	？	？	
堅穴住居1905	円形？・6.2m		？	？	？	
徳蔵地区遺跡　自然堤防上・標高5.0m							
堅穴住居100	円形・7.7m		7本	×	○	第Ⅰ様式？
溝ノ口遺跡　河岸段丘上・標高52.4m							
YSB-01	隅丸方形に近い円形・長径　6.1m・短径　5.7m		4～5本	△	○	第Ⅰ様式
堅穴住居2-551	円形・6.0m		6本？	○	○	第Ⅰ様式

表1参考文献

芦屋市教育委員会 1999『若宮遺跡（第1・2地点）発掘調査報告書―震災復興住環境整備事業（芦屋市若宮町住宅1号館建設）に伴う埋蔵文化財事前調査の成果―』芦屋市文化財調査報告第30集
芦屋市教育委員会 2003『寺田遺跡発掘調査報告書第132・133・137・139・141・142地点―都市計画道路山手幹線街路事業に伴う発掘調査Ⅱ―』芦屋市文化財調査報告第45集
芦屋市教育委員会 2005『寺田遺跡発掘調査報告書第150～153・157～160・166～168地点―都市計画道路山手幹線街路事業に伴う発掘調査Ⅳ―』芦屋市文化財調査報告第59集
泉佐野市教育委員会 1985「5　三軒屋遺跡の調査」『昭和59年度　泉佐野市埋蔵文化財発掘調査概要・Ⅴ』
大阪府教育委員会 1981『国府遺跡発掘調査概要　Ⅸ』
大阪府教育委員会・財団法人大阪文化財センター 1985『美園　近畿自動車道天理～吹田線建設に伴う埋蔵文化財発掘調査概要報告書』
大阪府教育委員会 1986『大里遺跡発掘調査概要・Ⅱ』
大阪府教育委員会 1987『府営八雲北住宅建替工事に伴う八雲遺跡発掘調査概要・Ⅰ―守口市八雲北町所在―』
大阪府教育委員会 1994『田井中遺跡発掘調査概要・Ⅳ』
大阪府教育委員会 1996a『田井中遺跡発掘調査概要・Ⅴ―八尾空港北濠改修工事に伴う事前発掘調査』
大阪府教育委員会 1996b『新庄遺跡―府立茨木高等学校建替えに伴う発掘調査概要』
大阪府教育委員会 1997『田井中遺跡発掘調査概要・Ⅵ』
大阪府教育委員会 1998『田井中遺跡発掘調査概要・Ⅶ』
財団法人大阪府文化財センター 2005『東大阪市　弓削ノ庄遺跡他　大阪外環状線（東大阪市）連続立体交差事業に係る埋蔵文化財発掘調査報告書』大阪府埋蔵文化財センター調査報告書第133集
海南市教育委員会・海南市文化財調査会 1987『溝ノ口遺跡Ⅱ』
財団法人京都市埋蔵文化財研究所 2008『長岡京右京二条三坊一・八町跡、上里遺跡』京都市埋蔵文化財研究所発掘調査報告 2007-12
財団法人京都市埋蔵文化財研究所 2010『長岡京右京二条三坊一・八町跡、上里遺跡』京都市埋蔵文化財研究所発掘調査報告 2009-9

第4節　農耕開始期の近畿集落の竪穴建物とその特性

石器	その他	参考文献
石鏃　21点、石錐　6点、磨石　1点、石棒　1点	松菊里型住居	神戸市教委・同市教育公社 1993
石鏃　10点、石棒　2点		
石鏃　10点、石錐　3点、石棒　2点、大型台石　1点		
		神戸市教委 2003
尖頭器、石錐　2点、磨製石斧、両極石器、柱状片刃石斧、台石		
石錐　2点		
石鏃　2点、礫石器、砥石		
石鏃　16点、石鏃未成品　2点、扁平片刃石斧　2点、粗製剥片石器、サヌカイト剥片	松菊里型住居・建て替えの可能性・石器製作住居跡の可能性・柱穴内に石が据えられる	
石鏃、石錐、礫石器	松菊里型住居・中央炉から礫石器・一部非常に硬く焼き締まる→高温を伴う作業を行う？	
二次加工剥片	柱穴内に緑泥片石	
礫石器　3点、チャート製石錐	松菊里型住居	
石鏃　12点、石鏃未成品、両極石器、二次加工剥片、チャート製石錐　1000点余り、原石、石核、素材剥片	松菊里型住居 チャート製石鏃、石錐の製作工房？	御坊市教委・同市調査会 2002
	不整円形であるが、方形もしくは多角形に近い平面形を呈する	
石鏃、尖頭器、石錐、磨製石斧、二次加工剥片	不整円形であるが、方形もしくは多角形に近い平面形を呈する 建て替えの可能性	
石鏃　2点、チャート製石錐、両極石器	一部非常に硬く焼き締まる→高温を伴う作業を行う？	
石鏃		
石鏃		
礫石器		
チャート製石錐		
叩石？	松菊里型住居	和歌山県文 2005
石鏃　9点、石錐、石包丁未成品、打製石斧、敲石、台石、石器素材（緑色片岩）	松菊里型住居	海南市教委・同市調査会 1987
石器？、剥片　12点	建物埋土から船橋式土器や紀伊型甕	和歌山県埋文 1997

財団法人京都府埋蔵文化財調査研究センター 1986『長岡京跡左京第124次』京都府遺跡調査概報第19冊
財団法人京都府埋蔵文化財調査研究センター 2002『関西文化学術研究都市木津地区所在遺跡（2）赤ヶ平遺跡（第2次）』京都府遺跡調査概報第105冊
財団法人京都府埋蔵文化財調査研究センター 2003『国営農地細片整備事業「亀岡地区」関係遺跡　大淵遺跡第4次』京都府遺跡調査概報第108冊
神戸市教育委員会・（財）神戸市スポーツ教育公社 1993『大開遺跡　発掘調査報告書』
神戸市教育委員会 2003『新方遺跡　野手・西方地区発掘調査報告書　1』
御所市教育委員会 1992『鴨都波　11次　発掘調査報告』
御坊市教育委員会・御坊市文化財調査会 2002『堅田遺跡―弥生時代前期集落の調査―』
公益財団法人古代学協会 2013『雲宮遺跡・長岡京左京六条二坊跡発掘調査報告書』古代学協会研究報告第10輯
奈良県立橿原考古学研究所 1989『奈良県遺跡調査概報　1988年度（第1分冊）』
奈良県立橿原考古学研究所 1991『奈良県遺跡調査概報　1990年度（第2分冊）』
奈良県立橿原考古学研究所 2015『脇本遺跡　Ⅲ』奈良県立橿原考古学研究所調査報告　第118冊
奈良国立文化財研究所 1992「壬生門北方の調査」『1991年度　平城宮発掘調査部発掘調査概報』
財団法人東大阪市文化財協会 1999a『植附遺跡第5次発掘調査報告』
財団法人東大阪市文化財協会 1999b『都市計画道路大阪瓢箪山線建設に伴う瓜生堂遺跡第45次発掘調査概要報告』
兵庫県教育委員会 2015『南あわじ市　九蔵遺跡―（主）洲本灘賀集線（阿万バイパス）道路改良事業に伴う埋蔵文化財発掘調査報告書』兵庫県文化財調査報告第473集
向日市教育委員会 1986『長岡宮跡152次（7AN16D地区）～北辺官衙（南部）・中野遺跡～発掘調査概要』向日市埋蔵文化財調査報告書第18集
財団法人向日市埋蔵文化財センター・向日市教育委員会 1992『長岡京跡左京第259次（7ANEHD-4地区）～南一条大路、左京二条二坊十六町、鶏冠井遺跡～発掘調査概要』向日市埋蔵文化財調査報告書第33集
財団法人和歌山県文化財センター 2005『徳蔵地区遺跡―近畿自動車道松原那智勝浦線（御坊～南部）建設に伴う発掘調査報告書―』
財団法人和歌山県埋蔵文化財センター 1997『溝の口遺跡　発掘調査報告書―団体営農道整備事業椋の木線建設にともなう発掘調査報告書―』

217

コラム
滋賀県最古の弥生環濠集落
―川崎遺跡について―

西原雄大

　川崎遺跡は、滋賀県長浜市南部の川崎町・八幡中山町・口分田町にまたがる弥生前期の環濠集落で、1970（昭和45）年から始まった発掘調査により、東西約160m、南北約200mの楕円形の3周環濠が推定されている（図1、2）。現在、第100次を越える発掘調査が進行し、環濠、掘立柱建物跡、貯木場跡、土坑、弥生人足跡、動物足跡（シカ）などの遺構と県下最古級に位置づけられる弥生土器、木製品（農耕具・漆塗製品、弓等）、石器（石斧・石鏃・環状石斧）、植物遺体、昆虫遺体、動物遺体（骨）、炭化米を検出しており、湖北地域における拠点集落の一つとして知られている（長浜市史編さん委員会 1996：75-82）。

　環濠は、断面U字形を呈し、深度は弥生ベース面より、約60cmを測る。中近世期の開発により上部を失い、近世水田遺構の唐鋤溝に削平される形で、環濠が見つかる場合が多い（長浜市教育委員会 2004：1-10）。また、この削平のため、

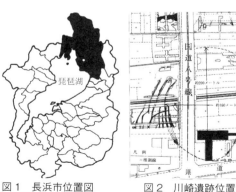

図1　長浜市位置図
　　（墨入れは長浜市域、
　　白○は川崎遺跡）
図2　川崎遺跡位置図
　　（手前墨入れは、
　　第25次調査）

住居跡などの当時の集落生活を示す遺構が見つかっていない。さらに、武器の出土量は極少であり、逆茂木などの出土もない。環濠集落としての緊張感は物証からは漂わない。武器よりも農耕具と石斧の出土が多くみられる。すべての環濠の断面はV字形ではなく、シルト系水成層が堆積するU字形をなす。灌漑的な機能やあるいは木製品の水漬け施設（実際に多量の木製品が、環濠内より出土）として利用されたのではないかと思われる。したがって、防御対策集落論よりも洪水対策集落論を主張される研究者が多い。確かに、川崎遺跡は姉川左岸中流域に存在しており、姉川は古来より「荒れ川」の別名を持つ暴れ川であった。

　仮に、防御性のある環濠集落としてみるならば、多重環濠設定による中央部分の防衛を前提とした性格が考えられるのではなかろうか[1]。守るべきものとは、集落中心位置に近い第25次調査で出土した貯木場跡、漆塗短剣飾鞘、大型環状石斧などが示唆するのであろう。即ち、弱いながらも防御性のある集落ではなかったかと私は考えるのである（長浜市教育委員会 2004：1-10）。環濠は、防御性を保ちながら、灌漑用水として周囲の水田を潤したのかも知れない。これは、炭化米の出土から想像しうるものである。しかし残念なことに、いまだ水田跡は検出されていない。防御性の弱い理由の一つとして、貯木場跡よりシカの足跡が多数検出されてい

る。野生シカが、恐らく夜間において餌を求めて環濠集落内に侵入したのである[2]。

貯木場跡からは、二連につながる木製鍬の未成品、未成木製鍬、割り物素材の木塊などが出土した。二連につながる木製鍬の未成品は、表面加工は中途であり、裏面は樹皮が残るものであった（長浜市教育委員会2004：1-10）。この他には、タモ網、縦杵、ツチノコの完形品の出土があり、高度な木製品作りに力点を置いた農耕集落の姿がイメージできようか。この貯木場は、取・排水施設のみられるもので、一定水量を保ち中央部が深くなる二段構造となっていた。その底面には、ヒトの足跡が検出されており、成人男性と幼児の足跡が平行に並んで検出されたため、想像を豊かにすれば、親の仕事である貯木場への未成品の出し入れを見よう見まねで、子どもが手伝っていたことを彷彿とさせる（西原2005：25-342、長浜市教育委員会2004：1-10）[3]。後世の足跡ではないかとの疑問もあったが、明らかに弥生時代の遺構面からの足印（フットプリント）であり、足跡の埋土も上層からのものではなかった。

注目すべき資料は漆塗り短剣飾り鞘である（図4）。残長約17.5cm、残幅約6.0cm、最大厚約2.7cmで、背面にはスリットが施され、鞘からの出し入れが容易となる（西原2005：25-34）[4]。次いで重要な資料は、大型環状石斧である（長浜市教育委員会2004：1-10）。それは、弥生時代最大級の大きさを誇るもので、硬質砂岩製。大半を欠損するが、中央に円孔を穿ち、復原径は約21.0cmを計測。漆塗り短剣飾り鞘は王権の威儀具であろうと考えられ、大型環状石斧は戦闘指揮官が持ち、味方を鼓舞する指揮棒のようなものであったのだろう[5]。この様な特殊な遺物の

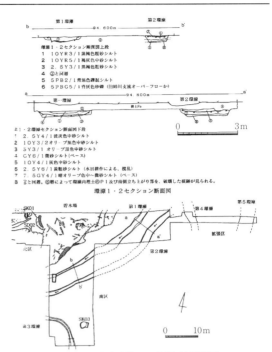

図3　川崎遺跡第25次調査遺構図

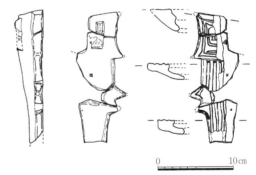

図4　漆塗り短剣飾り鞘実測図

出土から、川崎遺跡には守るべき部族長（オサ）の存在と、戦に長けた戦闘指揮官の存在を想定できよう。

川崎遺跡の出土土器は、第1様式のものが中心であり、広口壺・甕・鉢が数多くみられる。広口壺は、口縁が短く外反し頸部から肩部にかけて段を持つものや、肩部の段の下に平行して1条のヘラ描沈線をめぐらす。近江の弥生土器

第Ⅲ章　農耕集落形成過程の地域的分析

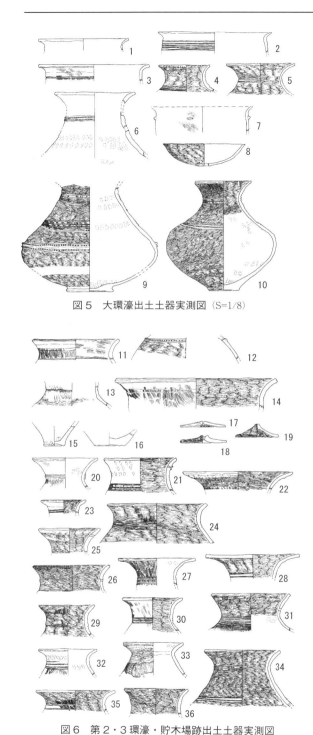

図5　大環濠出土土器実測図（S=1/8）

図6　第2・3環濠・貯木場跡出土土器実測図
　　　第2環濠：11～14　第3環濠1：15～16
　　　貯木場跡：17～36（S=1/8）

の研究に関しては、これまで佐原眞氏、森岡秀人氏、寺沢薫氏、兼康保明氏らの成果がある。川崎遺跡から共伴する土器には水神平式、五貫森式がみられ、東海地域との交流が考えられよう。

次に、環濠ごとに出土した土器を比較しその成り立ちと終焉の時期を、第25次調査の成果から検討してみよう。土器の編年については、兼康保明氏の研究成果を用いた（兼康1990：321-338）。第1環濠（図3）は、断面U字形となるもので上部は後世の水田開発で削平されている。この埋土中より出土した土器（図5）は、近江Ⅰ-2期からⅠ-3期のものであることが分かる。図化できる資料は多数みられ、器種は壺・甕・鉢である。第2環濠（図3）は、第1環濠と同じように断面U字形だが、上部がかなり削平されており、図化できる資料は少なかった。埋土中より出土した土器（図6）は近江Ⅰ-2期のものであることが分かる。器種は、壺・甕であった。第3環濠（図3）も断面U字形となるものでかなり削平が激しく、出土する資料も少なかったが、近江Ⅰ-4期のものであることが分かる。器種は壺・甕類の底部であった。さらに、環濠の内側に存在する貯木場は、断面すり鉢状となる巨大なもので、出土資料が多数みられた。近江Ⅰ-2期からⅠ-3期のものが多数あり、器種は壺・甕・蓋などバリエーションに富んでいる。

以上のことから、近江Ⅰ-2期ころに川崎遺跡の環濠集落は成立し、近江Ⅰ-3期ころに発展をみせ、近江Ⅰ-4期以降に集落の終焉を迎えていったのではなかろうか。それは、環濠の防御性が必要となり、第1環濠→第2環濠

コラム　滋賀県最古の弥生環濠集落―川崎遺跡について―

→第3環濠というように、内側から外へ外へと向かって次第に環濠の本数を増やしたようすが窺われる（表1）[6]。長浜市内の弥生前期集落遺跡の確認例は少ないため川崎環濠との関連性を考えさせるものは皆無に等しい。土器の器種構成では、種壺となる口縁部に円孔を穿つ壺や、壺の口を閉じる蓋をみれば稲作文化定着の時期と進展が考えられる。先に述べた木製農耕具と炭化米の出土も重ね合わせてみれば、川崎遺跡周辺では計画的な水田経営が進められていたと想像できよう。

過去の調査成果、近年の調査の比較もせねばならないが、発掘調査報告書未刊のものが多数あるため、部分的な成果のみられた第25次調査を基本として概要にかえた。さらにまた、川崎の弥生集落は弥生前期の第Ⅰ様式の時期だけにしか存在しなかった。これに何故であろうか。川崎遺跡より出土した石器類を観察された佐原眞氏より「石斧の柄の部分が焼けて、炭化物が石にこびりついているものが多く見られる。これは、焼き討ちの痕跡とみてよい」と言われた。川崎のムラは弥生戦争に巻き込まれ、敗北しムラごと崩壊したのではなかろうか。しかしながら、戦闘の痕跡はみられない。戦闘後に武器類が回収され、集落内の人々が奴婢として連行されてしまえば、これらの痕跡は消滅する[7]。そして、ゴーストタウンのようになったのか。それとも、疫病の蔓延により集落を焼き払い、その際に石斧や農耕具など生活用品も廃棄されたまま、集落内の人々は川崎のムラを棄てたのだろうか（失火や自然発火も考えられるが）。今となっては、謎としか言いようがないが、今後の新たな研究成果に期待したいと考えている[8]。

表1　各遺構出土土器からみた様式編年

遺構名	近江Ⅰ-2様式	近江Ⅰ-3様式	近江Ⅰ-4様式
第1環濠	1～6、8	7、9、10	
第2環濠	11～14		
第3環濠			15、16
貯木場跡	17～19、21、23、24～26、29、30、32	20、22、27、28、31、33～36	

※図5・6の資料から様式編年に合わせたもの。

さらには、川崎遺跡の南東に存在し、川崎遺跡の分村とみられる宮司東遺跡から、円形住居跡、村長（ムラオサ）クラスとみられる楕円形住居跡、弥生前期の土器も出土している。この遺跡との関係性も今後は検討しなければならないだろう（長浜市教育委員会 2000：1-32）[9]。また、長浜平野の弥生集落は早くから大陸文化を享受していたことも忘れてはならない。それは稲作文化、漆塗り短剣飾り鞘の出土、鴨田遺跡からの五銖銭の出土からわかる（長浜市史編さん委員会 1996：125-126）。湖北のこうした文物の波及経路に、日本海ルートが欠かせない存在であったろう。

註
1) かつて、私は石野博信氏より「3周の環濠があるならば、中央に守るべき何かが存在していたのではないか。」と指摘されたことがあり、川崎遺跡を防御性のある環濠集落とされた。
2) 岡村喜明氏（動物足跡学）の御教示では「鹿は夜行性であり、夜なら侵入しても人を気にすることはない。低い柵なら飛び越えるだろう。」とされ、川崎遺跡は防御性の薄さを感じさせる。
3) 坂田邦洋氏の鑑定により、成年男子と幼児の足跡であることが確認された。
4) 工楽善通氏、菅谷文則氏の御教示により鞘として確認した。両氏によれば「石寨山古墓」出土例が酷似するものであろうとされた（図7）。また、段清波氏の御教示では、「中国南方文化の影響がみられる」とのことであった。鞘の表面には雷文とみられる四角を重ねた立体的な彫刻と、縦方向に筋状の彫刻、横には鰭状の突起があり、異形の木

図7　石寨山古墓出土銅剣鞘（前漢）

製品である。裏面には、紐通しの台形状突出があり、大半は欠損している。内面は、縦方向に約2cmの幅で筋が入り下方へとのび、下方ほど狭くなっている。そして、全体には漆が塗られ下地として黒漆、重ねて赤漆を塗るという丁寧なつくりである。雷文とみられる彫刻は、不正形の四角を重ねるように施されており、3周重ねて2周目と3周目の間の下方には、直線的な表現がみられる。また、この部分の彫刻は、立体的に飛び出す形になっており、これで四角い彫刻が強調される。さらに、この彫刻の下方には3条の直線的彫刻と、側面側に三角を重ねたような鰭状の立体的表現があり、この内側には人字形の溝、弱い曲線の溝が施される。そして、外側の角部分に突起のような表現があったと推測されるが、欠損している。弥生時代遺跡で、出土した鞘の類例は柚比本村遺跡（弥生中期）、唐古・鍵遺跡（弥生中期）が知られているが、川崎遺跡出土例はそのどちらにも酷似せず、共通する点もみられない。大陸の類例をみれば、韓国の茶戸里遺跡例が有名であるが、これも全く違うものである。中国の類例では、石寨山古墓から酷似する剣の鞘が3例出土している。その3例の中に、共通点を持つものが1例あり、上部に雷文と鰭状の突起が表現されている。また内側には鋸歯文が左右対称に、連続して表現されている。材質は銅製ではあるが、中国南方文化の影響を受けて川崎遺跡の短剣鞘は作られたものではなかろうか。他の2例は外形が酷似しているが、川崎遺跡例とは材質（皮革と青銅）と内側の文様表現（連続する雷文か）に違いがあった。そして、漆塗り短剣飾り鞘内面に付着する物質調査を行っていないため、金属製の剣身であったのか、石製の剣身だったか、それとも木製の剣身であったのかは不明である。鞘の出土後、保存処理を考えての遺物洗浄を行ったため、恐らく付着物は洗い流されているのではないかと思われる。

5) 漆塗り短剣飾り鞘は、その壮麗な形状と丁寧な漆塗りの技法から王権の威儀具、すなわち川崎の首長（部族長）の持ち物であろう。環状石斧は森岡秀人氏の御教示によると「戦闘指揮官ともいうべき人物が、指揮棒のような形で使用したのではないか。」というものであった。

6) 森岡秀人氏の研究（森岡1990：421-436）によれば、近江Ⅰ-2様式について「和泉・近江は従来の第一様式（中）段階に近く、摂津はその新相部分に時間的共有関係を持つ。」とされており、近江Ⅰ-2様式の登場が川崎遺跡の萌芽となるなら、やや畿内第一様式期中段階に近いころの成立となるのだろう。Ⅰ-3様式は「摂津・近江はⅡ-a段階（井藤氏の）にほぼ対応する。ただし、近江の貼付突帯の多条化には新しい傾向が感じ取られる。」であり、川崎遺跡の発展期となる。森岡氏による様式編年対照表では、近江Ⅰ-3様式は、摂津Ⅰ-3様式と和泉Ⅰ-3様式とはほぼ近い時期となり、畿内第一様式期中～新段階にあたる。そして、近江Ⅰ-4様式は「和泉・摂津・近江3か国の設定であるが、和泉は旧来の第一様式を5細分したうえ、5つ目の小様式を第Ⅱ様式に再編しているため、時間的には和泉のⅠ-4様式とⅡ-0様式が摂津・近江のⅠ-4様式に対応する可能性がある。」としており、川崎遺跡の終焉段階と位置づけられるのではないか。また、多重環濠化こそが消極的ではあるが、内に籠って防御するという籠城的な発想であり、環濠突破の難易度を高め時間をかけて限られた集落を守るという目的が見えてくると考えられる。

7) 川崎集落が戦に敗れたのならば、王権の威儀具たる漆塗り短剣飾り鞘は奪われた上に、破壊投棄され、環状石斧も砕かれ破棄されたということも想像できるが、証明は困難である。

8) 環濠内からは、昆虫遺体（マグソコガネ）や、貯木場より検出したヒト・シカの足跡がある（長浜市教育委員会2004：1-10）。これらのデータと総合して川崎環濠集落を、人口論・生活論から分析していく必要があろう。

9) この他の代表的な弥生前期遺跡として、宮司遺跡、地福寺遺跡、長浜北高遺跡との関係性も読み取る必要性がある。

引用・参考文献

雲南省博物館 編1982『雲南晋寧石寨山古墓群発掘調査報告』

兼康保明1990「近江地域」寺沢　薫・森岡秀人編『弥生土器の様式と編年　近畿編Ⅱ』木耳社

佐原　眞1968「琵琶湖地方」『弥生土器集成図録』弥生土器集成刊行会

滋賀県教育委員会1971『国道8号長浜バイパス関連遺跡調査報告書Ⅰ』

成東・鍾少昇1990『中国古代兵器図集』解放軍出版社

長浜市史編さん委員会1996『長浜市史　第1巻　湖北の古代』

長浜市教育委員会2000『長浜市埋蔵文化財調査資料第35集　宮司東遺跡』

長浜市教育委員会2004『長浜市埋蔵文化財調査資料第55集　川崎遺跡・墓立遺跡』

長浜市教育委員会2008『長浜市埋蔵文化財調査資料第90集　川崎遺跡第51次調査報告書』

長浜市教育委員会2009『長浜市埋蔵文化財調査資料第95集　川崎遺跡第56次調査報告書』

奈良国立文化財研究所1993『木器集成図録　近畿原始編（図版）』

西原雄大2005「「弥生漆塗り短剣飾り鞘」の一考察」『北近江』2

春成秀爾1997『歴史発掘④古代の装い』講談社

森岡秀人1990「各地域の併行関係・解説」寺沢　薫・森岡秀人編『弥生土器の様式と編年　近畿編Ⅱ』木耳社

李健茂ほか（西谷正監訳）1990『義昌茶戸里遺跡発掘調査報告　日本語篇』

コラム
三島平野の弥生の始まりと安満・東奈良
―初現期の東奈良遺跡の様相―

濱野俊一

　近年、近畿大阪湾沿岸の神戸市大開遺跡（前田1993他）、本山遺跡（春成2007他）、東大阪市若江北遺跡（三好1997他）、四条畷市讃良郡条里遺跡（中尾2009他）において板付Ⅰ〜Ⅱa式併行期に直続する弥生土器が検出されている。そして近畿における初現期の弥生土器が中部瀬戸内地域と時間的に近接しており河内潟沿岸域にストレートに入ってきたとする考えが一定の理解（森岡2011）が得られている。これまで判然としなかった淀川北岸に位置する三島地域においても点々と初期弥生土器の報告例（濱野2014）が増加しており、平成26年度段階で8遺跡を確認している。代表例として茨木市溝咋遺跡において現時点で三島地域最古の第Ⅰ様式初現期（摂津Ⅰ-1様式以前）の弥生土器と石器が良好な組成で土坑から検出されている[1]。茨木市五日市東遺跡では搬入生駒西麓産胎土の長原式と在地船橋式・長原式の突帯文土器で構成された縄文集落に初期弥生土器が共伴する事例が確認されている。これら初期農耕集団は、淀川を遡上し三島平野の諸地点や京都府雲宮遺跡・下鳥羽遺跡そして琵琶湖東岸まで時間を置かず急速に展開していることが判明している。彼らが三島地域に集落を形成した時点では、等質的な定着ではなく、個々の地点において違った集落展開が認められる。前記の初期農耕集団が三島地域の各所に点々と定着した痕跡を残す遺跡が確認されているが、中でも当地域の中核となり、拠点集落に大きく成長した茨木市東奈良遺跡がある。同遺跡は既往の成果から種々の集落変遷案が提示されたが、近年の発掘調査の進展によって新たな考古学的知見が得られている。この状況を踏まえ、遺構変遷が比較的明瞭に追える溝（環濠）を軸に東奈良遺跡における初現期の環濠の存在の有無を論点として据えながら、同じ三島地域において拠点集落として成長した安満遺跡や同時期に初期環濠を巡らす六甲山南麓地域の大開遺跡を比較対象として取り上げてみたい。

1　成立期の東奈良遺跡の様相

　東奈良遺跡の成立時の弥生土器が出土している遺構として1981年度報告（奥井・井上1981）のⅡ-A区溝26がある。この溝から出土した弥生土器の古相部分が1990年に刊行された『弥生土器の様式と編年』「摂津地域」（森田1990）における摂津Ⅰ-1様式の基準資料となっていることで著名である。その後、2003年度報告（奥井・横山2003）で検出された第5調査区SD-05と第9調査区SD-01が一連の溝と考えられ、同様に第Ⅰ様式成立期の弥生土器が出土している。上記の溝26は、幅1.0m〜1.2m、深さ0.3m〜0.5m、底幅0.5mを測る小規模な溝である。溝の断面形状はU字形をしており、堆積層は大きく3層に分けられる。出土遺物は粘質土（粘土質シルト層）を主体とする上層と

中層を中心に出土しており、下層は流水痕跡を示す砂層が堆積している。報告では先行する溝25の埋没後に形成されたとあるが、両溝の断面図を検討すると溝26の掘り込み面は溝25と同一面であり、出土土器から溝25より先行すると考えられる。次に2003年度に検出された第5調査区と第9調査区の第3遺構面で検出されたSD-05とSD-01がある。まず、SD-05は、溝幅1.4m、深さ1.0mを測り、第9調査区SD-01も同様に溝幅は1.4m前後である。SD-05は、第5調査区西端で溝が終束しているのが認められ、SD-01も第9調査区東端で切れており、幅5m前後の出入口と考えられる無空間地が存在する。

上記の溝の法量は各調査地点で変化しており、溝幅が最小幅で1.0m、最大幅1.4mで約40cm前後の広狭幅で収まる。深さに関しては0.3m～1.0m、と深浅差があるものの導排水に伴う地形勾配を考慮した結果と考えたい。

出土土器に関しては、溝26では一部、摂津I-2様式段階まで下がるものがあるが、近接する溝25の土器が混在したものと考えられ、森田克行も当該土器を古相と新相に分離している。また、第5・9調査区のSD-05もSD-01も個体によっては摂津I-2様式段階まで下がる可能性のあるものも含まれるが、前記の茨木市溝咋遺跡と併行する時期の個体も存在することに留意しておきたい。残念ながら溝という遺構の性格上、完全に埋没するまでに一定の時間幅を考慮しなければならないが、多くの個体が摂津I-1様式の細分指標である段・削出突帯I種・II種（少条）・ヘラ描直線文（少条）などの区分文様と装飾的な各種ヘラ描文・彩文で構成されるため、一連の溝は、成立期の摂津I-1様式段階の溝[2]として考えたい。さて、東奈良遺跡の成立期の遺構として、上記の溝を取り上げたが、積極的に同溝を環濠（環濠1）とする見解（奥井2012）も提示されている。この溝を東奈良遺跡の成立期の環濠だとすると、定着後時間を置かずに環濠を掘削したことになる。これら一連の溝を結ぶと直径30m～40mの楕円形を描くことができる（図1）。また、その後に掘削された円弧を描きながら北東方向に拡大する前期環濠の走行性と千里丘陵から延びる等高線が北西から南東方向に緩やかに傾斜して標高を下げている微地形と逆方向に溝が巡ることが指摘できることから、所謂、環濠とすることもできるだろう。環濠の定義や認定基準など明確な定見が無い現状では、溝幅は前述の通り小規模で断面形状もU字形である。このため環濠を意識した導水・排水のための「区画溝」が現時点では妥当な評価と考えるものである。

2　成立期の安満遺跡の様相

東奈良遺跡の成立期の遺構として、上記の「区画溝」を取り上げたが、同じ三島地域には拠点集落に成長する高槻市安満遺跡が存在する。2000年度から京大農場内での調査が進捗しており、次々と新たな知見が得られている。最新の報告書では、遺構変遷の総括（森田2013）において同遺跡に定着した初期段階ですでに環濠1（溝0・溝d）が掘削された見解が開陳されている。環濠1の法量や堆積状態などの詳細は報告書に譲るが、重要な点として定着段階で既に環濠を開削している可能性があることである。これまで東奈良遺跡や安満遺跡において初期農耕集団が定着した段階では環濠を掘削しない「無環濠期」を経て「環濠掘削期」に変化

コラム　三島平野の弥生の始まりと安満・東奈良―初現期の東奈良遺跡の様相―

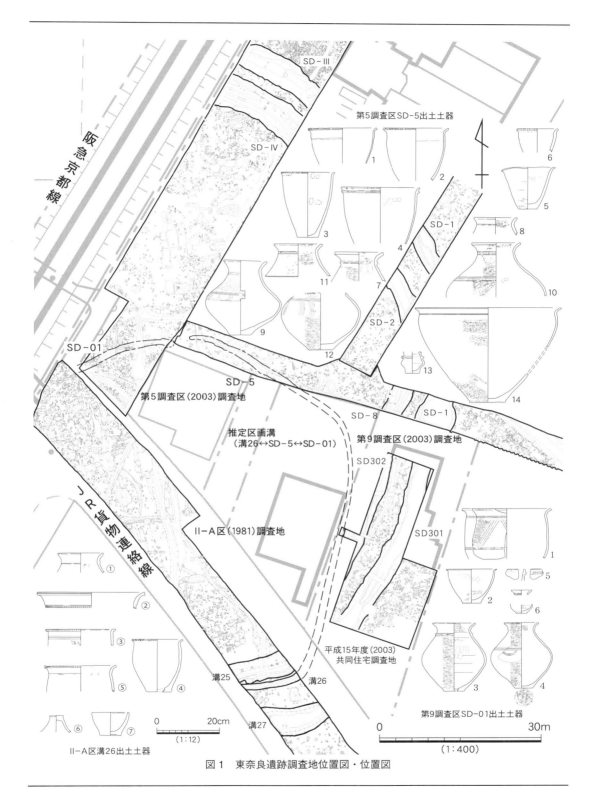

図1　東奈良遺跡調査地位置図・位置図

する見解が示された時期があった。前述の東奈良遺跡では環濠を意識した「区画溝」があることを示したが、安満遺跡も今後の調査事例の増加を待ちたいが、「環濠」とするならば、定着段階での開削が行われ集落が始まったことになる。三島地域の同時期の比較検討できる集落として溝昨遺跡などがあるが、集落実態は依然不鮮明である。よって参考となるのが成立期の集落動態が判明している近接地域の同時期の遺跡が比較対象の候補として挙げたい。

3　成立期における環濠の様相と実態

　成立期の環濠の有無に関しては、当初から環濠（SD-401・402他）を巡らす大開遺跡と、現時点では小規模な溝はあるものの円弧を描く環濠を彷彿とさせる規模の大きい溝が検出されていない本山遺跡、若江北遺跡、讃良郡条里遺跡に大別できる。初期環濠を巡らす大開遺跡では削平が著しいSD-401で最大幅1.5m、深さ0.7m、西地区SD-402で最大幅2.1m、深さ0.85mと東奈良遺跡の「区画溝」よりやや規模は大きく、断面形状もV字形の差異が認められる。これらの点を踏まえたうえで、初期農耕集団は、板付遺跡などの九州島北岸諸遺跡を皮切りに環濠を掘削する技術と知識を習得かつ保持していることが判明している。その後、大阪湾岸に到達する以前に瀬戸内沿岸など各地に定着した段階で、各定住地における地形的問題などの諸条件を勘案して選択的に環濠や区画溝を開削したものと考えられる。特に環濠等の溝の開削有無は、近接する先住者である突帯文集団との関係性が重要なポイントとになるものと推察する。

　1例として大開遺跡（前田1993）において環濠が検出された第3遺構面の下層には長原式併行期土器を主体とする突帯文集団の生活痕跡が残されており、同じ突帯文集団の集落遺跡の上沢遺跡との直線距離が1kmと近接する状況は緊張関係と共存関係の両方があったことを想像させる状況証拠もあり示唆的である。同様に三島地域の安満遺跡においても、突帯文集団と近接する地点（N5地区）が存在する。安満遺跡では、突帯文集団との交流が認められる堅櫛等の出土から、共存関係を築きながらも、弥生集落の領域拡大をビジュアル的に具現化した遺構が初期の環濠1の実態であるかもしれない。東奈良遺跡では、周辺部において突帯文土器の出土は点々と認められるが、同時期の集落となると直線距離で4km前後も離れている耳原遺跡・五日市東遺跡しか確認されていない。東奈良遺跡の成立期には突帯文集団の生活領域との距離があり、お互いの領域を侵すことがないことから、比較的穏やかな共存関係を築いていた期間が存在したものと想定したい。このため、定着後の次段階における集落の外側に円弧を描きながら次々と領域拡大を示す前期環濠とは、一線を画すものと指摘しておきたい。

　最後に成立期の区画溝や環濠の有無は個々定住した地点での突帯文集団との関係性が遺構に反映されているもので、三島地域の東奈良遺跡や安満遺跡では「無環濠着床期」を経て「単純環濠掘削点在期」に移行する時期的変化（森岡2011）ではなく、「環濠掘削選択期」から「環濠掘削期」に変化するものと考えるものである。そして、両遺跡がまさに「環濠掘削期」[3]の前期環濠を次々と開削している弥生時代前期後半段階に成立した郡遺跡・目垣遺跡などには同時期の環濠が確認されていないことが重要な点であり、次段階の弥生時代中期前半段階において

大きく集落規模を拡大することを指摘しておきたい。

註
1) 摂津地域最古期であった摂津Ⅰ-1様式設定以降、近年、摂津Ⅰ-1様式を遡る資料が三島地域でも確認されている。溝咋遺跡土坑資料以外にも大開遺跡と同じ鉢が安満遺跡でも確認されており、摂津Ⅰ-0様式存在が確実視され今後の重要課題となっている。
2) 溝26を含め「区画溝」が開削された時期ではなく溝が機能している状態から廃絶するまでの時期を示すものとして提示した。東奈良遺跡の区画溝から出土した土器の中に茨木市溝咋遺跡と併行する時期の個体も存在することが重要で、今後検討の余地を残している。
3) 森岡秀人の設定した環濠をもつ集落のその後の変遷類型「第3段階 肥大環濠成立期」(森岡2011)と同段階である。

主要引用・参考文献
奥井哲秀・井上直樹 1981『東奈良 発掘調査概報Ⅱ』東奈良遺跡調査会

奥井哲秀・横山成己 2003『東奈良 東奈良土地区画整理事業に伴う発掘調査概要報告』茨木市教育委員会

奥井哲秀 2012「歴史編/第二章第四節環濠集落 東奈良遺跡」『新修茨木市史 第一巻通史1』茨木市役所

中尾智行 2009『寝屋川市讃良郡条里遺跡Ⅷ』(財)大阪府文化財センター

濱野俊一 2014「三島地域における揺籃期の遠賀川土器の痕跡」『菟原Ⅱ―森岡秀人さん還暦記念論文集―』菟原刊行会

春成秀爾 2007「近畿における弥生時代の開始年代」西本豊弘 編『新弥生時代のはじまり 第2巻縄文時代から弥生時代へ』雄山閣

前田佳久 1993『神戸市兵庫区大開遺跡発掘調査報告書』神戸市教育委員会

宮本賢治 2004「東奈良遺跡」『平成15年度発掘調査概報』茨木市教育委員会

三好孝一 1997『巨摩・若江北遺跡発掘調査報告書―第5次―』(財)大阪府文化財調査研究センター

森岡秀人 2011「近畿地域」甲元眞之・寺沢 薫 編『講座日本の考古学5 弥生時代(上)』青木書店

森田克行 1990「摂津地域」寺沢 薫・森岡秀人編著『弥生土器の様式と編年―近畿編Ⅱ―』木耳社

森田克行 2013「第5章調査の総括」『安満遺跡確認調査報告書―平成20・21・22年度京大農場確認調査―』高槻市教育委員会

図出典
図1 1:2500茨木市地形図をもとに奥井哲秀・井上直樹1981、奥井哲秀・横山成己2003、宮本賢治2004の各挿図・図版を使用し改変作成した。

＊コラムという性格上、紙幅制限があるため主要参考文献については、文中に記載した文献に限定した。文中の各個別遺跡の参考文献及び引用箇所の詳細に関しては割愛した。

コラム

安満遺跡にみる初期農耕集落の様相

森田克行

はじめに

　安満遺跡は淀川北岸の三島平野の東部にあり、北摂山地の谷間を南流する桧尾川が形成した扇状地とその周辺低地に立地する。遺跡の範囲はおよそ東西1.3km、南北0.6kmで、面積としては約72ha、標高は6～10mである（図1）。遺跡の発見は京都帝国大学附属摂津農場の開設に際して、多くの弥生土器や石器がみつかった、1928（昭和3）年にさかのぼる（島田ほか1929）。発見時の土器を検討した小林行雄は、沈直線文などで飾られた精製のB類土器が北九州第二系土器、いわゆる前期の遠賀川式土器に近似しているとして、北部九州に発祥した弥生文化が時を移さずに瀬戸内を東進した、と結論づけた（小林1932）。

　戦後では、1966（昭和41）年の京大農場の北側農道での調査を皮切りに、これまでに全域にわたる200件以上の発掘をおこない、環濠、竪穴建物、井戸、水田、井堰、方形周溝墓、木棺墓など多岐にわたる遺構を検出、弥生時代を代表する拠点集落の全容が徐々に明らかになってきている。そうした調査経過のなか、私は節目において検出遺構を総理し、集落跡の実態に迫ってきた（森田1989a・1995・森田編2013）。今回は近年に確認された前期の水田遺構等の調査成果（高槻市立今城塚古代歴史館2016）を受け、あらたに遺構展開図（図2）を作成した。以下

図1　安満遺跡の位置図

では、農耕開始期の居住域、生産域、墓域からなる前期の集落の状況を中心に記す。なお、文中の土器様式は摂津編年（森田1990）による。

1　農耕開始期の集落景観

　A居住区　当初からの居住域と考えられるA居住区はやや小高い扇央部に位置し、これまでの調査によって、3時期にわたる環濠（環濠1～3）が確認されているものの、環濠の内側については、調査が進んでおらず居住遺構は未検出である。

　もっとも内側の環濠1（摂津Ⅰ-1・2様式期）は東北部と南端部の二ヵ所で確認され、復元規模は南北約100m、東西約90mの卵形を呈している。安満遺跡最古の環濠で、それによって画される面積は約0.75haになる。

コラム　安満遺跡にみる初期農耕集落の様相

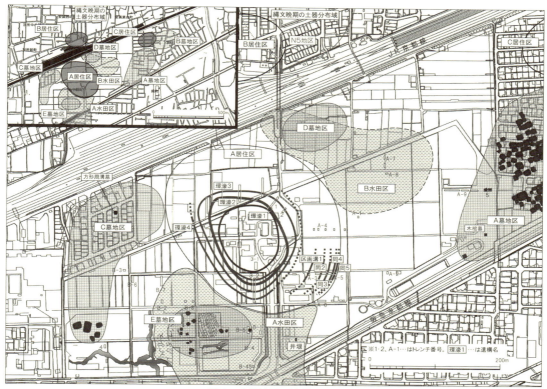

図2　安満遺跡の遺構展開図
A居住区：前期〜後期　B居住区：中期後半　C居住区：後期　A水田区：前期　B水田区：前期？
A・B墓地区：(前期〜)中期前半　C・D墓地区：中期後半　E墓地区：前期〜後期
環濠1〜3：前期　環濠4：中期前半　区画溝1〜5：中期後半

　ついで環濠2（摂津Ⅰ-2・3（古）様式期）は環濠1のすぐ外側に二周りほど大きくした格好で掘削されており、北部並びに東北部、南部の各調査区で確認されている。復元規模は南北長約140ｍ、東西長約120ｍの歪な縦長の楕円形で、環濠1と比較すると面積は6割増しの約1.2haとなる。なお環濠2は南端部で濠の一部を外側に拡張している状況があり、その際に2ｍ前後であった濠幅を最大で4.8ｍまで広げている。ところで環濠2からは安満遺跡で最古の朱漆塗りの竪櫛（図3）と木製農・工具6点が出土、なかでも板状鉄斧の装着が推認される斧柄は重要な資料（図4）となろう。

　環濠3（摂津Ⅰ-3・4様式期）は環濠2の埋没後に、その外側を囲繞するように掘削されたもので、南北長約160ｍ、東西長約150ｍの規模で、北側を広くとり、南側はすぼまった歪な卵形を呈している。面積はおよそ1.7haである。なお環濠3は北東部から南側にかけて一様に砂礫で埋まり、洪水によって廃絶したことが考えられる。環濠3の北西部からは多数の土器とともに未成品や破損した木製農・工具、石斧などがまとまって出土したほか、ここでも朱漆塗りの竪櫛と簪が検出されている（原口1973）。

　A水田区　A居住区の南から西南部にかけて緩やかに傾斜する微高地に展開する。規模は東

第Ⅲ章　農耕集落形成過程の地域的分析

図3　朱漆塗竪櫛（左・環濠2、右・環濠3）及び環濠2出土竪櫛復元図（復元長 9.4cm）［森田 2013］

西約230m で、南北約150m だが、南側への広がりは把握できていない。水田区の西端は幅5～7mの、東側は幅3.5～4mの、いずれも南北方向の自然流路で限られている。そのうちの東側の流路については、前後2時期の井堰が設けられていて、それぞれに対応する摂津Ⅰ-1とⅠ-2様式期の祭祀用の供献土器が出土している。井堰の上流側には西側に向かって導水路が掘削され、すぐ南には木橋が架けられていた。調査当時はこの井堰が突出して古い遺構であったことから、水田を開いた段階ではまだ環濠が掘削されていなかったのではという思いもあったが、その後、環濠1が確認され懸念は払拭されることになった。

　水田の造成は北西から南西に向かってわずかに傾斜する地形にあわせて、おおむね南北方向の幾筋もの低平な畔（幅0.2～0.4m）で区切り、さらに東西の畔によって縦長の長方形に区画していた。水田一枚は東西幅が3～4mだが、南北の長さはばらつきがあり、面積は15～60㎡と大きな差がある。いわゆる小区画水田で、検出数は57枚である。用水は比高差を利用して北から南へ田越しで供給されたのであろう。水

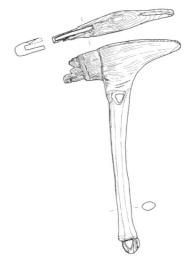

図4　環濠2出土の斧柄（復元長 48.4cm）

田跡からは無数の足跡もみつかっている。この整然とした水田の西側への広がりは南北方向の大畦畔（幅2～3m、高さ約0.3m）までとみられるが、大畦畔を西に越えた自然流路までのあいだは傾斜が緩いこともあって60㎡以上の比較的大規模な水田が広がっていた。以上が検出した水田の状況だが、南側低地部への広がりについてはA水田区全体の保存を期すため未調査とした。少なくともA水田区は4ha以上と見積もられる。

　ちなみに前期の水田跡のいまひとつの候補地

がある。A居住区の東側の谷地形の付け根辺りに想定される小規模な谷水田（B水田区）である。まだ十分に検証されていないが、環濠北側への前期遺構の広がりやプラントオパールの検出、さらには谷筋の有効利用を考えれば、その可能性はおおいにあり得ることだろう。

E墓地区　環濠3を埋め尽くした前期末の洪水砂礫は、同時にA水田区も覆いつくし、壊滅状態になったとみられる。E墓地区はこの砂礫の直上で検出され、洪水直後の前期末から後期まで散在する方形周溝墓を中心に営まれていた。前期では方形周溝墓1基、土器棺墓1基、土坑墓3基が抽出でき、木棺墓1基もその可能性がある。当該墓地区は長期間にわたったわりには散漫な状態であり、洪水砂で埋まった荒地ということもあって、整然として安定的に営まれた墓地とは思われない。実際に継起的に掘削された環濠1、2、3が機能していた集落の拡大発展期の墓地は未検出である。安満遺跡では大規模に整然と営まれた墓地として、東方に中期前半（摂津II・III様式期）のA・B墓地区（100基以上の東部周溝墓群）が知られているが、その一画に前期の甕形土器の検出をみており、前期の本来的な墓地もこのA・B墓地区に包摂されることだろう。

およそ農耕開始期の集落景観は扇央部の小高いところに環濠をめぐらす居住域があり、1〜3までの各環濠はそれぞれ掘削、埋没、再掘削、埋没という一連の過程を経て、順次外側に新設され、居住空間はその都度拡大している状況である。水田は居住区南側のA水田区の経営が主体で、墓地は今後の調査にかかっている。ところで安満での農耕開始にあたっては、いまひとつ留意すべきなのが縄文人集落とのかかわりである。以下にみてみよう。

2　縄文人との共存から共生へ

安満遺跡では、A居住区の北方約200mのN5地区で検出した縄文時代晩期末の自然流路から、深鉢を主体とする生駒西麓産の長原式と遠賀川系の在地の併行資料があわせて171点出土している（森田1989b）。縄文集落は流路の上流域にあたる北側の安満山の麓にあったとするのが順当で、南側の弥生集落と指呼の間にあったのは間違いない。すなわち安満地域では農耕開始期に、やや高台の縄文集落と扇状地の弥生集落が同時期に存在していた可能性が高い。新来の弥生人は先住の縄文人のテリトリーに集落を営んでいることから、一定の承認のもとに居住しはじめたことは想像に難くない。ただ当初期の環濠1から縄文土器は確認されず、A水田区の井堰の祭祀用土器にも縄文的な様相は見受けられない。縄文人が環濠集落内に居たとか、水田農耕に直接かかわった様子はうかがえないが、この時期に縄文人と弥生人が場所を違えて共存していたのは疑いないだろう。

注目するのは次代の環濠遺構である。私はA居住区の面積を1.6倍に拡大させた環濠2から朱漆塗竪櫛1点、その後の環濠3からも朱漆塗の竪櫛と簪が1点ずつ出土していることに注目する。これら漆塗りの櫛（図3）と簪は、元来、縄文系の遺物であり、それらが弥生集落の環濠内に、ほかの生活用具とともに遺棄されていた事象は、さきのN5地区で出土した遠賀川式と長原式の折衷型土器の底部に確認した籾圧痕とともに、安満の縄文人と弥生人の交流の事実を示すもので、その実態は両者の共生を反映した資料と考えてよいだろう。この漆塗りの櫛と簪、とりわけ竪櫛は縄文晩期の単純結歯式の系譜下にある通有のもので、同一工房での製作との見

解(工楽1986)もある。安満以外では、納所[三重]、唐古・鍵[奈良]、瓜生堂[大阪]、玉津田中、東武庫[兵庫](奈良国立文化財研究所1993、兵庫県教育委員会1995)などにあり、おそらく近畿地方の弥生時代前期前半から中頃にかけての堅櫛の多くは、この型式の櫛といっても過言ではない。斉一性の高い堅櫛の広域な分布は特定産品の流通範囲を示しており、当該地方での本格的な稲作農耕のはじまりにあたり、縄文社会側の関わり方の一端が垣間見えるものとなっている。

3 三島の初期農耕集落の特質と銅鐸の発祥
―安満と東奈良―

淀川北岸の三島には拠点となる初期農耕集落が二つある。ひとつは東の安満遺跡、いま一つは西の東奈良遺跡である。

安満では弥生土器の文様、形態に地域性の発露となる先進的な展開がみられる(図5)。例えば他遺跡に先駆けての前期壺形土器に発祥した陰画波状文とヘラ描波状文があり、その後の中期の櫛描波状文卓越地域となる基層を形成した(森田2002)。また頸胴部を伸長させた祭祀用の独特の北摂型広口壺の創出や、その幅広い文様帯に直線文や波状文を効率よく施文するために創案された複合櫛描文(森田1988)が中期以降に淀川上流域から琵琶湖地域、さらには遠く濃尾平野へ展開する基点となっている。またヒョウタンの水差し容器を土器に映した斜口縁をもつ前期の摂津型水差が、やはり中期以降、近畿地方に拡散している現象が捉えられるなど、地の利と広大な水田経営に裏付けられたエネルギーを糧に地域を牽引するさまざまな創意

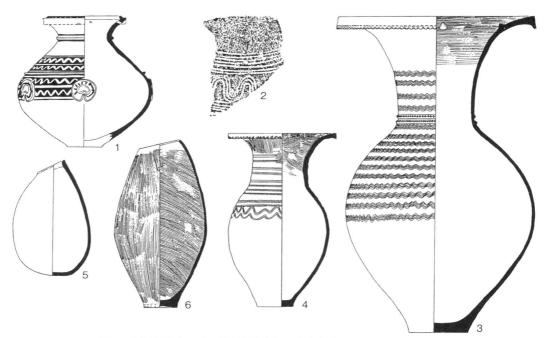

図5 安満遺跡(1～5)、芝生遺跡(6)の弥生土器 (3の前高63.5cm、2は拓影)
1:赤彩陰画波状文壺形土器(Ⅰ-2) 2:ヘラ描波状文壺形土器(Ⅰ-4) 3:北摂型広口壺形土器(Ⅱ-3)
4:複合櫛描文壺形土器(Ⅱ-3) 5:摂津型水差形土器(Ⅰ-4) 6:同(Ⅱ-3)[森田2013より]

コラム　安満遺跡にみる初期農耕集落の様相

と工夫に満ちていた。その一方で淀川を基軸とする水運の要衝である点もみのがせない。前期後半から中期段階において湖北からは石製穂摘具や磨製石剣の素材である高島産粘板岩〔西口1986〕、北陸からは玉材の翡翠〔安満・成合〕（大阪府文化財センター2014）が、また逆に玉鋸の素材である徳島・吉野川流域産の紅簾片岩〔安満〕が多く流入する現象はその一端をものがたる。こうした三島弥生社会を牽引してきた盟主としての在り様は、やがて背後の安満山に、青龍三年鏡などが出土した三世紀中頃の安満宮山古墳（鐘ヶ江2000）の築造に示されることになる。

　一方の核である東奈良は、銅鐸や銅戈などの青銅器やガラス勾玉の生産遺跡として夙に知られているが、私はそれに加えて、小形の東奈良銅鐸が前期にさかのぼって製作された列島最古の楕円環鈕式銅鐸（図6）だ、と早くに提唱している（森田2002）。賛否両論あるなかで、近年の設楽博己の論考（設楽2014）は私が棚上げしていた東奈良銅鐸（B面）の連続楕円文（円環文）の由来を見事に解決した。すなわち縄文人が伝えてきた浮線渦巻文土器にみられる連続渦巻文が終末期にいたって形骸化した連続楕円文となり、東奈良銅鐸のそれは石川・八日市地方遺跡の渦巻文―楕円文土器の段階に相当すると指摘したのである。いわば三島にいた縄文人たちが大事にしていた祭祀文様である渦巻文（楕円文）と、あらたに定着した安満の弥生人によって編み出された祭祀用土器の（陰画）波状文とを一身に体現した楕円環鈕式銅鐸が、同じ三島の地にある東奈良で生み出されたとの結論に達するのである。まさに縄文人と弥生人の共生がもたらしたあらたな農耕社会のマツリの用具として顕現したといってよい。この東奈良銅鐸は形態、法量、型持穴の位置などから朝鮮式銅鈴の情報をもとに鐸面に文様を加味して製作したもので、鋳造品としては失敗ともいえる稚拙な出来だが、長年にわたり後生大事に使ったことは激しく摩滅した内面突帯が如実にものがたっている。さらには、すべての面に文様をほどこそうとする意図のもとに視覚的効果を高めるための大形化の流れと鰭の創出に沿った一連の形態変化を遂げていく銅鐸変遷の端緒と評価できる。

　そうした前期以来の銅鐸づくりの流れは、淀川を遡行し京都・鶏冠井遺跡の鋳型〔菱環鈕2式〕（國下1994）、そして琵琶湖を北に抜けた福井・下

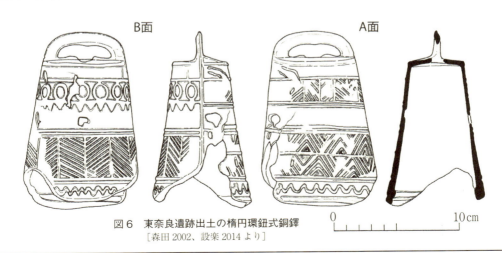

図6　東奈良遺跡出土の楕円環鈕式銅鐸
〔森田2002、設楽2014より〕

233

屋敷遺跡の鋳型［未成品］（福井県教育庁埋蔵文化財センター 1987）に顕在化し、さらには井向2号鐸［菱環鈕2式］を経て、波状文を有する井向1号鐸［外縁付鈕式］につながる。また琵琶湖東岸地域から東に抜ければ愛知・朝日遺跡の鋳型［菱環鈕1式］（名古屋市教育委員会 2006）に通じ、一方、淀川を下り、瀬戸内に抜けるルートでは淡路・中川原鐸［菱環鈕1式］などが指摘できる。すなわち楕円環鈕式から菱環鈕1・2式などの最古相の銅鐸群が、東奈良銅鐸以来、三島を基点に淀川の流れを介して各地に伝播している様相がまずもって捉えられるのである。

おわりに

　安満遺跡と東奈良遺跡を核とする三島弥生社会の本質は、農耕集落の成立事情から、その後の各地との交流・交易にいたるまで、淀川とその水運を抜きには語れないことにある。とりわけ安満では邪馬台国時代の安満宮山古墳の築造に至る経過もあり、まさに安満（アマ≒海人）という地名（遺跡名）はそうしたことを明示する「呼び名」にほかならないのだろう。

　現在、高槻市では史跡公園と防災公園の性格をあわせもつ約21haに及ぶ『安満遺跡公園』の整備が進行中である。私は島上高校地歴部在籍中に、安満遺跡で泥まみれになって発掘していたときの忘れられない鮮明な記憶がある。それは環濠のなかであわただしく石包丁を検出していた最中に、頭上に開発工事のブルドーザーのブレード（排土板）が覆いかぶさってきたことで、まったく生きた心地がしない命がけの調査だった。いま、そのことを思うと、安満遺跡の保存と活用を期した『安満遺跡公園』が実現される状況はまことに感慨深いものがある。

引用・参考文献

大阪府文化財センター 2014『成合遺跡・金龍寺旧境内跡2』

鐘ヶ江一朗 2000『安満宮山古墳』高槻市教育委員会

國下多美樹 1994「鶏冠井銅鐸鋳型の評価について（上）（下）」『古代文化』46−7・8

工楽善通 1986「3．漆工技術」『弥生文化の研究』6　雄山閣

小林行雄 1932「安満B類土器考」『考古学』3−4

設楽博己 2014「銅鐸文様の起源」『東京大学考古学研究室紀要』28

島田貞彦ほか 1929「攝津國高槻「摂津農場」石器時代遺跡調査報告」『人類學雜誌』44−7

高槻市立今城塚古代歴史館 2016『よみがえる弥生文化の原風景　安満遺跡の最新調査成果』

名古屋市教育委員会 2006『朝日遺跡（第13・14・15次）』埋蔵文化財調査報告54

奈良国立文化財研究所 1993『木器集成図録』近畿原始編　史料第36冊

西口陽一 1986「人・硯・石剣」『考古学研究』32−4

原口正三 1973「安満遺跡」『高槻市史』第六巻

兵庫県教育委員会 1995『東武庫遺跡・尼ヶ崎市』

福井県教育庁埋蔵文化財センター 1987『下屋敷遺跡・堀江十楽遺跡』埋蔵文化財調査報告第14集

森田克行 1988「複合櫛描文」『弥生文化の研究』10　雄山閣

森田克行 1989a「1 大阪府安満遺跡」『探訪　弥生の遺跡畿内・東日本編』　有斐閣

森田克行 1989b「三島地方の縄文土器」『高槻市文化財年報』昭和61・62年度

森田克行 1990「摂津地域」『弥生土器の様式と編年―近畿編Ⅱ―』木耳社

森田克行 1995「摂津の弥生時代と遺跡」『弥生時代と大阪湾岸』大阪経済法科大学出版部

森田克行 2002「最古の銅鐸をめぐって」『究班Ⅱ』埋蔵文化財研究会

森田克行編 2013『安満遺跡確認調査報告書』平成21・22・23年度京大農場内確認調査　高槻市教育委員会

第 IV 章

初期農耕集落の発達と複雑化をめぐるモデル論の展開

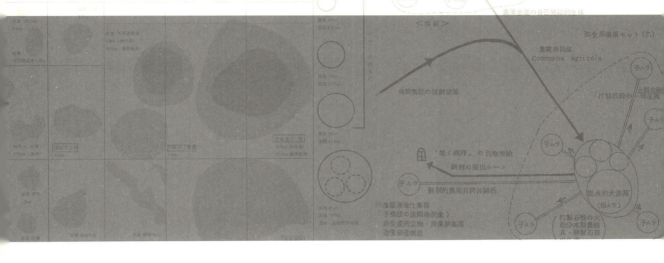

第*1*節

初期農耕集落の定着と複雑化
―― 研究状況の整理と展望と雲宮遺跡 ――

若林邦彦

1　研究状況の整理

　本稿では、雲宮遺跡の所在する近畿地方中部の弥生時代前期に関する、既往の研究と調査成果を総合し、弥生時代開始期に進行した初期農耕集落の定着と複雑化についてのモデルを提示したい。その中で雲宮遺跡の弥生前期集落の位置づけを行いたい。

　1980～90年代前半には、突帯文土器と遠賀川式土器の共存期間について議論が進行し、それを弥生前期前～後葉にわたる長いプロセスとみる見解（中西1984）から、完全なる「弥生化」には100年程度の過程が必要と考えられた。これは、弥生前期を通じて突帯文土器と遠賀川式土器の共伴が大阪湾沿岸平野部では続き、前者は丘陵近辺に立地する狩猟採集民、後者は平野の低地部に主に立地する水稲農耕民で、両者が「すみわけ」を行い、徐々に前者が後者に同化するというモデルである。このモデルの特徴は、後者の土器型式を持つ集団は西方からの移入者集団であるということが「前提」といえる。「多数の移住者である水稲農耕民」の動態が弥生化を進めるという所与のモデルが、遺跡動態や土器共伴関係理解の背後にあり、すみわけという理解を示すことが、さらに移住者を主体とした文化伝播という図式を固定化するという循環構造ももっていた。秋山浩三（秋山1999）は、長原遺跡などを例に取り、すみわけ論よりもさらに近接エリアでの2系統土器の共存を想定して「共生」論を提案したが。これも伝播や多数の移住者を前提とした理解といえよう。

　また、こういった研究状況に関連して、北部九州から近畿地方にいたる弥生化過程については、複数の伝播モデル（森岡1993）が提示されている。ここでは、単純な遠賀川式土器に伴う稲作情報伝播だけでなく、近畿地方における突帯文土器単純器期における稲作情報の伝播も考慮されていて、複雑な複数の機会の集積を通じて弥生前期社会が近畿地方で確立していくモデルが提案されている。しかし、ここでも弥生前期初頭・中葉・後葉における九州地方からの稲作情報伝播がそれぞれ刺激となって弥生前期社会の各小地域の構造が確立していくと考えられている。つまりは、前期はいわば「伝播による社会変化の過程」の時代と説明されているようにみえる。

　しかし、『突帯文と遠賀川』（土器持ち寄り会編2000）での複数の論考や東大阪市若江北遺跡の初期前期土器の出土例から、両者の共伴期間は極度に短いか存在しないという見解（若林2002）がだされ、水稲農耕への変化は移住集団ではなく在地集団主体に短期間に進行したという見方が多くみ

第Ⅳ章 初期農耕集落の発達と複雑化をめぐるモデル論の展開

られるようになった。既往の年代観で言えば、一世代前後の時間での急激な文化変容である。これを弥生文化・社会構造の変遷プロセスとみると、多数の集団の移動による伝播ではなく、各地での土器様相の変化として展開したものととらえられるようになったことを示しているだろう。

しかし、その直後、国立歴史民俗博物館の研究により、土器付着炭化物の AMS 炭素年代測定と

相対年代	沖縄	福岡・佐賀	その他の九州〜中国・四国	近畿	東海・中部	北陸	関東	東北	北海道
晩期初頭	×	BC1250	BC1250	BC1250	BC1250	BC1250	BC1250	BC1250	BC1250
晩期末	×	BC965	BC700	BC650	BC500	BC380	BC200	BC450	BC380
弥生早	×	965-BC780	×	×	×	×	×	×	×
弥生早期	×	965-BC780	×	×	×	×	×	×	×
1期初頭	×	BC780	×	×	×	×	×	×	×
1期中頃	×	700-BC500	×	×	×	×	×	×	×
1期古	×	×	700-BC650	650-BC550	×	×	×	×	×
1期古相	×	×	700-BC650	650-BC550	×	×	×	×	×
1期古段階	×	×	700-BC500	650-BC500	×	×	×	×	×
1期中	×	×	650-BC500	650-BC500	×	×	×	×	×
1期中段階	×	×	650-BC500	650-BC500	×	×	×	×	×
1期前半	×	×	700-BC500	700-BC500	×	×	×	×	×
1期後半	×	550-BC380	550-BC380	550-BC380	550-BC380	×	×	×	×
1期新	×	380-BC350	380-BC350	380-BC350	380-BC350	380-BC350	×	450-BC350	×
1期新段階	×	380-BC350	380-BC350	380-BC350	380-BC350	380-BC350	×	380-BC350	×
1新	×	380-BC350	380-BC350	380-BC350	380-BC350	380-BC350	×	380-BC350	×
1期末	×	380-BC350	380-BC350	380-BC350	380-BC350	380-BC350	×	380-BC350	×
1期	×	780-BC350	700-BC350	700-BC350	700-BC350	380-BC350	×	380-BC350	×
2期古	×	350-BC300	350-BC300	350-BC300	350-BC300	350-BC300	×	350-BC300	×
2期初	×	350-BC300	350-BC300	350-BC300	350-BC300	350-BC300	×	350-BC300	×
2期	×	350-BC300	350-BC300	350-BC300	350-BC300	350-BC300	×	350-BC300	×
2期中頃	×	350-BC300	350-BC300	350-BC300	350-BC300	350-BC300	×	350-BC300	×
3期古	×	300-BC200	300-BC200	300-BC200	300-BC200	300-BC200	×	300-BC200	×
3期後半	×	200-BC100	200-BC100	200-BC100	200-BC100	200-BC100	×	200-BC100	×
3期新	×	200-BC100	200-BC100	BC200-100	BC200-100	BC200-100	×	200-BC100	×
3期末	×	200-BC100	200-BC100	BC200-100	BC200-100	BC200-100	×	200-BC100	×
3新	×	200-BC100	200-BC100	BC200-100	BC200-100	BC200-100	×	200-BC100	×
3期	×	300-BC100	300-BC100	300-BC100	300-BC100	×	×	300-BC100	×
4期古	×	100-BC50	100-BC50	100-BC50	100-BC50	100-BC50	100-BC50	100-BC50	×
4期初	×	100-BC50	100-BC50	100-BC50	100-BC50	100-BC50	100-BC50	100-BC50	×
4期前半	×	100-BC50	100-BC50	100-BC50	100-BC50	100-BC50	100-BC50	100-BC50	×
4期末	×	BC50-BC1	BC50-BC1	BC50-BC1	BC50-BC1	BC50-BC1	BC50-BC1	BC50-BC1	×
4期	×	BC100-BC1	BC100-BC1	BC100-BC1	BC100-BC1	BC100-BC1	BC100-BC1	BC100-BC1	×
5期	×	1-200	1-200	1-200	1-200	1-200	1-200	1-200	×
5期初	×	1-100	1-100	1-100	1-100	1-100	1-100	1-100	×
5期初頭	×	1-100	1-100	1-100	1-100	1-100	1-100	1-100	×
5期前	×	1-100	1-100	1-100	1-100	1-100	1-100	1-100	×
5期前半	×	1-100	1-100	1-100	1-100	1-100	1-100	1-100	×
5期中	×	100-100	100-100	100-100	100-100	100-100	100-100	100-100	×
5期中頃	×	100-100	100-100	100-100	100-100	100-100	100-100	100-100	×
5期後半	×	100-180	100-180	100-180	100-180	100-180	100-180	100-180	×
5期末	×	100-180	100-180	100-180	100-180	100-180	100-180	100-180	×
5期後	×	100-180	100-180	100-180	100-180	100-180	100-180	100-180	×
5後期	×	100-180	100-180	100-180	100-180	100-180	100-180	100-180	×
6期	×	200-240	200-240	200-240	200-240	200-240	200-240	200-240	×
6期前半	×	180-220	180-220	180-220	180-220	180-220	180-220	180-220	×
後期	×	1-240	1-240	1-240	1-240	1-240	1-240	1-240	×
弥生	×	BC965-240	BC700-240	BC700-240	BC500-240	BC380-240	BC200-240	BC450-240	×
古墳初頭	×	240-400	240-400	240-400	240-400	240-400	240-400	240-400	×
古墳前期	×	240-400	240-400	240-400	240-400	240-400	240-400	240-400	×
古墳時代	×	240-700	240-700	240-700	240-700	240-700	240-700	240-700	×
貝塚時代後期	×	×	×	×	×	×	×	×	×
続縄文時代	×	×	×	×	×	×	×	×	BC380-500

註 BC は紀元前です．× は該当する型式がないことを示す．
図1 藤尾らの分析による弥生土器型式の年代（藤尾 2013 より転載）

暦年較正分析の結果、年代上、近畿地方ではBC7～4世紀の約300年の長きにわたり弥生前期が続いたという可能性が示された。その後、分析資料は蓄積され、藤尾慎一郎により、新たな年代観の詳細が取りまとめられている（藤尾2013・2014、図1）。結局、2003年の国立歴史民俗博物館による成果公表以後、年代上、近畿地方ではBC7～4世紀の約300年以上、弥生前期が続いたという可能性を弥生社会確立認識の前提としなければならなくなってくる。相対年代では短期間ととらえられるようになった変化が、実年代では一定期間をもつととらえられるようになったのである。これらから、突帯文集団が文化変容して零細な水稲農耕集落が展開する期間は100年を超えるかもしれないと認識できる。

　筆者は、子細の修整はまだ必要と考えるが、大枠では土器付着炭化物のAMS法放射線炭素年代測定成果を支持する。この年代観では、筆者が様相1とした、突帯文集団が文化変容して零細な水稲農耕集落が展開する期間は100年を超える時間幅をもつことになる。相対年代としての突帯文土器と遠賀川系土器の共存時期はほとんどないにもかかわらず、実年代認識の変化によって3世代以上の時期にわたる不安定な農耕集団展開・変容期を想定せざるを得なくなった。長い自律的変化（しかも広域連動しながら）の時代を想定することになる。こういった視点で、既往の近畿地方での弥生前期社会確立過程を整理するとどうなるか。さらに近年の各地での調査例を念頭に置いた上で、そういった状況の中で雲宮遺跡あるいは京都盆地の弥生化を考えるべき研究の脈絡は何かについて論じたい。

2　集団関係形成の変化について —集落と水田をめぐる構図—

　当該期の集落や土器検出量の多い大阪平野において、筆者はすでに突帯文土器期から遠賀川式土器期の集団関係変化のモデルを提示している。その後の新出資料はみられるものの、その枠組みに修正の必要はないように思われる。管見ではこの件に関しては大きな反論もうけていない。その内容は以下のようなものである。

① 基本的に、突帯文土器から遠賀川式土器への変化は時間的に進行し、両様式の共伴はない。ただし、土器編年上（以下図2・3参照）の前期様相1とくにその古段階にのみ、突帯文土器と遠賀川式土器の共伴の可能性があるが、その際の突帯文土器は、長原式ではなくその変形したもの（水走タイプなど）と考えられる。突帯文土器様式圏内でのネットワークも崩壊しているので、ごく一部のみの遺跡で、しかも土器相も多様と考えられる。

② 様相1期においては、集落の規模は小規模零細移動型である。竪穴住居の形態も縄文晩期と共通性をもつ要素も大きく狩猟採集社会の特徴である移動型の集団関係からの変化は漸移的である。ただ、突帯文期から様相1期には、丘陵・扇状地立地から低湿地の水田経営地への遺跡比率増加がみられ、立地の固定化傾向は進行する。

③ 様相2期には、平野部を中心に径100m程度の一定規模の居住域が各地に形成されはじめる。田井中遺跡や池内遺跡などの環濠を持つ居住域もあらわれる。これは単位集団規模ではな

第Ⅳ章　初期農耕集落の発達と複雑化をめぐるモデル論の展開

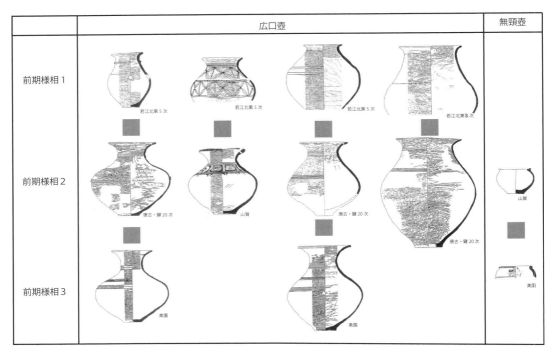

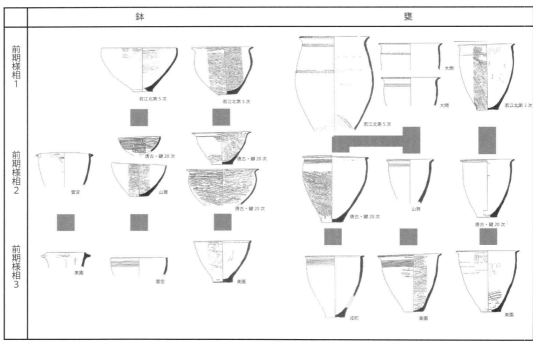

図2　近畿弥生前期土器の変遷

第1節　初期農耕集落の定着と複雑化 —研究状況の整理と展望と雲宮遺跡—

	長原式	前期様相1 古	前期様相1 新	前期様相2 古	前期様相2 新	前期様相3
明石川流域〜六甲山麓	玉津田中SR10001最下層	(本山17次流路1最下層)	大開SD411	玉津田中K0-1SK303	玉津田中KM-7土壙	美乃利SK180・SK198
大阪平野北部			東奈良溝26	東奈良溝27・安満堰2		田能第8溝 東奈良溝25上層
大阪平野中部	長原遺跡NG8・14次ADE区	讃良郡条里124土坑・3-267・258溝 若江北5次土坑15	田井中溝401・411	田井中溝405-1・2	亀井SD1401	美園BSD260
奈良盆地			唐古・鍵14次SK201・202・203		唐古・鍵20次SK215	唐古・鍵16次SX102
京都・山城盆地			下鳥羽土壙161・163、烏丸御池土坑693	雲宮SX60	雲宮SX76第2・3層	雲宮SX76第1層
丹波高地〜日本海沿岸				竹野包含層		太田SD0205・SK250・Sk240
琵琶湖沿岸域	(福満)			(川崎包含層)		(小津浜自然流路)
紀伊半島				太田・黒田SK101・土壙201 (堅田環濠)		太田・黒田SD502

図3　縄文時代晩期末〜弥生時代前期基準資料（(　)内は混在資料）

く、一定の複合性をもち環濠形成などの社会的共同性の単位となる基礎集団（若林2001・2008）の形成といえる。もちろん単位集団規模の零細集落も存在し、小地域内の核集団－遊動集団の関係が形成されはじめる。

　この認識をもとに、先述の新年代観をもとにした時間認識に基づいて、筆者の既往の弥生前期集落定着の展開を整理すると、以下のようになる。

　　［ステージ1］約100年続く零細経営期（土器編年では前期様相1の段階・若江北遺跡・讃良郡条里遺跡などが最古段階）
　　［ステージ2］突帯文土器を含む余地のない安定定着期・基礎集団規模の定着（様相2の段階）
　　［ステージ3］コアとなる基礎集団を核とした地域社会経営（様相3の段階）
という図式である。

　一方で、既往の論考では指摘していなかったが、こういったステージ1→3移行には地形に応じた小地域ごとに3つの諸類型が存在するように思える。

　第一は、デルタ末端型である。この現象は河内湖沿岸部の遺跡群で確認できる。具体的な遺跡としては若江北遺跡・瓜生堂遺跡・山賀遺跡とその周辺があげられる。ここでは、様相1期の最古相の遠賀川系土器零細集落（若江北遺跡）から、様相2期にやや高燥地点の山賀遺跡に安定集落が形成され、汀線立地する瓜生堂遺跡近辺には小規模居住域が展開するパターンである。様相1期古相を中心に、零細な住居跡が点在する寝屋川市讃良郡条里遺跡もこういった遺跡形成類型の一部と考えられる。

　第二は安定低地型である。これは大阪平野中部に低湿地でもやや固定的な自然堤防帯が弥生時代に形成されている領域である。田井中遺跡や亀井遺跡とその周辺などがあげられよう。ここでは、細かく移動しながら突帯文土器集落→初期遠賀川（様相1期）集落→基礎集団規模の居住域（様相2以後）といった変化が、約1km圏内で起こっている。典型的なのは田井中遺跡であり、それについてはすでに拙稿（若林2002）でも取り上げている。田井中遺跡では、様相2期に環濠と思しき居住域を区切る大溝が確認されている。環濠で囲まれる範囲はおよそ100m圏と考えられる。

第Ⅳ章　初期農耕集落の発達と複雑化をめぐるモデル論の展開

　第三は、低位段丘・扇状地型である。これについては、羽曳野段丘から北方に連続してくる段丘地形の北端に位置する長原遺跡周辺や生駒山地扇状地下部を核とした鬼虎川遺跡周辺などがあげられる。ここでは、突帯文期に比較的安定的な集落形成が認められるが、その領域内で様相1期新相から様相2期に遠賀川系土器を主体とした安定的居住域が形成される。この領域では、最古相の遠賀川系土器（様相1古相）が明確に確認できないことが特徴である。こういった領域においては、様相1期古相にのみ突帯文土器が残存した可能性がある。長原遺跡周辺ではどういった突帯文土器が遠賀川式土器に共伴するかは不明であるが、鬼虎川遺跡群の一部でもある水走遺跡では、変形長原式ともいえる口端部から下がった位置に低い突帯をもつ土器群（図4）が検出されており、突帯文土器ネットワーク解体後の残片的土器相として位置づけることが可能である。

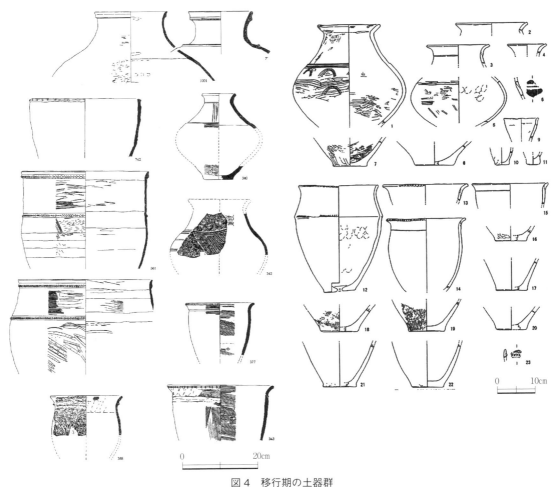

図4　移行期の土器群
左：水走遺跡（(財)東大阪市文化財協会1998）　右：讃良郡条里遺跡（(財)大阪府文化財センター2011）

第1節　初期農耕集落の定着と複雑化 —研究状況の整理と展望と雲宮遺跡—

　こういった弥生安定集落確立過程と、水田形成・経営の関係はどのようなものだろうか。大阪平野や奈良盆地などでは、多くの水田遺構が確認され、この時期に形成される水田プランのあり方が認識できるようになってきている。現在確認できる弥生前期の水田プランのパターンは、大きく分けて2種類ある。パッチワークタイプと面的展開タイプである。

　パッチワークタイプは、図5の瓜生堂遺跡の様相2期の例のように、居住域に近接した地点の水田適地の泥質地点に小畦畔による小規模な水田面を形成するパターンである。これは、大規模で組織的な取水施設をもたず、排水機能をもつ水路を付帯させて小領域のみで水田を構築するパターンである。また、池島・福万寺遺跡の様相2期では、こういったパッチワークタイプ水田が点在する状態で形成されている。個々の水田畦畔群の間を結ぶ広域の取排水システムはみられない。ここでは、近接地には居住域は確認できない。つまりパッチワークタイプ水田には、居住地に付帯するもの（パッチワークAタイプ）と居住域からやや離れた広い低湿地面に点在型で形成されるもの（パッチワークBタイプ）が認められる。Bタイプは、離れた地点の集団による経営および、水田群が複数の離れた集団によって共同経営されている可能性も考慮できる。いわば共業型である。

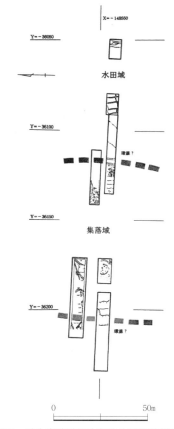

図5　瓜生堂遺跡北東部弥生前期遺構配置
（㈶大阪府文化財センター 2004 より転載）

　弥生前期に近畿地方で認められる水田の多くはこのパッチワークA・Bタイプであるが、様相の異なる水田遺構が検出されている。たとえば、御所市中西遺跡や高槻市安満遺跡の広大で単純な緩斜面地形を利用した短冊形小水田区画による大規模経営水田（ここでは面的展開タイプ）がステージ2・3に確認できることになる。

　奈良県御所市の中西遺跡でに、東西方向の流路の両側に起伏の少ない緩斜面が展開し、そこに流路に平行した幹線畦畔を基軸とした短冊形区画を広く配置した水田が広域に形成されていた（岡田編2017、図6参照）。流路は水田面からの排水をうける機能を持っている。つまり、広域の単純緩斜面地地形を利用して広域水田面を形成していることになる。これは取水システムの工夫というより排水を広域で実現できる水田地形成により実現している面的展開タイプといえよう。出土土器からはその埋没時期は弥生前期末（様相3期の最末期）と考えられる。どのくらいの時期こういった広域水田が形成されたかは不明であるが、様相3期には地形を利用した大規模経営への志向はあったことになる。また、大阪平野でも安満遺跡において同様の面的展開タイプの水田がやはり様相

243

第Ⅳ章　初期農耕集落の発達と複雑化をめぐるモデル論の展開

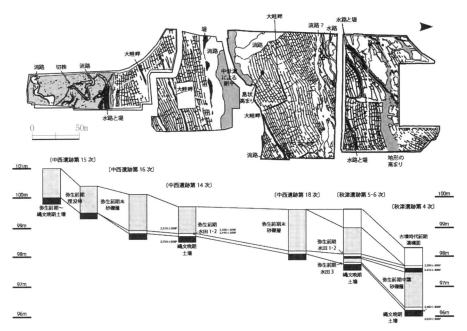

図6　前期後半の大規模水田（中西遺跡、奈良県立橿原考古学研究所・京都大学大学院農学研究科 2013 より転載）

3期埋没として確認されている。

　この種の水田の形成時期の下限は、中西遺跡で水田埋没期の木質遺物の酸素同位体比年輪年代がBC379 とされたことから、BC4 世紀以前を想定しなければならない。土器型式で言えば様相3の段階に埋没する水田が様相2にさかのぼって形成されたか否かがポイントとなるが、上限年代は未確認である。ただ、1ha を超える規模の水田面展開は、小規模な単一の基礎集団レベルを超える経営の存在を示唆している。池島・福万寺遺跡でも、様相3段階では水田区画群をつなぐ水路が設定されており、協業への志向が確認できる。

　水田と集落の立地からいえば、①三角州堆積地域での移動型パッチワーク状水田経営と水田に付帯する小規模集落→②移動型パッチワークの水田耕作＋単純地形ゾーンでの大規模水田と複数集団協業の出現、という変化が弥生前期に進行したことになる。①は様相1期の状況、②の下限は様相3期であるが、様相2期から始まる可能性がある。また、②は地形条件に恵まれた地点にのみおこる。個別経営と協業経営の2つのベクトルを課題とする初期農耕社会が様相3期には出現するが、それは地形条件によって異なり、必ずしもすべての平野部でこの複雑な経営形態が成立したと確定することはできない。こういった、地形環境による中小地域社会構造の差異は弥生中期にも継続・拡大していくことになり、基礎集団規模集落のみが展開する地域と、複合型集落展開地域との差異となってあらわれる（若林 2008）。

3 京都盆地の前期遺跡と移行パターン

このように大阪平野においては、弥生前期における集落形成変遷やパターン、それらと水田経営の相関の具体像が理解できる状態となっている。京都盆地やそこにおける雲宮遺跡のあり方を、このモデルを利用して理解するとどのようになるだろうか。

京都盆地における前期様相1期の遺跡は多くはない。一つは、下鳥羽遺跡である。前期様相1期の土器が複数の遺構から出土しており、突帯文の属性を含む遠賀川系甕の存在から、前者が消滅して土器様式上の融合が明確に見える土器相が注目される。桂川・鴨川の合流地点の北接する位置にあり、典型的な三角州堆積領域に位置する集落である。下鳥羽遺跡においては様相2-3期の弥生前期土器出土遺構は明確でないが、その東側約1kmに位置する鶏冠井遺跡・雲宮遺跡では様相2-3期とそれ以後の集落が安定的に展開する（図7）。鶏冠井遺跡・雲宮遺跡は扇状地・低位段丘末端から三角州堆積上部に位置し、低湿地を眼前に望む立地である。この動きは、河内湖汀線に位置した若江北遺跡などから、山賀遺跡へと集落立地点の中心が移動する状況に酷似している。

また、このような典型的低湿地に系譜を持つ集落動態だけではない。もう一つの様相1期遺

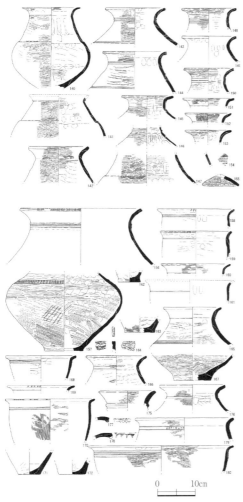

図7　雲宮遺跡の前期土器
（古代学協会2013より転載）

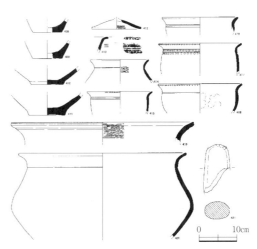

図8　京都盆地における様相1期新相の
　　　土器群・烏丸御池遺跡
（(公財)京都市埋蔵文化財研究所2013）

245

跡であり扇状地下部に位置する烏丸御池遺跡では、近接する三条高倉地点で長原式突帯文土器が出土し、その北西300mに様相1期の土器が複数の遺構から出土している（図8）。また、この領域においては、様相2-3期に北1kmの内膳町遺跡、南西約1kmの烏丸綾小路遺跡において遺構形成がみられ、それらは中期に継続していく。突帯文〜様相1期に近距離で遺跡地点が移動し、様相2-3期に周囲1〜2kmにその後継続していく集落遺跡が形成される状態は、大阪平野における田井中遺跡や亀井遺跡の状況に酷似している。

　さらに、3つめの類型としてあげられるのが、扇状地・段丘下部に位置する突帯文〜弥生前期の遺跡群である。桂川右岸領域向日丘陵の西部の上里遺跡では長原式期の集落が検出され土器棺なども検出されている。そこでは様相2-3期の集落も形成されている。また、同様な動きは比叡山南西麓の北白川遺跡群・京大構内遺跡にもみとめられる。この地域では、縄文時代遺跡が中期以後断続的にみとめられているが、突帯文土器も出土している。弥生前期には京大構内吉田地区を中心に様相2-3期の遺構・遺物が検出され、比較的広い範囲に水田面も検出されている。この2つの遺跡群では、突帯文土器集落から様相2-3期の安定農耕集落への変化を確認することができる一方、間をつなぐ様相1期の遺跡形成が不明瞭である。この動きは、大阪平野における長原遺跡とその周辺の遺跡動態に酷似している。

　上記の京都盆地における突帯文期〜弥生前期の遺跡動態は、大阪平野における地形に基づいた動態分類がそのまま応用できそうである（図9）。三角州堆積地の下鳥羽遺跡に端を発し雲宮遺跡などに安定展開するデルタ末端型、安定沖積地である烏丸御池遺跡に端を発し烏丸綾小路遺跡などに安定展開していく安定低地型、段丘末端・扇状地下部地域である上里遺跡・北白川遺跡群をめぐる様相1期を欠く低位段丘・扇状地型。いずれも大阪平野と同じ類型ととらえられる。ここに、大阪平野だけでなく近畿地方もしくは列島規模での弥生遺跡群て定着過程の類型を設定できる可能性を読み取れよう。

　また、問題を本研究の焦点の一つでもある雲宮遺跡にもどして整理し

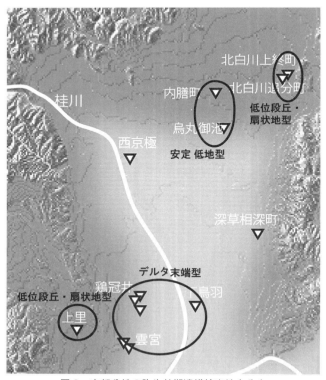

図9　京都盆地の弥生前期遺構検出地点分布

てみたい。当遺跡の立地は扇状地最末端から三角州堆積の境界ゾーンにあたる。本研究会での検討に基づけば、様相2-3段階の形成で、集落規模も小規模単独ではない。立地・時期・規模から考えると、②の複雑化過程にある遺跡・集落群と考えねばならない。すでに京都盆地では、下鳥羽遺跡や烏丸御池遺跡などで様相1新相の土器群が出土する小規模集落が確認できている。雲宮遺跡や桂川右岸の弥生前期遺跡は、②の拡大・複雑化期の遺跡群と考えられる。佐原が過去に示した弥生文化成立期のプロセスを示す遺跡（佐原1967）ではなく、複雑化・拡大化過程の集落遺跡と考えることが適当と思われる。また、京都盆地では、大阪平野や奈良盆地のような水田遺跡の検出例が京大構内以外には希薄である。そのため大阪平野でみたような遺跡動態と水田経営の相関が明確ではない。ただ、京大構内で検出されている水田プランは、単純な緩斜面を利用した短冊形水田区画が明確であり、おそらく様相2期以後は面的展開タイプが存在するようになっていたと想定したい。類推に類推を重ねることになるが、雲宮遺跡周辺の緩斜面でも面的展開タイプの水田が形成された可能性を指摘しておきたい。

4　初期農耕集落定着過程研究の課題

　このような大阪平野・京都盆地の弥生前期遺跡動態をもみると、小地域ごとの移行パターンの差と基本要素の整理が可能になりつつあることがわかる。デルタ末端型・安定低地型・低位段丘・扇状地型という三種の遺跡動態類型のあり方は、遠賀川系土器が確立する前の突帯文土器期のコア集落の位置とも相関している可能性が高い。上記三種の類型は突帯文土器のコア集落形成の弱い→強いの状況の反映にもみえる。ということは、単純に水田を作りやすい／作りにくいという自然条件だけでなく、その小地域に展開していた突帯文期の集団関係のあり方が、その後の弥生化の展開にも影響を与えていたと考えられよう。単純に「どの弥生（遠賀川式土器もつ）集落が最古か」とうプリミティブな視点ではなく、どういった変化の類型が想定可能かという方向性へと、議論の中心は移行しつつある。というより、そういうサブパラダイムへと我々の関心は移行せねばならない。

　この中で重要な視点として、水田化の容易な地形の存否は鍵となろう。また、そのことが様相1期に、突帯文土器主体集団と遠賀川土器主体集団の並立があるか、それがどのような集団関係を反映しているかという問題にもつながる。とくに、様相1でも古段階か新段階のいずれにその「本当の移行期」がみられるのかは問題である。大阪平野・京都盆地・奈良盆地といった20～50km圏ごとの弥生移行期の各平野単位で時期差がみられるのかどうかも問題である。大阪湾岸では確実に様相1期古相の土器群集落が存在する。しかし、京都盆地・奈良盆地では様子は異なり、現状では様相1期新相からしか確認できない。つまり近畿地方内での地域により弥生化開始期の時期差を想定しなければならなくなる。いわば、時間的には、2種の「突」「遠」併行期が存在することになる。しかも、土器付着炭化物のAMS分析によるとその時間差は小さくはない。ここに、平野ごとの移行時期のずれつまり年代論的探究の必要性が高まる状況を確認できる。

　しかし、一方では上記のように移行パターンの類型化は地形を参照としながら進めうる状況と

第Ⅳ章 初期農耕集落の発達と複雑化をめぐるモデル論の展開

なってきた。現状では北部九州を除いては、大阪湾沿岸域でしかこのような議論に貢献できる情報はなかったわけであるが、京都盆地もそういった素材の提供可能な地域となってきた。こういった比較検証を経てはじめて、本当の意味で弥生化を議論することができる。問題の焦点は、各地でいつ弥生化が始まったかではなく、弥生化の質の議論であろう。本稿がそういった問題整理への一助になれば幸いである。

引用・参考文献

秋山浩三 1999「近畿における弥生化の具体相」『論争吉備』考古学研究所　pp.189-222
㈶大阪府文化財調査研究センター 1996『巨摩・若江北遺跡発掘調査報告書―第5次―』
(公財)大阪府文化財センター 2011『讃良郡条里遺跡Ⅹ』
岡田憲一 編 2017『中西遺跡Ⅰ』奈良県立橿原考古学研究所
(公財)京都市埋蔵文化財研究所 2013『平安京左京四条三坊八町跡・烏丸御池遺跡』
(公財)古代学協会 2013『雲宮遺跡・長岡京左京六条二坊跡発掘調査報告書』
佐原 眞 1967「山城における弥生式文化の成立―畿内第1様式の細別と雲の宮遺跡出土土器の占める位置」『史林』50―5　史学研究会　pp.103-127
田畑直彦 1997「畿内第Ⅰ様式古・中段階の再検討」『立命館大学考古学論集1』立命館大学考古学論文集刊行会　pp.79-99
土器持寄り会 編 2000『突帯文と遠賀川』
中西靖人 1984「前期弥生ムラの二つのタイプ」『縄文から弥生へ』帝塚山考古学研究所　pp.120-126
奈良県立橿原考古学研究所・京都大学大学院農学研究科 2013『報道発表資料　農学と考古学のコラボ　弥生前期水田管理の実態解明―イナ作を始めた人々の試行錯誤―』
㈶東大阪市文化財協会 1998『水走・鬼虎川遺跡発掘調査報告書』
藤尾慎一郎 2013『弥生文化像の新構築』吉川弘文館
藤尾慎一郎 2014「西日本の弥生稲作開始年代」『国立歴史民俗博物館研究報告』183　pp.113-143
森岡秀人 1993「初期稲作志向モデル論序説」『関西大学考古学研究室開設四拾周年記念　考古学論叢』
若林邦彦 2002「河内湖沿岸における初期弥生集落の変遷モデル」『環瀬戸内海の考古学』古代吉備研究会　pp.225-239
若林邦彦 2008「集落と集団2―近畿―」『弥生時代の考古学8　集落からよむ弥生社会』同成社　pp.36-57
若林邦彦 2015「Ⅵ　各地の弥生土器及び並行期土器群の研究4 近畿」『考古調査ハンドブック12　弥生土器』ニューサイエンス社　pp.209-268

第2節

近畿地方における初期農耕集落の規模と立地

桑原久男

1　日本列島の初期農耕集落

　初期農耕社会とは、世界的にみると、更新世末期の環境変動に適応して農耕が開始された新石器時代の集落を指す。チャイルド的な理解によれば、新石器時代といえば、構成要素としてイメージされるのは、定住生活、土器と弓矢の使用などであり、人類が冶金の技術を獲得した青銅器時代になると、農村に加えて、都市が成立し、文字の使用なども加わって、社会の複雑化がいっそう進展してゆく。
　日本列島では、'1万年続いた'とも形容される縄文時代に、かつて西田正規が「定住革命」と称して、農耕・牧畜の開始ではなく、定住生活の開始を人類史の画期として重視したように（西田1986）、定住集落、土器と弓矢の使用など、世界各地の新石器時代と共通する要素が普遍化している。しかし、縄文時代に関しては、狩猟採集を基本とした網羅的な生業活動の一環として、植物の高度な管理や限定的な植物栽培が指摘されているものの、縄文時代の集落を農耕集落と呼ぶことには問題がある。
　一方、弥生時代は灌漑式水田稲作を基盤とする生活が開始されるとともに、青銅器と鉄器の使用が始まる時代とされてきた。ところが近年、AMS年代あるいは年輪セルロース酸素同位体比法に基づく年代研究の進展に伴って、弥生中期と前期の時間幅が広がるとともに、弥生前期には青銅器や鉄器の使用を示す積極的な材料が見られず、稲作の開始と金属器の導入には大きなタイムラグがあることがわかってきた。弥生時代前期については、農耕＝水田稲作の開始は明瞭であり、定住生活を示す集落、農耕に必要な各種の用具（土器、石包丁、木製農具など）が伴うが、金属器の使用はまだ開始されていない。つまり、三時期法、あるいはチャイルド的な理解で言えば、まさに新石器時代の様相を示しているのであり、森岡秀人の表現に従えば、新石器弥生時代、非金属の弥生社会だということになる。
　これに対して、弥生時代中期には、青銅器の利用が始まり、鉄器の使用も徐々に進展してゆくが、文字の使用の証拠はなく、都市の存在についても否定的な意見が多い。刃物の材質に基づいた三時期法では、弥生時代中期は、青銅器時代を飛び越えて、初期鉄器時代とさえ言えようが、チャイルド的な文化要素を加味した時代区分に照らすと、青銅器時代の基本要素である都市や文字などが備わっていない。
　このように考えると、日本列島における初期農耕社会といった場合、ぴったりあてはまるのが弥生時代前期の集落なのである。そこで、小論では、近畿地方の弥生時代前期の集落について、規模と立地に焦点をあてて若干の検討を行い、どのような特徴が見られるのか、また、縄文晩期の集落、

弥生中期の集落とどのような違いがあるのか、その歴史的な位置について考えてみよう。

2　近畿地方の弥生前期集落

　今般の共同研究の契機となった長岡京市雲宮遺跡は、山城盆地の南西部、乙訓地域に所在し、その出土資料が弥生時代前期の土器を細分する基準となったことで知られる学史的に著名な遺跡である。同時にまた、その後の発掘調査で環濠などの遺構が確認され、集落の主要部の様相が明らかになったことで、近畿地方の弥生時代前期を代表する集落遺跡のひとつになっている。発掘調査報告書を作成した桐山秀穂によると、集落を囲む2～3重の環濠が弥生時代前期中段階（雲宮Ⅱ期）に掘削される。環濠は、幅が約3m、深さが約3mあり、東西120m、南北約100mの東西に長い楕円状を呈している。環濠の内側は、前期から中期初頭の土器を多量に含む黒色土が約30㎝の厚さで堆積し、炉跡2基のほか、多数の土坑・柱穴が確認されている（桐山編2013：65）。

　近畿地方の弥生前期集落の様相を整理した豆谷和之は、その代表的な遺跡として、雲宮遺跡を含め、寝屋川市讃良郡条里遺跡、神戸市大開遺跡、八尾市田井中遺跡、松原市池内遺跡、橿原市四条シナノ遺跡、橿原市川西根成柿遺跡、御坊市堅田遺跡の8遺跡をあげている（豆谷2011）。豆谷によると、典型的な弥生時代前期の遺跡は、居住域における明確な遺構の有無という点で、縄文晩期末の遺跡とは歴然とした違いがある。すなわち、典型的な弥生前期遺跡は、環濠や土坑などの遺構を備え、遺物包含層の広がりと遺構分布が対応し、環濠を有するならばそれが境界となり、その外側には遺物包含層を形成することのない生産域や墓域が配置される。これに対して、縄文時代晩期末の遺跡は、不明瞭な遺構が多く、遺物包含層分布範囲（居住域か？）に墓域を形成する。ただし、寝屋川市讃良郡条里遺跡、東大阪市若江北遺跡のように、近畿地方の最古の弥生集落は環濠を伴っていなかった可能性が高く、また、縄文晩期末と同様に、遺物包含層のみの弥生前期の小規模遺跡も少なからず存在する。

　一方、森岡秀人は、近畿地方の弥生集落を概論しながら、弥生前期について二段階の変化過程を提示する（森岡2011）。第一段階（前期前葉）＝「無環濠着床期」は、本山、若江北、讃良郡条里など、折衷要素を多分に備えた甕形土器の出土が特徴となり、環濠を持たず、短期間で居住が終わる。森岡は、これらの遺跡について、最初期に近畿に定着を果たした遠賀川集団が営んだ遺跡と位置づける。第二段階（前期中葉～後葉）＝「単純環濠点在期」は、雲宮を始め、大開、東奈良、安満、田井中、四条シナノ、川西根成柿、堅田など、数多くの事例があり、環濠を掘り、居住域を画することに特徴がある。こうした遺跡は、海浜近くでは2～7mの低所に立地することが多く、環濠の平面形は楕円形が一般的で、規模は長軸長70～150mに収まり、極端な肥大化が認められず、中心－周辺関係の形成は不活発であるという。

　森岡によれば、近畿地方では、その後、第三段階＝「肥大環濠成立期」として、前期末に複数集団の緊密な関係が成立し、中期へと続く段階で、一部優位となった集団が母体となって肥大環濠集落の形成に至る。従来、「継続型の遺跡」、「拠点的集落」と呼ばれた池上曽根、四ツ池、唐古・鍵、加茂などの遺跡が該当し、中期前半～中頃で環濠の形成が進む。これらの集落では、多重化し、「環

濠帯」を形成する遺跡も多く、その規模は長径300～450m、面積10～30haにも達する。

　重要なのは、弥生中期の大規模集落が、弥生前期集落と多くの共通点や連続性を有し、その発展形態と評価できることである。やはり両者を総合して検討を行う視点が求められる。

3　弥生前期集落の小規模性

　近畿地方の弥生前期における「単純環濠点在期」の典型的な集落は、森岡によれば、環濠を有し、長軸長70～150mと、その規模が小さなことが特徴となっている。一般に、面積の少ない小規模集落というものは、時期を問わず、ひとたび面的な発掘がなされれば集落構造の全体像を把握することができるため、たとえば、岡山県津山市沼遺跡のような小規模集落の事例が、弥生時代の集団論を論じるうえで大きな役割を果たしてきた。近畿地方の弥生前期集落の場合も、その小規模性、限定的な時期幅の両面から、大開遺跡のように、面的な調査を通した集落構造の全容把握が可能な事例が存在する。

　逆に、森岡のいう「肥大環濠成立期」以降の大規模な集落は面積が広く、部分的な発掘調査による断片的な情報で集落構造の全容を把握するのが困難であり、小規模集落のありように基づいて、その集合体として認識されてきた学史的経緯がある。ここでは詳述を行わないが、集落の大小＝集団の大小として、小規模集落（小集団）と大規模集落（大集団）の有機的な関係や離合集散を想定する弥生集落論、集団論の潮流を脈々と形成してきたのである。そうした諸研究においては、地域の弥生集落の関係を、小規模集落と大規模集落という大きな二区分で考えてモデル化することが特徴になっている。

　これに対して、筆者は、小規模集落と大規模集落の双方を分断することなく、両者を一体的に扱って、集落面積に基づいて弥生時代の環濠集落の階層性を明らかにしようと試みた森井貞雄の先駆的な研究を高く評価している（森井2001、桑原2012）。改めて説明を加えると、森井の研究は弥生時代の環濠集落を対象としたもので、近畿地方の各地域の環濠集落116ヵ所のうち、環濠が全掘、ないし範囲が充分推定できる57例について、環濠部分を除いた居住空間の面積をデジタルプラニメータで計測し、面積の大きさに基づいて五つのランクに区分を試み、想定される人口の参考値を提示したものである。

　森井のデータ（図1-2）では、規模が最も小さな第一ランク（0.1～2.0ha）が23例、第二ランク（2.0～4.0ha）が12例、第三ランク（4.0～8.0ha）が10例、第四ランク（8.0～16.0ha）が9例、第五ランク（16.0～32.0ha）が3例というように、森井自身が指摘するとおり、「小規模な第一ランクほど多く、大規模化するに従って数が少なくなる」という傾向が見られる。また、それを筆者がグラフ化した図（図1-3）を見ると、一見、ウルク期の集落など、世界の諸地域で試行されているセトルメントヒエラルキーと同様であるように感じられる。しかし、このデータは弥生前期から後期までの異なる地域の環濠集落すべてを含んだものであり、本来、セトルメントシステムの構築に当たっては、難しい作業になるが、より範囲を限定した同一地域内における時期的な変化を見る必要がある（桑原2012）。とはいえ、近畿地方の環濠集落全体を概観した森井の先駆的な研究は、集落の規模と変遷を理解するうえで、なお有用であると思われるので、ここでは、森井が作成した図に新しいデータを加えて改変したものを示しておきたい（図1-4）。

第Ⅳ章　初期農耕集落の発達と複雑化をめぐるモデル論の展開

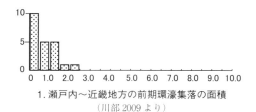

1. 瀬戸内～近畿地方の前期環濠集落の面積
（川部 2009 より）

	面積	想定人口	事例数
第1ランク	0.1～2.0ha[(4)]	10～100人	23例
第2ランク	2.0～4.0ha	100～200人	12例
第3ランク	4.0～8.0ha	200～400人	10例
第4ランク	8.0～16.0ha	400～800人	9例
第5ランク	16.0～32.0ha	800～1600人	3例

2. 近畿地方における環濠集落の面積ランク
（森井 2001）

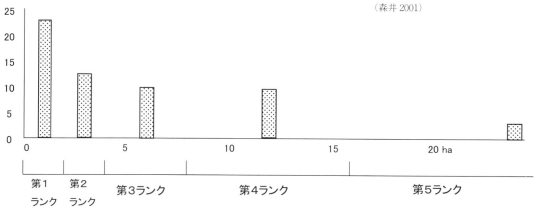

3. 近畿地方における環濠集落の面積ランク別遺跡数　（森井 2001 を元に作成）

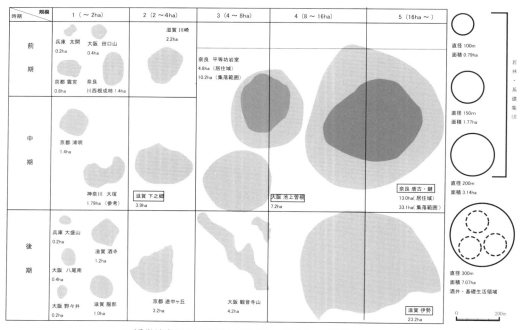

4. 近畿地方における環濠集落のヒエラルキー　（森井 2001 を改変）

図1　弥生集落の規模とヒエラルキー

環濠集落の規模と分布に関する時期的な変化に関しては、森井が次のような分析を加えている。第一段階（弥生前期前半）の環濠集落は、確実なものは大阪湾北岸、河内平野に限られ、大開、田井中の両遺跡は、ともに規模は第一ランクとなっている。第二段階（弥生前期中頃～後半）になると、環濠集落は、河内平野のほか、奈良盆地、近江盆地、紀伊水道沿岸、日本海側、伊勢湾岸など、近畿各地に散見されるようになる。規模は第一ランクに加え、第二ランクのものが出現する。この時期に出現する第二ランクの遺跡としては滋賀県の川崎遺跡のほか、唐古・鍵遺跡（6.5ha）、池上曽根遺跡（3.0ha）が示されている。

　ところで森岡は、「単純環濠点在期」の集落遺跡は「前期単純」で、中期へと残存定着して拡大することはなく、その後の小単位地域への居住の定着と発展の核にならないと述べている（森岡2011）。これに対して森井の研究は、唐古・鍵、池上曽根のように、弥生前期の集落が弥生中期へと継続し、大規模化する遺跡については、前期段階からすでに相対的に規模が大きかった可能性を示唆する点でも重要である。こうした遺跡においては、弥生前期の様相を捉えるため、重複する遺構の検討作業が必要であるが、近年、大木要が精力的な検討を進めている太田黒田を除けば、基礎的な作業が必ずしも十分には行われていない問題があり、今後のさらなる検討が求められる（大木2013）。

　弥生中期に継続しない「前期単純」の環濠集落については、川部浩司が西部瀬戸内～近畿地方の23遺跡について検討を行い、環濠の規模について長軸と短軸の数値を示している（川部2009）。規模の数値は環濠を含めたものであるが、同時期の集落規模を概観するには有用なデータであろう。そのデータを利用して面積の概算を行い、結果をグラフ化した図を見ると（図1-1）、高知県の田村遺跡のみ2.5haと、森井の第二ランクに含まれるが、その他の22遺跡の面積はすべて第一ランク（0.1～2.0ha）の範囲内に収まっていて、弥生前期の環濠集落の規模の小ささを改めて確認することができる。

　実際、経験的に考えても、少なくとも近畿地方においては、森井の第三ランク、第四ランクに及ぶ広大な面積をもつ弥生前期の集落遺跡をイメージすることはできず、近畿地方の初期農耕集落、つまり、弥生時代前期の集落は、規模が小さいことが特徴の一つになっているのである。逆に、森井の示した第一ランクの環濠集落23例の内訳を見ると、野々井、張江川北、服部、東山、表山など、後期以降の諸例を除くと、多くが弥生前期に集中し、弥生中期に関しては、第一ランクの小規模環濠集落がほぼ欠落していることが理解される。弥生時代の環濠集落全般について言えば、前期は小規模なものばかりだったのが、中期になると、環濠集落全体が肥大化し、小規模な集落は環濠を備えていないと見られるのである。もしかすると、肥大化した環濠集落が発達する地域においては、若林モデルが想定するように（若林2002）、小規模集落が大規模集落＝「複合型集落」に吸引されて集住が進み、独立した形の小規模集落が見えにくい状況が生まれているのだろうか。弥生中期の小規模集落については、各地におけるさらなる実態解明が望まれる。

4　弥生前期集落の分布と立地

　近畿地方の初期農耕集落＝弥生前期集落を考える場合、中期集落との連続的な理解が重要であると

第Ⅳ章　初期農耕集落の発達と複雑化をめぐるモデル論の展開

同時に、前段となる縄文晩期の集落動態との比較検討も欠かせない。この点、弥生時代最初期の小規模な環濠集落は縄文集落の延長上にあるという理解もあれば（矢野 2001・2016）、一定の文化的連続性を認めつつも、縄文晩期末の遺跡と弥生前期の遺跡に歴然とした違いを認める意見もある（豆谷 2011）。

　縄文から弥生への移行をめぐっては、いずれの地域においても、人間集団と生業、さらには人口移動や社会組織に関わる多様な問題が論点として含まれ、厄介なのであるが、近畿地方の様相を把握するうえで最も重要なのは、遺跡の調査事例が数多く、研究も厚く蓄積されている河内潟沿岸地域であろう。とくに、突帯文系土器と遠賀川系土器の関係をめぐっては多くの議論があり、文化伝播、人間集団の移動を主軸とした考え方（小林 1938）に始まって、文化接触、文化変容に関わる様々な理解やモデル（中西 1984・1992、泉 1986、森岡 1993、若林 2002、秋山 2007 など）が示されてきた。

　この地域に関しては、遺構・遺物の実態に基づいて各遺跡の時期的動向を整理した三好孝一の基礎的研究があり（三好 1992）、かつて筆者はそのデータに基づいて、縄文晩期から弥生中期初頭の遺跡動態を立地と関連付けながら考えた（桑原 1993）。その頃は、河内平野の縄文・弥生移行期について、突帯文集団と遠賀川集団が、相当期間にわたって「すみ分け」をしていたという中西モデル（中西 1984・1992）が一定の影響力をもっていた（図 2-1）。これに対して、泉拓良が、晩期末の突帯文土器と遠賀川式土器の共存期間を短く捉える見解を唱えていた（泉 1986）。当時、三好の研究に基づいて筆者が作成した図（図 2-2〜4）では、遺構・遺物が確認された遺跡を●、遺物が確認されている遺跡を○で示し、縄文・弥生移行期の遺跡分布の変化を表している。図 2 では、田井中、讃良郡条里など、その後に明らかになった遺跡を加えているが、当時の認識を大きく変更する必要はないと考えている。

　つまり、縄文晩期後半段階については、弥生前期初頭の土器を伴う遺跡が見られるが、そうした遺跡の多くは、扇状地や台地縁辺部に集中する。これに対して、弥生前期前半（中段階、若林の様相 1〜2）の遺跡は、●が平野部にも数多く見られるようになり、さらに、弥生前期後半〜後期初頭になると、平野への遺跡の進出がよりいっそう進展する状況が一目瞭然なのである。こうした集落動態は、中西モデルではなく、泉の見解を支持するものであり、「突帯文集団」と「遠賀川集団」の共存期間はかなり短く、両者の連続的な変化を示している。縄文晩期後半における台地部縁辺や扇状地の●集落は、森岡モデルの D 型積極型集落、低地部の○は E 型進出型集落ということになろうか（森岡 1993）。ちなみに、近畿最古の弥生集落とされる讃良郡条里遺跡は、刻み目段甕を含む初期遠賀川式土器がまとまって出土した 124 土坑では突帯文土器が小片一点伴っているのみであり、森岡の Y 型弥生集落の様相を示している。ところが、一段階後の 267・266 溝では、遠賀川式土器と突帯文土器が相半ばして出土し、森岡の D 型積極的集落と Y 型弥生集落が交錯する状況を示していると言えようか。

　2002 年、若林邦彦は、筆者が利用したのと同じ三好のデータに基づいて、八尾・東大阪市・大阪市域の遺跡数について、縄文晩期後半から弥生前期後半にかけては、低地の遺跡数は変化せず、扇状地の遺跡数のみが減ってゆくとして、扇状地における生業活動の減少と、より低湿な沖積地領域での生業（水稲耕作？）への傾斜と定住化が縄文／弥生変成期における特質だと論じた（若林 2002）。縄文晩期後半の遺跡について明確な遺構を残すものがわずかで、とくに平野中央部の遺跡では包含層

第2節　近畿地方における初期農耕集落の規模と立地

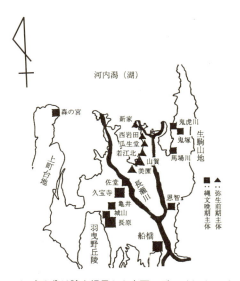

1　1. すみ分け論を提示した中西モデル（中西 1984）

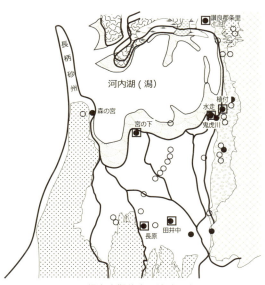

2. 縄文晩期後半の遺跡分布

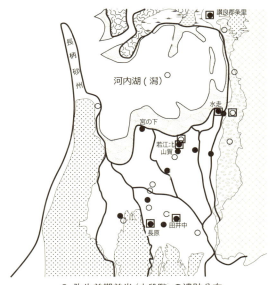

3. 弥生前期前半（中段階）の遺跡分布

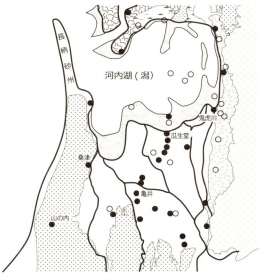

4. 弥生前期後半（Ⅰ新〜Ⅱ）の遺跡分布

凡例：
2〜4の地図は、梶山・市原1985をもとに合成した。遺跡分布は三好1992を基礎に補足を加えた。
●は遺構・遺物が確認されている遺跡、○は遺物が確認されている遺跡を示す。
2の□は弥生前期土器（遠賀川式土器）が伴う遺跡、3の□は前期初頭の土器が出土した遺跡を示す。

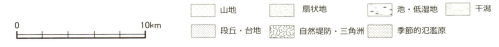

図2　河内平野における縄文・弥生移行期の遺跡分布

255

のみの確認例が大多数であることについては、筆者と同様に、若林も注意をおこなっている。若林は、平野部の遺跡の遺構形成が薄弱な根拠は、一時的な居留によるためで、一定の拠点性をもった領域をもちながらも、移動性の高い居住パターンが主流だったと考えた。若林はまた、平野部における弥生前期の遺跡についても、若江北、山賀、美園などの諸例の分析から、可耕適地を求めて、あるいは地形変化に応じて、小刻みな移動を繰り返す遺跡動態のパターンを抽出し、モデル化を試みている。

ちなみに、縄文晩期から弥生前期にかけての居住空間の小刻みな移動については、田井中遺跡でもその様相が捉えられ、秋山浩三も若林モデルの追認を行っている（秋山2007）。地域は異なるが、京都府上里遺跡、岡山県沢田遺跡などにおいても明瞭に確認されている（團2012）。こうした遺跡動態を考えるうえで参考になるのは、矢野健一が提唱した「定着性」の概念を弥生集落にも適用し、縄文・弥生の集落を地域の中で長期的に検討する島根県の研究事例である（幡中2013）。縄文集落の「定着性」というのは、10〜20kmの広がりの中で、「遺跡集中範囲」が長期間持続する区域（2〜3土器型式）が偏在し、その中で居住地の小刻みな移動が見られることを言う（高松・矢野1997、矢野2016）。土地に定着するために、一集落が数棟の住居から構成される小規模性を維持し、各集落には貯蔵穴が設けられ、墓地もあった。矢野の理解に従えば、後期の集落数増加→移動の制限が高まる→定着性の強化（墓の増加）→資源の有効活用という流れのなかで、縄文晩期後半における低地部への遺跡の進出があり、さらに、遠賀川式土器を伴う初期の弥生集落が成立するに至るのである。居住域が狭い範囲で移動をくり返すという弥生前期集落についての若林の理解も、縄文から継続していた「遺跡集中範囲」の変化として捉えられる。

そこで、比較の対象として、奈良県についても、不完全ではあるが、縄文後期から、弥生中期の遺跡分布の変化を地図に表してみた（図3）。縄文後期と晩期の遺跡分布は、松田真一の集成に基づき（松田2017）、弥生時代については、かつて筆者も加わって作成した遺跡集成データに依拠しながら、追加を加えたものである（大和弥生文化の会1995）。弥生前期、弥生中期については、河内地域の場合と同じく、遺構の有無で、●と○の区別を行っている。奈良盆地南部の天理・田原本・桜井・橿原市域の遺跡数は、縄文晩期35、弥生前期（Ⅰ）33、弥生中期前半（Ⅱ）18、弥生中期後半（Ⅲ−Ⅳ）47という数字になる。この図を見ると、奈良盆地の場合においても、河内潟沿岸の場合と同様に、縄文後期にすでに平野部への遺跡進出の傾向が見られ、晩期にはそれがさらに進展し、弥生前期には遺跡がもっぱら盆地の低地部に集中し、中期になると集落が大規模化する状況が明らかである。

最後に、京都盆地については、矢野によれば、縄文中期末から晩期後半に至る長期的活動拠点となる「遺跡集中範囲」は、北東部にひとつ、南西部にひとつ偏在する。土器型式レベルでは両者の遺跡数は変動が激しく、雲宮遺跡を含む南西部の「遺跡集中範囲」では、滋賀里Ⅲb式では遺跡数が北東部を卓越するが、滋賀里Ⅳ式期には拮抗し、船橋式になると逆に北東部の遺跡数が南西部をはるかに上回るという。ところが、長原式期になると、再び両者が拮抗する（矢野2001・2016）。南西部では、縄文晩期になると、丘陵・段丘部から低地へと活動域を移動させる傾向になり、低位段丘上（標高40〜50m）の上里遺跡は、縄文晩期〜弥生前期へと居住区の小刻みな移動が確認され、緩扇状地の

第 2 節　近畿地方における初期農耕集落の規模と立地

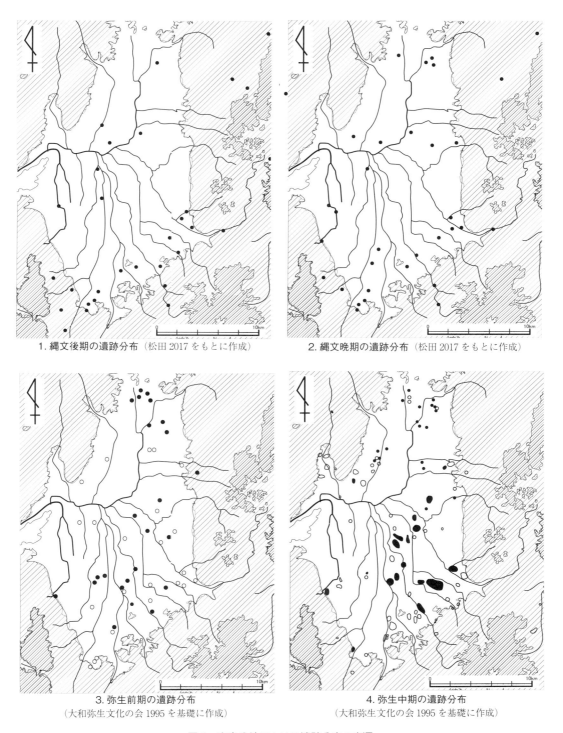

1. 縄文後期の遺跡分布（松田 2017 をもとに作成）

2. 縄文晩期の遺跡分布（松田 2017 をもとに作成）

3. 弥生前期の遺跡分布
（大和弥生文化の会 1995 を基礎に作成）

4. 弥生中期の遺跡分布
（大和弥生文化の会 1995 を基礎に作成）

図 3　奈良盆地における遺跡分布の変遷

第Ⅳ章　初期農耕集落の発達と複雑化をめぐるモデル論の展開

低地部（標高 11〜14m）にある雲宮遺跡は、豆谷が述べるような弥生前期の典型的集落の様相を呈している（福家 2017）。上里遺跡や雲宮遺跡の動向も、長期的な流れの中で考える必要がある。

引用・参考文献
秋山浩三 2007「弥生化の具体相」『弥生大形農耕集落の研究』青木書店　pp.72 - 111
泉　拓良 1986「縄文と弥生の間に―稲作の起源と時代の画期」『歴史手帖』14―4　名著出版
大木　要 2013「大田・黒田遺跡における弥生集落成立期の様相について」『紀伊考古学研究』16　紀伊考古学研究会
川部浩司 2009「弥生時代前期環濠集落の特質」『大和弥生文化の特質』学生社　pp.243 - 261
桐山秀穂 編 2013『雲宮遺跡・長岡京左京六条二坊跡発掘調査報告書』古代学協会研究報告第 10 輯
桑原久男 1993「河内平野における農耕集落の形成」『東アジアにおける環境と文明―考古学からのアプローチ―』科研重点領域研究シンポジウム報告書　pp.58 - 70
桑原久男 2012「近畿における弥生セトルメントシステム再構築は可能か―酒井モデルの批判的検討―」『弥生時代集落の実像と動態を探る―モデル論を超えて―』近畿弥生の会企画シンポジウム発表要旨集　pp.1 - 12
小林行雄 1938「弥生式文化」『日本文化史大系』1　誠文堂新光社
高松龍暉・矢野健一 1997「縄文集落の定住性と定着性―兵庫県養父郡八木川上・中中域における事例研究―」『考古学研究』44―3　考古学研究会　pp.82 - 101
團　奈歩 2012「弥生時代前期の環濠集落―岡山県岡山市百間川沢田遺跡」『季刊考古学』121　雄山閣 pp.91 - 94
中西靖人 1984「前期弥生ムラの二つのタイプ」『縄文から弥生へ』帝塚山考古学研究所
中西靖人 1992「農耕文化の定着」『新版古代の日本 5 近畿 1』角川書店
西田正規 1986『定住革命　遊動と定住の人類史』新曜社
幡中光輔 2013「縄文・弥生移行期の遺跡群動態」『農耕社会成立期の山陰地方』第 41 回山陰考古学研究集会　pp.21 - 32
福家　恭 2017「乙訓地域における縄文〜弥生時代の集落―雲宮遺跡と上里遺跡の動態から―」『弥生文化出現前後の集落について』第 24 回京都府埋蔵文化財研究会発表資料集　pp.7 - 16
松田真一 2017『奈良県の縄文遺跡』青垣双書 2　青垣出版
豆谷和之 2011「縄文／弥生移行期の近畿社会」『縄文／弥生移行期の社会論』pp.143 - 160（のち、豆谷和之さん追悼事業会 2015『魂の考古学―豆谷和之さん著作・追悼文編―』所収）
三好孝一 1992「歴史的環境」『河内平野遺跡群の動態Ⅴ』大阪文化財センター
森井貞雄 2001「近畿地方の環濠集落」『弥生時代の集落』学生社　pp.135 - 155
森岡秀人 1993「初期稲作志向モデル論序説」『考古学論叢』関西大学考古学研究室　pp.25 - 53
森岡秀人 2011「弥生文化の地域的様相と発展　近畿地域」甲元眞之・寺沢　薫 編『講座日本の考古学 5 弥生時代（上）』青木書店　pp.267 - 330
矢野健一 2001「西日本の縄文集落」『立命館考古学論集Ⅱ』
矢野健一 2016『土器編年にみる西日本の縄文社会』同成社
大和弥生文化の会 1995『大和の弥生遺跡　基礎資料Ⅰ』
若林邦彦 2002「河内湖沿岸における初期弥生集落の変遷モデル」『環瀬戸内海の考古学―平井勝氏追悼論文集―』上巻　古代吉備研究会　pp.225 - 239

コラム

地中海、西ヨーロッパから見た弥生時代と近畿弥生社会

ロラン・ネスプルス

はじめに

弥生時代とその社会は、ヨーロッパから見ると、大変刺激的な時代に映る。弥生社会の内実だけが興味深いのではなく、日本の考古学者による弥生研究の長い発展史自体も大変面白いと思う。まず、地中海やヨーロッパの新石器社会、つまり農耕社会の形成期(前7千年紀〜前2200年)の重要な側面があり、次に、社会の複合化に伴った青銅器時代(前2200年〜前800年)、鉄器時代(前800年〜前1世紀中葉)に見られる金属器化が認められる。したがって、一つのまとまり、区分をなす弥生時代には人類史にとって少なくとも二つの重要な発展過程が含まれている。さらに、長い間、弥生時代とは前2世紀〜3世紀からの500年ほどの短いスパンの時代とされ、いわゆる新石器化(農耕社会が形成される過程)と金属器化が、西ヨーロッパではほぼ5000年間かかったことに対して、すさまじい勢いでわずか500年間で日本列島を大幅に変えたというイメージがあった。1990年代後半、年輪年代測定法の導入によって、極めて短いとされてきた弥生時代の年代がやや長くなり、中期・後期の界線が古くなったが、前世紀からだとしていた新しい年代もまだまだ社会発展史としては短いことに変わりはなかった。

2000年初頭から北部九州での弥生早期の新しい年代測定(前10世紀後半)では、また弥生時代の始まりが一気に古くなり、西ヨーロッパの1000年間強の青銅器時代、また750年間弱の鉄器時代から考えて、「やっと」長さ的に「時代らしい」時代になったと思えてきた。筆者にとって、時代が短すぎるとか、長すぎるとかというのは問題ではなくて、通常、人間社会の発展には時間がかかり、新しく九州などに移住してきた渡来人にしても、非常に長い日本列島の様々な地域にすでに存在していた縄文社会の人々にしても、環境や暮らしを根本から変えるには時間が相応に必要だとする理性からくる強い違和感である。1000年間強であるものの、筆者には農耕化と農耕社会が地域的に形成・発展した弥生早期・前期・中期と、社会のいわゆる「複合化」が進み、社会的に突出度の高い人物または集団が現れた、首長制社会などの形成期、暴力の出現期、社会の鉄器化などで示される弥生中期後葉・後期といった、二つの違う意義を持った弥生時代が存在したように見える。その二つの弥生時代、そしてその中の近畿地方はフランスの考古学などから見てどう映るのだろうか。

1 特別な新石器化の弥生社会?
néolithisation

遠く離れた地域の様々な有史以前の社会形態を比較した場合、ただ年代を並べて新石器時代とか、鉄器時代とか名付けることにはあまり意味はないというのが筆者の基本的立場である。それぞれの社会の人類史上の意義をまず理解し

てから整理することによって、互いにクリアなイメージがやっとつかめるはずだと考える。弥生社会研究の一つの大きな、避けては通れない課題は、農耕社会の形成過程である。ヨーロッパ大陸では、そういった過程を「新石器化」と呼び（もはや「石器」が打製石器か磨製石器かは関係しない）、この半世紀にわたって出土した考古資料に基づいてその過程には様々なパターンが認められるようになった。早ければ、12,000年前に中近東での中石器社会が定住化し、栽培や家畜を始めたことも、遅ければ、北欧などでは前2千年紀の青銅器時代初頭に農業が定着したことも、また既存の中石器社会と新しく入ってきた農耕社会の相互的な作用で形成された新しい社会も、すべては「新石器化」という「課程分類」のコンテクストで考察されるようになった点が重要だ。フランスから来日した筆者も日本列島の農耕社会が形成された弥生早期・前期と、そうした農耕社会の地域的発展が認められる中期を「新石器化」としてごく自然に見受けるのが当然であった。

ヨーロッパでは長い間、農耕社会の成立過程を新しい文化—つまり新しい集団の移動—の「律動的」で（リズムがある）単線的な動きとして語ってきたのであるが、内陸と地中海全世界スケールでの調査が続き資料が蓄積されると、こうした伝播説は弱くなった。人間の移動は当然ながら大きな役割を果たしたのであるが、その人間と農業に伴う文化の伝播には様々な形態があることが分かってきた。考古学資料が増えれば増えるほど、人類史の諸過程は当然複雑に見えてきた。

日本列島の農耕化という動きは弥生早期、北九州で始まった。突帯文土器とその集落が新しく出現することはそのマーカーである。ただ、その時期の農耕文化だけで広範な列島を変えたのではなかった。後の弥生前期の遠賀川式土器の時期から始まった農耕社会はより直接東へ、近畿まで展開し、そこで新しい文化的な発信地となり、東日本と東北まで、遠賀川系土器などではその影響を及ぼし、ほぼ全国域での農耕社会の到来の共通のコンテクストとなった。実はヨーロッパでも、新石器化の動きにはいくつかの「層」が認められ、農耕化は根本として非律動的な動きであるため、農耕社会の形成や発展には様々なハプニングがあった。北のルート、ドナウ川にそって伝播していく前期新石器文化（線文土器文化・LBK文化）は、前6千年紀中葉から、中欧から現在のフランスの北半分までその文化的な要素（技術、墓制、住居の形態）を残したが、それに対して、前6千年紀初頭に地中海経由の南から来た新石器文化（貝殻押捺文土器のカーディアル cardial 文化）は点々と、南ヨーロッパ（南フランスも含めて）の新石器化の担い手となった。ただし、いずれの「伝播」も何回も停止・再開の繰り返しで、既存の集団との相互作用もあって、途中で特色ある社会を生み出してきた。前5千年紀から始まるフランス・ブルターニュ地方における前例のない巨石文化はその例の一つに見える。したがってヨーロッパの長い（最短でも1500年間続いた時期）新石器時代前期にしても、弥生時代早期・前期にしても、農耕社会の成立と各地方のその発展には唯一のモデルはなく、いくつかの段階、それぞれの地域においての特色が次第に現れ（弥生時代は中期、フランスの新石器時代は前期末から中期前半にかけて）、各地域では文化と機能の面で主体性が育つようになった。年代と農耕化

のペースはともかく、ヨーロッパと日本列島、いずれも農耕化の起源とされる地域から遠く離れているが、「新石器化」のパターンから見れば、共通点は少なくない。他方、相違点も見られる。

2　農耕社会到来と集落

　初期の農耕社会が安定してきた頃、地域色と共に大きな集落が形成される時期が到来する。ヨーロッパでは、事前調査体制が日本ほど整えられていない時期が長かったため、新石器時代の集落の様態が分からない地域がまだ多いのであるが、LBK 文化のロングハウス、また前7千年紀の段階以降、ギリシャから地中海系の集落がその形を変えながら南ヨーロッパ全域に伝わった。農耕定住集落が一般化してきたのは遅くても前 5200 年の頃である。それと比較して、日本列島西部の弥生中期からは農耕集団の暮らしはより密集した形を取るように見える。弥生前期から機能した北九州の吉野ヶ里遺跡もそうであるが、特に近畿地方で発展した、何千人もの住民が想定される大型拠点集落（例えば唐古・鍵遺跡）、その周りにある中型、1000 人を超えた集落（例えば池上曽根遺跡）、そしてさらにまたその周辺にある衛星集落や高地性集落跡では、地域内の資源、流通や生産の管理体制がうかがえる。フランスなどでは同様に、生産や資源の流通は地域をスケールに地域社会に仕切られていたが、近畿で見えるような集落の諸型式が残された資料で分かるほどはっきりした形では残っていない。

　もう一つ、ヨーロッパ全域と日本列島の初期農耕社会の大きな違いとして取り上げられるのは、農耕社会出現以前の人間集団の暮らしであろう。日本列島の場合は、縄文文化のことであるが、長い間、既に定住化している社会が発展していた。したがって、農耕化は新しい要素を極めて多くもたらしたが、縄文時代晩期の定住集落が中期より減少していたことを差し引いても、定住化自体は新しい要素ではなかったと言えよう。一方ヨーロッパでは、農耕化は農業や家畜だけではなく、定住化も同時に含んだ。そういう意味では、人口密度は高く、大型集落が形成された背景には一定の時間、そしてさらに社会的な緊張感の高まりが必要だったと思える。フランスでは、堀や柵、防御施設と防御しやすい集落が形成されたのは新石器中期、前5千年紀中葉であり、定住化や農耕社会ができてから弥生時代全時期を超える期間がかかっている。また、その新石器中期は約 1000 年間も続いた。

　完成した農業、地域色、地域社会の形成、大型集落と資源の管理など全ては、新石器前期末・中期と西日本弥生中期にはっきりと確認できる現象で、北九州や特に近畿地方などを新石器中期のフランスのシャセイ文化（前 4500 年〜前 3500 年）の集落、また東のウクライナのタリアンキ遺跡のような巨大な集落（1 万人以上の人口が推測される）を並べて考察すると、類似した原理の働きによってできたことが考えられる。もう一つ重要な共通点を取り上げれば、その安定した段階に至った地域社会の集落は急速にその機能を停止し、しばらく集落という暮らしの形態が希になるところである。弥生中期と後期の間、近畿の大型（数千人の住人）・中型（数百人の住人）の集落体制が見られなくなるが、実はヨーロッパでも、その現象は何度も起きた。中期の大型・中型集落は後期になると

第Ⅳ章　初期農耕集落の発達と複雑化をめぐるモデル論の展開

表1　新石器化と農耕社会の発展の日欧対比年表

日本列島	ヨーロッパ
-10000 年頃　縄文時代早期	-10000 年頃　中石器時代
・土器生産は以前からあり・人間社会の定住化	・人間社会の判定住化
	-7000 年頃　ヨーロッパ新石器時代前期
	・定住化、土器生産、
-5000 年頃　縄文前期	・農耕社会出現(ギリシャのセスクロ文化 -6850～-4400)
・東北などでの大型集落出現	-6000 年頃　フランス新石器前期
-3500 年頃　縄文中期	・クレタ島での最初の農耕集落(-6000)
-2500 年頃　縄文後期	・中央地中海の初期農耕社会(インプレッソ文化 -6200～-5700)
・東北～中部地方にかけて集落数・規模の減少	・バルカン半島の初期農耕社会(スタルチェヴォ＝クリシュ文化 -6200～
・西日本、定住集落の出現	-5600・カラノヴォ文化 -6200～-4000)
-2000 年頃　東亜への青銅生産技術普及	-5500 年頃　ヨーロッパ新石器中期
	・西地中海の新石器化(カーディアル文化 -5900～-5000)
-1300 年頃　縄文晩期	・中欧ヨーロッパ・セーヌ流域の新石器化(LBK 文化 -5500～-4700)
-1000 年頃　中国周王朝・弥生早期	・西ヨーロッパでの最初の農耕定住集落(-5200)
・北九州、農耕社会の出現	
・農耕集落の到来	・集団同士の無差別虐殺の出現(ドイツタルハイム遺跡など)
・西日本列島初期新石器化の担い手	・バルカン半島での初期銅器生産(-5000)
突帯文土器(弥生早期)	-4900 ヨーロッパ新石器後期
遠賀川式土器(弥生前期)	・西フランスの巨石文化(エリートの墓)の出現・発展(-5000)
-800 年頃　弥生前期	-4500 年頃　フランス新石器中期・ヨーロッパ金石併用時代前期
・周王朝の青銅独占生産体制の弱体化	
・農耕社会の前列島への拡大期	・ヨーロッパほぼ全域での政治権力、エリートの出現期、威信財経済の
・列島の農耕地域社会形成	形成期、武装した人物の出現期(ブルガリアのカラノヴォ文化・西・
-350 年頃　弥生中期・青銅器生産開始	北ヨーロッパのシャセイ文化 -4200～-3500・ルーマニアやウクライナ
・農耕地域社会地形成・安定化	のククテニ＝トリピリア文化 -5200～-3500・ミケルスベルグ文化
・近畿などでの大型・中型集落	-4400～-3500・ロッセン文化 -4500～-4300)
・生産の多様化・専門化	
	・集落に初めての堀、柵、壁(シャセイ文化 -4200)
	・農耕集落の大型化、都市化(ククテニ＝トリピリア文化)
	-4000 年頃　クレタ島での初期青銅器時代開始
	-3500 年頃　フランス新石器後期
	・巨石墓は共同墓へ、
	・平等的な社会の復活期(個人やエリートの権力に抗する社会)
	・壁などに囲まれた空間が少なくなる
	・新しい地域文化が飛躍的に増える
	(南仏ラングドック地方のヴェラザ文化群 -3500～-2000・西フランスの
	マティニョン文化 -3900～-3200・セーヌ流域＝オアーズ流域＝マルヌ流
	域文化群 -3100～-2000・ブルターニュ＝大西洋文化群 -3800～2000・北、
	東ヨーロッパの縄目文土器文化群 -3000～-2200)

コラム　地中海、西ヨーロッパから見た弥生時代と近畿弥生社会

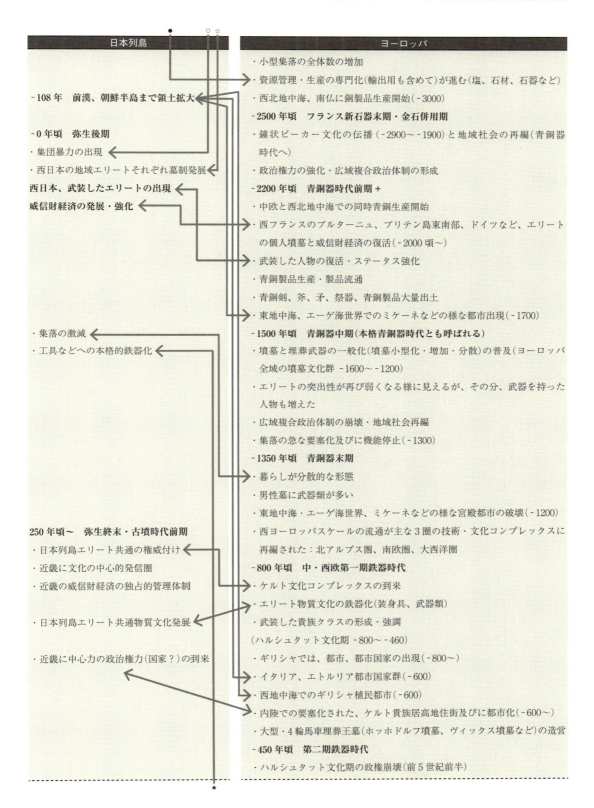

263

第Ⅳ章　初期農耕集落の発達と複雑化をめぐるモデル論の展開

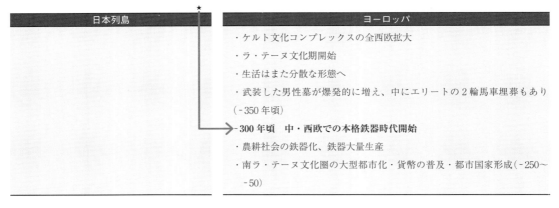

次第にその姿を消した。墓制から見ると人口が減ったとは考えられないから、暮らしの形態がより分散した形態になり、時に人間集団はどこで暮らしていたかさえ全く分からない地方もある。青銅器時代になってから（前3千年紀末）、小型（数十人の住人）・中型集落が再び確認出来るようになるが、それも要塞化してから再び急速に、前2千年紀末から相次いでその機能を停止し、今度は第一期鉄器時代の前8世紀から（ギリシャなどでは都市国家にまでなるが）に再び、大型・中型・小型集落が空間を仕切るようになった。しかし内陸ヨーロッパではそれも前5世紀初頭にはもう一度その体制が弱まり、また社会が分散した形態で暮らすようになった。こうした集落化・都市化の過程に見受けられる集落の消長は、実のところ歴史時代までも続いた。日本列島では、弥生後期になってから、しばらく集落やまして都市化を見ることはなくなる。古代国家段階まで至っても、都市は都以外、あまりない。極端に言えば、列島社会は再び集落化・都市化の道を本格的に歩み始めるのは中世社会になってからのことであるとさえ思える。この段階に至れば、近世に向けての日本史の脈動との対比になるので、割愛する。

3　農耕社会における暴力と戦争

1970年代から長い間、M・サーリンズの研究の影響があって、最初の農耕社会とは、平和で平等社会だと言われてきた。最初の農耕社会だけではなく、それ以前の社会も同じ枠組みで考えられていた。それは対人間暴力の痕跡が見つかる80年代後半まで続いたが、今では研究者の考え方が随分変わってきた。暴力と戦争は、農耕社会と共に現れた特徴的な現象だったのである。

弥生中期と新石器前期末・中期を比較しつつ考えると、一番目立つ相違点は暴力自体の存在ではなく、おそらく、暴力や戦争の頻繁さと性質であろう。ヨーロッパの新石器社会では、農耕社会の展開期である前期は暴力の痕跡があまり見られない。その点、弥生早期・前期・中期とよく似ている。しかし、弥生の農耕社会が熟してきた中期にはまだあまり暴力行為が確認できないことに対して、ヨーロッパでは集落が多くなる新石器前期末・中期になったところで、対人間暴力が急激に増える。暴力としてはドイツのタルハイム遺跡で見つかったような男性、女性、子供らが無差別に34人虐殺され、その死体が土穴に捨てられた事例もあり、武器としては農耕社会の日常生活で使われる農耕具

264

などが利用されることがよくあった。つまり、物質文化や地域社会が安定した段階から（およそ前5000年前後から）、すでに多くの暴力行為がヨーロッパ各地において確認できる。日本の場合、弥生後期になると、対人間暴力に適した武器やその武器の傷跡が増えるようである。鳥取県の青谷上寺地遺跡のような虐殺例はまだ例外的な出来事にとどまるが、今のところ、弥生社会の暴力の痕跡の大多数は「倭人争乱」の時期であり、つまり農耕社会における戦争の最初の勃発は弥生後期を主な舞台にしていた。農耕社会としては、比較的遅く感じられる。

新石器中期になると、戦士という新しい人物がその姿を現した。狩や農業で使用される「武器」と違った新しい戦いの道具、つまり本格的な石器の武器（大型ナイフ、斧、石鏃など）が出土してくるのもこの時期である。新石器後期と特に青銅器時代からの社会のエリートに属した男性の墓なら、必ずその人物の個人の武器や防具（剣、斧、矛、馬具など）を納めている。新石器時代後期末と青銅器時代になれば、戦う人物はただの戦士ではなく、エリートと同化してきている。言い換えれば、暴力の専門家達には早い段階から社会的な突出性があり、実は体制と時代が変わっても歴史時代にまで続いたのである。しかし、日本列島の場合では、弥生後期、また古墳時代の埋葬品が豊富な墓の中に武器も見つかっているが、それらは必ずしもそうではない。つまり、時期によって、そして地域、エリート層の中にも相違があって、エリートが暴力や戦争をヨーロッパのように継続的に権威付けのために使ってきたと言えないことを示すのであろう。列島の、弥生社会からとらえられるエリートの自画像は、自分をほぼ全面的に「武装した貴族」とアピールしてきたヨーロッパの支配者達とかなり異なるように思われる。北九州、瀬戸内海や日本海の弥生社会より目立った墓制を比較的持たない近畿地方弥生後期社会ではより一層その違いが浮きだつと言えよう。

4　石器、金属器、農耕社会の時代区分を考える

ヨーロッパでは、農耕社会の到来から古代直前まで、先史を主な3時代に分けている。新石器時代、青銅器時代と鉄器時代のことである。ただし、それぞれ時代の定義の基準はあまり明確でない。新石器時代は、前期と中期が農耕社会の形成をみ、安定した時期であり、中期がエリートや政治権力の出現、最初の大型集落の造営などの時期である。中期末と後期は集団同士の暴力と暴力や戦争が社会的な役割である人物の形成期であると同時に、生産の多様化、専門化も見られる。後期末と青銅器時代前期は銅や青銅製品が現れても、新石器時代後期の物質文化と何ら変わらない。エリート特有の物質文化が威信財などを通じてエスカレートし始めるのは新石器中期（磨製石斧など）からの現象であり、青銅器時代になったところで威信財の素材が変わっても、社会の物質文化は以前とさほど変わらないのである。言い換えれば、東地中海社会以外の場合（ギリシャなどは石切場で青銅製品の工具の使用痕跡が見つかっている）では、ヨーロッパの農耕社会が石器から金属器へという変化は見られないということである。金属器化は、主に、祭器、装身具、威信財、武器など、つまり特別な場面に使用されるもの、またエリートの世界に属するものにとどまった。

上述してきたように、新石器時代の中で、実はいくつかの時代がある。青銅器時代にも、

新石器後期とさほど変わらない前期と、生産物（塩など）の大量化と流通の加速、集落が爆発的に増える前1500年からの中期と二つの時代区分を考え、分けた方が理解しやすいかもしれない。実は、鉄器時代も同様である。青銅器時代後期と第一期鉄器時代（ハルシュタット文化期）初頭はほとんど差が無く、鉄器化されたのは以前青銅で生産されていたもの（装身具や武器）だけである。内陸ヨーロッパの農耕社会が本格的に金属器化の課程を迎えるのはかなり遅く、前3世紀、つまり西ヨーロッパで言えば第二期鉄器時代のラ・テーヌ文化期の中葉になる。そういう意味では、新石器時代は石器の時代であったとある程度言えても、物質文化から見れば後の青銅器時代、鉄器時代はそれぞれ金属器の時代ではなかった。

さらに、そもそも石器、青銅器、鉄器で人類史を時代区分したところでどんな社会、どんな時代だったのかは分からないままである。総合的な意味での新石器時代社会、青銅器時代社会、また鉄器時代社会の定義はあり得ないため、どんな考古文化、いつの時期の社会を指すかをまず設定しなければ、農耕社会の発展のことは何も語れないと言えよう。日本の弥生時代もやはり時期、地域によって、様々な形態や意義を持っていると思われるから、弥生時代を「弥生社会」といったところで何を指すかという本質が分からないと言えるのではないか。農耕社会の形成期の早期・前期と、ヨーロッパの全面的鉄器化とさほど時期的に離れていない弥生後期は、明らかに同じ意義を持っている「時代」だとは言いがたい。そういう意味では、弥生時代の年代が時間的に長くなると見直されたおかげで、社会の真の発展を考える機会を得たのではないか。

古墳時代では文化、政治、技術の中心的な発信地になりつつある近畿の弥生文化は、列島の他の弥生地域文化と様々な面で異なっている。ヨーロッパでは、同じ時期のそのモザイク状の多様性を技術・文化コンプレックスと呼ぶが、地域社会が形成された段階の弥生時代にも敷衍できそうな概念との印象を強く抱く。縄文時代の一番活発な社会は東・東北日本で発展し、長い期間栄えたが、前10世紀後半、社会の主な発展力は逆に西の北九州に宿ってきて、農耕社会が始まった。九州に生じた初期農耕文化は新しいモデルの発信地となり、複合化していった。それに対して、近畿の弥生中期の社会は政治的な意味であまり複合化しなかったように見えるが、機能的には広域な地域の行動や管理・集落体制を何百年間も維持することに成功した。つまり、経済的には、優れた能力を発揮したとも言える。後期になると、大陸や朝鮮半島から離れていても、鉄器化が進み、自らの流通圏を示す銅鐸などでの青銅製品生産と再分配で、九州と比較できるぐらいの強い地域社会となった。近畿弥生中期社会が形成され、後期に暮らしの形態が変わっても、実は青銅器時代中期末・後期・第一期鉄器時代北アルプスコンプレックスのように連続性を持つ社会構造をもっていると思える。長い間中心性の無かった社会が急に文化的な発信地となり、何百年間もその影響力を維持することに奏功した。弥生時代の近畿社会の場合では、その発信力が増える一方で、古墳時代、古代に至っても何ら変わらなかったという特質が見えてこよう。

コラム

水田稲作環境の多様性と微地形・土壌の分析

辻　康男

はじめに

　伊藤（2014）による弥生時代前期〜中期の稲作関連遺構の分布図が示すように、近畿地方では、当該期の水田遺構が多く検出されている。このような水田遺構では、自然科学分析が実施されることも多い。既往の分析報告をみると、その内容は、花粉分析、植物珪酸体、珪藻分析の微化石分析を中心としており、これらに種実分析が随伴する事例が多い。上記の分析項目は、水田環境復原を目的としており、畦畔が検出されるその直下の堆積物（以下、畦畔検出層準と呼ぶ）を水田土壌や水田耕作土と認定して、その層準を中心に基盤層や被覆層を含め層位的に行われることが一般的である[1]。いっぽうで、その水田遺構形成過程に関する検討や畦畔検出層準自体の性質に関する分析・検討については、松田順一郎による静岡県静岡市登呂遺跡の弥生時代後期（松田2006）や、奈良県御所市秋津遺跡の弥生時代前期（松田2016）などを除き、これまで事例がほとんどない。

　畦畔検出層準が実際にその上面を地表して水田耕作が一定期間行われた場合には、耕作およびその後の放棄期間に継続的に土壌化作用を受ける。このため、水田の遺構形成過程の検討にあたっては、堆積作用だけでなく土壌化作用も併せて観察する必要がある。このような水田遺構に作用する堆積過程および土壌生成作用は、水田の開墾やその維持・管理、さらにそこでの稲作の状況などといった考古学的課題を検討していく際の基礎的データにもなると考えられる。

　しかしながら、弥生時代の水田遺構では、特に畦畔検出層準を中心にして、その層厚がかなり薄い傾向にあることがうかがえる。弥生時代前期の水田遺構の詳細な発掘調査結果が示された奈良県御所市の中西遺跡では、水田耕作土と認定される層厚が5〜10cm程度であると報告されている[2]。さらに、同層準は、肉眼での観察において塊状無層理の層相をなし、見かけ上の特徴に乏しいことが多い。このため、畦畔検出層準は、肉眼のみの観察だけで詳細な検討を行うことが難しい。

　このため、畦畔検出層準のような上記した特徴を示す堆積物では、堆積物を不撹乱で柱状に採取して、樹脂で含浸・固化させた後、光が十分に透過するまで薄く研磨した薄片の顕微鏡観察から、堆積・土壌構造の詳細な特徴把握を行う土壌微細形態学的研究が有効である（Karkanas and Goldberg 2017）。先行研究として示した松田順一郎による弥生時代の水田遺構の研究でも、土壌薄片による観察が試みられており、欧米の考古遺跡における耕作地遺構などの農業に関連する研究では、1980年代以降に土壌微細形態学的研究が行われるようになっており、考古学的課題に対する有効な分析手法の1つとなっている（Deak.J et al 2017）。

　本コラムでは、筆者が土壌薄片を観察する機

会を得た上述の中西遺跡における弥生時代前期の水田遺構での分析事例にもとづき、日本国内において未だ分析事例の少ない畦畔検出層準の形成過程に関する検討結果を示したい。

1 中西遺跡での分析事例

中西遺跡は、奈良盆地西南部の葛城川の谷口前面に発達する沖積扇状地面上に立地する。この沖積扇状地面の表層地質は、縄文時代中期以降から弥生時代中期頃までの礫質砂を主体とする流路および洪水堆積物で構成され、これらに古土壌が挟在する（図1）。これまでの発掘調査によって、本遺跡と北側に連続する秋津遺跡では、小畦畔を主体とする弥生時代前期の水田遺構が広く確認されている。今回示す分析事例は、中西遺跡の第14次調査区の第3面で確認された弥生時代前期の水田遺構の堆積物の土壌微細構造である。

弥生時代前期の水田遺構は、第3-1面と第3-2面の上下2面で検出されている。水田耕作土に相当する畦畔検出層準は、第3-1面の8A-1層、第3-2面の8A-3層であり、いずれも上述のように層厚が5〜10cm程度と極めて薄い。これら8A層は、基本的に暗オリーブ灰色を呈す細礫を含む塊状無層理の砂質泥を主体とする。また、第3-2面の水田遺構は、縄文時代晩期後葉の土器が包含される、黒褐色を呈し腐植含量の高い淘汰不良で塊状無層理の細礫混じりの泥質砂の古土壌の8B層を基盤とする。本層準では、植物化石の保存状態が不良で、地表付近が比較的乾燥した水はけの良い環境下にあったことが確認される。

ここでは、畦畔検出層準の8A-1層と、その基盤となる古土壌の8B層の微細形態を示す。図2は、8B層の土壌薄片画像である。8B層では、垂直と水平および斜め方向に走る、非常に細い白い線状の構造が目立つ。これは、「孔隙（空隙）」であり、この部分には固体が充填されておらず、気体や液体の通り道となる。これらの孔隙に囲まれた暗色をなす部分は、腐植を多く含む土壌物質と堆積物の集合体で構成される。この集合体は、角が丸まった長角形のかたちを示すものが多い。孔隙によって明瞭に区切られる集合体は、「粒団」と呼ばれる、土壌生成作用によって形成されるものである。図2で示すような形態の粒団が発達する構造は、土壌微細形態学において「亜角塊状構造」と呼ばれ

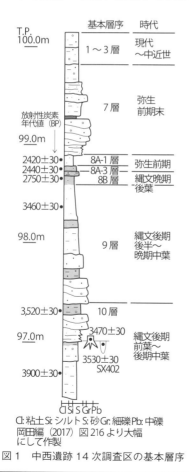

図1 中西遺跡14次調査区の基本層序

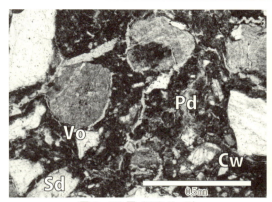
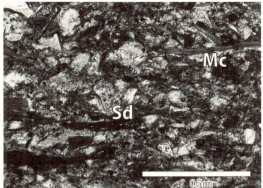

図2　8B層（下方ポーラ）　　　　図3　8A-1層（下方ポーラ）
Vo：孔隙　Pd：粒団　Cw：炭化材片　Sd：砂粒　Mc：雲母片
（奈良県立橿原考古学研究所提供、岡田編2017、図246・247を基に大幅改変して作製）

る。このような亜角塊状構造は、草地や林地の表層付近での土壌薄片においてしばしば観察される（百原・永塚1997など）。この構造の成因としては、地表付近で好気的環境が維持されるような排水性の良い半乾もしくはそれより乾燥した地表環境や、乾湿の繰り返しがあげられる（Retallack 2001）。

図3は、8A-1層の土壌薄片画像である。8A-1層では、8B層のような孔隙の分布がまったくみられない。本層では、砂粒間に主としてシルトからなると推定される泥が密に充填している。このような粒団が形成されない塊状無層理の構造は、土壌微細形態学において「壁状構造」と呼ばれる。なお、砂粒については、単粒で分散しておらず、いくつかの粒子が接して集合体をなしている様子が観察される。また、層内では、板状をなす雲母片が水平方向に配向して、葉理を形成していることも確認できる。このように、肉眼観察ではともに塊状無層理をなす8B層と8A層であるが、土壌薄片では微細構造が大きく異なることが確認できる。

8A-1層では、堆積営力が大きく異なる砂と泥が密に混在して堆積している。中西遺跡が立地する緩傾斜の沖積扇状地の氾濫原上では、河川氾濫による浮遊もしくは掃流による通常の移動・堆積積営力において、8A-1層で確認できる砂と泥が混在するような状態で累重することを想定することが困難である[3]。このため、本遺跡のような立地環境において、砂と泥の混在が認められる場合には、堆積後に何らかの撹乱作用を受けたことがまず疑われる。また、この8A-1層では、泥分が多く含まれる。このような粒度組成では、地表が大気下にあり比較的乾燥傾向になると、堆積物の粒子結合力が高い状態となるため、この状態で地表撹乱が生じた場合には、堆積層中に多くの偽礫（ブロック土）や孔隙が生じる。実際に大気下で耕耘される畑耕作土では、自然状態の土壌よりも孔隙や粒団の増加が、土壌微細形態学的研究で確認される（寺沢1971）。したがって、8A-1層で地表撹乱が生じていた場合には、地表が大気に曝されるような状態ではなかったと考えられる。

これらのことから、8A-1層で観察される砂と泥が密に混在する壁状構造は、堆積物が水で

浸され、液相もしくはそれに近い状態となり、さらに何らかの撹乱営力が作用することによって、湿潤環境下での泥化が進行して形成されたと解釈される。このことは、本層準において水田遺構が検出されたことと矛盾しない。また、このような解釈は、現成の水田耕作土の土壌薄片観察において壁状構造が形成される要因として、湛水下において「しろかき」による地表撹乱によって作土の泥化が促進されることや、土壌環境の還元化にともない水和膨張と結合物質が可動化しやすくなり、これらによって粒子間結合力が弱化することによって、粒団や偽礫の崩壊することを明らかにした斉藤（1971）の研究結果からも支持される。

2　小　結

　以上のような観察結果にもとづくと、中西遺跡の弥生時代前期の水田遺構では、縄文時代晩期後葉に形成された比較的乾燥した水はけの良い乾燥傾向にある古土壌を基盤として、その地表に小畦畔を主体とする畦を細かく配置して、その部分に灌漑によって水を供給するとともに、そのような状態を保持したまま、何らかの地表撹乱が加わって8A-1層が形成されたと考えられる。ただし、8A-1層に作用する湛水下での地表撹乱については、斉藤（1971）でみられるしろかきのような作業であったかどうか、現段階では確定できていない。この8A-1層では、砂粒の分散が不活発であることが薄片観察からうかがえる。このような砂粒の状態からは、湛水下での堆積物の撹拌営力が弱いことや、なんらかの理由で浮遊・懸濁物質の泥分が除去されやすい環境下にあったことが想定される。堆積物の撹拌営力が弱い点については、

第14次調査区の水田面の検出状況にもとづき、岡田（2017）が耕作に伴う地表撹乱の深度が5cmより浅かった可能性を示唆していることとの関係が疑われる。また、泥分が除去されやすい水田面の状態としては、中西遺跡と秋津遺跡の第14次調査区の第3面に相当する水田面の地形傾斜と幹線畦畔の配置などから、安定した湛水を主眼とするよりも、むしろ水がスムーズに田越しで流れていくことを重視して水田圃場が形作られたという指摘との関連も想定される。水田圃場内において低速の水流が生じていた可能性は、8A-1層で認められる雲母片が部分的に水平方向に配向して葉理を形成している微細構造からも示唆される。

　なお、土壌学においては、水田土壌が水稲栽培下にある土壌という単なる土地利用形態としてではなく、水田独自の土壌生成作用が認められ、特有の分類的特徴の有無があるかについても議論されている（三土1974）。この観点からみた場合、水田独自の基本的な土壌生成作用としては、灌漑水の湛水浸透と落水乾燥の影響、すなわち土壌の季節的、規則的な還元と酸化によってもたらされる、水田耕作土下層への鉄・マンガンの集積作用などといった、特徴的な形態と性質が重要視される（永塚2014）。

　第14次調査区では、水田耕作土と認定される層準の下位に鉄・マンガンの斑紋が認められないことが明らかにされている。これについては、堆積後作用により消失した可能性も否定できないものの、本調査区の水田面が水はけの比較的良い扇状地氾濫原上に立地するという地形的な観点から、弥生時代前期の水田耕作土の下層が、鉄・マンガンの斑紋が形成されにくい、堆積物・土壌がほぼ水で飽和される多湿ないし

過湿の水文状態にはなかったと考えられる。

　上記してきた土壌分類学的特徴をふまえると、第14次調査区の8A-1層では、水田独自の基本的な土壌生成作用が発現するような地下水位の低い土壌環境下において水田耕作が行われていたことが疑われるものの、鉄・マンガンの斑紋が生成しないという現象が生じていた可能性が示唆される。このような現象からは、水田独自の土壌生成作用が顕在化するような水田面での灌漑水の湛水と落水が行われていなかったことも想起される。

3　展　望

　中西遺跡では、考古学的観察結果と土壌微細形態学的検討を中心とする分析結果を総合的に検討することによって、弥生時代前期の水田での稲作環境が、近現代もしくは近世には灌漑水田において一般的と認識されるような水田農法と様相を異にするものであった可能性が浮かび上がってきた。

　しかしながら、現段階では、そのよう稲作環境を形成した弥生時代前期の農作業の実態や、そこでの堆積作用および土壌化作用の具体像を明らかにするまでに至っていない。この点は、これからの検討課題である。なお、このような検討を行っていく際には、Lewis（2012）が実践しているような土壌微細形態学を含む耕作地の実験考古学的な研究も重要な視点になると思われる。さらに、検討の際に参考となる視点としては、近代農法に対置される在来農法の概念も有効になると思われる。在来農法は、人間の自然への全体的な働きかけである開発行為が、自然とのある種の均衡のもとに持続しているものとされる（田中2000）。そして、この在来農法は、地域の自然生態系を模倣したり、あるいはその動き（物質循環）をくみとり、増幅させるシステムを内包することが指摘されている（荒木2000）。

　中西遺跡では、花粉分析などの微化石分析の他に、粒度分析および腐植含量などの土壌理化学分析や、これまで積極的には実施されていなかった種実分析も多く行われている。このような分析および調査結果から、本遺跡の弥生時代前期の水田では、灌漑水や間欠的に発生する洪水によって、浮遊堆積物を主とする砂泥の供給を受けながら、それらの堆積物を母材として耕作土が形成されたことや、そのような堆積環境下において耕作地が維持・管理されていたことが推定されるとともに、そこでの耕作活動が氾濫原の物質循環と密接に関係していた予想が得られている。水田遺構の自然科学分析結果については、今回検討を試みたような遺構の形成過程や、それだけでなく調査区と周囲を含む遺跡とその周辺領域での地形発達史をふまえ、これらの成果を上記した在来農法の視点となる地域の自然生態系の枠組みのなかで位置づけ、検討を進めていくことが必要である。そして、このような実践により、コラムのテーマとして今回与えて頂いた「水田稲作環境の多様性と微地形・土壌もしくは堆積物」の実態が明らかにされていくと考える。

註
1)　以下では、畦畔検出層準およびその基盤層と被覆層を含めた層準をひとまとまりの水田遺構と認識して以下の記述を進めていく。
2)　本文中の中西遺跡の認識はすべて岡田編（2017）による。文章中での煩雑さを避けるため、個別引用する場合を除き、本文での引用を省略させて頂きたい。
3)　紙幅の関係上、薄片画像を示すことができなかったが、

畦畔検出層準を被覆する洪水層は、泥に包埋されず砂粒のみが堆積する「単粒状構造」をなす。また、砂層およびシルトを主要構成物とする泥層でも、洪水堆積物の淘汰度は、畦畔検出層準に比べ非常に良い特徴を示す。

引用・参考文献

荒木　茂　2000「アフリカ・サバンナ地帯の在来農法にまなぶ―生態的農業像の確立をめざして」『自然と結ぶ「農」にみる多様性　講座人間と環境3』昭和堂　pp.116-143

伊藤淳史　2014「縄文・弥生時代の稲作関連遺跡」『週間朝日百科新発見！日本の歴史』50　朝日新聞出版　pp.26-27

松田順一郎　2006「流路・氾濫原堆積物から推測される約3100〜1200年前の登呂遺跡における環境変化」『特別史跡登呂遺跡再発掘調査報告書（自然科学分析・総括編）』静岡市教育委員会　pp.1-27

松田順一郎　2016「微細堆積相解析の結果　付編　秋津遺跡第7-3次調査区南部東端における水田遺構構造の検討：中西遺跡第25次調査」『奈良県遺跡調査概報（第二分冊）』奈良県橿原考古学研究所　pp.156-157

三土正則　1974「低地水田土壌の生成的特徴とその土壌分類への意義」『農業技術研究所報告 B 土壌肥料』25　農林省農業技術研究所　pp.29-115

百原香織・永塚鎮男　1997「黄褐色森林土と赤褐色森林土の微細形態学的特徴」『ペトロジスト』41　pp.33-42

永塚鎮男　2014『土壌生成分類学　改訂増補版』養賢堂

岡田憲一　2017「総括」『中西遺跡I』奈良県立橿原考古学研究所　pp.513-524

岡田憲一 編　2017『中西遺跡I』奈良県立橿原考古学研究所

田中耕司　2000「自然を生かす農業」『自然と結ぶ「農」にみる多様性　講座人間と環境3』昭和堂　pp.4-21

寺沢四郎　1971「水田土壌群の物理的特性に関する研究」『農業技術研究所報告 B 土壌肥料』22　pp.86-207

斉藤万之助　1971「水田土壌の凝集性」『土木試験所報告』56　pp.1-49

Deak,J.,Gebhardt,A,Lewis,H.,Raimonda,Usai,M.-R. & Lee,H. 2017 Soils Disturbed by Vegetation Clearance and Tillage, *Archaeological Soil and Sediment Micromorphology*, Wiley-Blackwell, pp.233-264

Karkanas,P. and Goldberg,P. 2017 Soil Micromorphology, *Encyclopedia of Geoarchaeology*, Springer Netherlands, pp.830-841

Lewis,H. 2012 *Investigation Ancient Tillage. An Experimental and Soil Micromorphological Study*, British Archaeological Reports,

Retallack,G.J. 2001 *Soil of Past second edition*, Blackwell Science

コラム
数値年代からの提言
―炭素14年代と近畿弥生前期の枠組―

藤尾慎一郎

1 数値年代とは

　自然科学的に年代を求める方法の一つに、炭素14年代測定法がある。測定すると何年前ぐらいのものかがわかることから、得られた年代は絶対年代と呼ばれることが一般的だが、近年では数値年代という呼び方も使われるようになってきた。弥生時代の土器型式ごとに数値年代をわりふることができれば、遺跡や遺構など、土器に伴う各種の考古資料に年代を与えることができるので、数値年代の有意性はさらに高まる。後漢の光武帝から、紀元57年に倭の奴国王に下賜されたことがわかっている金印でさえも、共伴する土器が不明で、どの土器型式に伴うのかがわからないので、年代関連資料としては使えないのである。

　近畿の弥生土器の型式に数値年代をわりふる研究は、21世紀に入って国立歴史民俗博物館年代研究グループの小林謙一らを中心に進められ、その成果はすでに公表されている（小林ほか2008）。なかでも箸墓古墳の築造年代につながる測定値は、発表当初こそ批判も多かったが、その後も多くの研究者によって採用されている（岸本2014）。

　また弥生前期に関しては、筆者も数値年代を用いた研究を発表している（藤尾2009）。この結果、近畿、主に大阪湾沿岸においても、土器型式ごとの存続期間が不均等であることが判明しているため、この地域における集落論や墓制論も大きな見直しが必要な段階にはいっていると言えよう。

　そこで本稿では、近畿の弥生前期を数値年代で叙述することにする。

2 近畿における弥生前期の数値年代と存続期間

　図1は、近畿の弥生早期併行期から前期末までの炭素14年代を測定した主な土器の図で、編年は秋山浩三の編年案に基づいている。この結果をもとに長原新とⅠ期古の併存期間が250年あまりにも及ぶ可能性を指摘したが、あまり注目されることもなかった。しかし、奈良県中西遺跡で見つかった前期末の洪水で埋没した立木の枯死した年代が酸素同位体比年輪年代法によって、紀元前379年であったことが判明したので（中塚2017）、歴博が10年前から主張していた前期末＝紀元前380年頃という年代が、ようやく別の方法でもクロスチェックされることになった。今後、近畿の研究者にも数値年代がもっと浸透することを期待する。

　では近畿で灌漑式水田稲作が始まったのはいつ頃であろうか。河内Ⅰ-1期古に比定されている遠賀川系甕4点の炭素14年代が根拠となる。この時期の遠賀川系甕はまだ定型化しておらず、筆者が「標準甕」と呼ぶ土器が存在するに過ぎない[1]。

　近畿でもっとも早く水田稲作が始まったと考

第Ⅳ章　初期農耕集落の発達と複雑化をめぐるモデル論の展開

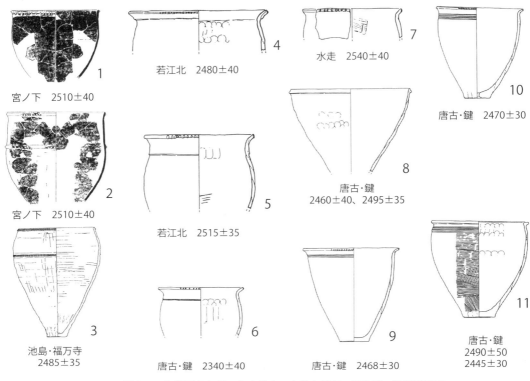

図1　炭素14年代測定を行った突帯文、突帯文系甕、標準甕、遠賀川系甕
1・2：長原式古　3・8：長原式新　4～6：Ⅰ期古　7・9～11：Ⅰ期中

えられる神戸市本山遺跡の水田に伴う水路の関連木材や突帯文土器の付着炭化物の測定結果は、2500 ^{14}C BP 後半から2400 ^{14}C BP 前半の炭素14年代を示す。これらの年代は、炭素14年代の2400年問題にかかるため、せいぜい2400年問題の前半に相当するとしかいえない。較正年代だと紀元前8世紀末～前6世紀初めのどこかにくる年代といえよう。

奈良盆地の唐古・鍵遺跡で水田稲作が始まる大和Ⅰ-1-a様式に属する土器の炭素14年代は、長原式新段階に属する突帯文土器の炭素14年代である2460 ^{14}C BP で、2400年問題の後半、すなわち紀元前6世紀半ば～紀元前5世紀ごろということになる（図2）。

2400年問題に収まってしまう近畿の弥生前期前葉から後半までの時期を決めるためには、土器型式を用いたウィグルマッチ法を適用するしかない。詳細は藤尾（2009）をお読みいただくとして、簡単に紹介しておこう。

まず、2400年問題の直前と直後にくることが確実な土器型式を押さえる。近畿の場合は、口酒井・船橋式が直前に、Ⅰ期新段階が直後にくるので、その間にくる長原式古からⅠ期中段階までの土器型式が2400年問題のなかに収まることになる。あとは長原式古（2500 ^{14}C BP）、長原式新・Ⅰ期古段階（2400 ^{14}C BP 前半・2500 ^{14}C BP を挟む）、Ⅰ期中段階（2400 ^{14}C BP 前半）の三つの土器型式をほぼ均等に置いているのが

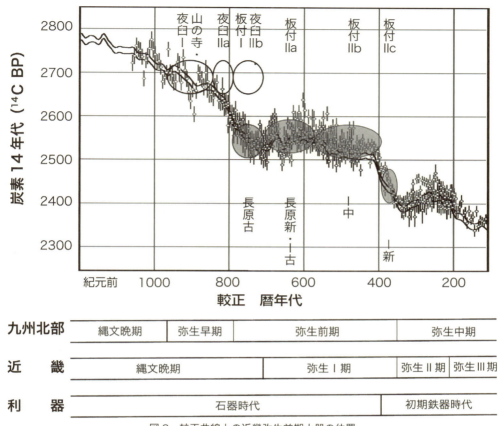

図2 較正曲線上の近畿弥生前期土器の位置

現状である。すると、長原式古が紀元前800～紀元前700年付近、長原式新・Ⅰ期古段階が紀元前7世紀後半付近に分布の中心を持つ。最後のⅠ期中段階の始まりが紀元前550年頃以降にくると推測している。この結果は、九州北部の併行する土器型式である板付Ⅰ式新、板付Ⅱa式、板付Ⅱb式の較正年代と整合性を持つ。

土器型式ごとに存続幅を見ると、それぞれ30年、150年、170年となり、Ⅰ期新が30年である。するとⅠ期古と中段階がこれまで考えていた存続期間の5倍、6倍となるので、この時期の集落論や墓地構成論に大きな影響を及ぼすことは必至である。しかし幸か不幸か、近畿ではこの時期の遺構がほとんど見つかっておらず、これまで遺構論が行われてこなかったため、今のところさほど影響はない。

3 弥生前期の枠組み

日本列島で水田稲作が始まる紀元前10世紀後半からを弥生時代とすれば、Ⅰ期古の遠賀川系甕が登場する紀元前700年頃までの約250年間は縄文晩期文化になるので、近畿の縄文晩期文化は約550年間、Ⅰ期の存続幅は紀元前700年ごろから紀元前350年ごろまでの約350年間ということになる（図2）。

一方、近畿で鉄器が出現するのはⅠ期新段階

以降なので、I期中段階の紀元前380年頃までは石器時代、紀元前380年以降が初期鉄器時代ということになり、220年間石器時代が続いた後、初期鉄器時代へ移ったことになる。

また灌漑式水田稲作が始まってから、250年ほどたたないと環濠集落が現れないので、九州北部に比べると水田稲作を始めてから農耕社会が成立するまでの時間が150年ほど長くかかっている。

その理由は、最初から定型化した水田が登場する九州北部に比べて、近畿で定型化した水田が登場するまでの時間が水田稲作の開始から250年あまりあとになっており、かなり長いこと。また標準甕が創造されるまでの時間がやはり250年と長いこと、在来の狩猟採集民による石棒祭祀の根強い残存などと無関係ではあるまい。水田稲作が始まるにあたって、朝鮮半島南部の青銅器文化の人びとが大きく関与した玄界灘沿岸地域との違いが関係している可能性が大きいと考えている。

このように数値年代でものごとを考えれば、相対年代による歴史叙述とは違った弥生開始期の状況が見えてくるようになり、その時はじめて、近畿の弥生前期は歴史になるのである。

註
1) 灌漑式水田稲作を中心とする列島独自の生活に適した煮炊き用土器を創り出す過程で生み出されていく甕のうち、外反口縁をもつ土器のことで、板付I式甕や遠賀川系甕と呼ばれているものである。

引用・参考文献
岸本直文 2014「倭における国家形成と古墳時代開始のプロセス」『国立歴史民俗博物館研究報告』185　pp.369-403

小林謙一・春成秀爾・坂本稔・秋山浩三 2008「河内地域における弥生前期の炭素14年代測定研究」『国立歴史民俗博物館研究報告』139　pp.17-51

中塚　武 2017「中西遺跡第15次調査区埋没林の年輪年代学的分析」『中西遺跡I』奈良県立橿原考古学研究所　pp.405-412

藤尾慎一郎 2009「弥生開始期の集団関係―古河内潟沿岸の場合―」『国立歴史民俗博物館研究報告』152　pp.373-400

コラム

酸素同位体比年輪年代法からみた遠賀川化過程の気候変動

中塚　武

はじめに

　木材の年輪に含まれるセルロースの酸素同位体比を、年輪の幅の代わりに用いる酸素同位体比年輪年代法には2つの目的がある。1つは文字通り年代決定であり、もう1つは年単位での古気候の精密復元である（中塚2015）。

　前者には未だ十年の歴史もない（中塚2018）が、従来の年輪年代法がヒノキやスギなどの年輪数の多い針葉樹にしか適用できなかったのに対し、本方法を使えば樹種の違いを問わず年輪数が30～50年もあれば年代決定に至る可能性がある。それゆえ、水田や水路、集落などの遺跡から多数出土する小径の杭、板、柱や、洪水によって土砂に埋没した自然木など、これまでの考古学調査では余り省みられなかった木材が一年単位の年代決定の対象になる。実際には酸素同位体比は年輪幅よりも遥かに計測が大変であるが、ここ数年の間に縄文時代以降のさまざまな遺跡の出土材の年輪年代が、本方法によって決定されてきている（樋上ほか2015、木村ほか2017など）。小径の杭、板、柱などは、ヒノキやスギの大きな板材や柱材とは違って製材されておらず、樹皮付あるいは樹皮を剥いだだけの状態で使われることが多い。また価値が低く転用される確率も低い。それゆえ、最外層の年代はその木の伐採年を示し、おそらく遺跡の実年代にも極めて近いことが期待できる。

　後者について言えば、樹木年輪の酸素同位体比は、温暖湿潤な日本のような地域では、夏の降水量の鋭敏な指標になることが分かっている。夏の降水量の過不足は、洪水や干ばつの被害に直結し、水田稲作を主な生業としていた弥生時代の日本の人々の歴史を考える上で、極めて重要な情報を与えてくれる可能性がある。

　本コラムでは、酸素同位体比年輪年代法の原理を簡単に説明したあとで、「遠賀川化過程」に関係する時代の年代決定の事例を示すと共に、当時の降水量変動から読み解ける「遠賀川化過程」の気候学的背景を示したい。もとより一介の古気候学者に過ぎない私には、「遠賀川化過程」の正確な意味も分かっていないので、ここで提示するデータを読者諸賢がご自身で読み解いて頂ければ、私にとって存外の幸せである。

1　酸素同位体比年輪年代法の原理

　年輪の酸素同位体比が、正確な年代決定と気候復元を同時に可能にする背景には、共通の原理、即ち年輪に含まれるセルロースの酸素同位体比が、光合成の時期の「降水（水蒸気）の酸素同位体比」と「相対湿度」と言う2つの気象学的因子の単純な一次関数（それぞれ、正と負の係数を持つ）で表せるという事実がある（中塚2015）。一般に降水量は、降水（水蒸気）酸素同位体比とは負の相関、相対湿度とは正の相関を持つので、結果的に年輪の酸素同位体比は、夏の降水量と顕著な負の相関を示す（つまり、雨が多いほど、酸素同位体比は低くなる）ことになる。

第Ⅳ章　初期農耕集落の発達と複雑化をめぐるモデル論の展開

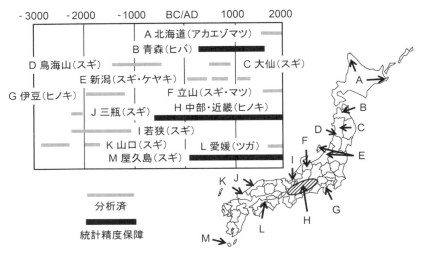

図1　2017年11月時点での日本各地の木材年輪酸素同位体比クロノロジーの作成状況

　一般に樹木の成長の履歴である年輪の幅が、個体毎の日当りの違いなどの局所的な生態環境の影響を強く受けるのに対して、この2つの気象因子（降水〈水蒸気〉の同位体比と相対湿度）は、同一の気候条件下にある大気中では広域で一様であるため、年輪酸素同位体比の変動パターンは樹木の種類や個体の生息場所の違いを越えて、広い範囲で高い相同性を示す。これにより広葉樹の比較的年輪数の少ない試料でも、酸素同位体比のパターンマッチングによる年代決定が可能になる。広域の個体間で変動パターンが良く一致するという事実は、古気候の復元においても、極めて重要である。それは少数の試料からでも精度の高い酸素同位体比のクロノロジーが構築できることを意味するからである。日本には弥生時代から生息しているような現生木は、まず存在しないので、近畿や東海で酸素同位体比の変動パターンを明らかにしようとすれば、さまざまな地点から偶然採取される年輪数の多い遺跡出土材や自然埋没木、建築古材などの少数の資料を組み合わせて、データの精度を向上させるしかない。変動パターンの個体間相関が低い年輪幅のクロノロジーの場合は、同じ時代から数十点の木材試料を取得することが不可欠であるが、酸素同位体比の場合は、時代毎に4、5点の試料を確保するだけで、十分に統計的精度の高いクロノロジーの構築が可能であり、急速なデータの整備が可能となった。

　図1は、2017年末時点の全国の年輪酸素同位体比のクロノロジーの整備状況である。幅の太い棒は、多数個体の測定によって高い精度でのクロノロジー構築が完了している地域（現在、論文投稿中）であり、近畿を含む日本中部では、遠賀川化過程の時期まで、何とかつながっている。以下、そのデータの一部から考察できる年代決定と気候復元の状況の一端を紹介したい。

2　弥生前期末の遺跡の年代決定

　年輪セルロースの酸素同位体比から、弥生時代の夏の降水量の変動が一年単位で復元できるようになった今、気候変動と弥生社会の関係を議論するためには、弥生時代の年代観の元とな

コラム　酸素同位体比年輪年代法からみた遠賀川化過程の気候変動

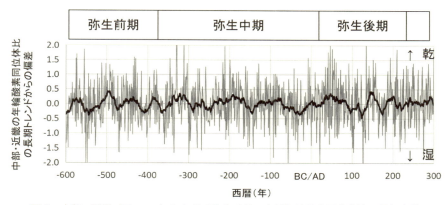

図2　中部・近畿（図1のH）における弥生時代の木材年輪酸素同位体比の経年変動
樹齢効果の影響を排除するため、長期トレンドからの偏差を多数の個体間で平均したもの。年毎の測定値（灰）とともに、数十年周期での振幅の変化を明らかにするため、21年移動平均値（黒）も示した。

る土器編年にも、できるだけ精度良く暦年代を与える必要がある。この点では、国立歴史民俗博物館などによる土器付着炭化物の放射性炭素計測により、弥生時代の多くの土器型式に系統的に暦年代が付与されてきた（西本編2009）。「遠賀川化過程」に関連する弥生時代前期の遺跡で、酸素同位体比年輪年代法を使って年代が決まった事例は未だ少ないが、奈良県御所市の中西遺跡の弥生前期末とされる層準を埋めた洪水の発生年代として、埋没した立木群の枯死年代からBC379年という年代が得られている（木村ほか2017）。この年代は、歴博の放射性炭素年代とも整合的であるとされていて、今後、酸素同位体比年輪年代法による年代決定の事例を積み重ねることで、弥生時代についてもより精度の高い年代観が構築されていくものと思われる。ここでは歴博の年代観に基づいて、近畿の「遠賀川化」の時期を、BC5世紀頃までとして、次に気候変動との関係を議論したい。

3　「遠賀川化過程」の気候変動

　図2に弥生時代前期後半から後期後半までをカバーする（BC6世紀〜AD3世紀の）本州中部の年輪酸素同位体比の変動パターンを示す。尚、これらのデータの元となっているヒノキの年輪酸素同位体比には顕著な樹齢効果（生理学的な効果）があって、樹木の成長と共に酸素同位体比がどんどん低くなってしまう傾向がある。そこでここでは樹齢効果の影響を避けるために、データから概ね百年以上の長い時間スケールのトレンドを除去して、数十年以下の時間スケールに着目したデータを示している。一方でこのデータの20世紀の部分の解析から、中部日本で年輪酸素同位体比が低下する（即ち、夏の降水量が多くなる）時期には、九州を含む西日本全体の広域で降水量が多くなることが分かっているので、これは西日本全体の状況を反映したものと考えてもらって差し支えない。つまり、図2は、弥生前期後半から後期後半の西日本における数十年以下の周期での降水量の変動パターンを表しているといえる。

　図2では、夏の降水量（年輪酸素同位体比）の長期の変動パターンを理解するために、年単位の測定データに加えて、各年の前後10年

279

間計21年分のデータを平均した「21年移動平均」も示している。図から読み取れることの1つに、弥生時代の前期後葉や中期初頭、後期中後葉は、それ以外の時期（弥生中期中後葉や後期前葉）と比べて、数十年周期（20～50年程度）での変動が激しいということがある。一般に、気候条件が数十年の周期で大きく変動すると人々はその変化に適応できず、さまざまな社会問題を引き起こしたことが、古代～近世の詳細な研究から分かってきている（中塚2016・2017、伊藤・中塚2017など）が、「遠賀川化過程」の時期は、正にそれに対応している。

　数年周期の変動は、人々の記憶に残るため、食料備蓄等による短期的対応が可能である。逆に数百年周期の変動は、人々に気づかれることもなく、人口調整などが自然に生じる時間の余裕がある。しかし数十年周期の変動は、丁度、人間の一生の時間スケールにあたるため、予測も対応も難しい。良い気候が十年以上続いた時代に拡大した人口や生活水準は、気候が悪化して十年以上回復しない場合には、支えることはできず、飢饉や戦乱、難民などを発生させたと考えられる。実際、図2の降水量の数十年周期変動の拡大期にあたる弥生時代後期中後葉（AD2世紀）にも、全国的な戦乱と共に、人々の流動化がおきたことが、土器研究から詳しく分かっている。弥生時代前期後葉の近畿の「遠賀川化過程」や、引き続く弥生前期末から中期初への社会転換の背景にも、気候（降水量）の数十年周期変動の拡大があった可能性が指摘できる。

おわりに

　このような気候変動の周期性と先史時代の人々の移動や社会の転換との関係性についての考察は、現時点では未だ仮説の域を出ていない。しかし今後、酸素同位体比年輪年代法を使って、弥生時代の多数の遺跡の暦年代が年単位で明らかになり、その動態を、気候の変動、即ち、図2のような年輪酸素同位体比の変動（これ自体、さらに過去に延伸していく予定である）と比較する研究が進めば、こうした仮説の蓋然性を、詳しく検証していくことができる。そうした研究が、今、正に始まろうとしている。

引用・参考文献

伊藤啓介・中塚　武 2017「『CD-ROM版　鎌倉遺文』に収録された古文書件数と気候復元データの関係の定量的分析」『鎌倉遺文研究』40　pp.23-53

木村勝彦・尾本雄道・法井光輝・中塚　武 2017「第4章 自然科学分析　第6節　中西遺跡第15次調査区埋没林の年輪年代学的分析」『中西遺跡Ⅰ-京奈和自動車道「御所区間」建設に伴う調査報告書（8）』奈良県立橿原考古学研究所調査報告第123冊　pp.405-414

中塚　武 2015「酸素同位体比がもたらす新しい考古学研究の可能性」『考古学研究』62　pp.17-30

中塚　武 2016「高分解能古気候データを用いた新しい歴史学研究の可能性」『日本史研究』646　pp.3-18

中塚　武 2017「気候変動が古代日本人に与えたインパクト」『科学』87　pp.140-148

中塚　武 2018「酸素同位体比年輪年代法の誕生と展開」『考古学と自然科学』76　pp.1-13

西本豊弘 編 2009『弥生農耕の起源と東アジア―炭素年代測定による高精度編年体系の構築―』H16-20年度　科研費・学術創成研究費・研究成果報告書　p.524

樋上　昇・中塚　武・大石恭平 2015「稲沢市下津宿遺跡出土井戸枠の酸素同位体比年輪年代測定結果について」『愛知県埋蔵文化財センター研究紀要』16　pp.49-68

結章

近畿初期農耕社会の成立にみられる諸変動と画期

森岡 秀人

はじめに

　巻末となった本章では、農耕社会の列島的開幕とされる弥生時代について、とくに弥生文化の総括的評価、世界史的位置づけの観点から、あらためて考える。そして、本書が企図してきた目的と関心について、章別各節ごとに諸研究の成果を集約概観し、近畿地方における初期農耕社会の成立過程にみられるさまざまな構成要素の挙動や相互の連動性などをやや広い視野に立って検討する。また、それらを基盤として、農耕化過程の実質にみられる画期や変化がどのように捉えられるのか、さらに近畿らしさとも言うべき弥生化初動の集団関係の特質の二、三に関して考察し、粗削りながらも結びとしたい。

1　世界史との対比からみた「弥生時代」「弥生文化」

（1）斉一的構成諸要素の瓦解とゆくえ

　弥生土器を用いて日常生活を送り、生産経済は水田稲作を基調とし、これに金属器使用の文化を備えた一斉革新的な弥生時代観、弥生文化像はいたって古い見方となって、近年では崩壊した感さえする。合理的水利が目指されて緩傾斜地に展開した小区画水田とそれらを支える導排水施設を配備した灌漑稲作の始まりが、縄文時代晩期後半の突帯文土器期の遺構・遺物によって当該期に遡ることが証されて、その開始年代を表徴することが不可能となった弥生土器は、1970年代中頃をもってその絶対的指標の座を潔く譲り、新たに食糧生産経済社会生成の枠組みが弥生時代区分の大黒柱となって鎮座した（佐原1975）。その結果、弥生土器出現以前にも弥生時代の存在を容認し、北部九州などで実証をみた灌漑稲作圏に「早期」（あるいは、「先Ⅰ期」）という時期区分が提唱されて久しい（佐原編1983）。無論、日本列島通有の時期区分ではなく、弥生時代・弥生文化の状況に先行して入った地域に限り採用されたため、その地域の縄文土器である突帯文土器を弥生土器に呼び変える措置の提案も一部にはみられたが（小林1986）、定着するには至らなかった。器質・形質を異にする不合理極まりない弥生土器が存在する一方、灌漑稲作の証左を確認できないような弥生土器使用の事態も承認せざるを得なくなるからである。また、弥生時代に組み替えられた一部地域の突帯文土器も縄文土器としての形質理解が自然で一般的であったため、列島規模で年表上の時代界線

を平板に直線的に引くことは不可能な成り行きとなった。金関恕が強調した「文化習合「(シンクレティズム)」」(金関1995)の濃密度やタイムラグが関与した結果であろうか。余談になるが、金関はこの時急進派の佐原とは異なって、既に在来者が加担しての農耕化現象には従来より長い徐々たる歳月が費やされているはずだとの予見を示しており、今日にも通ずる。

　したがって、縄文時代晩期の突帯文土器やそれに併行する土器が弥生時代に編成されない多くの地域では、弥生土器の出現と灌漑稲作の始まりが並ぶ地域や灌漑稲作が採用されない段階でも弥生土器と呼ばれるものを保持する地域などが併存して、北部九州以東では構成要素に凹凸の生じる別次元の複雑性が露呈するところとなった(藤尾2013)。ただし、最新の種実検出法であるレプリカ法の普及により、弥生時代早期併行期の縄文時代晩期後半には、東海・中部に至るまでの広範な地域でイネ・アワ・キビの穀物種実が土器胎土中に普遍的に検出され始めており(中沢2017)、水田には恵まれないものの複合的農耕の全部あるいは一部の要素は現出していることが安定的な所見として共有されている。遠賀川式土器成立以前に畑作を含む東アジア的な農耕伝播の東縁が、東日本西端部までを覆いつくしてきた下地は見過ごせない前段現象である。

　次に青銅器・鉄器などの金属器の出現は、弥生時代早期・前期段階の資料が再検討されて、その多くが中期初頭以降への撤退を余儀なくされた(春成2003、藤尾2013など)。弥生時代開始の示準項から一定の距離を置き、その導入や変遷に関しての地域性や変則的なありように関心が深まった。鉄器は、近畿よりも山陰・北陸の方が北部九州での使用実態に近似した様相となってきた。青銅器は、大陸産青銅武器・工具の断片や再加工品が北部九州や西部瀬戸内の前期末に少数認められるものの、その製作開始は中期初頭前後である(吉田2014)。今や金属製品をほぼ組み込まない段階の弥生文化が、農耕の導入を基軸に一つの考古文化を維持している。北部九州の早期・前期、その他地域の前期段階は金属器がほぼ見当たらない農耕社会を形成しているのである。

　このように、弥生土器・水田稲作・金属器の一律連動的な誕生とも過信された文化諸要素は、結合関係を良好に保つことにより弥生文化総体を規定し得るものではなくなり、その躍進を担い、揃って日本列島の農耕社会出現期を定義・概念づけてきた点からみれば、完全に空中分解を起こしているといっても過言ではない(森岡2004)。序章でも言及したように、こうした要因の根幹には2000年代以降のAMS法炭素年代の普及など、弥生時代開始期を中心とする実年代観の大幅な刷新が大きく影響しているが、遺構の面では、灌漑諸施設を伴う小区画水田跡の発現時期や水利構造の分析がポイントとなっている点が重要である。

(2) 弥生時代二分論、三分論の提示と真性の弥生文化、真正の弥生時代

　以上のような近年の動向とは別に、こうした実情は弥生時代の画期を世界史的視点で捉え直すべきことを促しており、私は早くにその点についての見通しを展望しておいた(森岡2004・2007)。最近になって、藤尾慎一郎がこれを再三再四取り上げ、評価を加えているので(藤尾2017a・2017b・2017c・2018)、本書への継承を踏まえ、ここで改めて主張したことの一端を述べることにしたい。

　金属器の伴出が容認できなくなった弥生時代前期は、磨製石器と打製石器が多用される新石器時

代の範疇で理解するのが相応しく、その意味では農耕・牧畜を伴わない特殊な新石器時代として認識されてきた縄文時代の定住の実現を含めその延長線上にある。無論、大陸系磨製石器群の出現や縄文時代から存続する石器構成（打製石鏃・打製石錐・打製刃器・環状石斧・磨石・叩石など）の変質・組成変容など、弥生時代に入ってからの新しい特徴も羅列できるが、それらは列島的な特質を包摂した新石器時代の最末期として弁別できるし、牧畜・都市文明を欠くものの水田稲作という農耕の実態と初めて結び付くこととなった、本来あるべき姿の世界標準の新石器農耕社会に接近したと考えるべきであろう。

　繰り返すが、金属器が登場するまでの弥生時代は世界史的区分に照らせば、明らかにより区分原理に則した新石器時代に属するのであり、歴博年代に則するなら紀元前380年前後を下限とする600年間前後を包括する。これを私流に「新石器弥生時代」と呼称するなら、青銅器・鉄器の伴出する後半段階は日本独自な「金属器新石器時代」と呼ぶべきだろう。後者はかつて「金石併用期」「金石併用時代」と呼ばれた学史的な弥生文化理解の経緯と間接的に触れ合うものであり、これらの用語が往時の弥生時代総体を規定していった点で異同の再吟味が必要と思われる。大正から昭和前期にかけては、むしろ石器時代としての「縄文式時代」と「弥生式時代」が、石器しか利器を持たない列島先史時代の前後の時間的位置関係で理解され、「縄文式石器時代」「弥生式石器時代」という用語が定着していた（角田1959）。この点を踏まえるなら、後者との関係で金属器の装備のない弥生時代を学史的には再興させることにも通底する（森岡2008）。死語と化した感がある「弥生式石器時代」は、磨製石器を豊富に保持し、農耕を著しく発達・普及させた「新石器弥生時代」と比し設定の歴史的背景はけっして同義ではないものの、頗る特徴的な考古文化単位の一面を捉えていたものと言え、前半期の新石器化した弥生時代を再評価する上で見過ごせない学史的所産と解すべきではなかろうか。

　他方、「金属器弥生時代」は古墳時代に至るまでの600年間弱であり、近畿では銅鐸という新出の器物が活躍した時代として括ることが可能である。これを一つの考古文化とみなすことも特段の支障はないが、その機能の変質、武器形青銅器の衰退や鉄器の使用、製作、小鍛冶遺構などの普及率を眼目に据えれば、紀元1世紀第1四半期の末頃を中心にさらに前後に二分することができる。利器としての鉄器が主導するその後半期を「鉄器時代」の枠組みで把握する試みも妥当であり、日常土器は有文有飾から無文無飾へと趨勢が急速に移行し、集落様相で設定している「肥大環濠期」も終焉を遂げる点が強調できる。近畿ではこの金属器弥生時代の前半期こそが弥生文化の典型的な姿であり、主要農耕集落では利器類を占有する石器の比重はなお著しく高く、石器使用と金属器使用の使途目的の違いによる二重構造が500年近く温存される。同様に見れば、この弥生時代後半期を「金石併用期」の復権とも呼べようが、東アジアの中でも「弥生時代らしさ」が漲る該当期を、かつて「真性の弥生文化」「真正の弥生時代」と呼称したことが、時代性を表徴する意味のある歴史的区分として再掲し得る。本書ではこの提言に則った細別テーマのまとめあげも二、三みられた。

結章　近畿初期農耕社会の成立にみられる諸変動と画期

2　農耕化の画期を見据える研究姿勢の確立

(1) 農耕化過程を読み解く時間軸と諸現象の解明軸

　以上のような農耕社会成立期の枠組みの歴史性を前提とし、ここで本書の研究諸成果の集約と総括を図っておきたい。また、続く事項において、現在描き得る近畿の初期農耕社会の性格や特質、とりわけ画期の理解を中心に、まとめにかえる筆を進めることにしたい。

　「第1章 時間軸をめぐる問題と遠賀川空間の展開」では、常に問題となる縄文土器（突帯文土器）との時間的共有関係の有無や程度、遠賀川式土器の成立問題について、学史的検討を加えた（第1節柴田論文）。都合3段階の研究の進展状況を整頓し、ある程度進捗をみた弥生土器を成立せしめる外的要因の追究より、今後は内的要因を明確化する研究が不可欠との展望を示した。次に遠賀川式土器全体を俯瞰しての新しい広域編年樹立を目論み、博多平野板付Ⅰa式の1期から始まる大別5期、細別9期、続く城ノ越併行期を大別1期、細別3期とする併行関係表を北陸西部・東海西部以西の地域で完成させた（32-35頁、表2・3）。近畿での突帯文土器との時間的重なりを細分された遠賀川式土器側の最長3小期分として捉えるとともに、列島第3期以降に出現した近畿の前期遠賀川式土器を都合6階梯と捉える広域編年案の現状を限界点近くまで編み、問題点の整理を試みた（第2節田畑論文）。それは近年、長期編年化を示唆した科学年代群の実情と図らずも対照できるものとなっており、近畿内部における遠賀川式土器の伝播、製作期間や斉一性の強まる時期の特定に関説し、暦年代観を介して読み取る一助となる。これにより遠賀川式土器の段階的拡散の進行が北部九州では筑前と豊前の間（1期・2-1期間）、山陽では段階差なく（2-1期均質）、四国では讃岐と阿波の間（2-1期・2-2期間）、山陰では出雲と伯耆の間（2-1期・2-2期間）、伯耆と因幡の間（2-2期・3-1期間）のそれぞれに編年段を有することになり、近畿に入れば、播磨・摂津・河内と和泉・山城・大和・紀伊・近江・但馬・丹波・丹後の間（3-1期・4-1期間）に大きな段差が存在することが明らかとなった。播磨灘・大阪湾北東岸と同南岸および内陸部全般、日本海側とで遠賀川式土器成立の時間的差違を現状2小期分認める物差しの提示となったのである。その特徴は共通示準の広域化と単純化を図ったことであり、従来の土器編年が連帯に限りのある壺の段・削出突帯・貼付突帯などの消長や盛衰、区分文様から充填文様・帯状文様への着眼に偏っていたこと（佐原1967、井藤1983、寺沢・森岡編1989・1990など）と著しく相違し、シンプルでより平易なものとなっている。

　本書ではこれを時空間セル化のメルクマールとして、特徴的な遠賀川大型壺の系譜と地域性、編年的位置付けを試み、その象徴的なありようを探り（第3節 山本論文）、農耕化の基盤となる前期環濠（壕）と墓葬の様相の展開を広域な遺跡発掘資料の実情に照らしこの時間軸に則して読み取り、こまかな導入差、連動圏の意義付けを試行した（第4節 川部論文）。環濠（壕）の模式分類やその変遷モデルの検討をかくまで執拗に行い、墓群との関係性を踏まえた消長を一覧に供した例は寡聞にして知らない。また、従来から近畿への東伝過程において多くの変容が加わるとされてきた大陸系磨製石器の分析をより深化させ、受容期・定着期・展開期の3段階に分け（第5節 櫻井論文）、

近畿の石器相がどの地域を下地としているかなどの考証に一定の成果を得た。とくに北部九州の石包丁製作技法の工程・穿孔具・穿孔技法は関門海峡を超えず東漸しないことを明らかにし、遠賀川式土器の波及を考える上にも手掛かりを得ている。「緩やかな弥生化のイメージとも調和的である」と結ぶ。第6節では東日本にフィールドを移した研究者から見た近畿の農耕開始期の社会統合原理の複雑化過程を見究めるものである（第6節 寺前論文）。東日本の祭祀体系から考察を加えているその立ち位置と検討の目線に注目して欲しい。現象理解に吟味の念を怠っていない。

　この章に関しては、遠賀川式土器の成立、展開状況の基盤となった地域を対象に徹底した資料調査に努めたが、主として山陽・四国からの最新の調査・研究状況をコラムとして掲載し、近畿との実情の違いや初期農耕文化の伝播活動を考える上で基礎となる小文を寄せてもらっている（中村・出原・河合 執筆コラム）。近畿と石棒祭祀の共有を不可分とする徳島平野は、その生産地眉山北麓の下流部に三谷遺跡（縄文・突帯文期）と上流域に庄・蔵本遺跡（遠賀川段階）が近接環境圏において移行の様相を帯びる。近畿への石棒供給が断たれるメカニズムの解明が期待できる初期農耕の展開地である。土佐をはじめ南海道地域の遠賀川様相を知る上に欠かせない発掘情報の比較に有効な所見が詰まっている。高知県田村遺跡のⅠa期は遠賀川2-1期とみられ、近畿より2小期分早くなる。岡山平野における湿田系水田と乾田系水田の組み合わせは、大枠では北部九州と同様の経営形態として注目されよう。

(2) 各種生産構造の掌握と利器・祭器弥生化の趨勢

　「第2章 生産構造の諸画期からみた近畿地方の初期農耕社会」では、農耕集落を次々に生み出していった近畿の生産活動の実情について、石器生産・青銅器生産・木器生産・鉄器生産の分野別の展開状況を論述した。青銅器は銅鐸・銅剣などの製作が石製鋳型の材質の違いから系譜の存在を認識し得るとみ、近畿北部の淀川流域周辺の生産集団がその主翼を担うと見通し、山城・摂津などの様相の分析に注力する。それは淡路島―大阪湾岸―琵琶湖岸―北陸（東海）の青銅器受容ルートの暗示を伴うものであり、東日本を含む広範な地域に生産拠点を拡散させる波及基盤の内実を論ずる（第1節 國下論文）。縄文時代から持続する木材利用の画期は、主要木製農具に投下される樹種選択や大径木伐採の出現、芯持ち材、柾目板材利用の面から弥生前期後半～末に大きな進展がある点で、環濠集落の敷衍と定着、その次段階への動きと軌を一にするようである（第2節 村上論文）。生産力の拡大の指標ともされてきた鉄器は、近畿初期農耕では装備が脆弱であり、Ⅱ期以前の段階に木器生産や武器製作にその威力は発揮されていない（第3節 今井論文）。なお、農耕化現象に伴う動物利用の変化は大きいものがあると推測され、農耕集落の立地環境も包括した画期についての研究成果（第4節 石丸論文）にも目を向けた。縄文時代晩期に比べ、動物資源の利用は低調化するものの、中期における貝類の画期などを勘案すれば、中期初頭に入った段階の変化が大きいことが導き出されている。具体的には、貝塚の規模縮小、淡水漁業利用の増加、哺乳類優占種のニホンジカからイノシシへの移行、幼獣率の増加などがあげられる。近畿に稲作農耕が東伝する際、二上山北麓産サヌカイトに加え、一気に原材利用が増える金山産サヌカイトの開発状況の変化や流通の軌

結章　近畿初期農耕社会の成立にみられる諸変動と画期

道など現地踏査で得られた果実を基に、石材利用実態（第5節　朝井論文）も、本章で扱っている。雲宮遺跡におけるサヌカイトの金山産利用比率は点数比で46％と分析された（讃岐エリア金山Ⅰ群に限ると、23点）。淀川上流部の山城にも板状石材の流通が確認し得、弥生前期の姿として認識できた。それは四国北東部方面からの水稲農耕の東伝力の一斑を示唆する。コラムとして、初期農耕との関わりの検討が待たれる松帆銅鐸の発見事情、猿楽（愛媛県久万高原町）と呼ばれる最高所の高地性集落遺跡（標高1,100m）の調査概要トピックを載せている（森岡・柴田　執筆）。

(3) 雲宮遺跡・乙訓周辺・京都盆地東部と近畿各地の初期農耕集落開始期の動態

「第3章　農耕集落形成過程の地域的分析」は、この研究活動の端緒となった雲宮遺跡成立の状況を長岡京左京407次調査の発掘成果を基軸に環濠集落の統合的把握に務め、櫛描文出現期までの土器を雲宮Ⅰ〜Ⅵ期に分けるとともに、環濠及び住居・炉跡・土器埋設・墓・河川・杭列などの諸遺構の消長などを検討している（第1節　桐山論文）。次いで、その地域圏である京都府南西部、乙訓地域全体の弥生時代集落の消長や変遷上の特徴などを丁寧に分析した。雲宮遺跡から神足遺跡・鶏冠井遺跡などへの動きが、方形周溝墓の発達、選地の本格化などにも読み取れる（第2節　岩﨑論文）。京都盆地の東端、比叡山西麓にある京都大学構内遺跡では、京都府下で初めて弥生時代に属する小区画水田跡が検出され、最近その連続部も確認されている。その間の蓄積された調査実績に基づき、農耕成立期の居住集団と生産域の対応などの微地形解析法の一例を示し、当該期の開発の在り方を模索する（第3節　伊藤論文）。前期前半の状況は不分明であるが、その説明の実証を課題としている。近畿の初期農耕民が起居した竪穴住居はまだ例数が少ないものの、建物構造の一端を示す平面形や土坑・ピットの配置関係によりいくつかのタイプに分類できる。その近畿圏の基礎資料集成を図り、いわゆる松菊里型住居の細別を基軸として、前期から中期にかけての基礎構造変遷上の特性を見い出し、縄文時代晩期の系譜が払拭される弥生時代中期初頭の画期を「住」の農耕化の達成とみなす。縄文晩期からの系譜である方形建物は中期には続かないとした（第4節　上田論文）。

コラムは、乙訓地域と関係して淀川水域の実態の把握が不可欠な三島地域の2つの遺跡を取り上げ（大阪府高槻市安満遺跡・茨木市東奈良遺跡）、遺跡の性格や遺物相の特徴を含め、農耕集落の構造の動態的解明点を提示する（森田・濱野　執筆）。また、東海や北陸との接点、近畿の東端とも言える滋賀県長浜市川崎遺跡の紹介に務めた。近畿中部と親和的な環濠が多重化している（西原　執筆）。

(4) モデル論の展開からみた初期農耕集落複雑化の道のり

「第4章　初期農耕集落の発達と複雑化をめぐるモデル論の展開」は、径500m内外の巨大環濠集落が出現するまでの初期農耕集落が辿った離合集散の集団関係はいまどのような形に整理できるのか。近畿モデル化の見通し、その到達点を示した（第1節　若林論文、第2節　桑原論文）。この問題群では、前提となる縄文時代晩期の集団との接触状況やその長短、実年代観も加わり、一定の解釈が示される必要がある。第1節では、縄文・弥生の両者の土器としての共伴関係が極端に短い期間か存在しないと考えてきた若林が、相対年代では短期間にみなせたことがAMS法炭素年代の普及によって絶対年代は100年程度の時間が見積もられ、農耕集団への変化過程に三世代以上を要する事

態になってきたことに困惑しつつも、長期編年下での新たな議論を行っている。また、第2節では、弥生時代前半期の集落規模が大型小型の二項区分的なシンプルな理解ではなく、そのサイズが多様なランクに散布し、少なくとも5類型の規模が中心―周辺関係の地域性を保ちつつ、消長することを表明した。大阪平野と奈良盆地の農耕集落の拡散傾向を比較しての論が立てられている。

　本章のコラムは、比較考古学、ジオロジー、科学年代など、ユニークな論点から成り、初期弥生文化を時空間の問題として位置づける。青銅器時代後期と第1期鉄器時代（ハルシュタット文化期）初期の生活道具の中心は変化がなく、既に青銅器に置き換えられた器物（武器・装身具）のみが鉄器に交替する中部ヨーロッパの現象と青銅器（祭器中心）と鉄器（武器・工具などの利器）について、銅鏃・細形青銅利器を除きほぼ完全に使い分ける日本列島の金属器弥生時代の実情はかなり相違すると言わねばならない。実用・非実用の区分原理の貫徹性は、中国・朝鮮や欧州と比べ極端な違いにもみえる。比較考古学研究の視点に根差し、ヨーロッパ考古学からみた近畿弥生社会の姿態がいかに映るのか、外国の考古学から眺めた弥生文化像（ネスプルス 執筆）は、その比較から、特殊な新石器化と長期的な非都市化、武装化の途を目指さないエリート層の性質、経済的維持機能の広域展開を結ぶことの強調点が窺えよう。遺跡で検出された小区画水田跡の分析には、水田稲作環境の多様性自体を念頭に据えた微地形分析や土壌微細形態学的検討がきわめて有効であることが説かれており、氾濫原の物質循環と密接不離な耕作活動の不断な読み取りが志されている（辻 執筆）。

　本書の元となった研究の過程では、年代問題に関し、自然科学的な方法をほとんど駆使せず進めてきたが、AMS法炭素年代測定と近年俄かに注目度が高まっている樹木セルロースを用いた酸素同位体比年輪年代法については、その方法論や最新成果について、考古編年との練磨とデータに基づく年代論、気候変動論の発表内容を基礎に小文を寄せていただいた（藤尾・中塚 執筆）。「科学年代からの提言 炭素年代と近畿弥生前期の枠組み」の藤尾報告と、「酸素同位体年代測定法からみた遠賀川化過程の気候変動」の中塚報告は、両分野公表の弥生時代前期末・中期初めの較正を経た実年代値が奇しくも合致をみせており、農耕化の飛躍時期を示す具体的な数値年代が議論される契機をなした。

　以上の諸研究を統轄する過程で判明したことだが、近畿の分析には朝鮮半島から北部九州、さらに中国・四国、一方では東日本からと、射程の距離を伸ばした広い視野からの研究と取り組み、近畿を相対化しつつ考察した分野が多い。それらとの比較を通して、近畿の独自性が見え隠れすると言える。なお、「付章」として過去4年間にわたる科研の調査・研究活動の歩みを調査履歴表と調査地の位置図として示し、遠賀川式土器文化圏を中心に巡検した旅先のエッセイを加え、研究行程のささやかな記録とした（麻森 執筆）ことを断っておく。

3　初期農耕社会揺籃の近畿像と弥生文化の本格化をめぐって

(1) 遠賀川式土器の大別・細別による分期試案と企図された諸現象の画期の掌握

　本研究を推進した4年間に、近畿地方の弥生農耕開始期の発掘調査動向の進展、新出資料の増加

結章　近畿初期農耕社会の成立にみられる諸変動と画期

も際立つものがあり、常々新知見も参照枠に入れつつ研究を進めてきた。その結果、あきらかになったことを咀嚼、融合してやや複雑な過程を素描すれば、以下のごとくなろう。その叙述に際しては、田畑が編んだ新しい広域編年を遠賀川分期案の示準とし、「遠賀川3-1期」（大別と細別による表示）等の区分呼称を与え、土器以外の遺構・遺物の推移全般にも可能な限り適合を図ることにする。地域の扱いで、令制下の旧国名やその細分を頻繁に用いることもお断りしておく。

(2) 近畿に拡散した遠賀川空間と無環濠着床期

　遠賀川式土器は、土器様式の側面から広く西日本を覆う弥生時代前期の時期区分を枠付ける（小林 1959）。近畿における現状では、その遠賀川3-1期段階からの成立となり、大阪府四条畷市讃良郡条里遺跡6-124土坑や神戸市本山遺跡（17次流路1最下層）など、大阪湾北岸から河内潟沿岸部の遺跡が出土土器により明証しており、板付Ⅱa-2式に併行する（田畑論文、以下の編年区分はこれに準拠する）。遠賀川式土器の斉一性全開期の始まりに比定され、若林の様相1古（以下、若林 2002・2008など）とも触れ合うこの段階は、「無環濠着床期」と称したように（森岡 2011）、定型的な環濠集落は未だ出現しておらず、西日本一帯にみられた縄文時代晩期後半段階の小規模集落と類似した集団（矢野 2016）が環境見定めの移動を伴って灌漑稲作の適合地を求めていた。単位集落の規模拡大は人為的に抑制されるもので、近畿の初期農耕集団が食糧採集民の基礎単位を守る方向にあったことは重要である。本書ではステージ1の零細経営期、中河内の集落立地類型では「デルタ末端型」とも触れ合う（若林論文）。縄文時代晩期の竪穴住居の構造・要素を多分に残す本期の様相も見逃せない（上田論文）。近畿では象徴的な存在でもある大型壺が既に出現しており（讃良郡条里遺跡6-124土坑・3-267・268溝、大開遺跡SK443、若江北遺跡5次土坑14・15・溝25）、形質を大きく変化させることなく存続する（山本論文）。先行する突帯文土器と遠賀川式土器との共伴関係は、板付Ⅱb式古相や若林の様相1新との併行関係を考えた4-1期までは容認され、甕など沈線文3条以内、瀬戸内型甕の揺籃などの特徴が認められる。この段階の土器には壺蓋と紐孔を持つ壺が現れる。また、東海西部（三河を除く）までの遠賀川式土器の波及を認めた。京都府下では若林様相1新に比定できる下鳥羽遺跡や烏丸御池遺跡がこの段階前後に小規模ながら確認され、雲宮遺跡前段の無環濠着床期の末期的様相が把握できる。磨製石器は、原材は他地域産が完成品として持ち込まれ、四国東部の影響力が著しい点は、近畿初期弥生土器の出自も併せ考える時、興味深いありように思える。

(3) 遠賀川式土器の斉一性定着と小環濠点在期

　板付Ⅱb式新相、若林様相2古との連絡がとれる遠賀川4-2期は、沈線4条以下の特徴を各器種が共有する段階で、遠賀川式斉一性発現期の下限とみている。遠賀川式は小林行雄が斉一性を「様式概念」の内部で捉える恰好の素材であり、外部に求められる「個性原理」を強調する上にも、明晰かつ典型的存在と言える（濱田 2010）。この斉一性が最も進行する段階で突帯文集団の遠賀川集団同化、転換が著しくなることが重要である。生産力余剰の拡大も、同化中には実質人口の増大を背景にしないから、必至という事態にはならない。遭遇をみせる二つの集団は、突帯文土器使用者

側が衣服を着換えるように進出的に同化を果たしたので（森岡1993モデルによる「E型集落」）、この段階以降は、初期灌漑農耕に依存する弥生集落がそのほとんどを占めることになる。無論、雲宮遺跡のように両者の融合がはっきりする環濠集落や在地集団が弥生文化を受け入れた上里遺跡のようなより複雑なバリエーション（岩﨑論文）は認められてよいが、集落増加の背景に中国・四国以西の移住者を過分に見積もる必要はないだろう。E型集落モデルを敷衍することによって、「一定地域内で農耕社会への転換が集落単位で行われた」とする田畑の指摘がより有効性を持ち、「両者が集落内で共存することがほとんどなかった」という近畿全般の現象理解にも矛盾なく繋げられよう。若林の様相2であり、その典型例として八尾市田井中遺跡の存在があげられる。単位集団規模とは異なる基礎集団（若林2002・2008）の規模形成段階で、小地域内の核集団と零細な単位集団規模の遊動集団の関係性が生じている（若林のステージ2・安定低地型の類型）。主題と関わる京都府雲宮遺跡はこの期に併行し、次段階に継承される。雲宮Ⅰ期は長原式深鉢を伴出するが、雲宮Ⅱ期以降には縄文土器を伴わないとする記述（桐山論文）とも符合する。京都大学構内遺跡の水田は伊藤と若林の示した性格・評価に若干のズレが認められるが、短冊形の小区画のありようから、将来、面的展開タイプ志向の予測も成り立つだろう（若林論文）。生産域の規模は不詳ながら、最近見つかった烏丸綾小路遺跡は片鱗とはいえ近傍地に耕作地を控え、次の遠賀川5・6期の土器・石器を豊富に持つ（現地説明会資料及び実見）。石器は定着期として地域的な磨製石器生産が確立しており、分業的生産が始まっている（櫻井論文）。

(4) 所謂「前末・中初」画期の再検討

　この段階を目安として、集落の複雑化や大規模化が考えられており（田畑論文）、基礎集団規模の居住域成立が想定されている（若林論文）。弥生集団の見かけの人口増加に加えて、生産域の灌漑水利構造の合理化を求めた発達や連携が水稲生産高を増し、実質的人口も上昇し始めたことは考えられてよい。かねてより西日本では前期末～中期初頭を重視する見方が強いが、本書ではそれに再検討を加えている。それは田畑の遠賀川5-1期から始まって6-3期へと及び、実に5小期分と時間の長いものになる。厚みのある太型蛤刃石斧の顕著化、鉄器・青銅器の再加工品受給、後者は途中から完品生産も始まる（遠賀川6-3期）。水田域の経営主体も複雑化し、水田ブロック・灌漑ユニット・水田ゾーンから成る発達した大庭水田モデル（Ⅱ類）（大庭2016）も定立される時期となる。田畑はそれに、「拡大再生産を目的とするイデオロギーが浸透したこと」を重ねた理解を示している。地域型甕が近畿に成立する6-1期の段階は、弥生中期最初頭であり、既に遠賀川式土器は解体し、櫛描文土器様式が屋台骨となるにもかかわらず、分解しつつあった斉一性は目に見えて消えていく。近畿大様式の領域の中にも小地域圏がいくつも生まれる。中国・四国の瀬戸内型甕を広域に保守する動きとは本来同軌ではない。近畿農耕社会のまとまりにみられる地域分化の始まりであり、生産域を保持する基礎集団（若林2002）同士の結合も始まっていようが（複合集落化）、単位集団規模の散在分布までも否定することはできない遺跡所見を残す。

　ヘラ描直線文5条以下で、壺頸部の貼付突帯や厚底甕が出現する遠賀川5-1期は、板付Ⅱc式

結章　近畿初期農耕社会の成立にみられる諸変動と画期

古相と並ぶ時期で、若林様相2新の段階である。次の5-2期、板付Ⅱc式新相、若林様相3では沈線6条までを基準とする。壺の貼付突帯が確立し、近畿では壺蓋の消失とともにメルクマールの一つになる。田畑が地域色の顕在化を唱えた遠賀川5期以降は、とりわけ5-2期以降（若林様相3～4）は、緑泥片岩・粘板岩製石包丁の流通圏が整い、地域生産体制が確立する。二上山北麓産サヌカイトの再流通が機能的に復活している（櫻井論文）ことで、近畿初期農耕社会は次のステップに移る。木工においても、大径木利用や木取り法、樹種の転換（アカガシ亜属による農具製作）など、森林資源開発石器相とも連動する動きが認められる。

　村上論文では、木製品研究の進捗から3段階の画期が強調されている。遠賀川段階の時期が長期化している点からは、その間の動態の判読がこの分野でも精緻化してきたことの証しと考えてよい。カシ材利用が始まった初期農耕活動の木製品利用の第一の画期は、厚手の板目材を広鍬製作に導入し始めたことである（和歌山県すさみ町立野遺跡例など）。径50㎝を超える柾目材のみかん割り技法は採用されていないものの、近畿は未成品を専ら水浸け保管、管理することも始まる、第二の画期は、遠賀川4-1期前後であり、農具などの組成が一新され、その中枢の広鍬へのアカガシ亜属柾目材の利用が本格化する。また、北部九州では不採用の長大みかん割り材に連結製作技法を用い、鍬類（広鍬・諸手鍬）の柄孔舟形隆起を丁寧に作出することも始まる。この技法は東九州以東に拡散している。散在しつつも小環濠が近畿で安定的な形態で成立する過程で飛躍前進をみたものである。第3の画期と言える遠賀川6期以降（中期初頭）には、泥除けにアカガシ亜属の柾目材を利用するようになり、カシ材大径化の極致を迎える。村上は「環境史の観点からは、縄文時代に長らく保たれた森林資源の再生を損なわない利用のあり方から、蓄積した資源を基盤として開発を進める利用のあり方への移行が完了したのがこの段階だと評価」する。食料資源のシイ属・トチノキやアカガシ亜属の堅果類利用（イチイガシなど）は、減衰しつつもなお残存しており、土器の変化の脱縄文化に比べれば、さらに緩慢な脱し方のように研究成果の整理が試みられている。この時期以降に近畿各地で肥大環濠形成の拍車がかかり始める。

(5) 遠賀川6期以降の変質と肥大環濠期に至るまでの農耕化変動のあらまし

　沈線文6条以上に細密多条直線文が加わり、甕の地域型が登場する遠賀川6-1期（遠賀川脱出期である該期も便宜的延長とする）は、板付Ⅰa式から数えて10小期目となり、様相4古相と並ぶ時期で、沈線多条化の過程に初期櫛描文が始発し、九州城ノ越式古相と併行関係を保つ。6-2期の櫛描文確立段階を経て、6-3期の櫛描文単純期を城ノ越式新相と捉えている（田畑論文）。若林の様相5である。

　近畿は縄文伝統の深鉢変容壺の存在に加え、遠賀川式精製大型壺を受容した最も西の地域として特筆され、機能面でも前段とは断絶を示す。なお、前期細分作業が未検討の淡路島、とくに南部三原平野の農耕化が3-1期に帰属する可能性を考えているが、今後の検討課題である。外傾接合・ハケメ調整・覆い焼きの朝鮮半島無文土器系の製作技術が遠賀川2-1期に統合的に顕現することは、3-1期以降の遠賀川式土器の斉一性の促進を考える前段として不可欠なステップと言えようか。その間に、板付系の遠賀川集団が近畿を直撃的に移住対象とするような長距離移動の証左は全

くなく、この点、板付Ⅰb式が近畿要部の一部を覆うとする見方とは対峙する。近畿型の農耕社会の成立に渡来系・九州系の農耕活動の影響をじかに受けなかったことは、その後の打製・磨製の石器、青銅器物の選択、鉄器普及度の弱さからみて是認され、独自性を強める基層的要因をなした。特異な大型壺も広域遠賀川圏にあって、晩期壺の機能・系譜を引くことなく、近畿の自主性をいち早く担っている。環濠集落の発案も、中国・四国の中間地域を介在しての長時間伝播と考えて大過ない。遠賀川式土器の斉一性を牽引した要の地は中国・四国の中部瀬戸内地域であり、中部瀬戸内を核とする農耕社会が打製石器を一層温存させる特異な地域性を育んだことが、近畿の初期農耕社会の特性を逆に引き立たせることにも繋がった。田畑の分析によれば、2条以上沈線甕の増加も瀬戸内が率先先駆しており、3-1期以降の玄界灘沿岸から大阪湾沿岸までの東西450kmの地域には、いくつかの自立分散的な農耕核が誕生し、時期が下ると遠賀川式土器を相互に解体する動きとなって、3ないし4つの土器文化核もより明確化したであろう。土佐にも独自性の強い大きな核があった（出原コラム）。その影響は紀伊半島南部に分岐集団を育み、土器組成も近畿中部域とは異質である。

（6）再び画期点としての「前末・中初」期

　近畿最初期の前期集落は規模が小さいだけでなく、環濠を持っていない。西日本では、環濠内居住空間の確実例を遠賀川2-1期の福岡県北九州市備後守屋舗遺跡始期に求めることができるので、その時差は大きい。また、葛川遺跡に始まる環濠内を貯蔵域とするような態様の遺跡も認め難い（川部論文）。環濠を巡らすものの、完結体としての居住域は基本的に狭く、大規模化はしない。しかし一方では、弥生前期段階の水田は、小さく畔で仕切られ、広域に広がるものが珍しい存在ではなくなってきた。大阪府東大阪市池島・福万寺遺跡でその前兆、片鱗が見え始めていたものの、それをみごとに露見させたのが奈良盆地南部葛城山東麓の沖積地であったことには留意が必要である。奈良県御所市中西遺跡・秋津遺跡は合算すれば、およそ50,000㎡、奈良市平城京下層仮称大宮遺跡では少なくとも6,000㎡、大阪府高槻市安満遺跡で8,000㎡、近畿西方の徳島県庄・蔵本遺跡でも10,000㎡が推定されている。東大阪市池島・福万寺遺跡前期新相もこうした例に入るであろう。径70～150m規模の居住域に比し、著大な範囲に広がりをみせる。若林が中河内で捉えた居住地に付帯する「パッチワーク型Aタイプ」や居住域からやや離れ、広域低湿地面に点在形成される「パッチワーク型Bタイプ」のモデルとは相当異なるもので、ステージ2・3において「面的展開タイプ」の確認の部類に属する。若林様相3最末期を下限とする経営であり、遠賀川5-1期あるいは5-2期の土器まで下って存続する。ただし、こうした立地要件の整いを要請される生産域が前期終末にどの地でも展開したとは考え難く、多見できるのも近畿中部の地形の特異性を反映している。若林は中期初頭以降の各地域が穏当に複合型集落を保有せず、基礎集団規模集落のみで展開するような地域格差を説明しているが（若林2008）、水田域との位置的な相関はそう単純ではない。

　居住域を環濠前に一定持つことで農耕集落の定着を示す例は、和歌山県御坊市堅田遺跡にも認められ、その多くが松菊里タイプの住居が占めることは興味深い。高知県田村遺跡例ともあり方が共

通しており、後世南海道と呼ばれる地域にみられる。時期は前期末に下がるが、南あわじ市井出田遺跡を構成する住居も松菊里タイプが結構含まれている。近畿西部域の大開遺跡は貯蔵空間と松菊里型の住居を含む居住域を囲郭する環濠の入り方を示す好例だが、直近では継続集団の環濠が認められるものの、近畿では後継しない集落類型となる。突帯文土器集団を近在に持つ大阪府田井中遺跡の景観は、縄文集団との共存、共棲関係（秋山2007）を図りつつ遠賀川集団が環濠居住域を有する（3-2期～4-2期）。川部の研究によれば、近畿における環濠居住空間の定着は、3-2期～4-1期に大阪湾岸で進み、4-2期には伊勢湾岸域にまで波及する。「単純環濠点在期」の枠組みの把握（森岡2011）は、その一斑を捉えたものだ。山城における成立もこの時期とみてよい。この時期をほぼ上限として、居住域の環濠内志向に相関して周溝墓が成立する（川部論文）。中部瀬戸内（主として四国側）から近畿大阪湾岸周辺地域に広がる。それらが押し並べて6-1期の櫛描文確立期にほぼ終息することは重大な画期と言える。縄文集団の末裔との関係性を保ちつつ水田稲作に進んだ沖積地の生産環境を一旦清算し、新たな集団関係の構築と農耕条件の希求が広範囲に進行した証しであろう。川部の叙述では、「ソダリティ的紐帯により、中心性の創発が期待される集落へ集団の移住・移動が進行し、弥生時代中期以降の大規模化を遂げる集落の形成」へと方向性の転換を招いたと整理される。前期集団が初期立地点を揺さぶることなく踏襲し、ストレートに倍化、肥大化を遂げていない点を強調しておいたが（森岡2011）、肥大環濠の成立過程の複雑化の解明こそが当期分析に要説の余地を残している。桑原論文においては、小規模集落が有力集落に吸引されていく集団関係の転向の機微を強調しているが、併せて分析の裾野を広める必要がある。

　農耕活動の活況化は、貝塚の縮小化をもたらす。貝類の採捕季節（春～夏）は農耕・農事が最適の時期でもあり、急速に置換する。水田管理の強化は淡水魚の獲得しやすい環境の整備と無関係ではない。人口の増圧は若獣の狩猟対象化を促し、下顎骨穿孔例、配列例などの儀礼痕跡の出土量増加をみれば、上記した農耕環境の適応度合の進展による動物利用の変化の分析（石丸論文）も理解しやすいし、縄文時代にはなかった動物供犠など農耕儀礼の一翼が大型集落内で普遍化していく。

（7）遠賀川式土器持続に表徴される近畿の弥生時代前期実年代の見通し

　斉一性を伴った全盛の遠賀川段階を、田畑は200年近い継続と睨んだ。また、その前後を含む弥生前期の長期化する動きの背景として、「集落が存続する必要最小限以外の余剰に対する欲求が少なかったこと」に要因を求めている。集団の複雑化が急激な時間速度で進んだものではなく、土器編年の再構成を含め緩慢な動きという理解である（田畑論文）。相対年代としては短期間と捉えてきた突帯文・遠賀川の接触時間（若林旧見解）も、その実年代にも一定期間を見積もり、「突帯文集団が文化変容して零細な水稲農耕集落が展開する期間は100年を超えるかもしれないという認識」に至っている。すなわち様相1が3世代以上の時期にわたる不安定な変容期の容認であり、時間軸を除いた様相の枠組みに関する旧説自体の訂正は考えていない（若林論文）。遠賀川式との共伴は長原式以降の水走タイプであり、様相1古段階に限定されるという大阪湾岸での説明は、乙訓・京都盆地に至れば、様相1新の事象となることも考慮されており、田畑の遠賀川3-1期・4-1期間

にみられる編年段差と対応する。欲を言うなら、遠賀川 3-2 期の段階差が摂津三島と山城乙訓間、もしくは京都盆地間で生ずる公算も高く、海岸部—内陸部間の微妙な時間差のさらなる検討が不可欠である。また、最近縄文時代の研究者からは、弥生化の看取される河内・水走式に遠賀川式土器の近畿出現を接続する変遷観を提示し、その併行型式を大阪湾岸〜播磨で認め、長原式と遠賀川式を時間的に離し、一旦隔離するといった見解も発表されている（矢野 2017）。本書執筆者の中には、かかる「隔離派」「接点派」の存在は僅少であり、多くは縄文から弥生への移行に多様な接触形態と 1 世紀以上の交わりの時間を経て、遠賀川単独期に至る変容モデルを考証している。

　粗いものとならざるを得なかったが、以上の総括により、近畿地方でも弥生時代前期の実時間は長期化することに論理をもって同意の研究者が増えてきた現状が判明しつつある。かつ中期に入る段階が複数分野の科学年代の一致点として、紀元前 380 年前後に比定し得ることは（藤尾・中塚コラム）、「遠賀川の時代」と呼んできた初期農耕文化の下限年代の有力な時間的定点を近畿地方で再考、熟考の俎上に乗せる好機になるだろう。さらなる研究の深化に期待を寄せたい。

　　この 4 年間（2013 〜 2016）にわたる研究を支援され、各地でお世話になった資料所蔵機関・研究機関・研究者・事務担当者の数は大勢に及ぶが（36 機関、47 名）、その皆様に対し、研究代表者として心よりお礼申し上げたい。
　　静かに見守ることの多かった近畿地方の弥生時代研究者が中心となって、現在揺れ動いている初期農耕社会の発達過程や実年代論への一つの考え方を示す本書を編むことができたが、多忙な執筆者大勢から成るため、そのとりまとめは予想に反し難産であった。1988 年の日本考古学協会静岡大会の弥生農耕のシンポジウムから丸 30 年が経ち、再び静岡大会において日本列島の農耕の始まりが脚光を浴びている。近畿からのこの発信が激しい論争のさらなる起爆剤になれば、幸甚である。本書を世に出すことに尽力された雄山閣と研究代表者の私に作業上の多くのアドバイスを与え、編集の労を執られた桑門智亜紀・八木崇両氏に厚くお礼申し上げる。
　　末筆となりましたが、この研究のスタート、本書刊行に際して、経験を踏まえた多くの助言をいただいた米田雄介氏、鈴木忠司氏にも感謝したい。

引用・参考文献
秋山浩三 1999「近畿における弥生化の具体相」『論争吉備』考古学研究会
秋山浩三 2007『弥生大形農耕集落の研究』青木書店
荒木幸治 2006「播磨・摂津地域」『弥生集落の成立と展開』第 55 回埋蔵文化財研究集会発表要旨集
井藤暁子 1983「近畿」『弥生土器 1』ニュー・サイエンス社
伊藤淳史 2003「比叡山西南麓における縄文から弥生—京都大学構内遺跡出土資料の紹介と検討を通じて—」『立命館大学考古学論集』Ⅲ
井上智博 2016「池島・福万寺遺跡における弥生時代水田域構成の動態」『第 3 回テーマ討論会　水田から弥生社会を考える』近畿弥生の会
上峯篤史 2012『縄文・弥生時代石器研究の技術論的転回』雄山閣
大庭重信 2016「西日本の弥生時代水田の灌漑システムと社会」『第 3 回テーマ討論会　水田から弥生社会を考える』発表要旨集　近畿弥生の会
岡田憲一 2016「奈良盆地西南部・葛城地域における水田遺跡と集落動態」『第 3 回テーマ討論会　水田から弥生社会を考える』近畿弥生の会
岡田憲一編 2017『中西遺跡』Ⅰ　奈良県立橿原考古学研究所
金関　恕・大阪府立弥生文化博物館 編 1995『弥生文化の成立—大変革の主体は「縄紋人」だった』角

　　　　川選書　角川書店
川部浩司 2009『大和弥生文化の特質』学生社
桐山秀穂 編 2013『雲宮遺跡・長岡京左京六条二坊跡発掘調査報告書』研究報告10　(公財)古代学協会
桐山秀穂 編 2017『雲宮遺跡発掘調査報告書(補遺編)』研究報告13　(公財)古代学協会
桑原久男 2012「近畿における弥生セトルメントシステム再構築は可能か—酒井モデルの批判的検討—」『弥生時代集落の実像と動態を探る—モデル論を超えて—』近畿弥生の会企画シンポジウム発表要旨集
小林達雄 1986「原始集落」『岩波講座日本考古学』第4巻　岩波書店
小林行雄 1959「おんががわしき—どき」『図解考古学辞典』東京創元社
佐原　真 1967「山城における弥生式文化の成立—畿内第Ⅰ様式の細別と雲ノ宮遺跡出土土器の占める位置—」『史林』50—5　京都大学文学部史学研究会
佐原　真 1975「農業の開始と階級社会の形成」『岩波講座日本歴史』第1巻　岩波書店
佐原　真 編 1983『弥生土器』Ⅰ　ニュー・サイエンス社
設楽博己 2014「銅鐸文様の起源」『東京大学考古学研究室研究紀要』28　東京大学大学院人文社会系研究科・文学部考古学研究室
設楽博己 2017『弥生文化形成論』塙書房
柴田将幹 2016「『遠賀川式土器』出現」『魂の考古学』豆谷和之さん追悼事業会
下條信行監修、古代学協会 編 2014『列島初期稲作の担い手は誰か』すいれん舎
菅栄太郎 1999「弥生時代環溝集落小論」『同志社大学考古学シリーズ』Ⅶ　考古学に学ぶ 遺構と遺物　同志社大学考古学研究室
田畑直彦 2000「西日本における初期遠賀川式土器の展開」『突帯文と遠賀川』土器持寄会論文集刊行会
角田文衞 1959「弥生時代の時代区分」『古代学』8—3　古代学協会
寺沢　薫 2011「弥生時代史論—研究の現状と課題」『講座日本の考古学』5 弥生時代(上)　青木書店
寺沢　薫・森岡秀人 編 1989『弥生土器の様式と編年』近畿編Ⅰ　木耳社
寺沢　薫・森岡秀人 編 1990『弥生土器の様式と編年』近畿編Ⅱ　木耳社
寺前直人 2017『文明に抗した弥生の人びと』吉川弘文館
中尾智行 2009『寝屋川市讃良郡条里遺跡Ⅷ』(財)大阪府文化財センター
中川和哉 1997『雲宮遺跡』京都府遺跡調査報告書22　京都府埋蔵文化財調査研究センター
中沢道彦 2017「日本列島における農耕の伝播と定着」『季刊考古学』138　雄山閣
中塚　武 2015「酸素同位体比年輪年代法がもたらす新しい考古学研究の可能性」『考古学研究』62—2　考古学研究会
中西靖人 1992「農耕文化の定着」『古代の日本』第5巻 近畿Ⅰ　角川書店
濱田延充 2010「弥生土器様式概念の形成と日本考古学」『京都府埋蔵文化財論集』6　京都府埋蔵文化財調査研究センター
春成秀爾 2003「弥生早・前期の鉄器問題」『考古学研究』50—3　考古学研究会
春成秀爾 2007「近畿における弥生時代の開始年代」『新弥生時代のはじまり』第2巻 縄文時代から弥生時代へ　雄山閣
樋上　昇 2010『木製品から考える地域社会』雄山閣
福家　恭 2017「乙訓地域における縄文～弥生時代の集落—雲宮遺跡と上里遺跡の動態から—」『弥生文化出現期前後の集落について』第24回京都府埋蔵文化財研究会発表資料集　京都府埋蔵文化財研究会
藤尾慎一郎 2013『弥生文化像の新構築』吉川弘文館

藤尾慎一郎 2017a「総論 弥生時代像の再構築」『弥生時代って，どんな時代だったのか？』〔国立歴史民俗博物館研究叢書1〕　朝倉書店
藤尾慎一郎 2017b「特集1 世界史の中の弥生時代・文化」『歴博』204　特集 日本列島の原始・古代史を組み直す　国立歴史民俗博物館
藤尾慎一郎 2017c「特集1 農耕社会と弥生時代」『歴博』205　特集 時代の流れと切れ目　国立歴史民俗博物館
藤尾慎一郎 2018「弥生文化の始まりとその広がり」特別展『弥生の美　土器に宿る造形と意匠』講演会資料　兵庫陶芸美術館
豆谷和之 2008「近畿前期弥生土器細論」『考古学研究』55－3　考古学研究会
溝口孝司 2008「弥生時代中期北部九州地域の区画墓の性格」『九州と東アジアの考古学』九州大学考古学研究室50周年記念論文集　六一書房
森岡秀人 1984「縄文ムラと弥生ムラの出会い―畿内北部を中心として」『縄文から弥生へ』帝塚山大学考古学研究所
森岡秀人 1993「初期稲作志向モデル論序説―縄文晩期人の近畿的対応―」『関西大学考古学研究室開設四拾周年記念 考古学論叢』関西大学文学部考古学研究室
森岡秀人 1995「初期水田の拡大と社会の変化」金関　恕・大阪府立弥生文化博物館 編『弥生文化の成立 大変革の主体は「縄紋人」だった』　角川書店
森岡秀人 2004「農耕社会の成立」『日本史講座』第1巻 東アジアにおける国家の形成　東京大学出版会
森岡秀人 2007「弥生時代の中の画期」『季刊考古学』100　21世紀の日本考古学　雄山閣
森岡秀人 2008「用語『弥生式石器時代』の学史的復権と武器の材質」『王権と武器と信仰』同成社
森岡秀人 2011「近畿地域」『講座日本の考古学』5 弥生時代（上）　青木書店
森岡秀人・中園　聡・設楽博己 2005『稲作伝来』先史日本を復元する4　岩波書店
森岡秀人ほか 2016　科学研究費助成事業成果公開・普及シンポジウム『近畿で「弥生」はどうはじまったか⁉』〔基盤研究B 課題番号25284159〕発表要旨集　（公財）古代学協会
矢野健一 2006「関西地方の縄文後晩期住居」『弥生集落の成立と展開』第55回埋蔵文化財研究集会要旨集
矢野健一 2016『土器編年にみる西日本の縄文社会』同成社
矢野健一 2017「縄文からみた弥生のはじまり」『第24回京都府埋蔵文化財研究会発表資料集』弥生文化出現期前後の集落について
若林邦彦 2002「河内湖周辺における初期弥生集落の変遷モデル」『環瀬戸内海の考古学』古代吉備研究会
若林邦彦 2008「集落と集団2―近畿―」『弥生時代の考古学』8 集落からよむ弥生社会　同成社
若林邦彦 2015「Ⅵ 各地の弥生土器及び併行期土器群の研究　4 近畿」『考古調査ハンドブック』12 弥生土器　ニュー・サイエンス社
家根祥多 1984「縄文土器から弥生土器へ」『縄文から弥生へ』帝塚山考古学研究所
吉田　広 2014「弥生青銅器祭祀の展開と特質」『国立歴史民俗博物館研究報告』185　国立歴史民俗博物館

付章

遠賀川文化圏を訪ねて
―調査・研究活動の歩み―

麻森 敦子

　本書が出来上がったのは、大学・行政・公益財団法人に勤める多彩な研究者が一つの目的を抱いて、遠賀川式土器に投影された稲作農耕関係遺跡の現地を訪ね、短期間のうちに基本資料を比較観察し、その成果をまとめたからである。(公財)古代学協会業務執行理事としてその全行程の諸準備・事務・研究会議・公開シンポジウムなどの実務に、研究代表・補佐メンバーとともに携わった関係から、各地の初期弥生文化の定着地を巡り、二千数百年前の人々が選び抜いたとも言える自然環境の要所の土地柄を見てまわる機会となった。研究機関や行政諸機関などが所蔵する資料調査は、事前に熟覧希望資料のリスト書類を申請、提出し、当日は用意していただいた資料を、1点1点ひたすら確認しながら写真撮影・実測やスケッチを行い、研究分野を超えての意見交換や情報の共有をして、あっと言う間に1日が過ぎ去るという慌ただしさであった。しかし、遺物観察だけでなく、いくつかの遺跡については、現地踏査も加え、出土地を訪れたので、日本列島に芽生えた一つの考古文化の広がりの実感に繋がり、一方で個性や思惑といったものにも想いを馳せるひと時を過ごした。

　最初の調査地となった近江湖北の長浜では、初期環濠集落の成立地が北陸や東海との結び付きが強い地としての様相を持っていた。土佐の田村遺跡は、高知空港滑走路のそばの「やよいの広場」に遺跡群を説明する陶板製パネルが設置されて広い公園になっている。印象的だったのはそこへ行く途中ところどころにある津波タワー、そしてまた田んぼの中にこんもりとある大きな盛り土。何かと思ったら掩体壕(旧日本軍の戦闘機などを格納していたコンクリート製の巨大な構造物)であった。市史跡になっており、見学できるように整備されているものもあり、説明板もあった。津波タワーや掩体壕を実際目にしたのは初めてで、掩体壕はその存在すら知らなかった。太平洋に直接面したこの場所でこその風景を見たように思えた。

　伊予では猿楽遺跡を踏査することができた。関西からの研究者集団としては初めてかもしれない。猿楽遺跡は2015年に愛媛大学が発掘成果を発表して話題となった遺跡だ。標高は1,100mあり、西日本で最も高い弥生時代遺跡となる。それまでの西日本の弥生時代遺跡は標高500mが最高だったようで、一気に2倍となるに至った。京都や大阪には1,000mを超える山はなく想像すらできない。しかし、実際に久万高原役場から上黒岩遺跡を横目にひたすら凸凹道を車のシートにしがみつきながら約2時間、遺跡にたどり着いてみると、土佐街道の旧道であり、つい最近まで人が住んでいた集落も近くにあって、10分ほどで数点の遺物も拾うことができ、高所の弥生遺跡の実在を感じ取れた。

付章　遠賀川文化圏を訪ねて―調査・研究活動の歩み―

　北九州では、紫川及び遠賀川流域の弥生遺跡をいくつか見てまわった。立屋敷遺跡にはモニュメントが建っているが、遺跡は遠賀川の川底になってしまっている。その西に目をやれば、ここから始まるらしい北部九州の大形甕棺墓地帯を意識する。山口では土井ヶ浜遺跡・人類学ミュージアムで沖田遺跡の資料調査後、その現地を訪れた。遺跡は角島にあり、角島大橋を渡って行く。山口県の観光スポットとして紹介されているだけあり、観光客で賑わう。今回訪れた中で唯一の観光地だった。角島大橋は国内の橋ランキングの一位に選ばれたりもしていて、そのランキングはほとんどが沖縄の橋だが、沖縄に勝るとも劣らない風景だった。

　展示見学では、それぞれ常設展示のほかにスポット展が開催されていた。多くの展示物があるわけではないが、興味深いテーマで工夫した展示をみることができた。北九州市立自然史・歴史博物館いのちのたび博物館や愛媛大学ミュージアムでは考古資料よりも自然史関係の資料が多く展示されている。いのちのたび博物館は恐竜、愛媛大学ミュージアムは日本有数の昆虫標本だそうで、子供たちにとってはこちらの方に人気があるのは残念だが、その延長上に石器や土器に興味を持ってもらえればと思う。

　一日中土器や石器を見て疲れた目を癒し、次の日の調査への活力は、地元のおいしいものおいしいお酒でテーブルがいっぱいになる夕食だ。流通が行きわたっている昨今、おいしいものはどこにいても食べられるような気がしていたが、それは違っていたことに気づかされた。行く先々の地元の居酒屋で食べる地産食材を使った料理、高知の鰹のたたき、松阪の牛肉、下関のフグなどなど、高いお金を出して京都で食べるものとは、全く違った。お世話になった方を交えた夕食は、遠賀川談議に花を咲かせ、しばしば夜遅くまで続いた。たくさんの考古学情報も共有した。

　長いようで短かった4年間の調査では、事前の資料照合や打ち合わせにおいて、いろいろご提案いただいたり、準備にはほんとうに多くの方の手を煩わせた。各地でお世話になった方々は、地元出身の方は意外と少なかったように思うが、皆さんその地にとても愛着をもって、地域の人との交流や、地域の歴史を知ってもらうためにいろんな努力をされていることが感じられた。町の商店街はシャッターが降りている店が多く、地方都市の人口減少など多くの問題を抱えているのだろうが、温かさに包まれた町ばかりであった。それぞれの土地の初期弥生人がけっして挑戦しないはずの「今日の遠賀川紀行」が、新たな研究の発想や牽引力を生み出すことに期待を寄せる一人であり、無事に終了したことをここに告げておきたい（表・地図参照）。

調査地点

付章　遠賀川文化圏を訪ねて―調査・研究活動の歩み―

調査研究のあゆみ

地図		年月日	対応機関(所在地)	対応者	調査遺跡など	参加者
1	資料調査	2013年3月20日	長岡京市立スポーツセンター(京都府長岡京市)	中尾秀正(長岡京市教育委員会)	雲宮遺跡(長岡京市：1997・98年古代学協会発掘調査分)	森岡 桑原 寺前 伊藤 豆谷 國下 桐山 岩崎 山本 麻森
2	資料調査	2013年9月3・4日	(公財)大阪府文化財センター中部調査事務所(大阪府東大阪市)		山賀遺跡・亀井遺跡(大阪府八尾市)出土打製石器	上峯 川島行彦・松尾奈津子(奈良大学)
3	資料調査	2013年9月13日	長浜市文化財保護センター遺物収蔵施設(滋賀県長浜市余呉町片岡：旧片岡小学校)	西原雄大(長浜市歴史資料館) 沢村治郎(長浜市教育委員会文化財保護センター)	川崎遺跡(長浜市)	森岡 桑原 村上 國下 上田 麻森 坂川幸祐(京都大学)
4	資料調査 展示見学	2013年10月22日	長野県立歴史館(長野県千曲市屋代)	町田勝則(長野県埋蔵文化財センター)	松原遺跡、榎田遺跡(長野市)、柳沢遺跡(中野市)	森岡 桑原 國下 寺前 上峯 朝井 麻森 瀬尾晶太(駒澤大学) 池田保信(埋蔵文化財天理教調査団)
5	石材産地踏査	2014年2月16~18日	北部九州における黒曜石原産地		佐賀県椎葉川、長崎(西彼杵半島、針尾島、古里海岸、上土井、牛ノ岳東麓、大崎半島、星鹿半島、淀姫神社)佐賀県(腰岳北麓、牛ノ岳東麓、腰岳南麓、多久市鬼ノ鼻山)	上峯 朝井 柴田
6	資料調査	2014年2月19~21日	福岡市埋蔵文化財センター(福岡市)		板付周辺遺跡諸岡F区、板付遺跡、東入部遺跡群、有田七田遺跡(福岡市)	上峯 朝井 柴田
7	石材産地踏査	2014年3月9日	兵庫県淡路市におけるサヌカイト原産地		岩屋サヌカイト原産地(兵庫県淡路市岩屋周辺)	上峯 朝井
8	資料調査	2014年3月9日	徳島大学埋蔵文化財調査室(徳島市)	中村豊(徳島大学) 端野晋平・三阪一徳(徳島大学埋蔵文化財調査室)	庄・蔵本遺跡(徳島大学構内)	森岡 桑原 國下 伊藤 村上 上峯 山本 朝井 上田 麻森 池田保信
	資料調査	2014年3月10日	(公財)徳島県埋蔵文化財センター(徳島県板野町)	菅原康夫・近藤玲(徳島県埋蔵文化財センター)	庄・蔵本遺跡、南庄遺跡、矢野遺跡(徳島市)	同上
	資料調査 展示見学	2014年3月11日	徳島市考古資料館(徳島市)	勝浦康守・宮城一木(徳島市教育委員会文化財係) 一山典(徳島市立考古資料館)	三谷遺跡(徳島市)	同上
9	石材産地踏査	2014年3月12~17日	香川県におけるサヌカイト原産地		金山サヌカイト原産地(香川県坂出市福江町など)、五色台サヌカイト原産地(香川県坂出市神谷町など)	上峯 朝井 鈴木綾香(奈良大学)
10	展示見学	2014年9月28日	高知県立歴史民俗資料館(高知県南国市)	出原恵三((公財)高知県文化財団埋蔵文化財センター)	常設展示	森岡 桑原 若林 寺前 村上 山本 柴田 麻森
	資料調査 展示見学	2014年9月29日	(公財)高知県文化財団埋蔵文化財センター(高知県南国市)	出原恵三	田村遺跡(南国市)、居徳遺跡(土佐市)、企画展「発掘調査で明らかになった遺跡展 いの町天神溝田遺跡」	森岡 桑原 若林 寺前 村上 山本 柴田 麻森 西原和代(京都大学)
	史跡見学	2014年9月29日		出原恵三	やよいの広場(高知県南国市・高知空港滑走路付近)	同上
	資料調査 展示見学	2014年9月30日	香南市文化財センター(高知県香南市)	松村信博(香南市教育委員会)	北地遺跡、下分遠崎遺跡、西見当遺跡、本村遺跡、江見遺跡(香美市)	同上
9	資料調査	2014年11月11日	香川県埋蔵文化財センター(香川県坂出市)	森下英治・信里芳紀(香川県埋蔵文化財センター)	下川津遺跡(坂出市)、一の谷遺跡(観音寺市)、龍川五条遺跡(善通寺市)	森岡 桑原 柴田 山本
11	資料調査	2015年2月9・10日	(公財)北九州市芸術文化財団埋蔵文化財調査室古城収蔵庫(福岡県北九州市門司区)	佐藤浩司・宇野慎敏・梅崎恵司((公財)北九州市芸術文化財団埋蔵文化財調査室調査)	備後守屋敷鋪南側土塁跡、井手尾遺跡、石田遺跡、畠山遺跡C地点、寺内遺跡第3・4・5・6・7地点、加治屋敷遺跡第2・3区、古川西遺跡、伊崎遺跡、高島遺跡第2次、永宇丸遺跡群の松本遺跡(北九州市)	森岡 桑原 國下 田畑 上峯 山本 上田 朝井 麻森 鈴木綾香(奈良大学)
	展示見学	2015年2月11日	北九州市立埋蔵文化財センター展示室(福岡県北九州市)	前田義人((公財)北九州市芸術文化財団埋蔵文化財調査室)	常設展示	森岡 桑原 國下 田畑 山本 上田 麻森
	遺跡調査	2015年2月11日	紫川流域(福岡県北九州市)及び遠賀川流域の弥生時代遺跡(福岡県北九州市・中間町・遠賀郡)	前田義人	備後守屋敷鋪南側土塁跡・寺町遺跡・高津尾遺跡(北九州市)、立屋敷遺跡(遠賀郡水巻町)	同上
	展示見学	2015年2月11日	北九州市立自然史・歴史博物館いのちのたび博物館(福岡県北九州市)	松井和幸(北九州市立自然史・歴史博物館いのちのたび博物館)	常設展示	同上

300

地図		年月日	対応機関(所在地)	対応者	調査遺跡など	参加者
11	石材産地踏査	2015年2月11日	紫川流域・遠賀川流域(福岡県水巻町)			上峯 朝井 鈴木
12	資料調査	2015年4月12日	南あわじ市埋蔵文化財調査事務所(兵庫県南あわじ市)	的崎薫(南あわじ市埋蔵文化財調査事務所)	松帆銅鐸	森岡
13	資料調査	2015年3月14・15日	島根県埋蔵文化財調査センター(島根県松江市)	柳浦俊一(島根県教育庁埋蔵文化センター)	西川津遺跡(松江市)、板屋Ⅲ遺跡(飯石郡飯南町)	森岡 桑原 寺前 村上 川部 上田 麻森
14	展示見学	2015年3月16日	古代出雲歴史博物館(島根県出雲市)、出雲弥生の森博物館(島根県出雲市)		常設展示	森岡 上田 麻森
	史跡見学	20015年3月16日	西谷墳墓群(島根県出雲市)			同上
15	資料調査展示見学	2015年12月21・22日	三重県埋蔵文化センター、斎宮歴史博物館(三重県明和町)	櫻井拓馬・和澄さやか(三重県埋蔵文化財センター)	納所遺跡(津市)、中ノ庄遺跡(三雲村)、金剛坂遺跡(明和町)	森岡 國下 田畑 櫻井 川部 村上 山本 上田 朝井 麻森 鶴来航介(京都大学) 菊池望(同志社大学) 永井宏幸(愛知県埋蔵文化センター)
16	資料調査	2015年12月23日	鈴鹿市考古博物館(三重県鈴鹿市)	田部剛士(鈴鹿市考古資料館埋蔵文化グループ)	八重垣神社遺跡、上箕田遺跡、須賀遺跡(鈴鹿市)	森岡 國下 田畑 川部 村上 山本 上田
2	資料調査展示見学	2016年7月2日	東大阪市埋蔵文化財センター(東大阪市)	今井真由美(東大阪市教育委員会)	植附遺跡、宮ノ下遺跡、鬼塚遺跡、水走遺跡	森岡 桑原 國下 伊藤 川部 櫻井 山本 柴田 今井 上田 麻森
	資料調査展示見学	2016年7月2日	東大阪市立博物館(大阪府東大阪市)	中西克宏(東大阪市立博物館)	鬼塚C地点	同上
17	資料調査展示見学	2016年7月21日	愛媛県歴史文化博物館(愛媛県西予市)	冨田尚夫(愛媛県歴史文化博物館)	中寺州尾遺跡(今治市)	森岡 桑原 川部 上田 麻森
	資料調査展示見学	2016年7月21日	松山市立埋蔵文化財センター・松山市考古館(愛媛県松山市)	梅木謙一・吉岡和哉(松山市考古館)	大渕遺跡・朝美澤遺跡(松山市)	同上
	資料調査	2016年7月22日	愛媛大学 柴田研究室(愛媛県松山市)	柴田昌児(愛媛大学)	猿楽遺跡(久万高原町)	同上
18	遺跡踏査	2016年7月22日	猿楽遺跡(愛媛県上浮穴郡久万高原町)	柴田昌児 遠部慎(久万高原町教育委員会)		同上
17	展示見学	2016年7月23日	愛媛大学ミュージアム(愛媛県松山市)	吉田広(愛媛大学)	常設展示	森岡 桑原 川部 上田 山本 柴田 今井 朝井 麻森
19	遺跡踏査	2016年7月23日	新谷森ノ前遺跡・相の谷古墳群(愛媛県今治市)	柴田昌児		森岡 桑原 上田 山本 柴田 今井 朝井 麻森
	展示見学	2016年7月23日	朝倉ふるさと美術古墳館(愛媛県今治市)		「龍 ぞくぞくあらわる―今治市新谷森ノ前遺跡発掘調査速報展―」展	森岡 桑原 上田 山本 柴田 今井 朝井 麻森
20	資料調査展示見学	2016年9月9日	山口市文化財保護課(山口市)	青島啓(山口市教育委員会文化財保護課)	小路遺跡(山口市)	森岡 桑原 國下 川部 櫻井 田畑 麻森
	展示見学	2016年9月9日	山口県埋蔵文化財センター展示施設(山口市)		常設展示	同上
21	資料調査展示見学	2016年9月11日	土井ヶ浜遺跡・人類学ミュージアム(山口県下関市)	沖田麻絵(土井ヶ浜遺跡・人類学ミュージアム)	沖田遺跡(下関市角島)	櫻井 山本 麻森
	遺跡踏査	2016年9月11日	沖田遺跡・中ノ浜遺跡(山口県下関市角島)			同上
22	資料調査	2017年3月3日	岡山県古代吉備文化財センター(岡山県岡山市)	河合忍(岡山県古代吉備文化財センター)	百間川沢田遺跡、津島遺跡、百間川原尾島遺跡、田益田中遺跡(岡山市)	森岡 桑原 國下 櫻井 田部 山本 麻森
23	資料調査	2017年3月4日	(公財)広島県教育事業団埋蔵文化財調査室(広島県広島市)	伊藤実((公財)広島県教育事業団埋蔵文化財調査室埋蔵文化財調査室)	大宮遺跡、亀山遺跡(神辺町)、岡の段A遺跡、岡の段C遺跡、高蜂遺跡(三次市)	森岡 桑原 國下 川部 山本 麻森

(敬称略、所属は当時)

⦿執筆者一覧（執筆順）

森岡 秀人	（もりおか ひでと）	〔編著者紹介欄参照〕
柴田 将幹	（しばた まさき）	1989年生まれ 田原本町教育委員会事務局 文化財保存課
田畑 直彦	（たばた なおひこ）	1972年生まれ 山口大学大学情報機構 助教
山本 亮	（やまもと りょう）	1987年生まれ （独）国立文化財機構　東京国立博物館
川部 浩司	（かわべ ひろし）	1977年生まれ 斎宮歴史博物館
櫻井 拓馬	（さくらい たくま）	1979年生まれ 三重県教育委員会　社会教育・文化財保護課
寺前 直人	（てらまえ なおと）	1973年生まれ 駒澤大学 准教授
中村 豊	（なかむら ゆたか）	1970年生まれ 徳島大学 教授
出原 恵三	（ではら けいぞう）	1956年生まれ 平和資料館・草の家 副館長
河合 忍	（かわい しのぶ）	1972年生まれ 岡山県古代吉備文化財センター
國下 多美樹	（くにした たみき）	1958年生まれ 龍谷大学 教授
村上 由美子	（むらかみ ゆみこ）	1972年生まれ 京都大学総合博物館 准教授
今井 真由美	（いまい まゆみ）	1988年生まれ 東大阪市教育委員会 社会教育部文化財課
石丸 恵利子	（いしまる えりこ）	1967年生まれ 広島大学総合博物館 研究員
朝井 琢也	（あさい たくや）	1992年生まれ 川西市教育委員会事務局 社会教育課
柴田 昌児	（しばた しょうじ）	1965年生まれ 愛媛大学 准教授
桐山 秀穂	（きりやま ひでお）	1969年生まれ 野村美術館

岩﨑　誠	（いわさき　まこと）	1955 年生まれ 公益財団法人長岡京市埋蔵文化財センター
伊藤 淳史	（いとう　あつし）	1965 年生まれ 京都大学文化財総合研究センター 助教
上田 裕人	（うえだ　ゆうと）	1990 年生まれ 和泉市教育委員会 生涯学習部文化財振興課
西原 雄大	（にしはら　たけひろ）	1964 年生まれ 高月観音の里歴史民俗資料館 学芸員
濱野 俊一	（はまの　としかず）	1962 年生まれ 高槻市立埋蔵文化財調査センター
森田 克行	（もりた　かつゆき）	1950 年生まれ 高槻市立今城塚古代歴史館 特別館長
若林 邦彦	（わかばやし　くにひこ）	1967 年生まれ 同志社大学歴史資料館 教授
桑原 久男	（くわばら　ひさお）	1963 年生まれ 天理大学 教授
Nespoulous Laurent	（ネスプルス　ロラン）	1975 年生まれ フランス国立東洋言語文化学院 INALCO 准教授
辻　康男	（つじ　やすお）	1973 年生まれ 株式会社パレオ・ラボ 大阪営業所
藤尾慎一郎	（ふじお　しんいちろう）	1959 年生まれ 国立歴史民俗博物館 研究部
中塚　武	（なかつか　たけし）	1963 年生まれ 総合地球環境学研究所 教授
麻森 敦子	（あさもり　あつこ）	1958 年生まれ （公財）古代学協会 業務執行理事

編著者紹介

森岡 秀人（もりおか ひでと）

関西大学大学院非常勤講師・(公財) 古代学協会 客員研究員。
1952年　兵庫県神戸市生まれ。
関西大学文学部史学科（考古学・日本史専修課程）卒業。
1974～2017年の43年間、芦屋市教育委員会・芦屋市立美術博物館・芦屋市史編集室に勤務（兼務・再任用を含む）。現在、古代学研究会代表・古墳出現期土器研究会会長などを務める。

〈主要編著書・共著〉
1984年　『韓国の前方後円墳』　社会思想社（森浩一 編、共著）
1984年　『万葉集の考古学』　筑摩書房（森浩一 編、共著）
1985年　『増補・会下山遺跡』　明新社（村川行弘・石野博信と共著）
1988年　『日本における稲作農耕の起源と展開　資料集』　日本考古学協会（「近畿」執筆）
1989年　『弥生土器の様式と編年』近畿編Ⅰ　木耳社（寺沢薫と共著）
1990年　『弥生土器の様式と編年』近畿編Ⅱ　木耳社（寺沢薫と共著）
1995年　『高松塚古墳』日本の古代遺跡を掘る6　読売新聞社（網干善教と共著）
1998年　『シンポジウム　弥生時代の考古学』学生社（大塚初重・石野博信・武末純一・石川日出志と共著）
2002年　『稲・金属・戦争―弥生―』吉川弘文館（佐原真 編、共著）
2004年　『日本史講座』1 東アジアにおける国家の形成　東京大学出版会（共著）
2005年　『稲作伝来』日本の先史遺跡を復元する4　岩波書店（編者、中園聡・設楽博己と共著）
2006年　『古式土師器の年代学』　大阪府文化財センター（西村歩と共著）
2011年　『列島の考古学　弥生時代』河出書房新社（武末純一・設楽博己と共著）
2015年　『箸墓古墳』　学生社（共著）
2016年　『集落動態からみた弥生時代から古墳時代への社会変化』古代学協会 編　六一書房（三好玄・田中元浩と共編著）
2018年　『地域歴史遺産と現代社会』1 神戸大学出版会（共著）など。

2018年10月25日 初版発行　　　　　　　　　　　　　　　　　《検印省略》

初期農耕活動と近畿の弥生社会

編　者	森岡秀人・公益財団法人 古代学協会
発行者	宮田哲男
発行所	株式会社 雄山閣
	〒102-0071　東京都千代田区富士見2-6-9
	TEL　03-3262-3231(代)／FAX 03-3262-6938
	URL　http://www.yuzankaku.co.jp
	e-mail　info@yuzankaku.co.jp
	振替：00130-5-1685
印刷・製本	株式会社ティーケー出版印刷

©Hideto Morioka &　　　　　　　　　　　　ISBN978-4-639-02610-5 C3021
The Pareological Association of JAPAN, Inc 2018　　　N.D.C.210 304p 27cm
Printed in Japan